2025 100% PASS PROJECT

경록
공인중개사 문제집

⑤ 2차 **부동산공시법**

1회 시험부터 수많은 합격자를 배출한 독보적 정통교재

No.1 **SINCE 1957**
우리나라 최초 부동산학을 개척하고 교육한 정통 부동산전문교육본산

경록

알고 보니 경록이다

우리나라 부동산전문교육의 본산 경록 1957

공인중개사법및중개실무

홍길성 교수 경영학박사(감정평가사) / 성대경영행정대학원 교수 / 감정평가학회장 역임
정신교 교수 법학박사 / 목포해양대 교수 / 한국부동산학회 분과위원장
김상현 교수 법학박사 / 건대 · 한북대 교수 / 한국부동산학회 학술위원 / 한국지식재단 연구위원
유원상 교수 부동산학박사 / 한양대학교 교수 / 한국부동산학회 분과위원장
양영준 교수 부동산학박사 / 제주부동산학 교수 / 한국부동산학회 지역학회장
김동현 교수 부동산학박사 / 이학박사 / 청암대 교수 / 자산정보연구소장 / 한국부동산학회 학술위원
조광행 교수 경제학박사 / 열린사이버대 교수 / 한국부동산학회 부학회장
김성은 교수 법학박사 / 고려대 · 창신대부동산학과 교수 / 고려대법학연구원 연구위원
방경식 교수 행정학박사(부동산) / 주택산업연구원연구실장 · 한국부동산학회 수석부학회장 역임
윤황지 교수 법학박사 / 건국대 / 강남대부동산학과 전교수 / 한국부동산학회 자문위원
박기원 연구위원 부동산학전공 / 건대행정대학원 / 한국부동산학회이사 역임, 연구위원
장재원 교수 국민대법무대학원 중개실무연구 / 단국대 강사 / 한국지식재단 연구교수

부동산공법

송명규 교수 환경토지정책박사 / 단국대부동산학과 교수 / 한국부동산학회 부학회장
윤준선 교수 공학박사 / 강남대부동산건축공학부 교수 / 한국부동산학회 부학회장
정태용 교수 서울대법학전공. 아주대 로스쿨 교수 / 법제처 행정심판관리국장 역임
김행종 교수 행정학박사 / 세명대 교수 / LH토지연수석연구원 역임 / 한국부동산학회 지역학회장
김진수 교수 행정학박사 / 건국대행정대학원 교수 / 한국부동산학회 부학회장 / 한국지식재단 자문위원
이옥동 교수 경영학박사(부동산) / 성결대도시계획부동산학부 교수 / 한국부동산학회 부학회장
홍성지 교수 행정학박사 / 백석대부동산학 교수 / 한국지식재단 연구위원
김동환 교수 부동산학박사 / 서울사이버대부동산학과 교수 / 한국부동산학회 학술위원
백연기 교수 한국부동산학회 공법연구위원 겸 연구교수 / 인하대강사
이윤상 연구위원 도시계획학박사 / LH연구원 연구위원 / 한국부동산학회 학술위원
이춘호 교수 공학박사 / 강남대부동산건축공학부 교수 / 한국부동산학회 학술위원
이기우 교수 법학박사 / 호남대학교대학원장 역임 / 한국부동산법학회장 역임
김용민 교수 법학박사 / 강남대부동산학 전교수 / 한국부동산학회 지역학회장 역임
진정수 연구위원 행정학박사(부동산학) / 국토연구원 전연구위원
조정환 교수 법학박사 / 건국대 · 대진대법무대학원장 · 한국부동산학회 부학회장 역임
김재덕 교수 법학박사 / 건국대부동산학과 교수 · LA캠퍼스총장 역임/한국지식재단 자문위원

부동산공시법

조재영 교수 법학박사 / 한양대학교 교수 / 한국부동산학회 부학회장
최승영 교수 법학박사 / 목포대지적부동산학과 교수 / 한국부동산학회 학술위원
천 영 교수 법학박사 / 감정평가사 / 건국대부동산대학원 교수 / 한국부동산학회 부학회장
이승섭 교수 서울대법학전공, 충남대로스쿨 교수 / 대전 · 인천지방법원판사역임/한국지식재단 전문위원
주명식 교수 민사집행실무연구회장 / 사법연수원 교수 / 대법원법정국장 역임
정삼석 교수 도시계획학박사 / 창신대부동산대학원 교수 / 한국지식재단 연구위원
이진경 교수 공학박사 / 감사원평가연구원 · SH연구원팀장 / 상지대교수 / 한국부동산학회 학술위원
이기우 교수 법학박사 / 호남대 교수 · 대학원장 · 한국부동산법학회장 · 한국부동산학회 자문위원 역임
송현승 교수 부동산학박사 / 평택대학교 교수 / 한국부동산학회 이사
윤창구 교수 경영학박사 / 인천대경영대학원부동산학과 교수 / 한국감정원연수원장 역임
임이택 교수 경영학박사 / 목포대지적부동산학과 교수 · 대학원장 · 교수협의장 · 한국부동산회장 역임
오현진 교수 법학박사(부동산학) / 청주대지적학과 교수 · 사회과학대학장 · 한국부동산학회 부학회장 역임
박준석 변호사 건국대 / 수원지방법원/군판사역임
조형래 변호사 한국부동산학회 학술위원
손기선 연구원 부동산공시전문 / 한국지식재단 연구원 / 한국부동산학회 연구원
임석회 연구위원 지리학박사 / 대한감정평가협회 연구위원

부동산세법

이찬호 교수 경영학박사(회계학) / 부동산학박사 / 부산대학교 교수 / 한국부동산학회 지역학회장
김용구 교수 부동산학박사 / 건국대학교 부동산대학원강사 / 단국대학교 겸임교수
장 건 교수 법학박사 / 김포대부동산경영학과 교수 / 한국부동산학회 학술위원 / 한국지식재단 연구위원
황재성 교수 기획재정부 재산세과장 역임 / 세무대학교 교수
안상인 교수 경영학박사(회계학) / 창신대부동산학과 전교수 / 한국지식재단 연구위원
이옥동 교수 경영학박사(부동산) / 성결대도시계획부동산학 교수 / 한국부동산학회 부학회장
최정일 교수 경영학박사(재무, 금융) / 성결대학교 교수 / 한국부동산학회 분과위원장
양해식 교수 세무대학세법전공 / 국세청 전재직 / 중부대학겸임교수
송진영 교수 세무사시험출제위원 / 한국지식재단 연구교수
김재운 교수 부동산전공 / 남서울대부동산학과 전교수 / 한국부동산학회 윤리위원
김정완 연구원 법학박사(수) / 한국부동산학회 연구원 / 한국지식재단 연구원
오맹렬 연구원 법무전문 / 한국지식재단 연구원 / 한국부동산학회 연구원
김병준 교수 경영학박사(금융) / 강남대실버산업학과 교수 / 한국부동산학회 학술위원
나병삼 교수 행정학박사(부동산학) / 명지전대부동산경영과 전교수
박상학 연구위원 경제박사(금융/부동산) / LH토지주택연구원 연구위원 / 한국부동산학회 분과위원장

그 밖에 시험출제위원 활동중인 교수그룹 등은 참여생략

알고 보니 경록이다

우리나라 부동산전문교육의 본산 경록 1957

한방에 합격은 경록이다

제1회 시험부터 수많은 합격자를 배출한 전문성 - 경록

별☆이☆일☆곱☆개

경록 부동산학·부동산교육 최초 독자개척 고객과 함께, 68주년 기념

1957

머리말

매년 99% 문제가 경록 교재에서!!

경록 교재는 공인중개사사 시험 통계작성 이후 27년간 매년 99% 문제가 출제되는 독보적 정답률을 기록한 유일한 교재입니다. 경록은 우리나라 부동산 교육의 본산이며 경록교재는 우리나라 부동산교육의 정통한 역사를 이끌어가는 오리지널 교재입니다.

이 교재는 우리나라 부동산교육의 본산인 경록의 68년간 축적된 전문성을 기반으로 130여 명의 역대 최대 '시험출제위원 부동산학 대학교수그룹'이 제작, 해마다 완성도를 높여가며 시험을 리드하는 교재입니다.

특히 경록의 온라인과정 전문기획인강은 언택트시대를 리드하는 뉴 트렌드가 되었습니다. 업계 최초로 1998년부터 〈경록 + MBN TV 족집게강좌〉 8년, 현재까지 28년차 검증된 99%족집게 강좌입니다.
일반 학원의 6개월에 1회 수강과정을 경록에서는 1개월마다 2회 반복완성이 가능합니다.

경록의 전문성이 곧 합격의 지름길로 이끌어 드립니다. 성공은 경록과 함께 시작됩니다.

여러분의 건투를 빕니다.

지속가능한 직업
공인중개사

▍공인중개사란

🔍 공인중개사?
공인중개사법령에 의한 공인중개사자격을 취득한 자를 말한다(「공인중개사법」 제2조 제2항).

🔍 중개업?
중개업은 다른 사람의 의뢰에 의하여 일정한 보수를 받고 중개대상물에 대한 거래당사자 간의 매매, 교환, 임대차 그 밖의 권리의 득실변경에 관한 행위의 알선을 업으로 하는 것이다(「공인중개사법」 제2조 제1호, 제3호 참조).

🔍 중개대상물?

| 토지 | 건축물 그 밖의 토지의 정착물 | 입목 |
| 광업재단 | 공장재단 | 분양권 | 입주권 |

(대판 2000.6.19. 2000도837 등 참조)

▍개업 공인중개사 업역
(「공인중개사법」 제14조 참조)

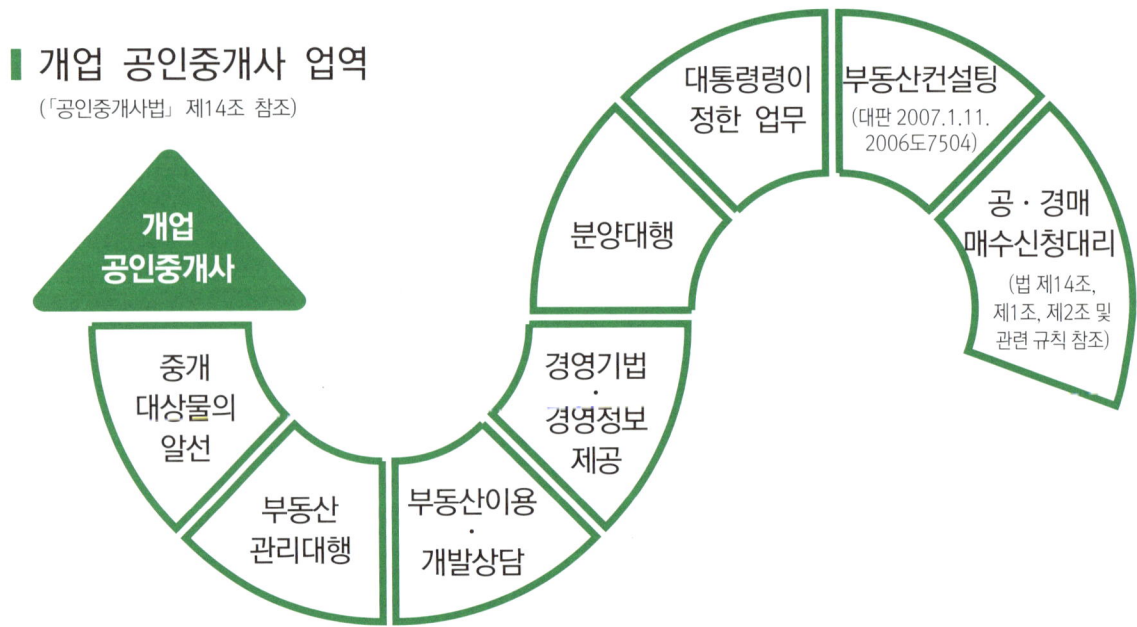

개업(창업)

중개업의 개업은 공인중개사시험에 합격한 후 소정의 교육을 받고, 개설코자 하는 사무소 소재지 시·군·구청에 "사무소" 개설 등록을 하면 된다.

개인중개사무소, 합동중개사무소, 법인중개사무소를 개설하여 영위할 수 있다.

세상에는 수많은 직업이 있으나 돈이 되고, 시장 규모가 크고, 경제성이 높고, 일반 진입이 용이한 직업은 거의 없다.

100세가 되어도 건강하면 경제활동이 가능하고, 시장규모가 크고, 높은 경제성이 있고, 일반 진입이 가능한 직업은 공인중개사뿐이다.

법정취업

- **개인중개사무소, 합동중개사무소, 법인공인중개사무소의 소속공인중개사로 취업**
  11만 4천여 개(법인 포함) 중개업체의 소속 공인중개사, 법인의 사원 또는 임원으로 취업 (2021현재)

- **특수 중개법인 취업**(「공인중개사법」 제9조 참조)
  - **지역농업협동조합** : 농지의 매매·교환·임대차 업무
  - **산림조합** : 임야, 입목의 매매·교환 업무
  - **산업단지관리기관** : "산단" 내 공장용지·건축물의 매매·임대차 업무
  - **자산관리공사** : 금융회사 부실자산 등 비업무용 부동산의 매매 업무

일반취업(가산점 등)

공인중개사 수요는 경제성장과 함께 폭발적으로 증가한다.

국내외 부동산투자회사, 부동산투자신탁회사, LH토지주택공사, SH공사 등 각 지자체공사, 금융기관, 보험기관 등에서 유자격자를 내부적으로 보직 고려나 승급 시 가산점을 부여한다.

일반기업, 공무원 등에서 보직 참고, 승급 등의 업무소양을 가늠하는 전문자격 및 직능향상 기능을 한다.

탁월한 선택

경록의 선택은 탁월한 선택입니다. 우리나라 부동산교육의 본산으로서 65년 전통과 축적된 전문성, 그리고 국내 최대 전문가 그룹이 서포트합니다.

부동산학을 독자연구 정립하고, 최초로 한국부동산학회를 설립하였으며 대학원에 최초로 독립학과를 설립 교육하고, 공인중개사 제도를 주창, 시험시행 전부터 교육해 시험을 리드한 역사적 전통과 축적을 이룬 기관은 경록뿐입니다(설립자 김영진 박사 1957~현재).

공인중개사 시험

▎시험일정 : 매년 1회 1, 2차 동시 시행

시험 시행기관 등	인터넷 시험접수	시험일자	응시자격
• 법률근거 : 공인중개사법 • 주무부 : 국토교통부 • 시행기관 : 한국산업인력공단	• 매년 8월 둘째 주 5일간 • 특별추가 접수기간 : 별도 공지 일정은 변경될 수 있음	매년 10월 마지막 토요일	학력, 연령, 내·외국인 제한 없이 누구나 가능 (법에 의한 응시자격 결격사유에 해당하는 자는 제외)

※ 큐넷(http://www.q-net.or.kr) 참조, 이상의 일정 등은 변경될 수 있습니다.

▎시험과목 및 시험방법

구 분	시험과목	시험방법	문항 수	시험시간	휴대
1차 시험 1교시 (2과목)	■ 부동산학개론 (부동산감정평가론 포함) ■ 민법 및 민사특별법 중 부동산중개에 관련되는 규정	객관식 5지선다형	과목당 40문항 (1번~80번)	100분 (9:30~11:10)	계산기
2차 시험 1교시 (2과목)	■ 공인중개사의 업무 및 부동산거래신고 등에 관한 법령·중개실무 ■ 부동산공법 중 부동산중개에 관련되는 규정		과목당 40문항 (1번~80번)	100분 (13:00~14:40)	
2차 시험 2교시 (1과목)	■ 부동산공시에 관한 법령(「부동산등기법」, 「공간정보의 구축 및 관리등에 관한 법률」) 및 부동산 관련 세법		40문항 (1번~40번)	50분 (15:30~16:20)	

※ 답안작성 시 법령이 필요한 경우는 시험시행일 현재 시행되고 있는 법령을 기준으로 작성

주의사항
1. 수험자는 반드시 입실시간까지 입실하여야 함(시험시작 이후 입실 불가)
2. 개인별 좌석배치도는 입실시간 20분 전에 해당 교실 칠판에 별도 부착함
3. 위 시험시간은 일반응시자 기준이며, 장애인 등 장애유형에 따라 편의제공 및 시험시간 연장가능 (장애 유형별 편의제공 및 시험시간 연장 등 세부내용은 큐넷 공인중개사 홈페이지 공지사항 참조)

합격기준

구분	합격결정기준
1차 시험	매 과목 100점을 만점으로 하여 매 과목 40점 이상, 전 과목 평균 60점 이상 득점한 자
2차 시험	

시험과목 및 출제비율

구 분	시험과목	출제범위	출제비율
1차 시험 (2과목)	부동산학개론 (부동산감정평가론 포함)	부동산학개론	85% 내외
		부동산감정평가론	15% 내외
	민법 및 민사특별법 중 부동산중개에 관련되는 규정	민법(총칙 중 법률행위, 질권을 제외한 물권법, 계약법 중 총칙·매매·교환·임대차)	85% 내외
		민사특별법(주택임대차보호법, 집합건물의 소유 및 관리에 관한 법률, 가등기담보 등에 관한 법률, 부동산 실권리자명의 등기에 관한 법률, 상가건물 임대차보호법)	15% 내외
2차 시험 (3과목)	공인중개사의 업무 및 부동산거래신고 등에 관한 법령·중개실무	공인중개사법, 부동산거래신고 등에 관한 법률	70% 내외
		중개실무	30% 내외
	부동산공법 중 부동산중개에 관련되는 규정	국토의 계획 및 이용에 관한 법률	30% 내외
		도시개발법, 도시 및 주거환경정비법	30% 내외
		주택법, 건축법, 농지법	40% 내외
	부동산공시에 관한 법령(「부동산등기법」, 「공간정보의 구축 및 관리등에 관한 법률」) 및 부동산 관련 세법	부동산등기법	30% 내외
		공간정보의 구축 및 관리 등에 관한 법률 (제2장 제4절 및 제3장)	30% 내외
		부동산 관련 세법(상속세, 증여세, 법인세, 부가가치세 제외)	40% 내외

차례

Part 1 공간정보의 구축 및 관리 등에 관한 법률

1. 지적제도　4
2. 총칙　15
3. 지적공부　54
4. 토지의 이동신청 및 지적공부 정리　81
5. 지적측량　121
6. 보칙 및 벌칙　149

Part 2 부동산등기법

1. 총설　160
2. 등기기관과 그 설비 및 등기의 공시　194
3. 등기절차 총론　217
4. 부동산의 표시 및 각종 권리의 등기절차　284
5. 각종 등기의 절차　341

PART 01 공간정보의 구축 및 관리 등에 관한 법률

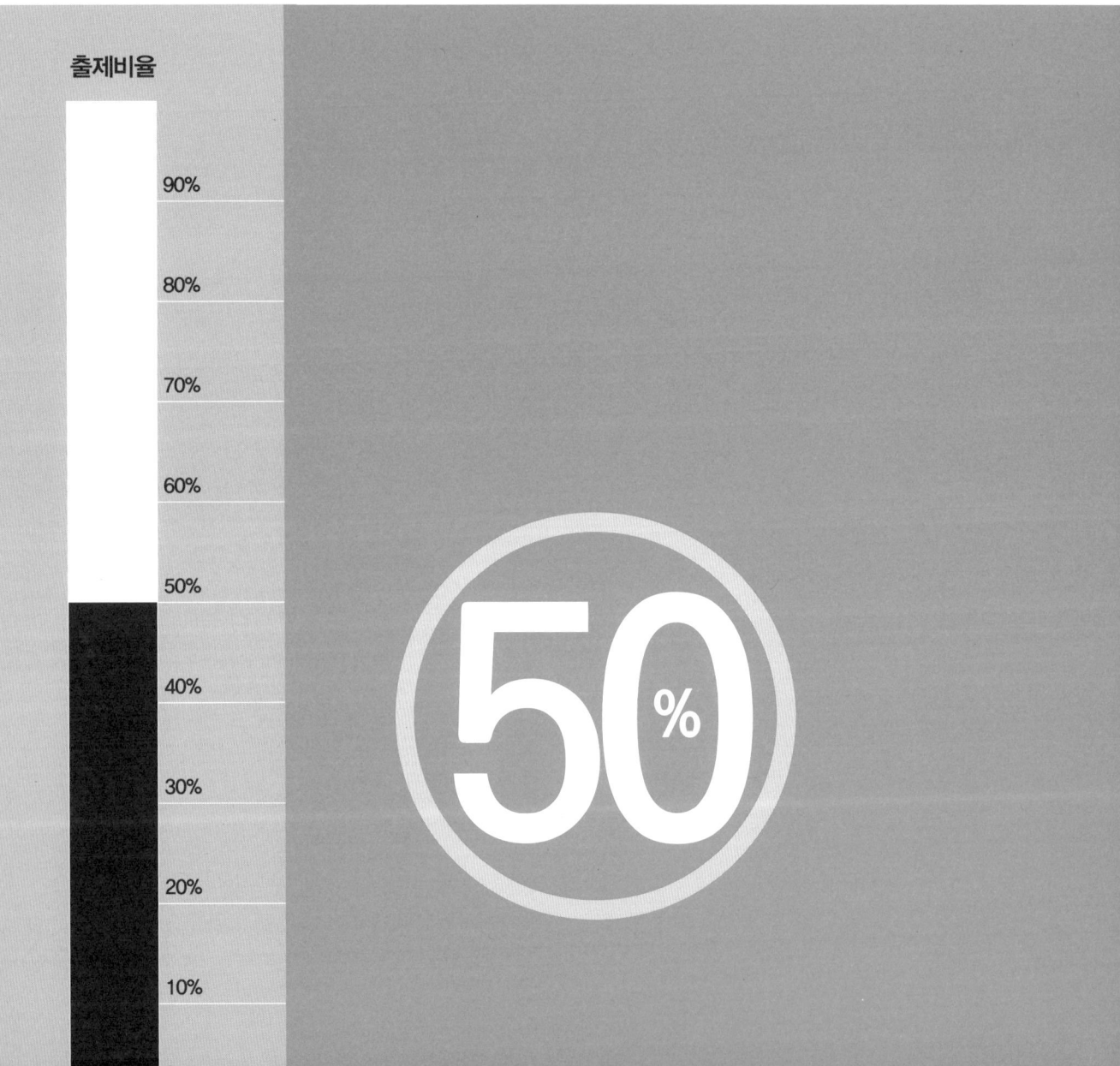

구 분		26회	27회	28회	29회	30회	31회	32회	33회	34회	35회	계	비율(%)
공간정보의 구축 및 관리 등에 관한 법률	제1장 지적제도	0	0	1	0	0	0	0	0	0	0	1	0.4
	제2장 총칙	2	5	3	3	2	3	2	1	3	4	28	11.7
	제3장 지적공부	5	2	3	5	2	3	5	4	2	4	35	14.6
	제4장 토지의 이동 신청 및 지적공부 정리	2	4	3	2	6	4	2	5	3	4	35	14.6
	제5장 지적측량	3	1	2	2	2	2	3	2	4	0	21	8.8
	제6장 보칙 및 벌칙	0	0	0	0	0	0	0	0	0	0	2	0.8
소 계		12	12	12	12	12	12	12	12	12	12	120	50.0

CHAPTER 01 지적제도

학습포인트

- 이 장에서는 「공간정보의 구축 및 관리 등에 관한 법률」이 규정하고 있는 지적제도의 내용을 이해하는 데 필요한 지적의 의미와 지적제도의 기능, 기본이념 및 유형 등에 관해 다루고 있다.
- 이 장은 지적제도를 이해함에 필요한 내용을 담고 있으므로 처음에 학습을 시작할 때에 가볍게 읽어 둘 필요가 있다.

CHAPTER 학습 & 출제되는 키워드

- ☑ 지적제도
- ☑ 지적공부
- ☑ 지적국정주의
- ☑ 실질적 심사주의
- ☑ 지적제도의 유형
- ☑ 다목적지적
- ☑ 2차원지적
- ☑ 소극적 지적

- ☑ 지적구성의 3요소
- ☑ 등록
- ☑ 지적형식주의
- ☑ 직권등록주의
- ☑ 세지적
- ☑ 도해지적
- ☑ 4차원지적
- ☑ 지적제도의 기능

- ☑ 토지
- ☑ 지적제도의 기본이념
- ☑ 지적공개주의
- ☑ 우리나라의 지적제도
- ☑ 법지적
- ☑ 수치지적
- ☑ 적극적 지적
- ☑ 지적제도와 등기제도의 비교

CHAPTER 학습 & 출제되는 질문

☑ 지적제도와 토지등기제도에 관한 설명 중 가장 타당하지 않는 것은?

제1장 지적제도(기본)

기본 출제예상문제

01 지적제도

01 다음 중 지적 및 지적제도에 관한 설명으로 옳은 것은? ★★
① 지적은 토지공시제도의 하나로서 토지에 대한 소유권을 비롯한 각종 권리내용을 공시하는 제도이다.
② 지적공부란 국가의 통치권이 미치는 전(全)영토인 토지에 대한 물리적 현황을 등록·공시하는 장부로 법적인 권리관계는 등록·공시하지 않는다.
③ 지적공부에 등록하는 토지표시사항은 토지등기부의 등기사항에 따른다.
④ 공간정보의 구축 및 관리 등에 관한 법령에 의해 지적소관청이 결정하는 지적공부의 등록사항으로는 소재, 지번, 지목, 면적, 경계 또는 좌표가 된다.
⑤ 등록객체는 지적과 등기 모두 토지만을 대상으로 한다.

해설 ▶ 지적 및 지적제도
① (×) 지적이라 함은 지적공부라는 공적장부에 토지의 표시(소재, 지번, 지목, 면적, 경계 또는 좌표)와 토지의 소유자 등을 기록하여 공시한 것으로서 이른바 토지의 호적이라고 할 수 있다(법 제2조 제19호, 제20호 참조). 한편 토지의 소유권 등의 권리관계는 등기부라는 공적장부에 공시한다. 즉 우리나라는 토지에 관한 사실관계의 공시는 지적공부에 권리관계의 공시는 등기부에 함으로써, 이원화하여 관리하고 있다.
② (×) 지적공부란 국가의 통치권이 미치는 전(全)영토인 토지에 대한 물리적 현황과 법적인 권리 관계 등를 등록 공시하기 위한 국가의 공적장부를 말한다.
③ (×) 토지등기부에 등기하는 토지표시사항은 지적공부의 등록사항에 따른다.
④ (○) (법 제2조 제20호)
⑤ (×) 부동산등기법은 토지와 건물을 토지등기부와 건물등기부에 별도로 공시하고 있으나, 「공간정보의 구축 및 관리 등에 관한 법률」은 건물의 경우 지적공부에의 등록대상으로 하고 있지 않다.

02 다음 중 지적의 의의에 관한 설명으로 바르지 못한 것은?
① 지적은 토지에 관한 각종 정보를 담는 그릇이다.
② 등록사항에 대하여 조사·측량과 토지이동조사를 실시하여 지적공부에 등록한다.
③ 8가지 물권 중 소유권만 토지대장 또는 임야대장에 등록한다.
④ 등록객체는 우리나라의 통치권이 미치는 모든 영토로, 무인도나 비과세지도도 포함된다.
⑤ 등록주체는 지적소관청으로 국가기관이나 지방자치단체의 장으로서 시장·군수·구청장에 위임된 사무이다.

정답 01. ④ 02. ⑤

해설 ▶ 지적의 의의
① (○) 지적공부에는 토지에 관한 소재·지번·지목·면적·경계 또는 좌표 등 토지에 관한 정보가 등록되어 공시된다(법 제2조 제20호 참조).
② (○) (법 제64조 제1항, 규칙 제59조 제1항 참조)
③ (○) 소유권 등 권리관계에 관한 사항은 등기부에 기록된다. 다만, 소유권의 원시취득의 경우 소유권의 보존등기를 위한 소유권의 확인을 위해서는 토지대장의 기록을 기초로 한다(「부동산등기법」 제65조 제1호 참조).
④ (○) 전국토이므로 유인도나 무인도, 비과세지 과세지 구분 없이 모두 포함한다.
⑤ (×) 지적공부의 작성 및 관리에 관한 사항은 국가사무로서 국토교통부장관의 권한이나, 지적공부지적소관청인 시장·군수·구청장에게 기관위임되어 있으므로 이들 사무의 수행과 관련하여 시장·군수·구청장은 지방자치단체의 장의 지위가 아니라 국가기관의 장의 지위에 있다(법 제105조 참조).

02 지적제도의 기본이념

03 지적제도의 기본이념에 관한 다음 설명 중 틀린 것은?
① 지적국정주의란 토지의 등록사항에 대해서는 국가만이 결정권한을 가진다는 이념을 말한다.
② 지적형식주의(지적등록주의)란 토지의 등록사항은 지적공부에 법정의 형식을 갖추어 등록·공시하여야만 법적 효력이 인정된다는 이념을 말한다.
③ 지적공개주의(지적공시주의)란 지적공부에 등록된 사항은 오직 토지소유자에게만 공개하여야 한다는 이념을 말한다.
④ 실질적 심사주의란 지적공부의 신규등록·변경·말소사항은 지적소관청이 공간정보의 구축 및 관리 등에 관한 법령에 정한 절차상의 적법성뿐만 아니라 실체법상의 사실관계와 부합하는 여부를 실제로 심사하여야 한다는 이념을 말한다.
⑤ 직권등록주의(적극적 등록주의)란 지적소관청이 국가의 통치권이 미치는 모든 영토를 필지단위로 빠짐없이 반드시 지적공부에 등록·공시하여야 한다는 이념을 말한다.

해설 ▶ 지적제도의 이념
지적공개주의란 지적공부에 등록된 사항을 토지소유자나 이해관계인은 물론이고 기타 일반국민에게 신속·정확하게 공개하여 정당하게 이용할 수 있도록 하여야 한다는 이념을 말한다(법 제75조 참조).

정답 03. ③

제1장 지적제도(기본)

04 지적공개주의의 원칙과 관련이 없는 것은?

① 토지대장열람
② 지적도등본발급
③ 지적정리 등의 통지
④ 경계복원측량 실시
⑤ 등기부상 토지표시의 지적공부와의 불일치 사실 통지

해설 ▶ 지적공개주의

①, ② (○) (법 제75조)
③ (○) (법 제90조)
④ (○) 경계복원측량의 신청은 토지의 경계를 알기 위해 등록된 경계점을 현지에서 복원하는 것으로 경계복원측량을 실시하면, 실지의 경계를 확인하여 소유권의 범위를 알 수 있다. 즉, 지적공개주의이념의 실현수단이다(법 제23조 제4호).
⑤ (×) 이는 대장과 등기부의 내용을 일치시켜 등기부상 토지표시의 공시의 정확성을 도모하기 위한 제도이다(법 제88조 제3항). 이 경우 통지를 받은 등기관은 토지표시변경등기를 직권으로 하여야 한다(「부동산등기법」 제36조 제1항).

05 지적형식주의에 관한 설명이다. 옳지 않은 것은?

① 토지의 등록사항은 지적공부에 법정의 형식을 갖추어 등록·공시하여야만 법적 효력이 인정된다는 이념을 말한다.
② 지적공부에 등록된 사항을 토대로 등기부를 개설하고, 각종 토지정책의 입안·결정·집행을 수행하고 있다.
③ 지적공부에 등록된 사항과 실지(實地)현황이 맞지 않을 때에는 예외적으로 실지(진실한)현황에 따른다.
④ 지적형식주의는 지적공부의 형식(서식 등)을 취한다는 뜻이고, 형식적 심사주의는 그 현황이나 기록(내용)의 사실여부의 판단을 형식적으로 한다는 뜻이다.
⑤ 지적이나 등기는 법적 효력발생은 실질주의나, 심사에 있어서는 지적은 형식적 심사주의를 택하고 있다.

해설 ▶ 지적형식주의

지적이나 등기는 법적 효력발생은 형식주의이나, 심사에 있어서의 지적은 실질적 심사주의인 반면, 등기는 형식적 심사주의를 택하고 있다.

정답 04. ⑤ 05. ⑤

03 지적제도의 분류

06 지적제도의 유형에 관한 다음 설명 중 **틀린** 것은?

① 세지적은 토지에 대한 과세를 목적으로 하는 지적제도로서, 각 필지의 등록되는 경계를 중요시하여 소유지적이라고도 한다.
② 법지적은 토지거래의 안전 및 토지소유권 보호를 목적으로 운영하는 지적제도이다.
③ 다목적지적은 과세·토지소유권보호·지상 및 지하시설물 등 토지 관련 정보를 집중 등록·공시하기 위한 목적으로 운영하는 지적제도이다.
④ 도해지적은 각 필지의 경계를 도면 위에 다각형의 형태로 선으로 표시하여 등록하는 제도이고, 수치지적은 각 필지의 경계점을 평면직각종횡선(X, Y)의 형태로 표시하여 등록하는 제도이다.
⑤ 2차원지적은 토지의 고저에 관계없이 수평면상의 투영을 가상하여 토지의 지표값만 등록하는 제도로서 평면지적 또는 수평지적이라고도 한다.

해설 ▶ 지적제도의 유형
① (×) 세지적은 토지에 대한 과세를 목적으로 하는 지적제도로서, 각 필지의 면적을 정확하게 등록·공시하는 것을 중요시하며 과세지적이라고도 한다.
② (○) 법지적은 각 필지의 등록되는 경계(법 제72조 제4호)를 중요시하여 소유지적이라고도 한다.
③ (○) 이 제도하에서는 토지이용, 토지평가, 토지소유권 등에 관한 사항이 등록된다.
④ (○) 이는 토지의 형상을 시각적으로 용이하게 파악할 수 있으며 비용이 저렴하다는 장점이 있으나 정확도가 부족하다는 단점이 있다. 주로 농촌지역이나 산간지역에서는 이에 의한다.
⑤ (○) 한편 3차원지적은 지표는 물론 지상·지하의 시설물까지 등록·관리하는 지적제도로서 입체지적이라고도 한다.

07 우리나라의 현행 지적제도와 관계 **없는** 것은?

① 도해지적 ② 법지적 ③ 수치지적
④ 소극적 지적 ⑤ 평면지적

해설 ▶ 우리나라의 지적제도
법지적(소유권의 한계를 정하는 경계의 등록, 법 제72조 제4호), 도해지적·수치(좌표)지적제도(법 제6조, 영 제7조 제2항), 수평(2차원적, 평면적)지적제도 및 적극적 지적제도(직권등록주의, 법 제64조)를 채택하고 있다.

정답 06. ① 07. ④

04 지적제도의 기능

08 지적의 기능에 관한 설명 중 틀린 것은?

① 지적은 토지에 관한 정보를 제공하고, 과세의 기준이 되며, 토지평가의 기초가 될 뿐만 아니라 주소의 표기기준의 기능도 한다.
② 등기부와 일치하지 않는 토지표시사항은 효력이 없다.
③ 선등록 후등기로 토지등기의 기초가 지적제도의 가장 중요한 기능이다.
④ 물권의 대상범위를 정하는 점에서 등기와 동등한 공시기능이 있다.
⑤ 신규등록시 소유자는 지적소관청이 실질적 심사주의에 의하여 결정·등록한다.

해설 ▶ 지적의 기능

① (○), ② (×)
  지적이 토지표시의 공시기능을 담당하므로 토지표시사항은 등기부가 아닌 지적공부가 우선하고 이들 장부가 상호 일치하지 않는 경우 토지표시사항에 대하여 등기부는 지적공부에 따라 부동산(토지)표시의 변경등기를 하도록 하고 있다(법 제88조 제3항,「부동산등기법」제36조 제1항).
③ (○) 소유권의 보존등기는 토지대장 등에 최초의 소유자로 등록되어 있는 자가 신청할 수 있다(「부동산등기법」제65조 제1호 참조).
④ (○) 지적공부에는 소재, 지번, 지목, 면적, 경계 또는 좌표가 등록되어 물권의 대상범위를 공시하는 기능이 있다(법 제2조 제20호).
⑤ (○) (법 제88조 제1항 단서 참조)

정답 08. ②

제1편 공간정보의 구축 및 관리 등에 관한 법률

05 지적제도와 등기제도의 비교

09 지적제도와 등기제도를 비교한 설명 중 옳은 것은?

① 지적은 토지에 대한 권리관계를 공시하고, 등기는 토지에 대한 사실관계를 공시한다.
② 등기부상의 소유자표시는 지적공부에 등록된 사항을 기준으로 한다.
③ 지적은 직권등록주의를, 등기제도는 당사자신청주의를 취하고 있다.
④ 지적제도는 형식적 심사주의를, 등기제도는 실질적 심사주의를 채택하고 있다.
⑤ 지적과 등기 모두 추정력이 인정된다.

해설 ▸ 지적제도와 등기제도
①, ④ (×) 모두 반대로 되어야 한다.
② (×) 소유권 등 권리관계에 관한 사항은 등기부를 기초로 한다. 다만, 소유권의 원시취득의 경우 소유권의 보존등기를 위한 소유권의 확인을 위해서는 토지대장의 기록을 기초로 한다(「부동산등기법」제65조 제1호 참조).
③ (○) 지적소관청은 지적공부에 등록하는 사항에 관하여 당사자의 신청이 있는 사항은 물론이고 신청하지 않은 사항에 관해서도 직권으로 결정하여 등록하나(법 제64조 제1항, 제2항), 등기관은 원칙적으로 당사자의 신청이 있을 경우에만 신청된 사항에 관하여만 등기한다(「부동산등기법」제22조).
⑤ (×) 지적은 추정력이 인정되지 않지만 등기는 추정력이 인정된다.

10 지적제도와 등기제도의 특성을 비교한 것 중 옳지 않은 것은?

① 지적은 토지에 대한 사실관계를 공시하고, 등기는 권리관계를 공시한다.
② 지적과 등기 모두 공시제도이므로 공신력이 인정된다.
③ 등록방법으로 지적은 직권등록주의와 단독신청주의를 취하는데, 등기는 당사자신청주의와 공동신청주의를 취한다.
④ 지적과 등기의 공시대상인 부동산의 범위에는 차이가 있고, 공시하는 내용에도 차이가 있다.
⑤ 지적의 담당기관은 국토교통부인데, 등기는 사법부이다.

해설 ▸ 지적제도와 등기제도의 비교
지적은 토지에 대한 사실관계를 공시하고 그 이념으로는 직권등록주의·단독신청주의·실질적 심사주의를 들 수 있고, 담당국가기관은 국토교통부인데 반하여, 등기는 권리관계를 공시하고 그 원칙으로는 당사자신청주의(공동신청주의)·형식적 심사주의를 들 수 있고 담당기관은 사법부이다.
② (×) 등기와 지적 모두 공신력은 인정되지 않는다.
④ (○) 공시대상과 관련 지적은 전국의 모든 토지를, 등기는 사권의 목적이 된 토지와 건물을 공시한다.

정답 09. ③ 10. ②

11 지적과 부동산등기와의 관계를 설명한 것으로 타당하지 않은 것은?

① 등기와 지적 모두 물적편성주의를 취한다.
② 등기부상의 토지표시는 지적공부에 등록된 사항을 기준으로 한다.
③ 토지대장은 리·동별, 지번순으로, 등기부는 리·동별 접수번호순으로 편제한다.
④ 지적공부상의 소유자는 등기부상의 소유자와 같아야 한다.
⑤ 지적대상의 토지는 모든 토지이며, 등기대상의 토지는 사권의 대상이 되는 토지이다.

해설 ▶ 지적과 부동산등기
① (○) 등기는 1부동산에 관하여 1등기기록을 둔다(「부동산등기법」제15조 제1항). 지적은 1필지의 토지마다 지적공부를 작성한다(법 제64조 제1항).
② (○) 선등록 후등기의 원칙을 채택하고 있다(「부동산등기법」제65조 제1호 참조).
③ (×) 물적편성주의의 원칙에 따라 토지대장과 등기부는 리·동별, 지번순으로 편제한다.
④ (○) 지적은 사실관계를 공시하고 등기는 권리관계를 공시하는 제도이지만, 하나의 토지를 공시하는 양 제도상의 공시내용은 서로 일치하여야 한다.
⑤ (○) 등기부는 권리를 공시하기 위한 것으로 사권의 대상이 되는 토지만을 대상으로 한다.

정답 11. ③

제1편 공간정보의 구축 및 관리 등에 관한 법률

응용 출제예상문제

01 지적제도와 등기제도를 비교한 설명 중 옳은 것은? ★★

① 지적제도는 형식적 심사주의를, 등기제도는 실질적 심사주의를 채택하고 있다.
② 지적제도는 권리주체를 공시하고, 등기는 권리객체를 공시한다.
③ 지적제도는 신청주의를 원칙으로 하고, 등기는 직권등록주의를 원칙으로 한다.
④ 지적은 토지에 대한 권리관계를 공시하고, 등기는 토지에 대한 사실관계를 공시한다.
⑤ 지적의 등록절차는 등기절차와는 달리 등록기관의 직권범위가 넓다.

해설 ▶ 지적제도와 등기제도
①, ④ (×) 모두 반대로 되어야 한다.
② (×) 지적공부에는 토지의 현황이 등기부에는 권리관계의 현황이 공시된다.
③ (×) 등기는 신청주의를 원칙으로 한다(법 제64조, 부동산등기법 제22조 참조).
⑤ (○) 지적소관청은 지적공부에 등록하는 사항에 관하여 당사자의 신청이 있는 사항은 물론이고 신청하지 않은 사항에 관해서도 직권으로 결정하여 등록하나(법 제64조 제1항, 제2항), 등기관은 원칙적으로 당사자의 신청이 있을 경우에만 신청된 사항에 관하여만 등기한다(「부동산등기법」 제22조).

정답 01. ⑤

제1장 지적제도(응용)

02 대장과 등기부의 내용을 일치시키기 위한 제도에 관한 설명으로 옳은 것은? ★★

① 토지소유자의 변경사항을 정리하는 경우에 등기부에 기재된 토지의 표시가 지적공부와 부합하지 아니하는 때에는 지적소관청은 이를 직권으로 정리하고, 그 뜻을 토지소유자에게 통지하여야 한다.

② 토지의 분합, 멸실, 면적의 증감 또는 지목의 변경이 있는 때에는 그 토지의 소유권의 등기명의인은 1월 이내에 그 등기를 신청하여야 하고, 이를 게을리 한 경우에는 과태료를 부과한다.

③ 부동산등기를 신청하는 경우에 신청정보의 부동산의 표시가 토지대장·임야대장 또는 건축물대장과 부합하지 아니한 때에는 등기관은 그 신청을 각하하여야 한다.

④ 지적소관청의 불부합통지를 받은 관할등기소는 토지의 소유권 등기명의인이 신청의무기간 내에 등기신청을 하지 않을지라도 등기관은 직권으로 그 변경등기를 할 수 없다.

⑤ 지적소관청은 필요하다고 인정하는 때에는 지적공부와 부동산등기부의 부합 여부를 관할 등기관서의 등기부열람에 의하여 조사·확인하여야 하고, 부합되지 아니하는 사항을 발견한 때에는 지적공부를 직권으로 정리할 수는 없고 토지소유자 그 밖의 이해관계인에게 그 부합에 필요한 신청 등을 하도록 요구하여야 한다.

해설 ▶ 대장과 등기부의 일치

① (×) 토지소유자의 변경사항을 정리하는 경우에 등기부에 기재된 토지의 표시가 지적공부와 부합하지 아니하는 때에는 이를 정리할 수 없고, 이 경우 지적소관청은 그 뜻을 관할 등기관서에 통지하여야 한다(법 제88조 제3항).

② (×) 토지의 분합, 멸실, 면적의 증감 또는 지목의 변경이 있는 때에는 그 토지의 소유권의 등기명의인은 1월 이내에 그 등기를 신청하여야 하지만(「부동산등기법」 제35조), 이를 게을리 하여도 과태료를 부과하지는 않는다.

③ (○) (「부동산등기법」 제29조 제11호)

④ (×) 등기소가 지적소관청으로부터 불부합의 통지를 받은 경우에 신청의무 기간 내에 등기신청이 없을 때에는 등기관은 직권으로 등기기록중 표시란에 그 통지서의 기재내용에 따른 변경의 등기를 하여야 한다(「부동산등기법」 제36조 제1항).

⑤ (×) 지적소관청은 부합되지 아니하는 사항을 발견한 때에는 등기사항증명서 또는 등기관서에서 제공한 등기전산정보자료에 의하여 지적공부를 직권으로 정리하거나, 토지소유자 그 밖의 이해관계인에게 그 부합에 필요한 신청 등을 하도록 요구할 수 있다(법 제88조 제4항).

정답 02. ③

03. 다음 공간정보의 구축 및 관리 등에 관한 법령상 용어의 정의 중 틀린 것은? ★★

① 토지의 이동이란 토지의 표시를 새로 정하거나 변경 또는 말소하는 것을 말한다.
② 신규등록이란 새로 조성된 토지와 지적공부에 등록되어 있지 아니한 토지를 지적공부에 등록하는 것을 말한다.
③ 등록전환이란 임야대장 및 임야도에 등록된 토지를 토지대장 및 지적도에 옮겨 등록하는 것을 말한다.
④ 합병이란 지적공부에 등록된 2필지 이상을 1필지로 합하여 등록하는 것을 말한다.
⑤ 축척변경이란 지적도에 등록된 경계점의 정밀도를 높이기 위하여 큰 축척을 작은 축척으로 변경하여 등록하는 것을 말한다.

해설 ▶ 용어의 정의
지적도에 등록된 경계점의 정밀도를 높이기 위해서는 작은 축척을 큰 축척으로 변경하여 등록하여야 한다(상식적으로 지도의 축척이 1:5,000인 경우보다 1:10,000인 경우가 정밀도가 높다).

04. 다음 중 다목적 지적제도에서 얻을 수 있는 장점이 아닌 것은?

① 토지거래에 안전성과 경제성
② 공시적 기능의 일원화에 의한 국민의 편의성과 공신력의 증대
③ 과세행정의 원활
④ 공공사업의 수행의 공정한 처분
⑤ 지적에 관한 정보의 독점과 남용의 가능성

해설 ▶ 다목적 지적제도의 장점
다목적 지적은 토지에 관한 물리적 현황은 물론 도지의 평가, 과세, 거래, 이용계획 등 공공시설물 및 토지통계 등에 관한 정보를 집중 등록·공시하기 위한 목적으로 개발하여 운영하는 제도이다. 이 제도는 많은 장점에도 불구하고 정보의 독점과 남용은 하나의 문제점으로 지적될 수 있다.

정답 03. ⑤ 04. ⑤

CHAPTER 02 총 칙

학습포인트

- 이 장은 「공간정보의 구축 및 관리 등에 관한 법률」의 총설에 해당하는 부분으로서 용어의 정의와 지적공부에의 등록제도의 기본원칙, 기본적 등록단위인 필지와 등록사항인 소재·지번·지목·면적 그리고 경계와 좌표의 기본개념 및 각각을 정하는 방법 등에 대해 다루고 있다.
- 이 장에서는 용어의 정의와 등록사항, 즉 지목설정의 원칙 및 구분, 경계의 결정기준, 면적의 의의와 결정방법 등에 대해 거의 매회 3~4문제가 출제되므로 면밀한 반복학습과 암기가 필요하다.

CHAPTER 학습 & 출제되는 키워드

- ☑ 공간정보의 구축·관리법
- ☑ 대장·도면·경계점좌표등록부
- ☑ 토지의 등록제도
- ☑ 양입지
- ☑ 지번의 부여방법
- ☑ 지목설정의 원칙
- ☑ 경계와 좌표
- ☑ 지적재조사사업
- ☑ 지적소관청
- ☑ 토지의 표시
- ☑ 등록사항의 결정
- ☑ 토지의 등록사항
- ☑ 결번대장의 비치
- ☑ 지목의 구분
- ☑ 경계의 결정기준
- ☑ 경계의 확정절차
- ☑ 지적공부
- ☑ 용어의 정의
- ☑ 토지의 등록단위(필지)
- ☑ 지번의 구성 및 표기
- ☑ 지목
- ☑ 지목의 표기방법
- ☑ 면적의 측정방법·결정방법
- ☑ 중앙지적재조사위원회 등

CHAPTER 학습 & 출제되는 질문

- ☑ 토지의 이동(異動)에 따른 지번부여 방법에 관한 설명 중 틀린 것은?
- ☑ 지번의 부여 및 부여방법 등에 관한 설명으로 틀린 것은?
- ☑ 지목에 관한 설명으로 틀린 것은?
- ☑ 공간정보의 구축 및 관리 등에 관한 법령에서 규정하고 있는 면적에 관한 설명 중 틀린 것은?

제1편 공간정보의 구축 및 관리 등에 관한 법률

기본 출제예상문제

제1절 공간정보의 구축 및 관리 등에 관한 법률 총설

01 용어의 제도

01 공간정보의 구축 및 관리 등에 관한 법령의 내용으로 틀린 것은? `20회 개작`

① "토지의 표시"라 함은 지적공부에 토지의 소재·지번·지목·면적·경계 또는 좌표를 등록한 것을 말한다.
② "지번부여지역"이라 함은 지번을 부여하는 단위지역으로서 동·리 또는 이에 준하는 지역을 말한다.
③ "지목"이라 함은 토지의 지형에 따라 토지의 종류를 구분하여 지적공부에 등록한 것을 말한다.
④ "경계점"이라 함은 지적공부에 등록하는 필지를 구획하는 선의 굴곡점으로서 지적도나 임야도에 도해 형태로 등록하거나 경계점좌표등록부에 좌표형태로 등록하는 점을 말한다.
⑤ "필지"란 하나의 지번이 붙은 토지의 등록단위로써, 토지의 크기나 형태와는 관계없이 하나의 필지에는 하나의 지번이 붙는다.

해설 ▶ 용어의 정의
지목은 **토지의 주된 용도**에 따라 토지의 종류를 구분하여 지적공부에 등록한 것을 말한다(법 제2조 제24호).

정답 01. ③

제2절 토지의 조사·등록

01 토지의 등록제도

02 토지의 조사·등록에 관한 다음 설명 중 잘못된 것은?

① 지적공부에 등록하는 지번·지목·면적·경계 또는 좌표는 토지의 이동이 있을 때 토지소유자의 신청을 받아 지적소관청이 결정한다.
② 지목변경을 신청할 수 있는 경우로는 관계 법령에 따른 토지의 형질변경 등의 공사가 준공된 경우 토지나 건축물의 용도가 변경된 경우 도시개발사업 등의 원활한 추진을 위하여 사업시행자가 공사 준공 전에 토지의 합병을 신청하는 경우에 한한다.
③ 토지소유자의 신청이 없는 경우에는 지적소관청이 직권으로 조사·측량하여 결정할 수 있다.
④ 지적소관청은 토지의 이동현황을 직권으로 조사·측량하여 토지의 지번·지목·면적·경계 또는 좌표를 결정하고자 하는 때에는 토지이동현황조사계획을 수립하여야 한다.
⑤ 토지이동현황조사계획은 시·도별로 수립하여야 한다.

해설 ▶ 토지의 조사·등록
① (법 제64조 제2항) ② (영 제67조 제1항)
③ (법 제64조 제2항 단서) ④ (규칙 제59조 제1항 전문)
⑤ 토지이동현황조사계획은 시·군·구별로 수립하되, 부득이한 사유가 있는 때에는 읍·면·동별로 수립할 수 있다(규칙 제59조 제1항 후문).

정답 02. ⑤

제1편 공간정보의 구축 및 관리 등에 관한 법률

03
공간정보의 구축 및 관리 등에 관한 법령상 토지의 조사·등록 등에 관한 내용이다. ( )에 들어갈 사항으로 옳은 것은?

23회 출제

> (㉠)은(는) (㉡)에 대하여 필지별로 소재·지번·지목·면적·경계 또는 좌표 등을 조사·측량하여 지적공부에 등록하여야 한다. 지적공부에 등록하는 지번·지목·면적·경계 또는 좌표는 (㉢)이 있을 때 토지소유자의 신청을 받아 (㉣)이 결정한다.

① ㉠: 지적소관청 ㉡: 모든 토지 ㉢: 토지의 이용 ㉣: 국토교통부장관
② ㉠: 지적측량수행자 ㉡: 관리 토지 ㉢: 토지의 이동 ㉣: 국토교통부장관
③ ㉠: 지적측량수행자 ㉡: 모든 토지 ㉢: 토지의 이동 ㉣: 지적소관청
④ ㉠: 국토교통부장관 ㉡: 관리 토지 ㉢: 토지의 이용 ㉣: 지적소관청
⑤ ㉠: 국토교통부장관 ㉡: 모든 토지 ㉢: 토지의 이동 ㉣: 지적소관청

해설 ▶ 토지의 조사·등록
- 토지의 등록이란 토지소유자나 기타 이해관계인에게 필요한 정보를 제공하기 위하여 국가기관인 지적소관청이 지적공부를 비치하여 모든 토지의 일정사항을 등록하고 이를 공시하는 행정행위(처분)를 말한다.
- 국토교통부장관은 모든 토지에 대하여 필지별로 소재·지번·지목·면적·경계 또는 좌표 등을 조사·측량하여 지적공부에 등록하여야 한다. 지적공부에 등록하는 소재·지번·지목·면적·경계 또는 좌표는 토지의 이동이 있을 때 토지소유자의 신청을 받아 지적소관청이 결정한다(법 제64조).

02 토지의 등록단위(필지) 및 양입지

04
다음은 필지의 의의와 기능에 관한 설명이다. 틀린 것은?
① 지번이란 필지에 부여하여 지적공부에 등록한 번호를 말한다.
② 측량이란 공간상에 존재하는 일정한 점들의 위치를 측정하고 그 특성을 조사하여 도면 및 수치로 표현하거나 도면상의 위치를 현지(現地)에 재현하는 것을 말하며, 측량용 사진의 촬영, 지도의 제작 및 각종 건설사업에서 요구하는 도면작성 등을 포함한다.
③ 소유자와 용도가 같고 지반이 연속된 토지는 1필지로 할 수 없다.
④ 필지마다 토지의 물리적 현황에 관한 일정한 사항을 기록한 장부가 「지적공부」이다.
⑤ 주된 용도의 토지에 편입되어 1필지로 획정되는 종된 토지를 양입지라 한다.

정답 03. ⑤ 04. ③

해설 ▶ **필지의 의의와 기능**
① (법 제2조 제22호)   ② (법 제2조 제1호)
③ 지번부여지역의 토지로서 소유자와 용도가 같고 지반이 연속된 토지는 1필지로 할 수 있다(영 제5조 제1항).
④ (법 제2조 제19호)   ⑤ (영 제5조 제2항)

05 다음 중 토지의 등록단위로서 필지와 그 성립요건에 관한 설명으로 틀린 것은?

① 필지는 「민법」의 1물1권주의원칙에 따른 소유권이 미치는 범위의 한계를 결정하는 기준이 된다.
② 1필의 토지가 되기 위해서는 같은 지번부여지역 내의 토지이어야 한다.
③ 1필지의 토지로 하기 위해서 소유자가 동일할 것을 요하지 않는다.
④ 종된 용도의 토지의 지목이 "대"(垈)인 경우에는 주된 용도의 토지에 편입하여 1필지로 할 수 없다.
⑤ 주된 용도의 토지의 편의를 위하여 설치된 도로·구거 등의 부지는 주된 용도의 토지에 편입하여 1필지로 할 수 있다.

해설 ▶ **필지와 그 성립요건**
① (○) 어떤 특정한 토지가 지적공부에 1필의 토지로 등록되었다면 그 토지의 소재, 지번, 지목, 면적 및 경계는 다른 특별한 사정이 없는 한 이 등록으로써 특정되었다고 할 것이므로 그 토지의 소유권의 범위는 지적공부상의 경계에 의하여 확정되어야 한다(대판 1986.10.14. 84다카49).
② (○) (영 제5조 제1항)
③ (X) 1필지로 하기 위해서는 같은 지번부여지역의 토지로서 소유자와 용도가 같고 지반이 연속된 토지라야 한다(영 제5조).
④ (○) (영 제5조 제2항 단서)   ⑤ (○) (영 제5조 제2항 본문)

정답 05. ③

제3절 토지의 등록사항

01 지번

06 공간정보의 구축 및 관리 등에 관한 법령상 지번의 구성 및 부여 방법 등에 관한 설명으로 **틀린** 것은? _{24회 개작}

① 지번은 아라비아숫자로 표기하되, 임야대장 및 임야도에 등록하는 토지의 지번은 숫자 앞에 "산"자를 붙인다.
② 지번은 본번과 부번으로 구성하되, 본번과 부번 사이에 "-"표시로 연결한다. 이 경우 "-" 표시는 "의"라고 읽는다.
③ 축척변경 시행지역의 필지에 지번을 부여할 때에는 그 지번부여지역에서 인접토지의 본번에 부번을 붙여서 지번을 부여하여야 한다.
④ 신규등록 대상토지가 그 지번부여지역의 최종 지번의 토지에 인접하여 있는 경우에는 그 지번부여지역의 최종 본번의 다음 순번부터 본번으로 하여 순차적으로 지번을 부여할 수 있다.
⑤ 행정구역 개편에 따라 새로 지번을 부여할 때에는 지적확정측량을 실시한 지역의 지번부여 방법을 준용한다.

해설 ▶ 지번의 구성 및 부여방법
①, ② (영 제56조 제1·2항)
③ 축척변경시행지역 안의 필지에 지번을 새로이 부여하는 때에는 지적확정측량을 실시한 지역의 각 필지에 지번을 새로 부여하는 방식에 따라 일정한 경우를 제외하고는 본번으로 지번을 부여한다(영 제56조 제3항 제6호 다목).
④ (영 제56조 제3항 제2호 가목)
⑤ (영 제56조 제3항 제6호 나목)

07 공간정보의 구축 및 관리 등에 관한 법령상 동일한 지번부여지역 내에서 지번이 77인 토지를 3필지로 분할하고자 하는 경우 분할되는 필지의 지번으로 옳은 것은? (단, 최종 지번에 1000이며, 77의 최종 부번은 3임)

① 77, 78, 79
② 77, 77-1, 77-2
③ 77, 77-4, 77-5
④ 77-1, 77-2, 77-3
⑤ 77-4, 77-5, 77-6

해설 ▶ 지번의 부여방법(영 제56조)
분할의 경우에는 분할 후의 필지 중 1필지의 지번은 분할 전의 지번으로 하고, 나머지 필지의 지번은 본번의 최종 부번 다음 순번으로 부번을 부여할 것. 이 경우 주거·사무실 등의 건축물이 있는 필지에 대해서는 분할 전의 지번을 우선하여 부여하여야 한다(영 제56조 제3항 제3호).

정답 06. ③ 07. ③

08 지번부여에 대한 설명으로 옳은 것은?

① 지적소관청은 시·도지사의 승인을 얻어 지번부여지역 안의 전부 또는 일부에 대하여 지번을 새로이 부여할 수 있다.
② 우리나라의 지번설정방식은 북서기번법, 도엽단위법, 단지단위법, 기번식 등의 제도를 채택하고 있다.
③ 등록전환의 경우에는 그 지번부여지역내의 최종본번의 다음 번호부터 순차적으로 본번을 붙이는 것을 원칙으로 한다.
④ 도시개발사업 등이 준공되기 전에 사업시행자가 지번부여신청을 하는 때에는 사업신고시 제출한 지번별 조서에 의한다.
⑤ 농지개량사업시행지역이나 토지구획정리사업지역의 지번부여는 도엽단위법이 적합하다.

해설 ▶ 지번부여(법 제66조 제2항, 영 제56조)

① (○) (법 제66조 제2항)
② (×) 기번식은 사용하지 않는다.
③ (×) 최종본번의 다음 번호부터 순차적으로 본번을 붙이는 것을 예외로 한다(영 제56조 제3항 제2호).
④ (×) 도시개발사업 등이 준공되기 전에 지번을 부여하는 때에는 사업 등의 '사업계획도'에 의한다(규칙 제61조).
⑤ (×) 도시개발 및 경지정리지구에 적합한 지번부여단위는 하나의 단지를 부여단위로 하여 지번을 부여하는 단지단위법을 사용하며, 진행방향은 하나의 단지에 본번을 부여하고 단지 내의 필지마다 부번을 부여하는 단지식을 사용하는 것이 원칙이다.

09 신규등록 및 등록전환 시 지번부여방법이 아닌 것은?

① 지번부여지역 안의 인접토지의 본번에 부번을 붙여 부여한다.
② 대상토지가 그 지번부여지역안의 최종 지번의 토지에 인접되어 있는 경우에는 그 지번부여지역의 최종 본번의 다음 순번부터 본번으로 하여 순차적으로 지번을 부여할 수 있다.
③ 대상토지가 이미 등록된 토지와 멀리 떨어져 있어서 등록된 토지의 본번에 부번을 부여하는 것이 불합리한 경우에는 그 지번부여지역의 최종 본번의 다음 순번부터 본번으로 하여 순차적으로 지번을 부여할 수 있다.
④ 대상토지가 여러 필지로 되어 있는 경우에는 그 지번부여지역의 최종 본번의 다음 순번부터 본번으로 하여 순차적으로 지번을 부여할 수 있다.
⑤ 지번부여지역 안의 인접토지와 독립된 본번을 부여한다.

해설 ▶ 신규등록 및 등록전환시 지번부여방법(영 제56조 제3항 제2호)
지번부여지역 안의 인접토지의 본번에 "부번"을 붙여 부여한다.

정답 08. ①   09. ⑤

10. 토지이동에 따른 지번의 부여방법에 대한 설명이다. '당해 지번부여지역의 최종본번의 다음 순번부터 본번으로 하여 지번을 부여할 수 있는 경우'가 아닌 것은?

① 지적확정측량실시지역에서의 지번부여시
② 행정구역개편으로 인한 지번부여시
③ 축척변경으로 인한 지번부여시
④ 지번변경으로 인한 지번부여시
⑤ 분할로 인한 지번부여시

해설 ▶ 지번의 부여방법(영 제56조 제3항)

①, ②, ③, ④ (○) (영 제56조 제3항 제5호 단서 및 제6호)
⑤ (×) 분할의 경우 원칙적으로 분할 후의 필지 중 1필지의 지번은 분할 전의 지번으로 하고, 나머지 필지의 지번은 본번의 최종 부번의 다음 순번으로 부번을 부여한다. 이 경우 주거·사무실 등의 건축물이 있는 필지에 대해서는 분할 전의 지번을 우선하여 부여하여야 한다(영 제56조 제3항 제3호).

11. 공간정보의 구축 및 관리 등에 관한 법령상 등록전환에 따른 지번부여 시 그 지번부여지역의 최종 본번의 다음 순번부터 본번으로 하여 순차적으로 지번을 부여할 수 있는 경우에 해당하는 것을 모두 고른 것은?

35회 출제

ㄱ. 대상토지가 여러 필지로 되어 있는 경우
ㄴ. 대상토지가 그 지번부여지역의 최종 지번의 토지에 인접하여 있는 경우
ㄷ. 대상토지가 이미 등록된 토지와 멀리 떨어져 있어서 등록된 토지의 본번에 부번을 부여하는 것이 불합리한 경우

① ㄱ   ② ㄱ, ㄴ   ③ ㄱ, ㄷ   ④ ㄴ, ㄷ   ⑤ ㄱ, ㄴ, ㄷ

해설 ▶ 지번부여방법

부번을 붙이는 것이 부적당하다고 인정되는 다음의 경우에는 최종 본번의 다음 순번부터 본번으로 하여 순차적으로 지번을 부여할 수 있다.
① 대상토지가 그 지번부여지역 안의 최송 지번의 토지에 인접되어 있는 경우
② 대상토지가 이미 등록된 토지와 멀리 떨어져 있어서 등록된 토지의 본번에 부번을 부여하는 것이 불합리한 경우
③ 대상토지가 여러 필지로 되어 있는 경우

10. ⑤   11. ⑤

제2장 총칙(기본)

12. 지번의 변경에 관한 설명으로 옳지 못한 것은?

① 지번부여지역 내의 일부 또는 전부의 지번이 순차적으로 부여되어 있지 아니한 때에 한다.
② 시·도지사의 승인을 얻어야 한다.
③ 지번을 변경할 때에는 당해 지번부여지역 내의 인접토지의 본번에 부번을 붙여서 정한다.
④ 지번의 변경을 하였을 때는 관할등기소에 지체없이 토지표시변경등기를 촉탁하여야 한다.
⑤ 지번부여지역 안의 지번을 일부 또는 전부 다시 정하는 것을 의미한다.

해설 ▶ **지번의 변경**(법 제66조 제2항, 영 제56조 제3항 제6호 가목)
①, ②, ⑤ (○) (법 제66조 제2항, 영 제56조 제3항 제6호 가목)
③ (×) 지번부여지역 안에 지번변경을 하는 때에는 지적확정측량을 실시한 지역 안의 각 필지의 지번부여방법을 준용한다(영 제56조 제3항 제6호 가목). 즉 원칙적으로 본번으로 지번을 부여한다.
④ (○) 법 제66조 제2항에 따른 사유로 토지의 표시변경에 관한 등기를 할 필요가 있는 경우에는 지체없이 관할 등기관서에 그 등기를 촉탁하여야 한다(법 제89조).

02 지목

13. 공간정보의 구축 및 관리 등에 관한 법령에서 규정하고 있는 지목의 종류를 모두 고른 것은?

28회 출제

| ㉠ 선로용지 | ㉡ 체육용지 | ㉢ 창고용지 |
| ㉣ 철도용지 | ㉤ 종교용지 | ㉥ 항만용지 |

① ㉠, ㉡, ㉢
② ㉡, ㉤, ㉥
③ ㉠, ㉢, ㉣, ㉥
④ ㉠, ㉣, ㉤, ㉥
⑤ ㉡, ㉢, ㉣, ㉤

해설 ▶ **지목의 종류**
현행 공간정보의 구축 및 관리 등에 관한 법령에서 규정하고 있는 지목은 28가지로 선로용지, 항만용지는 지목으로 구분하고 있지 않다(영 제58조).

정답 12. ③ 13. ⑤

제1편 공간정보의 구축 및 관리 등에 관한 법률

14 공간정보의 구축 및 관리 등에 관한 법령상 지목의 구분 및 설정방법 등에 관한 설명으로 틀린 것은? 〔35회 출제〕

① 필지마다 하나의 지목을 설정하여야 한다.
② 1필지가 둘 이상의 용도로 활용되는 경우에는 주된 용도에 따라 지목을 설정하여야 한다.
③ 토지가 일시적 또는 임시적인 용도로 사용될 때에는 그 용도에 따라 지목을 변경하여야 한다.
④ 물을 상시적으로 이용하지 않고 닥나무·묘목·관상수 등의 식물을 주로 재배하는 토지의 지목은 "전"으로 한다.
⑤ 물을 상시적으로 직접 이용하여 벼·연(蓮)·미나리·왕골등의 식물을 주로 재배하는 토지의 지목은 "답"으로 한다.

해설 지목설정의 원칙 - 영속성의 원칙
지목을 구분하는 때에는 토지의 용도가 영속적이지 아니하고 일시적이거나 임시적인 경우에는 다른 지목으로 구분하지 아니한다.

15 지목설정의 원칙(地目設定原則)을 설명한 것으로서 틀린 것은?

① 1필지 일부가 주된 사용목적과 다른 용도로 사용되거나, 주된 사용목적과 종속관계의 지목은 주지목(主地目)에 따라 설정한다.
② 토지가 일시적 또는 임시적으로 다른 용도로 사용되는 때에는 지목을 변경하지 않는다.
③ 도시계획사업, 도시개발사업, 산업단지조성사업 등의 지역에서 조성된 토지는 미리 그 사용목적에 따라 지목을 설정해야 한다.
④ 임시적 이용의 시효는 3년으로 한다.
⑤ 한 필지는 반드시 하나의 지목을 정하여 등록하여야 한다.

해설 지목설정원칙(영 제59조)
지목이란 토지의 주된 용도에 따라 토지의 종류를 구분하여 지적공부에 등록한 것을 말한다(법 제2조 제24호).
① (○) 주지목(주용도)추종의 원칙(영 제59조 제1항 제2호)
② (○) 영속성의 원칙(영 제59조 제2항)
③ (○) 사용목적추종의 원칙
④ (×) 임시적 이용의 시효는 정해진 기간이 없고, 사용목적이 종료된 후에도 변경된 용도로 계속 존치시키는 경우에는 지목을 변경하여야 한다. 그러나 임시적으로 사용되는 경우 지목변경 없이 종전의 지목으로 존치한다.
⑤ (○) 1필 1지목의 원칙(영 제59조 제1항 제1호)

정답 14. ③ 15. ④

16
공간정보의 구축 및 관리 등에 법령상 지적도면에 등록하는 부호의 연결이 틀린 것을 모두 고른 것은?

29회 출제

┌───┐
│ ㉠ 공원 – 공   ㉡ 목장용지 – 장   ㉢ 하천 – 하 │
│ ㉣ 주차장 – 차   ㉤ 양어장 – 어   │
└───┘

① ㉡, ㉢, ㉤   ② ㉡, ㉣, ㉤   ③ ㉢, ㉣, ㉤
④ ㉠, ㉡, ㉢, ㉣   ⑤ ㉠, ㉡, ㉣, ㉤

해설 ▶ **지목의 구분**
㉡ 목장용지 – 목   ㉢ 하천 – 천, 주차장 – 차   ㉤ 양어장 – 양

17
다음 중 지목에 관한 설명이 옳은 것은?

① 물건을 저장하기 위하여 독립적으로 설치된 보관시설의 부지는 잡종지이다.
② 늪 등의 경우와 같이 용·배수가 용이하지 아니한 토지에 연, 왕골 등이 자생하는 경우는 답(畓)이다.
③ 과수원이나 목장용지 내에 주거용 건축물의 부지는 대(垈)이다.
④ 골프연습장, 실내수영장, 경마장, 경륜장, 체육도장 등의 부지는 체육용지이다.
⑤ 배, 감, 호도나무 등이 자생하는 토지는 과수원이다.

해설 ▶ **지목의 구분**(영 제58조)
① (✕) 창고용지이다.   ② (✕) 유지이다.   ③ (○) (영 제58조 제3호 단서)
④ (✕) 경륜장을 제외한 나머지는 체육용지가 아니다. 경마장은 유원지, 체육도장이나 실내수영장의 부지는 통상적으로 대(垈)이다.
⑤ (✕) 임야이다.

18
다음 중 지목을 올바르게 설정한 것은?

① 갈대밭 : 전   ② 자갈땅·죽림지 : 임야
③ 교회 내 주거용 건축물 : 대   ④ 봉안시설과 이에 접속된 부속시설물: 대
⑤ 유수(流水)를 이용한 요트장 및 카누장 : 체

해설 ▶ **지목의 구분**(영 제58조)
• 산림 및 원야(原野)를 이루고 있는 수림지(樹林地)·죽림지·암석지·자갈땅·모래땅·습지·황무지 등의 토지는 "임야"로 한다(영 제58조 제5호).
① 잡종지 ③ 종교용지 ④ 묘지 ⑤ 하천

정답 16. ①   17. ③   18. ②

19
공간정보의 구축 및 관리 등에 관한 법령상 지목을 '잡종지'로 정할 수 있는 기준에 대한 내용으로 틀린 것은? (단, 원상회복을 조건으로 돌을 캐내는 곳 또는 흙을 파내는 곳으로 허가된 토지는 제외함)

① 공항시설 및 항만시설 부지
② 변전소, 송신소, 수신소 및 송유시설 등의 부지
③ 도축장, 쓰레기처리장 및 오물처리장 등의 부지
④ 모래·바람 등을 막기 위하여 설치된 방사제·방파제 등의 부지
⑤ 갈대밭, 실외에 물건을 쌓아두는 곳, 돌을 캐내는 곳, 흙을 파내는 곳, 야외시장 및 공동우물

해설 ▶ 잡종지
1) 갈대밭, 실외에 물건을 쌓아두는 곳, 돌을 캐내는 곳, 흙을 파내는 곳, 야시장, 비행장, 공동우물
2) 영구적 건축물 중 변전소, 송신소, 수신소, 송유시설, 도축장, 자동차운전학원, 쓰레기 및 오물처리장 등의 부지
3) 다른 지목에 속하지 않는 토지(예비군훈련장, 군부대, 상여집, 화장터 등)

20
다음 지목의 설정에 관한 기술 중 옳은 것은?

① 용수(用水) 또는 배수(排水)를 위하여 일정한 형태를 갖춘 인공적인 수로·둑 및 그 부속시설물의 부지와 자연의 유수(流水)가 있거나 있을 것으로 예상되는 소규모 수로부지 — 유지(溜池)
② 곡물·원예작물(과수류는 제외한다)·약초·뽕나무·닥나무·묘목·관상수 등의 식물을 주로 재배하는 토지와 식용(食用)으로 죽순을 재배하는 토지 — 답
③ 송수관·송유관 및 저장시설의 부지 — 광천지
④ 산림 및 원야(原野)를 이루고 있는 수림지(樹林地)·죽림지·암석지·자갈땅·모래땅·습지·황무지 등의 토지 — 대
⑤ 자연의 유수(流水)가 있거나 있을 것으로 예상되는 토지 — 하천

해설 ▶ 지목의 구분(영 제58조)
① 구거에 관한 설명이다.
② 전에 관한 설명이다.
③ 온수·약수·석유류 등을 일정한 장소로 운송하는 송수관·송유관 및 저장시설의 부지는 광천지에서 제외한다.
④ 임야에 관한 설명이다.

정답 19. ④ 20. ⑤

제2장 총칙(기본)

21 다음은 지목과 관련된 내용이다. 잘못 연결된 것은?

① 공장 안에 있는 농지가 체육시설(테니스장, 족구장)부지로 형질변경되어 준공된 경우 – 체육용지
② 농어촌휴양지 내에 농지전용허가를 받아 조성한 야영장 – 잡종지
③ 눈썰매장으로 농지전용협의 및 토지형질변경허가를 받아 준공된 토지 – 체육용지
④ 제례를 올리는 사당으로 건축허가 되어 준공된 건축물부지 – 종교용지
⑤ 관계법령에 의거 인·허가를 받아 영속성과 독립성을 갖춘 골프연습장의 부지 – 체육용지

해설 ▶ 지목의 구분(영 제58조)
공장 안에 있는 농지가 체육시설(테니스장, 족구장)부지로 형질변경되어 준공된 경우에는 공장용지로 지목을 설정한다(영 제58조 제9호 다목).

22 지목의 구분기준에 관한 설명으로 옳은 것은? **21회 출제**

① 연·왕골 등이 자생하는 배수가 잘 되지 아니하는 토지는 '유지'로 한다.
② 천일제염 방식으로 하지 아니하고 동력으로 바닷물을 끌어들여 소금을 제조하는 공장시설물의 부지는 '염전'으로 한다.
③ 자동차 등의 판매 목적으로 설치된 물류장 및 야외전시장은 '주차장'으로 한다.
④ 자동차·선박·기차 등의 제작 또는 정비공장 안에 설치된 급유·송유시설의 부지는 '주유소용지'로 한다.
⑤ 학교용지·공원·종교용지 등 다른 지목으로 된 토지에 있는 유적·고적·기념물을 보호하기 위하여 구획된 토지는 '사적지'로 한다.

해설 ▶ 지목의 구분기준
① (○) (영 제58조 제19호)
② (✗) 염전은 바닷물을 끌어들여 소금을 채취하기 위하여 조성된 토지와 이에 접속된 제염장(製鹽場) 등 부속시설물의 부지를 말하며 다만, 천일제염 방식으로 하지 아니하고 동력으로 바닷물을 끌어들여 소금을 제조하는 공장시설물의 부지는 제외한다(동조 제7호).
③ (✗) ③의 토지는 주차장에서 제외된다(동조 제11호 나목).
④ (✗) ④의 토지는 주유소용지에서 제외된다(동조 제12호 단서).
⑤ (✗) ⑤의 토지는 사적지에서 제외된다(동조 제26호 단서).

정답 21. ① 22. ①

제1편 공간정보의 구축 및 관리 등에 관한 법률

23

공간정보의 구축 및 관리 등에 관한 법령상 지목의 구분에 관한 설명으로 옳은 것은?

29회 출제

① 자연의 유수가 있거나 있을 것으로 예상되는 소규모 수로부지는 하천으로 한다.
② 일반 공중의 보건·휴양 및 정서생활에 이용하기 위한 시설을 갖춘 토지로서 국토의 계획 및 이용에 관한 법률에 따라 공원 또는 녹지로 결정, 고시된 토지는 체육용지로 한다.
③ 물을 상시적으로 직접 이용하여 연, 미나리, 왕골 등의 식물을 주로 재배하는 토지는 답으로 한다.
④ 해상에 인공으로 조성된 수산생물의 번식 또는 양식을 위한 시설을 갖춘 부지는 양어장으로 한다.
⑤ 온수, 약수, 석유류 등을 일정한 장소로 운송하는 송수관, 송유관 및 저장시설의 부지는 광천지로 한다.

해설 ▶ 지목의 구분
① 자연의 유수가 있거나 있을 것으로 예상되는 소규모 수로부지는 구거로 한다.
② 지하에서 온수 약수 석유류 등이 용출되는 용출구와 그 유지에 사용되는 부지는 광천지로 한다. 다만 온수, 약수, 석유류등을 일정한 장소로 운송하는 송수관, 송유관 및 저장시설의 부지는 제외한다.
④ 육상에 인공으로 조성된 수산생물의 번식 또는 양식을 위한 시설을 갖춘 부지는 양어장으로 한다.
⑤ 일반공중의 보건, 휴양 및 정서생활에 이용하기 위한 시설을 갖춘 토지로서 국토의 계획 및 이용에 관한 법률에 따라 공원 또는 녹지로 결정,고시된 토지는 공원으로 한다.

24

공간정보의 구축 및 관리 등에 관한 법령상 지목의 구분기준에 관한 설명으로 옳은 것은?

25회 출제

① 물을 상시적으로 이용하지 않고 닥나무·묘목·관상수 등의 식물을 주로 재배하는 토지는 "전"으로 한다.
② 온수·약수·석유류 등을 일정한 장소로 운송하는 송수관·송유관 및 저장시설의 부지는 "광천지"로 한다.
③ 아파트·공장 등 단일 용도의 일정한 단지 안에 설치된 통로 등은 "도로"로 한다.
④ 「도시공원 및 녹지 등에 관한 법률」에 따른 묘지공원으로 결정·고시된 토지는 "공원"으로 한다.
⑤ 자연의 유수(流水)가 있거나 있을 것으로 예상되는 소규모 수로부지는 "하천"으로 한다.

해설 ▶ 지목의 구분(영 제58조)
② 잡종지 ③ 대 또는 공장용지 ④ 묘지 ⑤ 구거

정답 23. ③ 24. ①

25. 공간정보의 구축 및 관리 등에 관한 법령상 지목의 구분으로 틀린 것은?

27회 출제

① 학교의 교사(校舍)와 이에 접속된 체육장 등 부속시설물의 부지의 지목은 "학교용지"로 한다.
② 물건 등을 보관하거나 저장하기 위하여 독립적으로 설치된 보관시설물의 부지와 이에 접속된 부속시설물의 부지의 지목은 "창고용지"로 한다.
③ 사람의 시체나 유골이 매장된 토지, 「장사 등에 관한 법률」 제2조 제9호에 따른 봉안시설과 이에 접속된 부속시설물의 부지 및 묘지의 관리를 위한 건축물의 부지의 지목은 "묘지"로 한다.
④ 교통 운수를 위하여 일정한 궤도 등의 설비와 형태를 갖추어 이용되는 토지와 이에 접속된 역사(驛舍)·차고·발전시설 및 공작창(工作廠) 등 부속시설물의 부지의 지목은 "철도용지"로 한다.
⑤ 육상에 인공으로 조성된 수산생물의 번식 또는 양식을 위한 시설을 갖춘 부지와 이에 접속된 부속시설물의 부지의 지목은 "양어장"으로 한다.

해설 ▶ 지목
묘지의 관리를 위한 건축물의 부지는 대로 한다(영 제58조 제27호).

26. 지목에 관한 설명 중 가장 옳은 것은?

① 토지의 형질이 변경되었을 때에는 반드시 지목변경을 하게 된다.
② 지목은 장래를 예견하고 정하는 것이 원칙이다.
③ 밭에다 집을 지었다면 이것이 곧 지목변경이다.
④ 임야대장에 등록된 임야를 개간하여 경작지로 하는 것은 지목변경이다.
⑤ 지목변경이라 함은 등록된 지목을 다른 지목으로 바꾸어 등록하는 행정행위이다.

해설 ▶ 지목 총설
① (×) 토지의 형질변경이 있는 경우에 반드시 지목변경이 되는 것은 아니다(영 제64조 제2항 참조).
② (×) 현재의 용도로 정한다(법 제2조 제24호).
③ (×) 형질변경이다.
④ (×) 등록전환의 대상이다(법 제2조 제30호).
⑤ (○) 지목은 현재 토지용도를 정하여 지적공부에 등록한 것이다. 또한, 공부에 등록된 지목을 다른 지목으로 수정·등록하는 것이 지목변경이다(법 제2조 제33호).

정답 25. ③ 26. ⑤

제1편 공간정보의 구축 및 관리 등에 관한 법률

27 지목을 구분하는 데 유의할 사항으로 그 내용이 잘못된 것은?

① 원예작물이나 관상수 등을 재배하는 토지의 지목은 '전'으로 설정하여야 한다.
② 석유류 등을 일정한 장소로 운송하는 송유관 및 그 저장시설의 부지는 잡종지로 한다.
③ 「자연공원법」상 공원으로 결정·고시된 토지는 임야로 하고, 「공원녹지법」상 공원으로 결정된 토지는 공원으로 한다.
④ 묘지를 관리하기 위한 건축물의 부지는 묘지로 한다.
⑤ 비행장·자동차운전학원·쓰레기 및 오물처리장 등 부지는 '잡종지'에 해당된다.

> **해설** ▶ **지목의 구분**(영 제58조)
> 묘지를 관리하기 위한 건축물의 부지는 묘지에서 제외되고(영 제58조 제27호 단서), 대(垈)에 해당한다(영 58조 제8호 가목).

28 다음 중 지목에 대한 설명으로 옳은 것은?

① 과수원으로 등록되어 있는 토지에 농산물저온창고로 건축허가를 받은 경우에 지목은 창고용지이다.
② 「국토의 계획 및 이용에 관한 법률」에 의한 공원인, 어린이 공원·도시자연공원·근린공원·체육공원의 지목은 공원이다.
③ 수림지·죽림지·갈대밭, 자갈땅·모래땅·습지·황무지의 지목은 임야이다.
④ 동력에 의하여 바닷물을 끌어들여 소금을 제조하는 공장시설물의 부지는 염전이다.
⑤ 바다에 인공으로 조성된 수산생물의 번식 또는 양식을 위하여 일정한 시설을 갖춘 부지와 이에 접속된 부속시설물의 부지는 양어장이다.

> **해설** ▶ **지목의 구분**(영 제58조)
> ① (✕) 과수원용지이다(영 제58조 제3호).
> ② (○) (영 제58조 제22호)
> ③ (✕) 갈대밭은 잡종지이다(영 제58조 제28호).
> ④ (✕) 공장용지이다(영 제58조 제9호).
> ⑤ (✕) 양어장은 "육상"에 인공으로 조성된 시설물의 부지를 의미하며(영 제58조 제20호), 바다는 등록대상이 아니다(법 제82조 참조).

정답 27. ④ 28. ②

29. 지목이 대(垈)에 해당되는 것은?

① 의원·병원·종합병원 등의 부지
② 제조·가공 또는 수리공장 등의 부지
③ 경마장·동물원·식물원 등의 부지
④ 쓰레기 및 오물처리용 건축물의 부지
⑤ 사찰·재실·사당 등의 부지

해설 ▶ **지목의 종류**[대(영 제58조 제8호)]
① (○) 공용의 청사나 주거용, 상업용, 업무용, 문화용, 의료용, 숙박용, 요식용 건축물의 부지는 '대'이다(영 제58조 제8호 가목).
② (×) 공장용지이다(영 제58조 제9호).   ③ (×) 유원지이다(영 제58조 제24호).
④ (×) 잡종지이다(영 제58조 제28호 나목). ⑤ (×) 종교용지이다(영 제58조 제25호).

30. 공간정보의 구축 및 관리 등에 관한 법령상 지목을 잡종지로 정할 수 있는 것으로만 나열한 것은? (단, 원상회복을 조건으로 돌을 캐내는 곳 또는 흙을 파내는 곳으로 허가된 토지는 제외함) **31회 출제**

① 변전소, 송신소, 수신소 및 지하에서 석유류 등이 용출되는 용출구(湧出口)와 그 유지(維持)에 사용되는 부지
② 여객자동차터미널, 자동차운전학원 및 폐차장 등 자동차와 관련된 독립적인 시설물을 갖춘 부지
③ 갈대밭, 실외에 물건을 쌓아두는 곳, 산림 및 원야(原野)를 이루고 있는 암석지·자갈땅·모래땅·황무지 등의 토지
④ 공항·항만시설 부지 및 물건 등을 보관하거나 저장하기 위하여 독립적으로 설치된 보관시설물의 부지
⑤ 도축장, 쓰레기 처리장, 오물처리장 및 일반 공중의 위락·휴양 등에 적합한 시설물을 종합적으로 갖춘 야영장·식물원 등의 토지

해설 ▶ **기반시설 설치비용**
① 광천지
③ 임야
④ 물건 등을 보관하거나 저장하기 위하여 독립적으로 설치된 보관시설물의 부지는 창고용지이다.
⑤ 일반 공중의 위락·휴양 등에 적합한 시설물을 종합적으로 갖춘 야영장·식물원 등의 토지는 유원지이다.

정답 29. ① 30. ②

03 경계와 좌표

31 다음 중 현행 법령상 경계의 설정·등록에 관한 기본원칙과 관계 <u>없는</u> 것은?
① 영속성의 원칙　② 경계직선주의　③ 경계국정주의
④ 경계불가분의 법칙　⑤ 축척종대의 원칙

> **해설** **경계설정원칙**
> 영속성의 원칙이란 지목을 구분하는 때에는 토지의 용도가 영속적이지 아니하고 일시적이거나 임시적인 경우에는 다른 지목으로 구분하지 아니한다는 원칙으로 지목설정과 관련된 원칙이다(영 제59조).

32 공간정보의 구축 및 관리 등에 관한 법령상 경계에 관한 다음 설명 중 <u>틀린</u> 것은?
① 경계란 계곡·능선 등의 지상의 자연물로써 구획된 선이나 담장·둑·철조망 등 인위적으로 설치한 경계가 아니라 지적공부 즉 도면상의 경계를 말한다.
② 어떤 특정한 토지가 지적공부에 1필의 토지로 등록되었다면 그 토지의 소재, 지번, 지목, 면적 및 경계는 다른 특별한 사정이 없는 한 이 등록으로써 특정되었다고 할 것이므로 그 토지의 소유권의 범위는 지적공부상의 경계에 의하여 확정되어야 한다.
③ 지적도와 임야도에 등록된 동일한 경계가 서로 다를 때에는 지적도에 등록된 경계에 따르게 된다.
④ 지상경계의 구획을 형성하는 구조물 등의 소유자가 다른 경우 도로·구거 등의 토지에 절토된 부분이 있는 때에는 그 소유권에 의하여 지상경계를 결정할 수 없다.
⑤ 신규등록·등록전환·분할·경계정정 등을 하거나 지적재조사사업에 따른 토지의 이동이 있는 경우로서 측량할 필요가 있는 경우에는 새로이 측량하여 각 필지의 경계를 정한다.

> **해설** **경계**
> ① (○) (법 제2조 제26호)
> ② (○) (대판 1986.10.14. 84다카490)
> ③ (○) 축척이 큰 정밀도가 높은 도면에 따른다(축척종대의 원칙).
> ④ (×) 지상경계의 구획을 형성하는 구조물 등의 소유자가 다른 경우에는 연접되는 토지 간에 높낮이 차이 또는 도로·구거 등의 토지에 절토된 부분이 있어도 그 소유권에 의하여 지상경계를 결정한다(영 제55조 제2항).
> ⑤ (○) (법 제23조 제1항 제3호)

정답　31. ①　32. ④

33. 경계에 관한 다음 설명 중 틀린 것은?

① 경계란 필지별로 경계점과 경계점을 직선으로 연결하여 지적공부에 등록한 선을 말한다.
② 토지의 지상경계는 둑·담장 그 밖에 구획의 목표가 될 만한 구조물 및 경계점표지 등으로 표시한다.
③ 분할에 따른 지상경계는 법원의 확정판결이 있는 경우에도 지장건축물을 걸리게 결정할 수 없다.
④ 지적공부상 경계가 기술적인 착오로 진실한 경계선과 다르게 등록된 것과 같은 특별한 사정이 있는 경우에는 그 경계확정은 실제의 경계로 한다.
⑤ 합병에 따른 경계는 합병 전 각 필지의 경계 중 합병으로 필요 없게 된 부분을 말소하여 결정한다.

해설▶ 경계
① (○) (법 제2조 제26호)　　② (○) (영 제54조 제1항)
③ 분할에 따른 지상경계는 지상건축물을 걸리게 결정할 수 없다. 다만, 법원의 확정판결이 있는 경우 등의 경우는 예외가 인정된다(영 제55조 제4항).
④ (대판 1997.7.8. 96다36517)　　⑤ (법 제26조 제1항 제1호)

34. 경계에 관한 다음 설명 중 옳지 않은 것은?

① 경계확정소송의 대상이 되는 경계란 공적으로 설정 인증된 지번과 지번의 경계선을 가리키는 것이고, 사적인 소유권의 경계선을 가리키는 것은 아니다.
② 경계는 실형(實形)대로 표시하지 않고 최단거리 직선으로 연결하여 표시한다.
③ 도시개발사업의 사업시행자가 사업지구의 경계를 결정하기 위하여 분할하고자 하는 경우에는 경계점표지를 설치한 후 그 표지를 중심으로 분할할 수 있다.
④ 지적공부에 1필지의 토지가 등록되었다면 그 토지의 소유권의 범위는 실제의 지표상의 경계가 아닌 지적공부에 등록된 경계선에 의하여 확정된다.
⑤ 당사자들이 사실상의 경계대로 토지를 매매할 의사를 가지고 거래한 경우 등과 같이 특별한 사정이 있는 경우에도 실제경계가 아닌 지적공부상의 경계에 의하여야 한다.

해설▶ 실제경계
① (○) (대판 1997.7.8. 96다36517)　　② (○) 경계직선주의 원칙이라 한다.
③ (○) (영 제54조 제1항, 영 제55조 제3항 제1호)　　④ (○)
⑤ (×) 어떤 특정한 토지가 지적공부에 1필의 토지로 등록되었다면 그 토지의 소재, 지번, 지목, 면적 및 경계는 다른 특별한 사정이 없는 한 이 등록으로써 특정되었다고 할 것이므로 그 토지의 소유권의 범위는 지적공부상의 경계에 의하여 확정되어야 한다. 그러나 매매당사자들이 사실상의 경계대로의 토지를 매매할 의사를 가지고 거래를 한 경우 등과 같이 당사자가 사실상의 경계를 매매목적물의 범위로 삼은 특별한 사정이 있는 때에는 그 토지의 경계는 실제의 경계에 의한다(대판 1986.10.14. 84다카490).

정답　33. ③　34. ⑤

제1편 공간정보의 구축 및 관리 등에 관한 법률

35

공간정보의 구축 및 관리 등에 관한 법령상 경계에 관한 설명으로 **틀린** 것은?

① "경계"는 필지별로 경계점간을 직선으로 연결하여 지적공부에 등록한 선이다.
② 경계점좌표등록부에 등록하는 경계점, 즉 필지를 구획하는 선의 굴곡점은 지적측량에 의해 결정한다.
③ 지상경계의 구획을 형성하는 구조물 등의 소유자가 다른 경우에는 소유권에 따라 지상경계를 결정한다.
④ 토지가 해면 또는 수면에 접하는 경우에는 평균해수면 또는 평균수면이 되는 선을 기준으로 지적공부에 등록한다.
⑤ 지적공부상 경계가 기술적인 착오로 진실한 경계선과 다르게 등록된 것과 같은 특별한 사정이 있는 경우에 경계확정은 실제의 경계로 한다.

해설 ▶ **경계**(설정기준 등)
① (○) (법 제2조 제26호)
② (○) (법 제2조 제25호, 법 제23조 제1항 제4호) 경계점이란 필지를 구획하는 선의 굴곡점으로서 지적도나 임야도에 도해(圖解) 형태로 등록하거나 경계점좌표등록부에 좌표 형태로 등록하는 점을 말한다.
③ (○) (영 제55조 제2항)
④ (×) 토지가 해면 또는 수면에 접하는 경우에는 최대만조위가 되는 선 또는 최대만수위가 되는 선을 기준으로 지적공부에 등록하여야 한다(영 제55조 제1항 제4호).
⑤ (○) (대판 1986.10.14. 84다카490)

36

공간정보의 구축 및 관리 등에 관한 법령상 지상경계 및 지상경계점등록부 등에 관한 설명으로 **틀린** 것은? **35회 출제**

① 지적공부에 등록된 경계점을 지상에 복원하는 경우에는 지상경계점등록부를 작성·관리하여야 한다.
② 토지의 지상경계는 둑, 담장이나 그 밖에 구획의 목표가 될 만한 구조물 및 경계점표지 등으로 구분한다.
③ 지상경계의 구획을 형성하는 구조물 등의 소유자가 다른 경우에는 그 소유권에 따라 지상경계를 결정한다.
④ 경계점 좌표는 경계점좌표등록부 시행지역의 지상경계점등록부의 등록사항이다.
⑤ 토지의 소재, 지번, 공부상 지목과 실제 토지이용 지목, 경계점의 사진 파일은 지상경계점 등록부의 등록사항이다.

정답 35. ④ 36. ①

해설 ▶ 경계의 확정

지적소관청이 토지의 이동에 따라 지상경계를 새로 정한 경우에는 지상경계점등록부를 작성·관리하여야 한다(법 제65조 제2항).

37
공간정보의 구축 및 관리 등에 관한 법령상 지상 경계의 결정기준에 관한 설명으로 옳은 것을 모두 고른 것은?(단 지상 경계의 구획을 형성하는 구조물 등의 소유자가 다른 경우는 제외함)

> ㉠ 연접되는 토지 간에 높낮이 차이가 없는 경우 : 그 구조물 등의 바깥쪽 면
> ㉡ 연접되는 토지 간에 높낮이 차이가 있는 경우 : 그 구조물 등의 상단부
> ㉢ 도로·구거 등의 토지에 절토(切土)된 부분이 있는 경우 : 그 경사면의 하단부
> ㉣ 토지가 해면 또는 수면에 접하는 경우 : 최대만조위 또는 최대만수위가 되는 선
> ㉤ 공유수면매립지의 토지 중 제방 등을 토지에 편입하여 등록하는 경우 : 바깥쪽 어깨부분

① ㉠, ㉡   ② ㉠, ㉤   ③ ㉡, ㉢   ④ ㉢, ㉣   ⑤ ㉣, ㉤

해설 ▶ 지상 경계의 결정기준(영 제55조)

㉠ (×) 연접되는 토지 간에 높낮이 차이가 없는 경우 : 그 구조물 등의 중앙
㉡ (×) 연접되는 토지 간에 높낮이 차이가 있는 경우 : 그 구조물 등의 하단부
㉢ (×) 도로·구거 등 토지에 절토된 부분이 있는 경우 : 그 경사면의 상단부
㉣ (○) 토지가 해면 또는 수면에 접하는 경우 : 최대만조위 또는 최대만수위가 되는 선
㉤ (○) 공유수면매립지의 토지 중 제방 등을 토지에 편입하여 등록하는 경우 : 바깥쪽 어깨부분

38
공간정보의 구축 및 관리 등에 관한 법령상 분할에 따른 지상경계를 지상건축물에 걸리게 결정할 수 없는 경우는? **24회 출제**

① 소유권 이전 및 매매를 위하여 토지를 분할하는 경우
② 법원의 확정판결에 따라 토지를 분할하는 경우
③ 도시개발사업 시행자가 사업지구의 경계를 결정하기 위하여 토지를 분할하는 경우
④ 「국토의 계획 및 이용에 관한 법률」에 따른 도시·군관리계획결정 고시와 지형도면 고시가 된 지역의 도시·군관리계획선에 따라 토지를 분할하는 경우
⑤ 공공사업 등에 따라 학교용지·도로·철도용지·제방 등의 지목으로 되는 토지를 분할하는 경우

정답 37. ⑤ 38. ①

해설 ▶ **분할에 따른 지상경계**

경계가 건물에 걸리거나 관통하면 나중에 다툼이 생겨 건물이 철거되는 경우가 발생하기 때문이다. 분할에 따른 지상경계는 지상건축물에 걸리게 결정할 수 없으나 다음의 예외가 인정된다(영 제55조 제4항).
1) 법원의 확정판결이 있는 경우
2) 공공사업 등에 따라 학교용지·도로·철도용지·제방·하천·구거·유지·수도용지 등의 지목으로 되는 토지를 분할하는 경우
3) 도시개발사업 등의 사업시행자가 사업지구의 경계를 결정하기 위하여 토지를 분할하는 경우
4) 「국토의 계획 및 이용에 관한 법률」에 따른 도시·군관리계획결정 고시와 지형도면 고시가 된 지역의 도시·군관리계획선에 따라 토지를 분할하는 경우

39

공간정보의 구축 및 관리 등에 관한 법령상 지상경계점등록부에 등록될 사항에 해당하지 <u>아니한</u> 것은 모두 몇 개인가?

㉠ 토지의 소재	㉡ 지 번
㉢ 경계점 위치 설명도	㉣ 공부상 지목과 실제 토지이용 지목
㉤ 경계점의 사진 파일	㉥ 경계점표지의 종류 및 경계점 위치
㉦ 경계점 좌표(경계점좌표등록부 시행지역에 한정)	

① 0개 ② 1개 ③ 2개 ④ 3개 ⑤ 4개

해설 ▶ **지상경계점등록부**

지상경계점등록부에는 ㉠ 토지의 소재, ㉡ 지번, ㉢ 경계점 위치 설명도, ㉣ 공부상 지목과 실제 토지이용 지목, ㉤ 경계점의 사진 파일, ㉥ 경계점표지의 종류 및 경계점 위치, ㉦ 경계점 좌표(경계점좌표등록부 시행지역에 한정)가 등록된다(법 제65조 제2항, 규칙 제60조 제2항). 따라서 위의 모든 사항이 등록될 사항에 해당한다.

정답 39. ①

04 면적

40 지적공부에 등록하는 면적에 관한 설명으로 틀린 것은? [25회 출제]

① 면적은 토지대장 및 경계점좌표등록부의 등록사항이다.
② 지적도의 축척이 600분의 1인 지역의 토지 면적은 제곱미터 이하 한 자리 단위로 한다.
③ 지적도의 축척이 1,200분의 1인 지역의 1필지 면적이 1제곱미터 미만일 때에는 1제곱미터로 한다.
④ 임야도의 축척이 6,000분의 1인 지역의 1필지 면적이 1제곱미터 미만일 때에는 1제곱미터로 한다.
⑤ 경계점좌표등록부에 등록하는 지역의 1필지 면적이 0.1제곱미터 미만일 때에는 0.1제곱미터로 한다.

해설 면적의 결정 및 측량계산의 끝수처리(영 제60조)
경계점좌표등록부에는 면적을 등록하지 아니한다(법 제73조).

41 다음 중 공간정보의 구축 및 관리 등에 관한 법령상 면적에 관한 설명으로 옳지 않은 것은?

① 지적도 및 임야도에 등록된 필지가 면적의 증감 없이 경계의 위치만 잘못된 경우 지적소관청은 이를 직권으로 조사·측량하여 정정할 수 있다.
② 면적이라 함은 지적공부에 등록한 필지의 수평면상 넓이를 말하며, 단위는 제곱미터로 한다.
③ 토지의 면적결정을 함에 있어서 면적에 제곱미터 미만의 끝수가 있는 경우 0.5제곱미터를 초과하는 때에는 올리는 것이 원칙이다.
④ 축척 600분의 1 지적도 시행지역에서 측정한 1필지의 면적이 0.09제곱미터인 경우에는 1제곱미터로 등록한다.
⑤ 경위의측량방법에 의해 세부측량을 시행한 지역의 필지별 면적측정방법은 경계점좌표에 의한다.

정답 40. ① 41. ④

제1편 공간정보의 구축 및 관리 등에 관한 법률

해설 ▶ **면적측정의 대상 및 방법**(지적측량 시행규칙 제19조, 제20조)
① (○) 등록사항의 직권정정이라 한다(영 제82조 제1항 제2호).
② (○) (법 제2조 제27호)
③ (○) (영 제60조 제1항 제1호)
④ (×) 1제곱미터 → 0.1제곱미터로 등록한다. 즉 지적도의 축척이 600분의 1인 지역과 경계점좌표등록부에 등록하는 지역의 토지 면적은 제곱미터 이하 한 자리 단위로 하되, 0.1제곱미터 미만의 끝수가 있는 경우 0.05제곱미터 미만일 때에는 버리고 0.05제곱미터를 초과할 때에는 올리며, 0.05제곱미터일 때에는 구하려는 끝자리의 숫자가 0 또는 짝수이면 버리고 홀수이면 올린다(영 제60조 제1항 제2호).
⑤ (○) (지적측량 시행규칙 제20조 제1항 제1호)

42

공간정보의 구축 및 관리 등에 관한 법령상 세부측량 시 필지마다 면적을 측정하여야 하는 경우가 <u>아닌</u> 것은? **24회 출제**

① 지적공부의 복구를 하는 경우
② 등록전환을 하는 경우
③ 지목변경을 하는 경우
④ 축척변경을 하는 경우
⑤ 도시개발사업 등으로 인한 토지의 이동에 따라 토지의 표시를 새로 결정하는 경우

해설 ▶ **면적측정의 대상**(지적측량 시행규칙 제19조)
• 합병·지목변경·위치정정·등록말소 등의 경우에는 면적측정이 필요하지 않은 경우이다(지적측량 시행규칙 제19조 참조).
• 세부측량을 하는 경우로서 필지마다 면적을 측정하여야 하는 경우
 1) 지적공부의 복구·신규등록·등록전환·분할 및 축척변경을 하는 경우
 2) 법 제84조에 따라 면적 또는 경계를 정정하는 경우
 3) 법 제86조에 따른 도시개발사업 등으로 인한 토지의 이동에 따라 토지의 표시를 새로 결정하는 경우
 4) 경계복원측량 및 지적현황측량에 면적측정이 수반되는 경우

정답 42. ③

43 지적공부에 등록하는 면적에 관한 설명으로 틀린 것은?

① 합병에 따른 면적은 따로 측량을 하지 아니하고 합병 전의 각 필지의 면적을 합산하여 합필 후 필지의 면적으로 한다.
② 지목변경의 경우에는 면적을 측정하지 아니한다.
③ 축척이 1/1,200인 지적도 시행지역에서는 1필지의 면적이 1제곱미터 미만인 경우 1제곱미터로 토지대장에 등록한다.
④ 경계점좌표등록부에 등록하는 지역의 토지 면적이 0.04제곱미터로 나왔다면 0.1제곱미터로 등록한다.
⑤ 토지분할 전후의 면적차이가 오차의 허용범위 이내인 경우에는 지적공부상의 분할 전 토지의 면적 또는 경계를 정정하여야 한다.

해설 면적
① (법 제26조 제1항 제2호)
② (지적측량 시행규칙 제19조 제1항 참조)
③ (영 제60조 제1항 제1호)
④ (영 제60조 제1항 제2호)
⑤ 분할 전후 면적의 차이가 계산식에 따른 허용범위 이내인 경우에는 그 오차를 분할 후의 각 필지의 면적에 따라 나누고, 허용범위를 초과하는 경우에는 지적공부(地籍公簿)상의 면적 또는 경계를 정정하여야 한다(영 제19조 제1항 제2호 나목).

44 지적도의 축척이 600분의 1인 지역 내 신규등록할 토지의 측정면적을 계산한 값이 325.551m²인 경우 토지대장에 등록할 면적은? [21회 출제]

① 325m²   ② 326m²   ③ 325.5m²
④ 325.6m²   ⑤ 325.55m²

해설 면적의 계산
축척이 600분의 1이므로 소수점 1자리까지 구하며 소수점 두번째 자리수가 "5"인 경우에는 그 앞자리 수가 홀수인 경우 올림을 하므로 325.6m²가 된다(영 제60조 제1항 제2호 참조).

45 경위의측량방법으로 세부측량을 한 도시개발사업지의 일필지 면적을 산출한 결과 440.55m²가 산출되었다. 토지대장에 결정해야 할 면적은?

① 440m²   ② 440.5m²   ③ 440.6m²   ④ 440.55m²   ⑤ 441m²

해설 면적의 결정방법
경계점좌표등록부 시행지역으로서 축척은 1/500 지역이므로 5사5입법에 의하여, 0.1제곱미터 미만의 끝수가 0.05제곱미터일 때에는 구하려는 끝자리의 숫자가 0 또는 짝수이면 버리고 홀수이면 올린다(영 제60조 제1항 제2호).

정답 43. ⑤ 44. ④ 45. ③

46

다음과 같은 면적의 측정결과가 있을 때 등록할 면적이 바르지 <u>못한</u> 것은?

① 축척 1/2,400인 지적도에서 측정결과가 126.45m²인 경우에 등록할 면적은 126m²이다.
② 축척 1/600인 지적도 안에 측정결과가 356.75m²인 경우에 등록할 면적은 357m²이다.
③ 축척 1/600인 지적도에서 1필지의 산출면적이 0.02m²인 경우에 등록할 면적은 0.1m²이다.
④ 축척 1/3,000인 지적도에서 1필지의 산출면적이 0.45m²인 경우에 등록할 면적은 1m²이다.
⑤ 경계점좌표등록부 시행지역의 면적이 437.45m²인 경우 토지대장에 등록할 면적은 437.4m²이다.

해설 ▶ 면적의 결정
① (영 제60조 제1항 제1호 본문)
② 축척 1/600인 지적 안에 측정결과가 356.75m²인 경우에 등록할 면적은 356.8m²이다(영 제60조 제1항 제2호 본문).
③ (영 제60조 제1항 제2호 단서)
④ (영 제60조 제1항 제1호 단서)
⑤ (영 제60조 제1항 제2호 본문)

47

경계점좌표등록부에 등록하는 지역에서 1필지의 면적측정을 위해 계산한 값이 1,029.551m²인 경우 토지대장에 등록할 면적으로 옳은 것은? **27회 출제**

① 1,029.55m² ② 1,029.56m² ③ 1,029.5m²
④ 1,029.6m² ⑤ 1,030.0m²

해설 ▶ 토지대장에 등록할 면적
경계점좌표등록부 작성지역은 소수점 1자리까지 구하며, 소수점 두번째 자리수가 5인 경우에는 그 앞자리 수가 홀수인 경우 올림을 하므로 1,029.6m²가 된다.

정답 46. ② 47. ④

제2장 총칙(응용)

응용 출제예상문제

01 다음 중 1필지가 될 수 있는 조건을 갖춘 토지는?

① A토지는 전체를 甲이 소유하면서 주된 용도가 농지로서 논과 밭으로 되어 있다.
② B토지는 전체를 甲, 乙이 공유하면서 주된 용도가 농지로서 과수원으로 되어 있다.
③ C토지는 전체를 丙이 소유하면서 주된 용도가 대이나 두 개의 동(洞)지역에 걸쳐 있다.
④ D토지는 전체를 乙이 소유하면서 주된 용도가 목장용지이나 하천으로써 양쪽이 분리되어 있다.
⑤ F토지는 전체를 丁이 소유하면서 주된 용도가 종교용지이나 연접된 한 쪽의 토지는 미등기로 남겨두고 있다.

> **해설** ▶ **1필지의 조건**(법 제2조 제21호, 영 제5조)
> 필지란 토지의 등록단위를 말하는바, 같은 지번부여지역의 토지로서 소유자와 용도가 같고 지반이 연속된 토지는 1필지로 할 수 있다. 다만, 주된 용도의 토지의 편의를 위하여 설치된 도로·구거(도랑) 등의 부지 또는 주된 용도의 토지에 접속되거나 주된 용도의 토지로 둘러싸인 토지로서 다른 용도로 사용되고 있는 토지는 "영 제5조 단서"의 경우를 제외하고 토지의 용도 등이 다르더라도 주된 용도의 토지에 편입하여 1필지로 할 수 있다.
> ① (×) 지목이 "답"과 "전"으로서 다르면 1필지가 될 수 없다.
> ② (○) 소유자가 같고(공유) 지목이 같으므로 1필지가 될 수 있다.
> ③ (×) 지번부여지역(동)이 다르므로 1필지가 될 수 없다.
> ④ (×) 하천에 의하여 지반이 연속되지 않으므로 1필지가 될 수 없다.
> ⑤ (×) 등기여부가 다르므로 1필지가 될 수 없다.

02 지번의 부여방법에 관한 다음 설명 중 틀린 것은?

① 지번은 북서에서 남동으로 순차적으로 부여한다.
② 신규등록 및 등록전환의 경우에는 그 지번부여지역에서 인접토지의 최종 본번의 다음 순번부터 본번으로 하여 순차적으로 지번을 부여한다.
③ 분할의 경우에는 분할 후의 필지 중 1필지의 지번은 분할 전의 지번으로 하고, 나머지 필지의 지번은 본번의 최종 부번 다음 순번으로 부번을 부여한다.
④ 합병의 경우에는 합병 대상 지번 중 선순위의 지번을 그 지번으로 하되, 본번으로 된 지번이 있을 때에는 본번 중 선순위의 지번을 합병 후의 지번으로 한다.
⑤ 지적확정측량을 실시한 지역의 각 필지에 지번을 새로 부여하는 경우에는 원칙적으로 본번으로 부여한다.

정답 01. ② 02. ②

제1편 공간정보의 구축 및 관리 등에 관한 법률

해설 ▶ **지번부여방법**(영 제56조 제3항)
① (영 제56조 제3항 제1호)
② 신규등록 및 등록전환의 경우에는 그 지번부여지역에서 인접토지의 본번에 부번을 붙여서 지번을 부여한다(영 제56조 제3항 제2호).
③ (영 제56조 제3항 제3호)
④ (영 제56조 제3항 제4호)
⑤ (영 제56조 제3항 제5호)

03 다음 중 양입지가 될 수 없는 것은?

① 3,000m²의 답에 접속되어 있는 200m²의 구거
② 5,000m²의 목장용지 내에 있는 300m²의 유지
③ 4,000m²의 과수원을 위하여 설치된 300m²의 도로
④ 20,000m²의 과수원 내에 200m²인 주택의 부지
⑤ 30,000m²인 논에 둘러싸인 300m²의 유지

해설 ▶ **양입지**(영 제5조 제2항)
종된 토지의 지목이 "대"인 경우와 주된 토지의 면적의 10%를 초과하거나 330m²를 초과하는 경우에는 양입지가 되지 못한다(영 제5조 제2항 단서).

04 공간정보의 구축 및 관리 등에 관한 법령상 지번에 관한 설명으로 틀린 것은?

23회 출제

① 지번은 북동에서 남서로 순차적으로 부여한다.
② 지번은 지적소관청이 지번부여지역별로 차례대로 부여한다.
③ 토지대장 및 지적도에 등록하는 토지의 지번은 아라비아 숫자로 표기한다.
④ 지번은 본번과 부번으로 구성하되, 본번과 부번 사이에 "ㅡ"표시로 연결한다.
⑤ 임야대장 및 임야도에 등록하는 토지의 지번은 아라비아 숫자 앞에 "산"자를 붙여 표기한다.

해설 ▶ **지번의 구성 및 부여방법 등**
• 지번이란 각각의 필지를 구별할 수 있도록 지적소관청이 필지마다 지번부여지역별로 차례대로 부여하여 지적공부에 등록한 번호로서 아라비아 숫자로 표기하되 임야대장 및 임야도에 등록하는 지번 앞에는 "산"자를 붙여 표기하며, 본번과 부번으로 구성한다. 본번과 부번 사이에는 "ㅡ" 표시로 연결한다.
• 한편 기번의 위치에 따른 지번부여방법 중 북서기번법에 따라 당해 지번부여지역의 북서쪽에서 남동쪽으로 순차적으로 부여한다(법 제66조 및 영 제56조 참조).

정답 03. ④ 04. ①

05

공간정보의 구축 및 관리 등에 관한 법령상 지번에 관한 설명으로 옳은 것은?

26회 출제

① 지적소관청이 지번을 변경하기 위해서는 국토교통부장관의 승인을 받아야 한다.
② 임야대장 및 임야도에 등록하는 토지의 지번은 숫자 뒤에 "산"자를 붙인다.
③ 지번은 본번(本番)과 부번(副番)으로 구성하며, 북동에서 남서로 순차적으로 부여한다.
④ 분할의 경우 분할된 필지마다 새로운 본번을 부여한다.
⑤ 지적소관청은 축척변경으로 지번에 결번이 생긴 때에는 지체없이 그 사유를 결번대장에 적어 영구히 보존하여야 한다.

해설 ▶ 지번
① (×) 시·도지사나 대도시 시장의 승인을 받으면 된다(법 제66조 제2항).
② (×) 숫자 앞에 "산"자를 붙인다(영 제56조 제1항).
③ (×) 북서에서 남동으로 부여한다(영 제56조 제3항 제1호).
④ (×) 분할의 경우에는 분할 후의 필지 중 1필지의 지번은 분할 전의 지번으로 하고, 나머지 필지의 지번은 본번의 최종 부번 다음 순번으로 부번을 부여할 것. 이 경우 주거·사무실 등의 건축물이 있는 필지에 대해서는 분할 전의 지번을 우선하여 부여하여야 한다(영 제56조 제3항 제3호).
⑤ (○) (규칙 제63조)

06

다음 중 지번부여방법이 다른 하나는?

① 등록전환으로 인한 지번변경
② 축척변경으로 지번을 새로이 정하는 경우
③ 도시개발사업으로 지적확정측량을 실시한 경우 지번부여
④ 행정구역개편에 따라 새로 지번을 부여하는 경우
⑤ 지번부여지역의 변경으로 지번을 새로 정하는 경우

해설 ▶ 지번부여방법(영 제56조 제3항)
① 다르다. 신규등록이나 등록전환으로 지번을 정하는 경우에는 인접토지 본번에 부번을 붙이는 것이 원칙이다(영 제56조 제3항 제2호 본문).
②, ③, ④, ⑤ 동일하다. 원칙적으로 본번으로 부여한다(영 제56조 제3항 제5호·제6호 참조).

07

동일 지번부여지역 내 150, 150-1, 150-2가 있을 때 150-1를 2필지로 분할하면 분할 후의 지번은?

① 150, 150-1
② 150-1, 150-2
③ 150, 150-3
④ 150-2, 150-3
⑤ 150-1, 150-3

정답 05. ⑤ 06. ① 07. ⑤

제1편 공간정보의 구축 및 관리 등에 관한 법률

해설 ▶ **토지분할 후의 지번부여방법**(영 제56조 제3항 제3호)
토지분할 후 지번은 1필지는 분할 전 지번(150-1)으로 하고 나머지 필지는 중복지번을 피하고(특정성) 분할 전 지번에 부번(150-3)을 붙인다.

08 다음 중 지적확정측량을 실시한 지역의 지번부여방법에 관한 설명으로 틀린 것은?

① 원칙적으로 종전의 지번 중 본번만으로 부여한다.
② 지적확정측량을 실시한 지역 안의 종전의 지번과 지적확정측량을 실시한 지역 밖에 있는 본번이 같은 지번이 있을 때에는 그 지번을 제외한 본번으로 부여한다.
③ 부여할 수 있는 종전 지번의 수가 새로이 부여할 지번의 수보다 적을 때에는 블록 단위로 하나의 본번을 부여한 후 필지별로 부번을 부여하거나, 그 지번부여지역의 최종 본번의 다음 순번부터 본번으로 하여 차례로 지번을 부여할 수 있다.
④ 토지소유자가 신청을 하는 때에는 도시개발사업 등의 준공 전에도 사업계획도에 따라 지번을 부여할 수 있다.
⑤ 행정구역의 개편으로 지번을 새로 부여하는 경우에는 지적확정측량을 실시한 지역 안에서의 지번부여방법을 준용한다.

해설 ▶ **도시개발사업의 시행지역의 지번부여방법**
①, ② (영 제56조 제3항 제5호 본문)
③ (영 제56조 제3항 제5호 단서)
④ 사업시행자만이 지번부여신청을 할 수 있다(영 제56조 제4항).
⑤ (영 제56조 제3항 제6호 나목)

09 다음은 지목에 관련된 내용이다. 틀린 것은?

① 해상 위의 시설물의 부지는 어장으로서 바다에 속하므로 지목이 "양어장"이 아니다.
② 「주차장법」의 규정에 의해 설치된 노상주차장은 도로로 한다.
③ 자동차관련시설(차고·세차시설·사무실·식당 등)로 이용 중인 토지는 잡종지로 지목을 설정하여야 한다.
④ 학교용지·공원·종교용지 등 다른 지목으로 된 토지에 있는 유적·고적·기념물을 보호하기 위하여 구획된 토지는 '사적지'에 해당한다.
⑤ 성직자나 승려 등이 사용하는 숙식시설이 경외에 있으면 "대"가 된다.

정답 08. ④ 09. ④

제2장 총칙(응용)

해설 ▶ **지목의 구분**(영 제58조)
문화재로 지정된 역사적인 유적·고적·기념물 등을 보존하기 위하여 구획된 토지는 사적지에 해당한다. 다만, 학교용지·공원·종교용지 등 다른 지목으로 된 토지에 있는 유적·고적·기념물을 보호하기 위하여 구획된 토지는 제외한다.

10
공간정보의 구축 및 관리 등에 관한 법률상 양입지(주된 지목의 토지에 편입되어 1필지로 확정되는 종된 토지)의 요건을 갖춘 토지는 어느 것인가?

① 4,500m²인 과수원 안의 300m²의 대(垈)
② 10,000m²의 학교용지에 접속되어 원예실습장으로 사용되는 400m²의 밭(田)
③ 1,800m²의 논(畓) 안의 210m²의 유지
④ 3,000m²의 양어장에 접속되어 양어장의 편의를 위한 250m²의 구거
⑤ 5,000m²의 창고용지에 접속하여 있는 350m²의 도로

해설 ▶ **양입지의 제한**
- 다음의 경우는 양입지가 될 수 없고 별개의 필지로 획정하여야 한다(영 제5조 제2항 단서).
  1) 종된 용도의 토지의 지목이 대인 경우(①)
  2) 종된 용도의 토지면적이 주된 용도의 토지면적의 10%를 초과하는 경우(③)
  3) 종된 용도의 토지면적이 330m²를 초과하는 경우(②, ⑤)

11
지목과 관련된 설명 중 옳은 것은?

① 간선철도와 연결하여 부설한 사설철도의 부지는 철도용지로 하지만 2필지 이상의 대에 연결하는 통로는 도로로 설정할 수 없다.
② 도시공원법상의 묘지공원과 납골시설 그리고 묘지의 관리를 위한 건축물의 부지 등은 지목을 묘지로 한다.
③ 시내버스 승강장의 부지는 그 지목이 도로이다.
④ 하천부근의 자갈땅이나 모래땅은 그 지목이 임야이나 해변가의 자갈땅이나 모래땅의 지목은 대이다.
⑤ 과수원으로 등록되어 있는 토지에 건축허가를 받아 준공한 농산물 저온저장 창고의 부지는 대(垈)로 본다.

해설 ▶ **지목의 부여원칙**
① 설정할 수 있다.
② 묘지의 관리를 위한 건축물의 부지는 "대"로 한다(영 제58조 제27호 단서).
③ (영 제58조 제14호 가목)
④ 하천부근 자갈땅이나 모래땅은 하천이고, 해변가의 자갈땅이나 모래땅의 지목은 임야이다.
⑤ 주 지목인 과수원으로 본다(영 제58조 제3호).

정답 10. ④ 11. ③

12. 지목의 구분에 대한 다음의 설명 중 옳은 것은?

① 자동차 등의 판매 목적으로 설치된 물류장 및 야외전시장에 자동차 등의 주차에 필요한 시설을 갖춘 부지의 지목은 "주차장"이다.
② 아파트·공장 등 단일 용도의 일정한 단지 안에 설치된 통로의 지목은 "도로"이다.
③ 일반 공중의 보건·휴양 및 정서생활에 이용하기 위한 시설을 갖춘 토지로서 「국토의 계획 및 이용에 관한 법률」에 따라 공원 또는 녹지로 결정·고시된 토지의 지목은 "공원"이다.
④ 체육시설로서의 영속성과 독립성이 미흡한 정구장·골프연습장·실내수영장 및 체육도장, 유수(流水)를 이용한 요트장 및 카누장, 산림 안의 야영장 등의 토지의 지목은 "체육용지"이다.
⑤ 사람의 시체나 유골이 매장된 토지 내의 묘지의 관리를 위한 건축물의 부지의 지목은 "묘지"이다.

해설 ▶ 지목의 구분
①, ② 주차장과 도로의 지목에서 제외되는 곳이다(영 제58조 제11호, 제14호).
③ (영 제58조 제22호)
④ 체육용지의 지목에서 제외되는 곳이다(영 제58조 제23호).
⑤ 묘지 내의 건축물의 부지의 지목은 "대"이다(영 제58조 제27호).

13. 지목의 구분 및 설정방법 등에 관한 설명으로 틀린 것은? ★★ [23회 출제]

① 필지마다 하나의 지목을 설정하여야 한다.
② 1필지가 둘 이상의 용도로 활용되는 경우에는 주된 용도에 따라 지목을 설정하여야 한다.
③ 토지가 일시적 또는 임시적인 용도로 사용될 때에는 지목을 변경하지 아니한다.
④ 조수·자연유수(自然流水)·모래·바람 등을 막기 위하여 설치된 방조제·방수제·방사제·방파제 등의 부지는 '제방'으로 한다.
⑤ 지목이 공장용지인 경우 이를 지적도에 등록하는 때에는 '공'으로 표기하여야 한다.

해설 ▶ 지목의 표기방법
내상에 등록하는 때에는 정식명칭으로 표기하는 반면, 도면에 등록하는 때에는 두문자 또는 차문자로 표기한다.
지목을 도면에 등록할 때에 아래의 경우에는 모두 차(두번째)문자로 표기한다(규칙 제64조).
㉠ 하천 → 천 ㉡ 유원지 → 원 ㉢ 공장용지 → 장 ㉣ 주차장 → 차

정답 12. ③ 13. ⑤

14. 지목에 관한 설명으로 틀린 것은?

① 토지가 일시적 또는 임시적인 용도로 사용되는 때에는 지목을 변경하지 아니한다.
② 1필지가 둘 이상의 용도로 활용되는 경우에는 주된 용도에 따라 지목을 설정한다.
③ "창고용지"라 함은 물건 등을 보관하거나 저장하기 위하여 독립적으로 설치된 보관시설물의 부지와 이에 접속된 부속시설물의 부지를 이른다.
④ 과수류를 집단적으로 재배하는 토지와 이에 접속된 저장고 등 부속시설물의 부지 및 그 토지 내의 주거용 건축물의 부지의 지목은 "과수원"으로 한다.
⑤ 축산업 및 낙농업을 하기 위하여 초지를 조성한 토지에 접속된 부속시설물의 부지의 지목은 "목장용지"이다.

해설 ▶ 지목의 설정기준
① (○) 지목설정의 원칙 중 영속성의 원칙(영 제59조 제2항).
② (○) 주지목추정의 원칙(영 제59조 제1항 제2호).
③ (○) (영 제58조 제13호).
④ (×) 과수원 내의 주거용 건축물의 부지는 "대"로 한다(영 제58조 제3호 단서).
⑤ (○) (영 제58조 제4호).

15. 다음 중 지목이 체육용지는 몇 개이고 잡종지는 몇 개인가? ★★

> 납골당, 자동차운전학원, 비행장, 양어장, 암석지, 공동우물, 수영장, 스키장, 경륜장, 골프장, 경마장, 변전소, 황무지, 정구장, 골프연습장

① 체육용지 3개 – 잡종지 4개
② 체육용지 4개 – 잡종지 4개
③ 체육용지 5개 – 잡종지 4개
④ 체육용지 3개 – 잡종지 5개
⑤ 체육용지 5개 – 잡종지 6개

해설 ▶ 지목의 구분(잡종지)
체육용지는 스키장, 경륜장, 골프장 3개이며(영 제58조 제23호 참조), 잡종지는 자동차운전학원, 비행장, 공동우물, 변전소 4개이다(영 제58조 제28호 참조).

정답 14. ④ 15. ①

제1편 공간정보의 구축 및 관리 등에 관한 법률

16 공간정보의 구축 및 관리 등에 관한 법령상 지목의 구분에 관한 설명으로 옳은 것은? `28회 출제`

① 물을 정수하여 공급하기 위한 취수·저수·도수(導水)·정수·송수 및 배수 시설의 부지 및 이에 접속된 부속시설물의 부지 지목은 "수도용지"로 한다.
② 「산업집적활성화 및 공장설립에 관한 법률」 등 관계법령에 따른 공장부지 조성공사가 준공된 토지의 지목은 "산업용지"로 한다.
③ 물이 고이거나 상시적으로 물을 저장하고 있는 댐·저수지·소류지(沼溜地) 등의 토지와 연·왕골 등을 재배하는 지목은 "유지"로 한다.
④ 물을 상시적으로 이용하지 않고 곡물·원예작물(과수류 포함) 등의 식물을 주로 재배하는 토지와 죽림지의 지목은 "전"으로 한다.
⑤ 학교용지·공원 등 다른 지목으로 된 토지에 있는 유적·고적·기념물 등을 보호하기 위하여 구획된 토지의 지목은 "사적지"로 한다.

> **해설** ▶ **지목의 구분**(영 제58조)
> ② 「산업집적활성화 및 공장설립에 관한 법률」 등 관계 법령에 따른 공장부지 조성공사가 준공된 토지의 지목은 "공장용지"로 한다.
> ③ 물이 고이거나 상시적으로 물을 저장하고 있는 댐·저수지·소류지(沼溜地)·호수·연못 등의 토지와 연·왕골 등이 자생하는 배수가 잘 되지 아니하는 토지의 지목은 "유지"로 한다.
> ④ 물을 상시적으로 이용하지 않고 곡물·원예작물(과수류는 제외)·약초·뽕나무·닥나무·묘목·관상수 등의 식물을 주로 재배하는 토지와 식용(食用)으로 죽순을 재배하는 토지의 지목은 "전"으로 한다.
> ⑤ 학교용지·공원·종교용지 등 다른 지목으로 된 토지에 있는 유적·고적·기념물 등을 보호하기 위하여 구획된 토지는 "사적지"에서 제외한다.

17 다음 중 지목을 잡종지로 할 수 <u>없는</u> 것은 몇 개인가?

㉠ 갈대밭	㉡ 실외에 물건을 쌓아두는 곳
㉢ 공동우물	㉣ 영구적 건축물 중 변전소
㉤ 습 지	㉥ 도축장
㉦ 야외시장	㉧ 비행장
㉨ 흙을 파내는 곳	㉩ 저유소부지
㉪ 자동차운전학원	㉫ 자갈땅

① 없다.　② 1개　③ 2개　④ 3개　⑤ 전부

> **해설** ▶ **지목의 구분**(영 제58조 각호 참조, 잡종지 : 동조 제28호)
> ㉤, ㉫ 습지, 자갈땅 → 임야(동 제5호)
> ㉩ 저유소부지 → 주유소용지(동 제12호 나목)

정답　16. ①　17. ④

제2장 총칙(응용)

18 토지의 지목과 도면에 표기되는 부호에 대한 연결 중 맞는 것은?
① 극장, 박물관의 부지 : 대
② 서울 명동성당의 부지 : 사
③ 예비군훈련장, 채석장 : 임
④ 유수를 이용한 요트장 : 하
⑤ △△고등학교의 운동장 : 체

해설 ▶ **지목의 표기부호**(영 제58조, 규칙 제64조)
② 종교용지(종) ③ 잡종지(잡) ④ 하천(천) ⑤ 학교용지(학)

19 공간정보의 구축 및 관리 등에 관한 법령상 지목에 관한 설명으로 옳지 않은 것은?
① 지목은 법정지목인 수도용지를 포함하여 모두 28개 종류로 구분한다.
② 지적도에 등록된 사항 중 "원"으로 표기된 부호는 "과수원"이라는 법정지목을 의미하는 것이다.
③ 토지가 일시적 또는 임시적인 용도로 사용되는 때에는 지목변경을 하지 않는다.
④ 지적소관청은 토지의 이동현황을 직권으로 조사하여 지목 등을 결정하려는 때에는 토지이동현황 조사계획을 수립하여야 한다.
⑤ 임야도에 등록된 토지가 사실상 형질변경되었으나 지목변경을 할 수 없는 경우에는 지목의 변경 없이 등록전환을 신청할 수 있다.

해설 ▶ **지목의 표기부호**(규칙 제64조)
① (법 제67조 제1항) ② 과수원 → 과, 유원지 → 원
③ (법 제65조 제2항) ④ (규칙 제59조 제1항) ⑤ (영 제64조 제2항 제2호)

20 공간정보의 구축 및 관리 등에 관한 법령상 '경계'에 관한 설명으로 틀린 것은?
① 지상경계의 구획을 형성하는 구조물 등의 소유자가 다른 경우에는 그 소유권에 따라 지상경계를 결정한다.
② 지적소관청은 토지의 이동(異動)에 따라 지상경계를 새로 정한 경우에는 지상경계점등록부를 작성·관리하여야 한다.
③ 지상경계점등록부에는 토지의 소재, 지번, 경계점 좌표(경계점좌표등록부 시행지역에 한함) 및 경계점 위치 설명도를 등록한다.
④ 분할에 따른 지상 경계를 결정함에 있어서는 법원의 확정판결이 있는 경우에도 지상건축물을 걸리게 결정할 수는 없다.
⑤ 공유수면매립지의 토지 중 제방 등을 토지에 편입하여 등록하는 경우에는 바깥쪽 어깨부분을 기준으로 경계를 결정한다.

정답 18. ① 19. ② 20. ④

해설 ▶ 지상경계의 결정
① (영 제55조 제2항)
②, ③ (법 제65조 제2항)
④ 법원의 확정판결이 있는 경우에는 지상건축물을 걸리게 결정할 수 있다(영 제55조 제4항 단서).
⑤ (영 제55조 제1항 제5호)

21. 공간정보의 구축 및 관리 등에 관한 법령상 경계설정에 관한 설명으로 틀린 것은?

① 지적공부상의 경계를 침범한 것은 토지소유권을 침범한 것이 된다.
② 경계불가분의 원칙이란 필지간에 2개의 경계선이 있을 수 없다는 것을 말한다.
③ 부동성의 원칙이란 경계가 정해지면 적법절차에 의하지 아니하고는 움직이지 않는다는 것을 말한다.
④ 행정구역의 경계는 도로·하천 등을 기준으로 그 중앙을 경계로 설정하나 지적소관청이 필요한 경우에는 달리 정할 수 있다.
⑤ 경계는 실제 지형·지물의 형태에 따라 등록하는 경계실형주의를 취하고 있다.

해설 ▶ 경계설정의 원칙
우리법은 경계직선주의(법 제2조 제26호 참조)를 취하고 있다.

22. 경계에 관한 다음 설명 중 옳지 않은 것은? ★★

① 지적공부에 등록된 토지의 경계는 기술적인 착오로 말미암아 지적공부상의 경계선이 진실한 경계선과 다르게 작성되었다는 등의 특별한 사정이 없는 한 그 등록으로써 특정된다.
② 토지의 경계는 공적으로 설정 인증된 것이고, 단순히 사적관계에 있어서의 소유권의 한계선과는 그 본질을 달리하는 것이다.
③ 경계확정소송의 대상이 되는 경계란 공적으로 설정 인증된 지번과 지번의 경계선을 가리키는 것이고, 사적인 소유권의 경계선을 가리키는 것은 아니다.
④ 지적도상의 경계표시가 분할측량의 잘못 등으로 사실상의 경계와 다르게 표시되었다 하더라도 특별한 사정이 없는 한 원칙적으로 토지에 대한 매매는 현실의 경계와 관계없이 지적공부상의 경계와 지적에 의하여 소유권의 범위가 확정된 토지를 매매대상으로 하는 것으로 보아야 한다.
⑤ 지적도를 작성함에 있어서 기술적인 착오로 인하여 지적도상의 경계선이 진실한 경계선과 다르게 작성되었기 때문에 경계와 지적이 실제의 것과 일치하지 않게 되었고 당사자들이 사실상의 경계대로 토지를 매매할 의사를 가지고 거래한 경우에도 토지의 경계는 실제의 경계가 아닌 지적공부상의 경계에 의한다.

정답   21. ⑤   22. ⑤

해설 ▶ **경계종합**(토지의 공부상의 경계와 소유권의 범위)
① (○) (대판 2000.10.24. 99다44090)
②, ③ (○) (대판 1996.4.23. 95다54761)
④ (○)
⑤ (×) 지적도상의 경계표시가 분할측량의 잘못 등으로 사실상의 경계와 다르게 표시되었다 하더라도 그 토지에 대한 매매도 특별한 사정이 없는 한 현실의 경계와 관계없이 지적공부상의 경계와 지적에 의하여 소유권의 범위가 확정된 토지를 매매 대상으로 하는 것으로 보아야 하고, 다만 지적도를 작성함에 있어서 기술적인 착오로 인하여 지적도상의 경계선이 진실한 경계선과 다르게 작성되었기 때문에 경계와 지적이 실제의 것과 일치하지 않게 되었고, 그 토지들이 전전매도되면서도 당사자들이 사실상의 경계대로 토지를 매매할 의사를 가지고 거래한 경우 등과 같이 특별한 사정이 있는 경우에 한하여 그 토지의 경계는 실제의 경계에 의하여야 한다(대판 1996.7.9. 95다55597, 95다55603).

23 다음 중 경계에 관한 설명으로 옳은 것은?
① 토지의 경계는 필지와 필지 사이에 하나만 허용되는 것은 아니다.
② 경계의 결정은 토지소유자간의 합의에 의해 결정할 수 있다.
③ 동일한 경계가 축척이 다른 도면에 각각 등록되었다면 원칙적으로 축척이 큰 도면에 의한다.
④ 지적공부상 경계와 외형상 경계가 서로 다른 경우에는 외형상 경계를 경계로 본다.
⑤ 경계는 토지소유자간의 공유의 성격을 가지므로 당사자간의 합의로 분할할 수 있다.

해설 ▶ **경계설정의 원칙 등**
① (×) 경계는 필지 사이에 하나이다(경계불가분의 원칙).
② (×) 경계는 국가기관만이 결정할 수 있다(경계국정주의 원칙).
③ (○) 축척종대의 원칙이라 한다.
④ (×) 공부에 기재된 경계에 의해 확정된다(대판 1996.7.9. 95다55597, 95다55603 참조).
⑤ (×) 경계는 분할될 수 없다(「민법」 제239조, 제268조 제3항 참조).

정답 23. ③

제1편 공간정보의 구축 및 관리 등에 관한 법률

24. 공간정보의 구축 및 관리 등에 관한 법령상 경계점좌표등록부가 있는 지역의 토지분할을 위하여 면적을 정할 때의 기준에 대한 내용이다. ( )에 들어갈 내용으로 옳은 것은? (단, 다른 조건은 고려하지 아니함) `35회 출제`

> ○ 분할 후 각 필지의 면적합계가 분할 전 면적보다 많은 경우에는 구하려는 (ㄱ)부터 순차적으로 버려서 정하되, 분할 전 면적에 증감이 없도록 할 것
> ○ 분할 후 각 필지의 면적합계가 분할 전 면적보다 적은 경우에는 구하려는 (ㄴ)부터 순차적으로 올려서 정하되, 분할 전 면적에 증감이 없도록 할 것

① ㄱ: 끝자리의 숫자가 작은 것, ㄴ: 끝자리의 숫자가 큰 것
② ㄱ: 끝자리의 다음 숫자가 작은 것, ㄴ: 끝자리의 다음 숫자가 큰 것
③ ㄱ: 끝자리의 숫자가 큰 것, ㄴ: 끝자리의 숫자가 작은 것
④ ㄱ: 끝자리의 다음 숫자가 큰 것, ㄴ: 끝자리의 다음 숫자가 작은 것
⑤ ㄱ: 끝자리의 숫자가 큰 것, ㄴ: 끝자리의 다음 숫자가 작은 것

해설 경계점좌표등록부 시행지역의 토지분할을 위한 면적결정방법
1) 분할 후 각 필지의 면적합계가 분할 전 면적보다 많은 경우에는 구하고자 하는 끝자리의 다음 숫자가 작은 것부터 순차적으로 버려서 정하되, 분할 전 면적에 증감이 없도록 하여야 한다.
2) 분할 후 각 필지의 면적합계가 분할 전 면적보다 적은 경우에는 구하고자 하는 끝자리의 다음 숫자가 큰 것부터 순차적으로 올려서 정하되, 분할 전 면적에 증감이 없도록 하여야 한다.

25. 다음 중 면적 및 그 결정방법에 관한 설명 중 틀린 것은? ★★

① 토지의 면적에 1제곱미터 미만의 끝수가 있는 경우 0.5제곱미터 미만일 때에는 버리고 0.5제곱미터를 초과하는 때에는 올린다.
② 토지를 분할하는 경우 분할 전후 면적의 차이가 허용범위 이내인 경우에는 그 오차를 분할 후의 각 필지의 면적에 따라 나눈다.
③ 경계점좌표등록부가 있는 지역의 토지분할을 위하여 면적을 정할 때에, 분할 후 각 필지의 면적합계가 분할 전 면적보다 많은 경우에는 분할 전 면적에 증감이 없도록 하여야 한다.
④ 경계점좌표등록부에 등록하는 지역의 토지면적은 제곱미터 이하 한 자리 단위로 하되, 0.1제곱미터 미만의 끝수가 있는 경우 0.05제곱미터 미만일 때에는 버리고 0.05제곱미터를 초과할 때에는 올린다.
⑤ 등록전환을 하는 경우 임야대장의 면적과 등록전환될 면적의 차이가 허용범위 이내인 경우에는 임야대장의 면적 또는 임야도의 경계를 지적소관청이 직권으로 정정한다.

정답 24. ② 25. ⑤

해설 ▶ 면적 및 그 결정방법
① (영 제60조 제1항 제1호)
② (영 제19조 제1항 제2호 나목)
③ (영 제19조 제2항 제1호)
④ (영 제60조 제1항 제2호)
⑤ 임야대장의 면적과 등록전환될 면적의 차이가 계산식에 따른 허용범위 이내인 경우에는 등록전환될 면적을 등록전환 면적으로 결정하고, 허용범위를 초과하는 경우에는 임야대장의 면적 또는 임야도의 경계를 지적소관청이 직권으로 정정하여야 한다(영 제19조 제1항 제1호 나목).

26

다음은 지적재조사사업에 관한 설명이다. 틀린 것은?

① 지적재조사사업이란 지적공부의 등록사항(법 제71조~제73조)을 조사·측량하여 기존의 지적공부를 디지털에 의한 새로운 지적공부로 대체함과 동시에 지적공부의 등록사항이 토지의 실제 현황과 일치하지 아니하는 경우 이를 바로잡기 위하여 실시하는 국가사업을 말한다.
② 지적재조사사업에 관한 기본계획은 시·도지사가, 실시계획은 지적소관청이 수립하여야 한다.
③ 지적재조사에 따른 경계는 경계결정위원회의 의결에 따라 경계를 결정하고, 그 결정에 토지소유자나 이해관계인의 이의가 없을 때에는 이를 확정한다.
④ 경계가 확정되었을 때에는 지적소관청은 지체없이 경계점표지를 설치하여야 하며, 지상경계점등록부를 작성하고 관리하여야 한다.
⑤ 지적재조사측량 결과 기존의 지적공부상 지목이 실제의 이용현황과 다른 경우 다른 법령에 따른 인허가 등을 받은 경우에는 기존의 지적공부상의 지목을 실제의 지목으로 변경할 수 있다.

해설 ▶ 지적재조사사업
① (「지적재조사에 관한 특별법」 제2조 제2호)
② 지적재조사사업에 관한 기본계획은 국토교통부장관이, 실시계획은 지적소관청이 수립하여야 한다(「지적재조사에 관한 특별법」 제4조, 제6조).
③ (「지적재조사에 관한 특별법」 제16조, 제18조 제1항)
④ (「지적재조사에 관한 특별법」 제18조 제2항)
⑤ (「지적재조사에 관한 특별법」 제19조)

정답 26. ②

CHAPTER 03 지적공부

학습포인트

- 이 장에서는 지적공부의 의의와 종류, 등록사항, 지적공부의 관리·복구 및 지적정보 전담 관리기구에 대하여 다루고 있다.
- 이 장에서는 각 지적공부별 등록사항을 중심으로 매회 2~3 문제 출제되므로 이를 정확하게 암기하여야 한다.

CHAPTER 학습 & 출제되는 키워드

- ☑ 지적공부
- ☑ 임야대장
- ☑ 도면
- ☑ 지번색인표
- ☑ 연속지적도
- ☑ 지적공부의 공개
- ☑ 복구방법
- ☑ 지적정보 전담 관리기구
- ☑ 지적공부의 등록사항
- ☑ 공유지연명부
- ☑ 경계점좌표등록부
- ☑ 결번대장
- ☑ 부동산종합공부
- ☑ 지적전산자료의 이용신청
- ☑ 복구자료
- ☑ 국가공간정보센터
- ☑ 토지대장
- ☑ 대지권등록부
- ☑ 일람도
- ☑ 지상경계점등록부
- ☑ 지적공부의 비치·보존
- ☑ 지적공부의 복구
- ☑ 복구절차

CHAPTER 학습 & 출제되는 질문

- ☑ 다음 중 부동산 중개업자 甲이 매도의뢰 대상토지에 대한 소재, 지번, 지목과 면적을 모두 매수의뢰인 乙에게 설명하고자 하는 경우 적합한 것은?
- ☑ 공간정보의 구축 및 관리 등에 관한 법령상 대지권등록부의 등록사항이 아닌 것은?
- ☑ 지적도 및 임야도의 등록사항만으로 나열된 것은?
- ☑ 공간정보의 구축 및 관리 등에 관한 법령상 지적공부의 복구자료가 아닌 것은?
- ☑ 지적공부에 관한 설명 중 틀린 것은?

제3장 지적공부(기본)

기본 출제예상문제

제1절 지적공부 개관

01 다음 중 지적공부에 관한 기술이다. 틀린 것은?

① 지적공부를 작성·비치·보존하는 주체는 지적소관청이다.
② 정보처리시스템을 통하여 기록·저장된 지적공부(지적도 및 임야도는 제외한다)를 열람하거나 그 등본을 발급받으려는 경우에는 특별자치시장·시장·군수 또는 구청장이나 읍·면·동의 장에게 신청할 수 있다.
③ 소재, 지번, 지목, 축척은 토지대장과 지적도에 공통으로 등록하는 사항이다.
④ 지적소관청은 해당 청사에 지적서고를 설치하고 그 곳에 지적공부(정보처리시스템을 통하여 기록·저장한 경우는 제외)를 30년 보존하여야 한다.
⑤ 정보처리시스템을 통하여 기록·저장된 대장 및 도면도 지적공부에 해당한다.

해설 ▶ 지적공부
① (○) (법 제2조 제18호)
② (○) (법 제75조 제1항 단서)
③ (○) 토지대장의 등록사항(법 제71조, 규칙 제68조), 지적도의 등록사항(법 제72조, 규칙 제69조)
④ (×) 지적소관청은 해당 청사에 지적서고를 설치하고 그 곳에 지적공부(정보처리시스템을 통하여 기록·저장한 경우는 제외)를 영구히 보존하여야 한다(법 제69조 제1항).
⑤ (○) (법 제2조 제19호)

02 다음 중 결번대장을 비치하여야 하는 경우가 아닌 것은?

① 행정구역의 변경   ② 신규등록   ③ 지번변경
④ 축척변경   ⑤ 도시개발사업의 시행

해설 ▶ 결번대장의 비치
지적소관청은 행정구역의 변경, 도시개발사업의 시행, 지번변경, 축척변경, 지번정정 등의 사유로 지번에 결번이 생긴 때에는 지체없이 그 사유를 결번대장에 기재하여 영구히 보존하여야 한다(규칙 제63조).

정답 01. ④ 02. ②

제2절 지적공부의 등록사항

01 토지대장·임야대장

22회 출제

03 다음 중 부동산 중개업자 甲이 매도의뢰 대상토지에 대한 소재, 지번, 지목과 면적을 모두 매수의뢰인 乙에게 설명하고자 하는 경우 적합한 것은?

① 토지대장 등본
② 지적측량기준점성과 등본
③ 지적도 등본
④ 임야도 등본
⑤ 경계점좌표등록부 등본

해설 ▶ 토지대장의 등록사항
토지의 소재, 지번, 지목, 면적 등이 등록되는 토지대장등본에 의하는 것이 가장 적합하다(법 제 71조).

35회 출제

04 공간정보의 구축 및 관리 등에 관한 법령상 지적공부와 등록사항의 연결이 옳은 것은?

① 토지대장 – 지목, 면적, 경계
② 경계점좌표등록부 – 지번, 토지의 고유번호, 지적도면의 번호
③ 공유지연명부 – 지번, 지목, 소유권 지분
④ 대지권등록부 – 좌표, 건물의 명칭, 대지권 비율
⑤ 지적도 – 삼각점 및 지적기준점의 위치, 도곽선(圖廓線)과 그 수치, 부호 및 부호도

해설 ▶ 지적공부의 등록사항
① 토지대장 – 경계 ×
③ 공유지연명부 – 지목 ×
④ 대지권등록부 – 좌표 ×
⑤ 지적도 – 부호 및 부호도 × (경계점좌표등록부에만 해당)

정답 03. ① 04. ②

05 지적공부의 등록사항에 관한 설명 중 틀린 것은?

① 토지의 소재와 지번은 모든 지적공부에의 공통된 등록사항이다.
② 지목은 토지대장, 임야대장과 도면에만 등록하나, 단 도면에는 지목을 부호로 표시한다.
③ 경계는 도면에만 등록한다. 다만, 경계점좌표등록부에는 경계점을 좌표로 표시한다.
④ 소유자에 관한 사항은 도면과 경계점좌표등록부에는 등록되지 않는다.
⑤ 면적은 토지대장과 임야대장 및 도면에만 등록된다.

해설 ▶ 지적공부의 등록사항(법 제71조 이하, 규칙 제68조 이하)
도면에는 면적이 등록되지 않는다(법 제72조, 규칙 제69조).

06 공간정보의 구축 및 관리 등에 관한 법령상 경계점좌표등록부를 갖춰 두는 지역의 지적공부 및 토지의 등록 등에 관한 설명으로 틀린 것은? [28회 출제]

① 지적도에는 해당 도면의 제명 앞에 "(수치)"라고 표시하여야 한다.
② 지적도에는 도곽선의 오른쪽 아래 끝에 "이 도면에 의하여 측량을 할 수 없음"이라고 적어야 한다.
③ 토지면적은 제곱미터 이하 한 자리 단위로 결정하여야 한다.
④ 면적측정 방법은 좌표면적계산법에 의한다.
⑤ 경계점좌표등록부를 갖춰 두는 토지는 지적확정측량 또는 축척변경을 위한 측량을 실시하여 경계점을 좌표로 등록한 지역의 토지로 한다.

해설 ▶ 지적공부 및 토지의 등록
경계점좌표등록부를 갖춰 두는 지역의 지적도에는 해당 도면의 제명 끝에 '좌표'라고 표시하고, 도곽선의 오른쪽 아래 끝에 "이 도면에 의하여 측량을 할 수 없음"이라고 적어야 한다(규칙 제69조 제3항).

07 공간정보의 구축 및 관리 등에 관한 법령상 토지의 이동사유를 등록하는 지적공부는? [26회 출제]

① 경계점좌표등록부 ② 대지권등록부 ③ 토지대장
④ 공유지연명부 ⑤ 지적도

해설 ▶ 지적공부의 기재사항
토지대장 및 임야대장에는 토지의 이동사유(신규등록, 분할 등)를 기재한다(규칙 제68조 제2항 제3호).

정답 05. ⑤ 06. ① 07. ③

08. 토지대장·임야대장에 관한 기술이 잘못된 것은?

① 토지대장과 임야대장에는 대지권비율이나 경계와 좌표는 기재되지 않는다.
② 토지대장등본에서 확인할 수 있는 사항은 소유자의 주소·성명, 토지등급 또는 기준수확량의 등급, 소유권 및 저당권 등의 권리관계 등이다.
③ 토지대장 및 임야대장과 지적도, 임야도에 공통적으로 등록하는 사항은 토지의 소재, 지번, 지목, 축척이다.
④ 토지의 특정성을 살리고 지적업무의 전산처리를 위하여 토지의 고유번호를 정하고 토지대장·임야대장·경계점좌표등록부에 그 번호를 기재하고 있다.
⑤ 지적도와 임야도는 토지대장과 임야대장에 등록된 사항을 이해하기 쉽도록 하기 위하여 도면으로 표시하는 공부인데 도면은 원칙적으로 각 1부씩 작성한다.

해설▶ 대장의 등록사항(법 제71조 이하, 규칙 제68조 이하)
① (○) 대지권비율은 대지권등록부의(법 제71조 제3항), 경계는 지적도 등의(법 제72조), 좌표는 경계점좌표등록부의(법 제73조) 등록사항이다.
② (×) 소유자표시 이외의 권리관계는 등기부에 공시되고, 대장에는 등록되지 않는다.
③ (○) (법 제71조·제72조, 규칙 제68조 제2항 제2호, 규칙 제69조 제2항 제2호)
④ (○) (규칙 제68조 제2항 제1호, 규칙 제71조 제3항 제1호)

09. 토지대장에 등록된 고유번호가 4913012200-32340-0123이다. 작성·비치되어야 할 지적공부 배열이 옳은 것은? ★★

① 토지대장, 지적도
② 토지대장, 지적도, 경계점좌표등록부
③ 임야도, 임야도
④ 토지대장, 경계점좌표등록부
⑤ 지적도, 경계점좌표등록부, 일람도

해설▶ 토지의 고유번호의 구성
경계점좌표등록부시행지역에서 작성하는 지적공부는 ②와 같은 3가지이다.

정답 08. ② 09. ②

02 공유지연명부·대지권등록부

10 공유지연명부의 등록사항이 아닌 것은? 〔21회 출제〕
① 소유권 지분
② 토지의 소재
③ 대지권 비율
④ 토지의 고유번호
⑤ 토지소유자가 변경된 날과 그 원인

해설 ▶ 공유지연명부의 등록사항
1필지의 토지소유자가 2인 이상인 경우에는 토지대장 외에 공유지연명부를 별도 작성하여야 한다. 공유지 연명부의 등록사항은 ㉠ 토지의 소재, ㉡ 지번, ㉢ 소유권 지분, ㉣ 소유자의 성명 또는 명칭, 주소 및 주민등록번호, ㉤ 그 밖에 국토교통부령으로 정하는 사항이며 대지권 비율은 등록사항이 아니다(법 제72조 제2항).

11 대지권등록부의 등록사항으로만 나열된 것은?
① 토지의 소재·지번·지목·전유부분의 건물표시
② 대지권 비율·소유권 지분·건물명칭·개별공시지가
③ 집합건물별 대지권등록부의 장번호·토지의 이동사유·대지권 비율·지번
④ 건물명칭·대지권 비율·소유권 지분·토지의 고유번호
⑤ 지번·대지권 비율·소유권 지분·도면번호

해설 ▶ 대지권등록부의 등록사항(법 제71조 제3항, 규칙 제68조 제4항)
대지권등록부는 집합건물의 대지(1동건물이 점유하는 법정대지와 운동장·주차장 등의 규약대지)를 토지대장 또는 임야대장에 등록하는 경우에, 토지가 「부동산등기법」 제40조 제3항, 제4항에 의하여 대지권등기가 된 때에 작성하는 지적공부를 말하며 등록사항은 토지의 소재, 지번, 대지권의 비율, 소유자의 성명·주소·주민등록번호, 고유번호, 전유부분의 건물의 표시, 건물명칭, 집합건물별 대지권등록부의 장번호, 소유자가 변경된 날과 그 원인, 소유권 지분이다.

12 공유지연명부와 대지권등록부의 공통 등록사항이 아닌 것은?
① 토지의 소재
② 건물명칭
③ 토지의 고유번호
④ 토지소유자가 변경된 날과 그 원인
⑤ 소유자의 성명 또는 명칭·주소·주민등록번호

해설 ▶ 공유지연명부와 대지권등록부의 공통 등록사항
공유지연명부와 대지권등록부의 공통 등록사항은 토지의 소재, 지번, 소유자의 성명 또는 명칭·주소·주민등록번호, 토지의 고유번호, 토지소유자가 변경된 날과 그 원인, 소유권지분(대지권등록부의 경우 구분건물을 공유하는 때에만 등록) 등이다(법 제71조 제2항, 제3항, 규칙 제68조 제3항, 제4항).

정답 10. ③ 11. ④ 12. ②

13. 공간정보의 구축 및 관리 등에 관한 법령상 대지권등록부의 등록사항이 아닌 것은?

① 대지권 비율
② 건물의 명칭
③ 소유권 지분
④ 건물의 경계
⑤ 토지소유자가 변경된 날과 그 원인

[23회 출제]

해설 ▶ 대지권등록부의 등록사항

토지대장이나 임야대장에 등록하는 토지가 「부동산등기법」에 따라 대지권 등기가 되어 있는 경우에는 대지권등록부에 토지의 소재, 지번, 대지권 비율, 소유자의 성명 또는 명칭, 주소 및 주민등록번호, 그 밖에 국토교통부령으로 정하는 사항을 등록하여야 한다(법 제71조 제3항). "그 밖에 국토교통부령으로 정하는 사항"이란 토지의 고유번호, 전유부분의 건물표시, 건물의 명칭, 집합건물별 대지권등록부의 장번호, 토지소유자가 변경된 날과 그 원인, 소유권 지분이다(규칙 제68조 제4항).

---

03 도면(지적도·임야도)

14. 지적도 및 임야도의 등록사항만으로 나열된 것은?

[22회 출제]

① 토지의 소재, 지번, 건축물의 번호, 삼각점 및 지적기준점의 위치
② 지번, 경계, 건축물 및 구조물 등의 위치, 삼각점 및 지적기준점의 위치
③ 토지의 소재, 지번, 토지의 고유번호, 삼각점 및 지적기준점의 위치
④ 지목, 부호 및 부호도, 도곽선과 그 수치, 토지의 고유번호
⑤ 지목, 도곽선과 그 수치, 토지의 고유번호, 건축물 및 구조물 등의 위치

해설 ▶ 지적도 및 임야도의 등록사항

토지의 소재, 지번, 지목, 경계, 지적도면의 색인도, 삼각점 및 지적기준점의 위치, 지적도면의 제명 및 축척, 좌표에 의하여 계산된 경계점 간의 거리(경계점좌표등록부를 갖춰 두는 지역으로 한정), 도곽선(圖廓線)과 그 수치, 건축물 및 구조물 등의 위치(법 제72조, 규칙 제69조)
①의 건축물의 번호, ③, ⑤의 토지의 고유번호, ④의 부호 및 부호도는 지적도 및 임야도의 등록사항이 아니다.

15. 공간정보의 구축 및 관리 등에 관한 법령상 지적도와 임야도의 축척 중에서 공통된 것으로 옳은 것은?

[35회 출제]

① 1/1200, 1/2400
② 1/1200, 1/3000
③ 1/2400, 1/3000
④ 1/2400, 1/6000
⑤ 1/3000, 1/6000

정답   13. ④   14. ②   15. ⑤

해설 ▸ **지적도면의 축척**
① **지적도**(7개) : 1/500, 1/600, 1/1,000, 1/1,200, 1/2,400, 1/3,000, 1/6,000
② **임야도**(2개) : 1/3,000, 1/6,000

16. 다음 지적도 및 임야도의 등록사항 중 경계점좌표등록부를 갖춰 두는 지역의 지적도에 한하여 등록하도록 되어 있는 것은?

① 도곽선 및 도곽선수치
② 삼각점 및 지적기준점의 위치
③ 건축물 및 구조물 등의 위치
④ 좌표에 의하여 계산된 경계점간 거리
⑤ 지적도면의 제명 및 축척

해설 ▸ **도면의 등록사항**
"좌표에 의하여 계산된 경계점간 거리"는 경계점좌표등록부를 갖춰 두는 지역의 지적도에 한하여 등록한다(규칙 제69조 제2항 제4호).

04 경계점좌표등록부

17. 경계점좌표등록부에 관한 설명 중 옳지 않은 것은?

① 경계점좌표등록부는 전문지식이 없는 사람의 경우에는 이해가 곤란한 반면, 정밀성을 높일 수 있는 장점이 있다.
② 경계점좌표등록부를 비치한 지역의 토지의 경계결정과 지표상의 복원은 좌표에 의한다.
③ 경계점좌표등록부 작성대상의 지적도는 대부분 600분의 1 축척으로 작성한다.
④ 경계점좌표등록부에는 소재, 지번, 좌표, 토지의 고유번호, 부호 및 부호도 등을 등록한다.
⑤ 경계점좌표등록부를 갖춰 두는 지역의 지적도에는 해당 도면의 제명 끝에 "(좌표)"라고 표시하고, 도곽선의 오른쪽 아래 끝에 "이 도면에 의하여 측량을 할 수 없음"이라고 적어야 한다.

정답 16. ④ 17. ③

해설 ▶ **경계점좌표등록부의 등록사항 등**(법 제73조, 규칙 제71조 제3항)
② (○) 경계점이란 필지를 구획하는 선의 굴곡점으로서 지적도나 임야도에 도해(圖解) 형태로 등록하거나 경계점좌표등록부에 좌표 형태로 등록하는 점을 말한다(법 제2조 제25호).
③ (×) 경계점좌표등록부 작성대상지역의 지적도는 대부분 500분의 1축척으로 작성하고, 600분의 1 축척은 주로 시가지내의 토지에 적용된다.
④ (○) (법 제73조, 규칙 제71조 제3항)
⑤ (○) (규칙 제69조 제3항)

18

경계점좌표등록부를 반드시 비치하여야 하는 경우에 해당되는 것은?

① 도시개발사업에 따른 지적확정측량이 실시되는 지구
② 국토의 계획 및 이용에 관한 법률상 도시지역에서 용도지구를 세분하는 경우
③ 국토의 계획 및 이용에 관한 법률상 시가화조정구역
④ 택지개발촉진법상 택지개발예정지구
⑤ 농업기반조성사업이 실시되는 농경지구

해설 ▶ **경계점좌표등록부를 비치하는 경우**(법 제73조·제86조, 영 제83조)
「도시개발법」에 따른 도시개발사업, 「농어촌정비법」에 따른 농어촌정비사업, 그 밖에 대통령령으로 정하는 주택건설사업, 택지개발사업, 산업단지개발사업, 「도시 및 주거환경정비법」에 따른 정비사업 등에 따라 새로이 지적공부에 등록하는 토지에 대하여는 경계점좌표등록부를 작성하고 갖추어야 한다.

19

공간정보의 구축 및 관리 등에 관한 법령상 지상경계점등록부의 등록사항에 해당하는 것을 모두 고른 것은?   26회 출제

㉠ 경계점표지의 종류 및 경계점 위치
㉡ 공부상 지목과 실제 토지이용 지목
㉢ 토지소유자와 인접토지소유자의 서명·날인
㉣ 경계점 위치 설명도와 경계점의 사진 파일

① ㉠, ㉣
② ㉡, ㉢
③ ㉢, ㉣
④ ㉠, ㉡, ㉣
⑤ ㉠, ㉡, ㉢, ㉣

해설 ▶ **지상경계점등록부의 등록사항**
지상경계점등록부에는 토지의 소재, 지번, 경계점 좌표(경계점좌표등록부 시행지역에 한정한다), 경계점 위치 설명도, 그 밖에 국토교통부령으로 정하는 사항인 공부상 지목과 실제 토지이용 지목, 경계점의 사진 파일, 경계점표지의 종류 및 경계점 위치를 등록하여야 한다(법 제65조 제2항, 규칙 제60조 제2항).

정답 18. ① 19. ④

20. 다음은 경계점좌표등록부에 관한 설명이다. 옳지 않은 것은?

① 지적소관청은 도시개발사업 등으로 인하여 필요하다고 인정되는 지역안의 토지에 대하여는 경계점좌표등록부를 비치한다.
② 경계점좌표등록부는 경계점의 X, Y좌표와 부호도 등을 등록·공시하는 대장 형식의 지적공부이다.
③ 지적도나 임야도와 같은 도해지적의 경우에는 지적에 관한 사항을 "도면"으로 표시하는 데 반하여, 경계점좌표등록부는 당해 필지의 형상 등을 "좌표"로 표시한다.
④ 경계점좌표등록부는 토지의 형상을 나타낼 수 없으므로 지적도를 함께 비치하나, 지적도에는 좌표에 의해 계산된 경계점간의 거리를 등록할 수는 없다.
⑤ 경계점좌표등록부를 비치한 지역에서는 토지의 경계결정과 좌표상의 복원은 좌표에 의한다.

해설 ▶ 경계점좌표등록부(법 제73조·제86조, 영 제83조)
경계점좌표등록부는 토지의 형상을 나타낼 수 없으므로 지적도를 함께 비치한다. 이 경우 지적도에는 좌표에 의해 계산된 경계점간의 거리를 등록한다(규칙 제69조 제2항 제4호).

21. 지적공부와 등록사항을 연결한 것으로 틀린 것은?

① 지적도 — 토지의 소재
② 토지대장 — 토지의 이동사유
③ 공유지연명부 — 소유권 지분
④ 대지권등록부 — 전유부분의 건물표시
⑤ 경계점좌표등록부 — 색인도

해설 ▶ 지적공부의 등록사항
① (법 제72조)
②, ③, ④ (법 제71조 제1항, 제2항, 제3항)
⑤ 경계점좌표등록부에는 ㉠ 토지의 소재, ㉡ 지번, ㉢ 좌표, ㉣ 토지의 고유번호, ㉤ 지적도면의 번호, ㉥ 필지별 경계점좌표등록부의 장번호, ㉦ 부호 및 부호도를 등록하여야 한다(법 제73조, 규칙 제71조 제3항). 색인도는 지적도면의 등록사항에 해당한다(규칙 제69조 제2항).

22. 공간정보의 구축 및 관리 등에 관한 법령상 지적공부와 등록사항의 연결이 옳은 것은?

31회 출제

① 토지대장 – 경계와 면적
② 임야대장 – 건축물 및 구조물 등의 위치
③ 공유지연명부 – 소유권 지분과 토지의 이동사유
④ 대지권 등록부 – 대지권 비율과 지목
⑤ 토지대장·임야대장·공유지 연명부 – 대지권등록부 – 토지소유자가 변경된 날과 그 원인

정답 20. ④ 21. ⑤ 22. ⑤

해설 ▶ 지적공부와 등록사항
① 면적은 대장에 등록사항이나 경계는 도면에 등록한다.
② 건축물 및 구조물 등의 위치를 등록하는 지적공부는 지적도와 임야도이다.
③ 토지의 이동사유 등록은 대장이다.
④ 지목은 대장에 등록한다.

23. 모든 지적공부에 공통된 등록사항 2가지를 고르면? ★★

㉠ 토지의 소재 ㉡ 용도지역 ㉢ 축 척
㉣ 직인날인 ㉤ 도면번호 ㉥ 지 번

① ㉠, ㉡ ② ㉡, ㉢ ③ ㉠, ㉥ ④ ㉣, ㉥ ⑤ ㉤, ㉥

해설 ▶ 공통적 등록사항
지적공부에 공통된 등록사항은 "토지의 소재(소재지)"와 "지번" 2가지이다.

정답 23. ③

제3절 지적공부의 관리

01 지적공부의 비치·보존

24 지적공부의 비치(備置)·보존(保存)등에 대한 다음 기술 중 잘못된 것은?

① 국토교통부장관은 지적공부의 효율적인 관리 및 활용을 위하여 지적정보 전담 관리기구를 설치·운영한다.
② 지적소관청은 지적공부를 영구히 보존하여야 한다.
③ 시·도지사 또는 대도시 시장의 허가를 얻어야만 지적공부를 지적소관청 밖으로 반출할 수 있다.
④ 천재지변을 피하기 위하여 필요한 경우에는 지적공부를 지적소관청 밖으로 반출할 수 있다.
⑤ 지적공부를 정보처리시스템을 통하여 기록·저장한 경우 관할 시·도지사, 시장·군수 또는 구청장은 그 지적공부를 지적정보관리체계에 영구히 보존하여야 한다.

해설 ▶ 지적공부의 비치·보존(법 제69조)
① (○) (법 제70조 제1항).　　② (○) 모두 영구히 보존하여야 한다(법 제69조 제1항).
③ (×) 관할 시·도지사 또는 대도시 시장의 승인을 받은 경우에는 지적소관청 밖으로 반출할 수 있다(법 제69조 제1항 제2호).
④ (○) 천재지변 등 재난을 피하기 위하여 필요한 때에는 지적소관청 밖으로 반출할 수 있다(법 제69조 제1항 제1호).
⑤ (○) (법 제69조 제2항)

25 공간정보의 구축 및 관리 등에 관한 법령상 지적서고의 설치기준 등에 관한 설명으로 틀린 것은?

① 지적서고는 지적사무를 처리하는 사무실과 연접하여 설치하여야 한다.
② 바닥과 벽은 2중으로 하고 영구적인 방수설비를 하여야 한다.
③ 창문과 출입문은 2중으로 하되, 안쪽 문은 반드시 철제로 하고 바깥쪽 문은 곤충·쥐 등의 침입을 막을수 있도록 철망 등을 설치하여야 한다.
④ 온도 및 습도 자동조절장치를 설치하고, 연중 평균온도는 섭씨 20 ± 5도를, 연중평균습도는 65 ± 5퍼센트를 유지하여야 한다.
⑤ 전기시설을 설치하는 때에는 단독퓨즈를 설치하고 소화장비를 갖춰 두어야 한다.

정답　24. ③　25. ③

해설 ▸ 지적서고의 설치기준

창문과 출입문은 2중으로 하되, 바깥쪽 문은 반드시 철제로 하고 안쪽 문은 곤충·쥐 등의 침입을 막을 수 있도록 철망 등을 설치하여야 한다.

26 국토교통부장관이 지적공부의 효율적인 관리 및 활용을 위하여 설치·운영하는 지적정보 전담 관리기구는?

① 국토지리정보원 ② 국가공간정보센터 ③ 지적정보센터
④ 국토교통부 내의 공간정보기획과 ⑤ 중앙지적위원회

해설 ▸ 지적정보 전담 관리기구

국가공간정보센터의 업무 : 지적정보 전담 관리기구로서 지적공부의 관리 및 활용(법 제70조 제1항, 「국가공간정보센터 운영규정」 제4조 제1항 제2호).

02 지적공부의 공개

27 지적공부의 공개에 관한 다음 설명 중 틀린 것은?

① 지적공부를 열람하거나 그 등본을 발급받고자 하는 자는 지적소관청에 신청하여야 한다.
② 지적전산자료를 이용하거나 활용하려는 자는 국토교통부장관, 시·도지사 또는 지적소관청에 지적전산자료를 신청하여야 한다.
③ 지적공부를 열람하거나 그 등본을 발급받고자 하는 자는 수수료를 현금으로 국토교통부장관에게 납부하여야 한다.
④ 국토교통부장관은 정보통신망을 이용하여 전자화폐·전자결제 등의 방법으로 수수료를 납부하게 할 수 있다.
⑤ 국가 또는 지방자치단체가 업무수행상 필요에 의하여 지적공부의 열람 및 등본발급을 신청하는 경우에는 수수료를 면제할 수 있다.

해설 ▸ 지적공부의 공개

① (○) (법 제75조 제1항 본문)
② (○) (법 제76조 제1항)
③ (×) 수수료는 수입인지, 수입증지 또는 현금으로 내야 한다(규칙 제115조 제1항·제6항).
④ (○) (규칙 제115조 제7항)
⑤ (○) 지적공부의 열람 및 등본발급을 신청하는 자가 국가, 지방자치단체 또는 지적측량수행자인 경우에는 수수료를 면제할 수 있다(법 제106조 제5항 제4호).

정답 26. ② 27. ③

28. 다음 중 지적공부의 열람 및 등본 발급 등에 관한 설명으로 틀린 것은?

① 지적공부를 열람하거나 그 등본을 발급받으려는 자는 해당 지적소관청에 그 열람 또는 발급을 신청하여야 한다.
② 정보처리시스템을 통하여 기록·저장된 지적공부(지적도 및 임야도는 제외한다)를 열람하거나 그 등본을 발급받으려는 경우에는 지적소관청에 신청하여야 한다.
③ 시·군·구(자치구가 아닌 구를 포함한다) 단위의 지적전산자료를 이용하려는 자는 지적소관청에 지적전산자료를 신청하여야 한다.
④ 지적전산자료를 신청하려는 자는 지적전산자료의 이용 목적 등에 관하여 미리 관계 중앙행정기관의 심사를 받아야 한다. 다만, 중앙행정기관의 장, 그 소속 기관의 장 또는 지방자치단체의 장이 신청하는 경우에는 그러하지 아니하다.
⑤ 토지소유자가 자기 토지에 대한 지적전산자료를 신청하거나, 토지소유자가 사망하여 그 상속인이 피상속인의 토지에 대한 지적전산자료를 신청하는 경우에는 심사를 받지 아니할 수 있다.

해설 ▶ 지적공부의 열람 및 등본 발급 등
① (법 제75조 제1항)
② 정보처리시스템을 통하여 기록·저장된 지적공부(지적도 및 임야도는 제외한다)를 열람하거나 그 등본을 발급받으려는 경우에는 특별자치시장, 시장·군수 또는 구청장이나 읍·면·동의 장에게 신청할 수 있다(법 제75조 제1항 단서).
③ (법 제76조 제1항 제3호)
④, ⑤ (법 제76조 제2·3항)

제4절 지적공부의 복구

29. 공간정보의 구축 및 관리 등에 관한 법령상 지적공부의 복구에 관한 관계 자료에 해당하지 않는 것은? [26회 출제]

① 지적공부의 등본
② 부동산종합증명서
③ 토지이동정리 결의서
④ 지적측량 수행계획서
⑤ 법원의 확정판결서 정본 또는 사본

정답 28. ② 29. ④

> **해설** 지적공부의 복구에 관한 관계 자료
> - 지적측량 수행계획서는 이에 해당하지 않는다.
> - 지적공부의 복구자료로는 ㉠ 지적공부 등본, ㉡ 측량결과도, ㉢ 토지이동정리결의서, ㉣ 부동산등기부등본 등 등기사실을 증명하는 서류, ㉤ 지적소관청이 작성하거나 발행한 지적공부의 등록내용을 증명하는 서류, ㉥ 전산처리에 따라 복제된 지적공부, ㉦ 법원의 확정판결서 정본 또는 사본이 있다(규칙 제72조).

30 지적공부 복구절차에 대한 설명으로 틀린 것은?

① 지적소관청은 지적공부의 전부 또는 일부가 멸실·훼손된 때에는 지체없이 복구하여야 한다.
② 시·도지사, 시장·군수 또는 구청장은 정보처리시스템을 통하여 기록·저장한 지적공부의 전부 또는 일부가 멸실되거나 훼손된 경우에는 지체없이 이를 복구하여야 한다.
③ 복구측량을 한 결과 복구자료와 서로 부합하지 아니하는 때에는 토지소유자 및 이해관계인의 동의를 얻어 경계 또는 면적 등을 조정할 수 있다.
④ 대장은 복구되고 지적도면이 복구되지 아니한 토지가 축척변경시행지역 또는 도시개발사업 등의 시행지역에 편입된 때에는 지적도면을 복구하지 아니할 수 있다.
⑤ 지적소관청은 복구자료의 조사 또는 복구측량 등이 완료되어 지적공부를 복구하기 전에 토지의 표시등을 시·군·구의 게시판에 30일 이상 게시하여야 한다.

> **해설** 지적공부 복구절차
> ① (법 제74조) ② (법 제74조)
> ③ (규칙 제73조 제5항) ④ (규칙 제73조 제9항)
> ⑤ 지적소관청은 복구자료의 조사 또는 복구측량 등이 완료되어 지적공부를 복구 전에 토지의 표시등을 시·군·구의 게시판 및 인터넷홈페이지에 15일 이상 게시하여야 한다(규칙 제73조 제6항).

31 다음 중 지적공부의 복구와 관련된 기술이 옳은 것은?

① 복구사항의 시·군·구의 게시판에 게시는 지적공부를 복구하기 전에 하여야 하며, 지적공부의 복구의 효력은 게시판에 공고하여야만 발생한다.
② 복구하고자 하는 토지의 표시 등에 이의가 있는 자는 게시기간에 관계없이 언제나 지적소관청에 이의신청을 할 수 있다.
③ 복구자료도를 작성할 복구자료가 없는 때에는 복구측량을 하여야 한다.
④ 대장은 복구되고 도면이 복구되지 아니한 토지가 축척변경지역이나 도시개발사업 등의 시행지역에 편입된 때에노 도면을 복구하여야 한다.
⑤ 지적공부의 복구는 토지표시 사항에 대해서만 할 수 있고, 소유자표시 사항에 관한 복구는 할 수 없다.

정답 30. ⑤ 31. ③

해설 ▶ 지적공부의 복구

① (✕) 지적공부의 복구효력은 복구 즉시 발생되는 것이고, 게시하여야만 효력이 발생되는 것은 아니다.
② (✕) 게시기간 내에 지적소관청에 이의신청을 할 수 있다(규칙 제73조 제7항).
③ (○) (규칙 제73조 제3항)
④ (✕) 이 경우에는 도면을 복구하지 아니할 수 있다(규칙 제73조 제9항).
⑤ (✕) 지적공부의 복구는 토지표시 사항에 관한 복구와 소유자표시 사항에 관한 복구로 나눌 수 있다. 다만, 소유자에 관한 사항은 부동산등기부나 법원의 확정판결에 의하여 복구하여야 한다(영 제61조 제1항 단서).

제5절 지적전산자료

32 지적전산자료의 이용과 활용에 대한 설명 중 틀린 것은?

① 국가 또는 지방자치단체가 지적전산자료를 이용할 경우에는 사용료가 면제된다.
② 채권확보, 담보물권의 확인 등의 목적으로 제3자의 토지소유현황에 관한 지적전산정보자료의 제공은 불가하다.
③ 전산망에 의하여 처리·보관·전송되는 타인의 정보를 훼손하거나 비밀을 침해 도용 또는 누설하여서는 안 된다.
④ 지적공부에 관한 전산자료는 필요한 최소한의 범위에 한하여야 한다.
⑤ 토지소유자가 자기 토지에 대한 지적전산자료를 이용 또는 활용하기 위하여 신청하는 경우에도 관계 중앙행정기관의 장의 심사를 받아야 한다.

해설 ▶ 지적전산자료를 이용 또는 활용

① (영 제62조 제6항 단서)
② (영 제62조 제2항 참조)
③ (「국가공간정보 기본법」 제37조·제38조 참조)
⑤ 예외적으로 심사를 거치지 않아도 된다(법 제76조 제3항).

정답 32. ⑤

제6절 부동산종합공부

33 부동산종합공부에 관한 다음의 설명 중 틀린 것은?

① 지적소관청은 부동산의 효율적 이용과 부동산과 관련된 정보의 종합적 관리·운영을 위하여 부동산종합공부를 관리·운영한다.
② 지적소관청은 부동산종합공부를 영구히 보존하여야 한다. 그러나 이를 복제하여서는 아니 된다.
③ 부동산종합공부의 등록사항을 관리하는 기관의 장은 지적소관청에 상시적으로 관련 정보를 제공하여야 한다.
④ 지적소관청은 부동산종합공부의 정확한 등록 및 관리를 위하여 필요한 경우에는 부동산종합공부의 등록사항을 관리하는 기관의 장에게 관련 자료의 제출을 요구할 수 있다. 이 경우 자료의 제출을 요구받은 기관의 장은 특별한 사유가 없으면 자료를 제공하여야 한다.
⑤ 부동산종합공부를 열람하거나 부동산종합공부 기록사항의 전부 또는 일부에 관한 증명서(부동산종합증명서)를 발급받으려는 자는 지적소관청이나 읍·면·동의 장에게 신청할 수 있다.

해설 ▶ 부동산종합공부의 관리
지적소관청은 부동산종합공부를 영구히 보존하여야 하며, 부동산종합공부의 멸실 또는 훼손에 대비하여 이를 별도로 복제하여 관리하는 정보관리체계를 구축하여야 한다(법 제76조의2 제2항).

34 공간정보의 구축 및 관리 등에 관한 법령상 부동산종합공부의 등록사항에 해당하지 않는 것은? **25회 개작**

① 토지의 표시와 소유자에 관한 사항 : 「공간정보의 구축 및 관리 등에 관한 법률」에 따른 지적공부의 내용
② 건축물의 표시와 소유자에 관한 사항(토지에 건축물이 있는 경우만 해당한다) : 「건축법」 제38조에 따른 건축물대장의 내용
③ 토지의 이용 및 규제에 관한 사항 : 「토지이용규제 기본법」 제10조에 따른 토지이용계획확인서의 내용
④ 부동산의 보상에 관한 사항 : 「부동산 가격공시에 관한 법률」 제10조에 따른 부동산의 보상가격 내용
⑤ 부동산의 가격에 관한 사항 : 「부동산 가격공시에 관한 법률」 제10조에 따른 개별공시지가, 같은 법 제16조, 제17조 및 제18조에 따른 개별주택가격 및 공동주택가격 공시내용

정답 33. ② 34. ④

해설 ▶ **부동산종합공부의 등록사항**(법 제76조의3)

지적소관청은 부동산종합공부에 다음의 사항을 등록하여야 한다.
1) 토지의 표시와 소유자에 관한 사항 : 이 법에 따른 지적공부의 내용
2) 건축물의 표시와 소유자에 관한 사항(토지에 건축물이 있는 경우만 해당) : 「건축법」 제38조에 따른 건축물대장의 내용
3) 토지의 이용 및 규제에 관한 사항 : 「토지이용규제 기본법」 제10조에 따른 토지이용계획확인서의 내용
4) 부동산의 가격에 관한 사항 : 「부동산 가격공시에 관한 법률」 제10조에 따른 개별공시지가, 같은 법 제16조, 제17조 및 제18조에 따른 개별주택가격 및 공동주택가격 공시내용

35. 공간정보의 구축 및 관리 등에 관한 법령상 부동산종합공부에 관한 설명으로 틀린 것은? 〔27회 출제〕

① 부동산종합공부를 열람하거나 부동산종합공부 기록사항의 전부 또는 일부에 관한 증명서를 발급받으려는 자는 지적소관청이나 읍·면·동의 장에게 신청할 수 있다.
② 지적소관청은 부동산종합공부의 등록사항 정정을 위하여 등록사항 상호 간에 일치하지 아니하는 사항을 확인 및 관리하여야 한다.
③ 토지소유자는 부동산종합공부의 토지의 표시에 관한 사항(「공간정보의 구축 및 관리 등에 관한 법률」에 따른 지적공부의 내용)의 등록사항에 잘못이 있음을 발견하면 지적소관청이나 읍·면·동의 장에게 그 정정을 신청할 수 있다.
④ 토지의 이용 및 규제에 관한 사항(「토지이용규제 기본법」 제10조에 따른 토지이용계획확인서의 내용)은 부동산종합공부의 등록사항이다.
⑤ 지적소관청은 부동산종합공부의 등록사항 중 등록사항 상호 간에 일치하지 아니하는 사항에 대해서는 등록사항을 관리하는 기관의 장에게 그 내용을 통지하여 등록사항정정을 요청할 수 있다.

해설 ▶ **부동산종합공부**
부동산종합공부의 등록사항 정정에 관하여는 지적공부의 등록사항의 정정에 관한 법 제84조를 준용한다(법 제76조의5). 토지소유자는 지적공부의 등록사항에 잘못이 있음을 발견한 때에는 지적소관청에 그 정정을 신청할 수 있다(법 제84조).

정답 35. ③

응용 출제예상문제

01 다음 지적공부에 관한 설명으로 타당치 않은 것은?

① 시·도 단위의 지적공부에 관한 전산자료를 이용하고자 하는 자는 국토교통부장관 등의 승인을 얻어야 한다.
② 토지의 고유번호는 총 19자리의 아라비아 숫자로 표시하며, 소재, 지번, 대장의 구분 등을 나타낸다.
③ 지적공부를 정보처리시스템을 통하여 기록·저장한 경우 관할 시·도지사, 시장·군수 또는 구청장은 그 지적공부를 지적정보관리체계에 영구히 보존하여야 한다.
④ 지적전산자료를 이용 또는 활용하고자 하는 경우에는 수입인지, 수입증지 또는 현금으로 수수료를 납부하여야 한다.
⑤ 지적도에는 지번, 지목, 경계 등의 사항이 등록된다.

해설 ▶ 지적전산자료의 이용과 활용

① (×) 지적공부에 관한 전산자료(연속지적도를 포함하며, 이하 "지적전산자료"라 한다)를 이용하거나 활용하려는 자는 다음의 구분에 따라 국토교통부장관, 시·도지사 또는 지적소관청에 지적전산자료를 신청하여야 한다 (법 제76조 제1항).
  ㉠ 전국 단위의 지적전산자료 : 국토교통부장관, 시·도지사 또는 지적소관청
  ㉡ 시·도 단위의 지적전산자료 : 시·도지사 또는 지적소관청
  ㉢ 시·군·구(자치구가 아닌 구를 포함한다) 단위의 지적전산자료 : 지적소관청
② (○) 토지대장 등의 고유번호는 19자리로 구성되어 있고, 대장구분번호는 토지대장 '1', 임야대장 '2', 경계점좌표등록부 '3'으로 부여된다. 고유번호의 구성체계는 다음과 같다.
  ㉠ 앞의 10자리 : 행정구역표시
  ㉡ 중간의 5자리 중 첫번째 자리 : 대장구분번호
  ㉢ 나머지 4자리 : 지번 중 본번
  ㉣ 마지막 4자리 : 지번 중 부번
③ (○) (법 제69조 제2항)
④ (○) 지적전산자료의 이용 또는 활용수수료는 수입인지, 수입증지 또는 현금으로 내야 하나 국토교통부장관 등은 정보통신망을 이용하여 전자화폐·전자결제 등의 방법으로 수수료를 내게 할 수 있다(법 제76조, 제106조 제1항 제14호, 규칙 제115조 제1항·제6항·제7항).
⑤ (○) 지적도 및 임야도에는 토지의 소재, 지번, 지목, 경계, 그 밖에 국토교통부령으로 정하는 사항을 등록하여야 한다(법 제72조 참조).

정답 01. ①

02 다음 중 지적공부에 관한 설명으로 옳지 않은 것은?

① 지적공부를 열람하거나 등본을 발급받으려는 경우에는 지적소관청에 수수료를 납부해야 한다.
② 국가기관 또는 지방자치단체가 도면을 복사하고자 하는 때에는 지적소관청은 그 내용을 심사 후 그 타당성이 인정되는 때에는 도면을 복사할 수 있게 하여야 한다.
③ 시·도 단위의 지적전산자료를 이용하거나 활용하려는 자는 시·도지사 또는 지적소관청에 지적전산자료를 신청하여야 한다.
④ 정보처리시스템을 통하여 기록·저장된 지적공부(지적도 및 임야도는 제외한다)를 열람하거나 그 등본을 발급받으려는 경우에는 특별자치시장, 시장·군수 또는 구청장이나 읍·면·동의 장에게 신청할 수 있다.
⑤ 지적공부는 천재지변 등의 재난을 피하기 위하여 필요한 경우 외에는 관할 시·도지사 또는 대도시 시장의 승인을 받은 경우에도 해당 청사 밖으로 지적공부를 반출할 수 없다.

해설 ▶ 지적공부
① (법 제75조, 법 제106조, 규칙 제115조) ② (규칙 제70조 제1항·제2항)
③ (법 제76조 제1항 제2호) ④ (법 제75조 단서)
⑤ 지적공부는 천재지변 등의 재난을 피하기 위하여 필요한 경우 외에도 관할 시·도지사 또는 대도시 시장의 승인을 받은 경우 해당 청사 밖으로 지적공부를 반출할 수 있다(법 제69조 제1항 단서).

03 지적공부에 등록된 ○○동의 지번이 산110인 토지의 소유자가 사망하고 상속인 3인이 상속을 한 경우에 정리하여야 할 지적공부는?

① 토지대장과 지적도
② 토지대장과 대지권등록부
③ 토지대장과 공유지연명부
④ 임야대장과 공유지연명부
⑤ 토지대장과 경계점좌표등록부

해설 ▶ 공유지연명부
설문상의 목적토지는 지번이 "산"110번지이므로 임야대장에 등록된 토지로서 공동상속인 3인이 공유하게 되고(「민법」제1006조 참조), 소유자에 관한 사항은 대장과 공유지연명부에의 등록사항이기 때문에(법 제71조 제1항·제2항) 임야대장과 공유지연명부를 정리하여야 한다.

정답 02. ⑤ 03. ④

04. 토지대장 등에 등록된 토지의 고유번호를 통해 알 수 있는 사항은?

㉠ 지 목	㉡ 면 적	㉢ 행정구역
㉣ 토지소유자	㉤ 지 번	㉥ 토지·임야 대장구분

① 1개 ② 2개 ③ 3개 ④ 4개 ⑤ 없음

해설 ▸ **토지의 고유번호**
토지의 고유번호는 19자리로 구성되어 있으며, 앞의 10자리는 행정구역인 소재를, 가운데 5자리는 대장의 종류와 지번 중 본번을 마지막 4자리는 지번 중 부번을 표시한다. 따라서 행정구역인 소재, 지번 및 대장의 종류를 알 수 있다. 한편 소유자에 관한 사항·지목·면적은 토지고유번호를 통해서 알 수 없는 사항이다.

05. 지적공부인 대장과 도면의 등록사항을 대비한 것으로 옳은 것은?

① 대장 : 토지의 소재·지번·지목·경계, 도면 : 토지의 소재·지번·지목·면적
② 대장 : 토지의 소재·지번·지목·경계, 도면 : 토지의 소재·지번·면적·경계
③ 대장 : 토지의 소재·지번·지목·면적, 도면 : 토지의 소재·지번·면적·경계
④ 대장 : 토지의 소재·지번·지목·면적, 도면 : 토지의 소재·지번·지목·경계
⑤ 대장 : 토지의 소재·지번·지목·경계, 도면 : 토지의 소재·지번·면적·경계

해설 ▸ **대장과 도면의 등록사항**(법 제71조 제1항, 제72조)
토지표시사항인 소재·지번·지목·면적·경계·좌표 중 "대장"에 등록되는 사항은 토지의 소재·지번·지목·면적이고, "도면"에 등록되는 사항은 토지의 소재·지번·지목·경계이다.

06. 다음 중 공유지연명부와 대지권등록부에 관한 설명으로 옳지 않은 것은?

① 대지권등록부에는 공유지연명부의 등록사항에 건물의 명칭, 전유부분의 건물의 표시, 대지권비율 등이 등록된다.
② 공유지연명부는 1필지의 소유자가 2인 이상인 경우에 대장 이외에 별도로 토지대장, 임야대장별로 작성된다.
③ 대지권등록부는 「부동산등기법」에 의하여 대지권인 뜻의 등기를 한 토지에 대하여 작성하는 장부를 말한다.
④ 공유지연명부와 대지권등록부도 토지대장과 임야대장과 함께 '지적공부'에 포함되므로 열람 및 등본발급의 대상이 된다.
⑤ 공유지연명부에는 토지의 소재, 지번, 대지권 비율, 고유번호, 주민등록번호 등이 등록된다.

정답 04. ③ 05. ④ 06. ⑤

해설 ▶ **공유지연명부·대지권등록부**(법 제71조 제2항·제3항)
① (○) 대지권등록부에는 토지의 소재, 지번, 대지권 비율, 소유자의 성명 또는 명칭·주소 및 주민등록번호 등을 등록하여야 한다(법 제71조 제3항).
② (○) 대장별로 소유자표시사항을 체계적이며 효율적으로 등록·관리하기 위하여 작성하는 토지대장의 보조장부이다.
③ (○) 「부동산등기법」제40조 제3항, 제4항)
④ (○) (법 제2조 제19호, 법 제75조)
⑤ (×) 공유지연명부에는 토지의 소재, 지번, 소유권 지분, 소유자의 성명 또는 명칭·주소 및 주민등록번호 등을 등록하여야 한다(법 제71조 제2항).

07 경계점좌표등록부를 갖춰두는 지역의 지적도가 아래와 같은 경우 이에 관한 설명으로 옳은 것은?

21회 출제

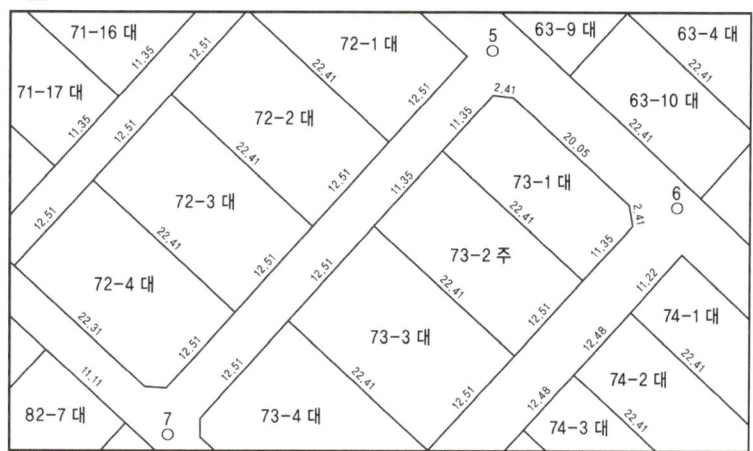

① 73-2에 대한 면적측정은 전자면적측정기에 의한다.
② 73-2의 경계선상에 등록된 '22.41'은 좌표에 의하여 계산된 경계점간의 거리를 나타낸다.
③ 73-2에 대한 경계복원측량은 본 도면으로 실시하여야 한다.
④ 73-2에 대한 토지면적은 경계점좌표등록부에 등록한다.
⑤ 73-2에 대한 토지지목은 '주차장'이다.

해설 ▶ **지적도의 이해**
규칙 제69조 제1항 제4호, 별지 제67호·제68호 서식

정답 07. ②

08 경계점좌표등록부에 관한 설명으로 가장 틀린 것은? ★

① 경계점좌표등록부를 비치하는 토지는 지적확정측량 또는 축척변경을 위한 측량을 실시하여 경계점을 좌표로 등록한 지역의 토지로 한다.
② 토지의 고유번호가 1234567890-30365-0023인 지역은, 경계점좌표등록부 및 토지대장과 지적도를 비치하여야 한다.
③ 경계점좌표등록부를 비치한 지역에 있어서는 토지의 경계결정과 지표상의 복원은 별도로 비치된 "지적도"에 의한다.
④ 경계점좌표등록부 비치지역에서 토지의 측량면적이 156.55m^2인 경우 토지대장에 등록하는 면적은 156.6m^2이다.
⑤ 경계점좌표등록부를 비치하는 지역의 지적도에는, '좌표에 의하여 계산된 경계점간의 거리'를 등록한다.

해설 ▶ 경계점좌표등록부

① (○) (규칙 제71조 제2항)
② (○) 대장의 고유번호19자리 중 가운데 첫째자리 '3'은 경계점좌표등록부를 나타내므로 결국 지문의 3가지 지적공부가 비치되어야 한다. 즉 경계점좌표등록부는 좌표만으로는 일반인이 토지의 형상을 파악하기 어려우므로 지적도를 함께 비치하고, 별도로 토지대장을 함께 비치하도록 하고 있다.
③ (×) 경계점좌표등록부를 비치한 지역에 있어서는 토지의 경계결정과 지표상의 복원은 "좌표"에 의한다(법 제2조 제25호 참조).
④ (○) 경계점좌표등록부를 비치하는 지역의 면적등록은 0.1m^2단위까지 등록해야 하고, 등록방법은 5사5입으로 끝수처리를 하여야 한다. 측량면적이 156.55m^2이므로 소숫점 이하 첫째자리수가 5로서 홀수이므로 이를 올려서 156.6m^2어야 한다(영 제60조 제1항 제2호).
⑤ (○) (규칙 제69조 제2항 제4호)

09 공간정보의 구축 및 관리 등에 관한 법령상 지적도면 등의 등록사항 등에 관한 설명으로 틀린 것은?

① 지적소관청은 지적도면의 관리에 필요한 경우에는 지번부여 지역마다 일람도와 지번색인표를 작성하여 갖춰 둘 수 있다.
② 지적도면의 축척은 지적도 7종, 임야도 2종으로 구분한다.
③ 지적도면의 색인도 건축물 및 구조물 등의 위치는 지적도면의 등록사항에 해당한다.
④ 경계점좌표등록부를 갖춰 두는 지역의 임야도에는 해당 도면의 제명 끝에 좌표라고 표시하고 도곽선의 오른쪽 아래 끝에 이도면에 의하여 측량을 할 수 없음이라고 저어아 한다.
⑤ 지적도면에는 지적소관청의 직인을 날인하여야 한다. 다만 정보처리시스템을 이용하여 관리하는 지적도면의 경우에는 그러하지 아니하다.

정답 08. ③ 09. ④

제3장 지적공부(응용)

해설 ▶ **지적공부의 등록사항**

경계점좌표등록부를 갖춰 두는 지역의 지적도에는 해당 도면의 제명 끝에 좌표라고 표시하고 도곽선의 오른쪽 아래 끝에 이 도면에 의하여 측량을 할 수 없음이라고 적어야 한다.

10. 다음 중 특별시장·광역시장·특별자치시장·도지사 또는 특별자치도지사의 승인사항이 아닌 것은?

㉠ 지적공부의 반출
㉡ 지번변경
㉢ 전국 단위 또는 시·도 단위의 지적전산자료의 이용 또는 활용
㉣ 시·군·구 단위의 지적전산자료의 이용 또는 활용
㉤ 축척변경

① ㉠, ㉡, ㉢, ㉣
② ㉠, ㉢, ㉣
③ ㉡, ㉢
④ ㉢, ㉣
⑤ ㉡, ㉣

해설 ▶ **지적전산자료의 관리**

㉠ (○) (법 제69조 제1항 제2호)　　㉡ (○) (법 제66조 제2항, 영 제57조 제1항)
㉢, ㉣ (×) 지적전산자료를 이용하거나 활용하려는 자는 다음의 구분에 따라 국토교통부장관, 시·도지사 또는 지적소관청에 지적전산자료를 신청하여야 한다(법 제76조 제1항).
　　• 전국 단위의 지적전산자료: 국토교통부장관, 시·도지사 또는 지적소관청
　　• 시·도 단위의 지적전산자료: 시·도지사 또는 지적소관청
　　• 시·군·구(자치구가 아닌 구를 포함한다) 단위의 지적전산자료: 지적소관청
㉤ (○) (법 제83조 제3항, 영 제70조 이하)

11. 공간정보의 구축 및 관리 등에 관한 법령상 지적공부의 복구에 관한 관계 자료에 해당하는 것을 모두 고른 것은? **35회 출제**

ㄱ. 측량 결과도
ㄴ. 법원의 확정판결서 정본 또는 사본
ㄷ. 토지(건물)등기사항증명서 등 등기사실을 증명하는 서류
ㄹ. 지적소관청이 작성하거나 발행한 지적공부의 등록내용을 증명하는 서류

① ㄱ, ㄴ
② ㄴ, ㄷ
③ ㄷ, ㄹ
④ ㄴ, ㄷ, ㄹ
⑤ ㄱ, ㄴ, ㄷ, ㄹ

정답 10. ④　11. ⑤

> **해설** 복구자료
> 모두 해당

12. 공간정보의 구축 및 관리 등에 관한 법령상 지적공부(정보처리시스템을 통하여 기록·저장한 경우는 제외)의 복구에 관한 설명으로 틀린 것은? [28회 출제]

① 지적소관청은 지적공부의 전부 또는 일부가 멸실되거나 훼손된 경우에는 지체없이 이를 복구하여야 한다.
② 지적공부를 복구할 때 소유자에 관한 사항은 부동산등기부나 법원의 확정판결에 따라 복구하여야 한다.
③ 토지이동정리 결의서는 지적공부의 복구에 관한 관계자료에 해당한다.
④ 복구자료도에 따라 측정한 면적과 지적복구자료 조사서의 조사된 면적의 증감이 허용범위를 초과하는 경우에는 복구측량을 하여야 한다.
⑤ 지적소관청이 지적공부를 복구하려는 경우에는 해당 토지의 소유자에게 지적공부의 복구신청을 하도록 통지하여야 한다.

> **해설** 지적공부의 복구
> 지적소관청은 지적공부의 전부 또는 일부가 멸실되거나 훼손된 경우에는 관계자료에 의해 지체없이 이를 복구하여야 한다(법 제74조). 지적소관청이 지적공부에 등록하거나 지적공부를 복구 또는 말소하거나 등기촉탁을 하였으면 해당 토지소유자에게 통지하여야 한다(법 제90조).

13. 지적전산자료의 이용신청에 관한 설명이다. 틀린 것은?

① 지적전산자료를 이용하거나 활용하려는 자는 국토교통부장관, 시·도지사 또는 지적소관청에 지적전산자료를 신청하여야 한다.
② 지방자치단체의 장이 신청하는 경우에는 지적전산자료의 이용 또는 활용 목적 등에 관하여 미리 관계 중앙행정기관의 심사를 받아야 한다.
③ 관계 중앙행정기관의 장은 심사 후 심사결과를 신청인에게 통지하여야 한다.
④ 국토교통부장관 등은 지적전산자료의 이용 또는 활용을 승인한 때에는 승인 내용을 시적선산자료이용 대장에 기록한 후 승인한 자료를 제공하여야 한다.
⑤ 국가나 지방자치단체에 대해서는 사용료를 면제한다.

정답 12. ⑤   13. ②

해설 ▶ 지적전산자료의 이용신청
① (법 제76조 제1항)
② 지적전산자료를 신청하려는 자는 지적전산자료의 이용 또는 활용 목적 등에 관하여 미리 관계 중앙행정기관의 심사를 받아야 한다. 다만, 중앙행정기관의 장, 그 소속 기관의 장 또는 지방자치단체의 장이 신청하는 경우에는 그러하지 아니하다(법 제76조 제2항).
③ (영 제62조 제2항) ④ (영 제62조 제5항) ⑤ (영 제62조 제6항)

14 부동산종합공부의 등록사항을 바르게 설명한 것으로 모두 고른 것은?

㉠ 토지의 표시와 소유자에 관한 사항
  - 등기부에 기재된 내용
㉡ 건축물의 표시와 소유자에 관한 사항(토지에 건축물이 있는 경우만 해당)
  - 건축물대장의 내용
㉢ 토지의 이용 및 규제에 관한 사항
  - 토지이용계획확인서의 내용
㉣ 부동산의 가격에 관한 사항
  - 기준공시지가, 기준주택가격 및 공동주택가격 공시내용

① ㉠, ㉡, ㉢, ㉣ ② ㉠, ㉢, ㉣ ③ ㉡, ㉢
④ ㉢, ㉣ ⑤ ㉡, ㉣

해설 ▶ 부동산종합공부의 등록사항
지적소관청은 부동산종합공부에 다음의 사항을 등록하여야 한다(법 제76조의3).
1) 토지의 표시와 소유자에 관한 사항 : 이 법에 따른 지적공부의 내용
2) 건축물의 표시와 소유자에 관한 사항(토지에 건축물이 있는 경우만 해당한다) : 「건축법」 제38조에 따른 건축물대장의 내용
3) 토지의 이용 및 규제에 관한 사항 : 「토지이용규제 기본법」 제10조에 따른 토지이용계획확인서의 내용
4) 부동산의 가격에 관한 사항 : 「부동산 가격공시에 관한 법률」 제10조에 따른 개별공시지가, 같은 법 제16조, 제17조 및 제18조에 따른 개별주택가격 및 공동주택가격 공시내용

정답 14. ③

15. 공간정보의 구축 및 관리 등에 관한 법령상 지적공부의 관리 등에 관한 설명으로 틀린 것은?

[26회 개작]

① 지적공부를 정보처리시스템을 통하여 기록·저장한 경우 관할 시·도지사, 시장·군수 또는 구청장은 그 지적공부를 지적정보관리체계에 영구히 보존하여야 한다.
② 지적소관청은 해당 청사에 지적서고를 설치하고 그 곳에 지적공부(정보처리시스템을 통하여 기록·저장한 경우는 제외한다)를 영구히 보존하여야 한다.
③ 국토교통부장관은 지적공부를 과세나 부동산정책자료 등으로 활용하기 위하여 주민등록전산자료, 가족관계등록전산자료, 부동산등기전산자료 또는 공시지가전산자료 등을 관리하는 기관에 그 자료를 요청할 수 있다.
④ 토지소유자가 자기 토지에 대한 지적전산자료를 신청하거나, 토지소유자가 사망하여 그 상속인이 피상속인의 토지에 대한 지적전산자료를 신청하는 경우에는 심사를 받지 아니할 수 있다.
⑤ 지적소관청은 지적공부의 전부 또는 일부가 멸실되거나 훼손되어 이를 복구하고자 하는 경우에는 국토교통부장관의 승인을 받아야 한다.

해설 ▶ 지적공부의 관리
국토교통부장관의 승인을 받을 필요가 없다(법 제74조, 영 제61조 참조).

16. 부동산종합공부에 관한 설명으로 틀린 것은?

[25회 출제]

① 지적소관청은 부동산의 효율적 이용과 부동산과 관련된 정보의 종합적 관리·운영을 위하여 부동산종합공부를 관리·운영한다.
② 지적소관청은 부동산종합공부를 영구히 보존하여야 하며, 멸실 또는 훼손에 대비하여 이를 별도로 복제하여 관리하는 정보관리체계를 구축하여야 한다.
③ 지적소관청은 부동산종합공부의 불일치 등록사항에 대하여는 등록사항을 정정하고, 등록사항을 관리하는 기관의 장에게 그 내용을 통지하여야 한다.
④ 지적소관청은 부동산종합공부의 정확한 등록 및 관리를 위하여 필요한 경우에는 부동산종합공부의 등록사항을 관리하는 기관의 장에게 관련 자료의 제출을 요구할 수 있다.
⑤ 부동산종합공부의 등록사항을 관리하는 기관의 장은 지적소관청에 상시적으로 관련 정보를 제공하여야 한다.

해설 ▶ 부동산종합공부(법 제76조의2, 영 제62조의3)
부동산종합공부의 등록사항 정정에 관하여는 지적공부의 등록사항의 정정에 관한 법 제84조를 준용하여(법 제76조의5) 지적소관청은 법 제76조의3 각호의 등록사항 상호 간에 일치하지 아니하는 경우 그 등록사항을 관리하는 기관의 장에게 그 내용을 통지하여 등록사항 정정을 요청할 수 있다(영 제62조의3).

정답 15. ⑤ 16. ③

CHAPTER 04 토지의 이동신청 및 지적공부 정리

학습포인트

- 이 장에서는 토지이동의 사유와 절차, 축척변경 및 지적공부의 정리에 관하여 다루고 있다.
- 이 장에서는 각종의 토지이동 사유별 원인(요건)과 절차, 축척변경의 대상, 절차 및 축척변경위원회, 지적공부 정리와 관련 토지소유자의 정리 등에 관해 매회 3~4문제가 출제되므로 정확한 이해와 암기가 필요하다.
- 토지소유자의 정리와 관련하여 대장과 등기부의 불일치가 있는 경우 이를 일치시키기 위한 절차로서 토지의 권리관계인 소유자표시는 등기부를 기준으로 함을 유의하여 부동산등기법과 연계학습이 필요하다.

CHAPTER 학습 & 출제되는 키워드

- ☑ 토지이동
- ☑ 등록전환
- ☑ 합병
- ☑ 바다로 된 토지의 말소신청
- ☑ 축척변경의 시행
- ☑ 축척변경위원회
- ☑ 지적공부의 정리
- ☑ 등록사항의 정정

- ☑ 토지이동의 신청과 효력발생
- ☑ 분할
- ☑ 합병이 불가능한 경우
- ☑ 축척변경
- ☑ 축척변경의 절차
- ☑ 토지이동의 신청
- ☑ 토지표시의 정리
- ☑ 등기촉탁

- ☑ 신규등록
- ☑ 분할제한에 관한 관련 법령
- ☑ 지목변경
- ☑ 축척변경의 대상
- ☑ 청산금의 산정
- ☑ 토지이동에 따른 직권정리
- ☑ 토지소유자의 정리
- ☑ 지적정리의 통지

CHAPTER 학습 & 출제되는 질문

- ☑ 신규등록에 관한 설명 중 틀린 것은?
- ☑ 등록전환에 관한 설명으로 틀린 것은?
- ☑ 다음은 공간정보의 구축 및 관리 등에 관한 법령상 합병 신청을 할 수 없는 경우이다. 틀린 것은?
- ☑ 지목변경 신청에 관한 설명으로 틀린 것은?
- ☑ 축척변경에 관한 설명 중 옳은 것은?

기본 출제예상문제

제1절 토지이동

01 토지이동의 개요

01 다음은 토지의 이동에 관한 설명이다. 틀린 것은?

① 토지의 이동은 지적공부상의 변경이나 토지 자체의 물리적인 변동을 뜻한다.
② 토지이동신청은 토지소유자 등의 신청에 의하는 경우 외에 지적소관청이 직권으로 할 수 있다.
③ 등록사항정정 및 행정구역의 명칭변경도 토지의 이동에 해당한다.
④ 토지이동의 효력발생시기는 원칙적으로 지적공부에 등록한 때이다.
⑤ 토지소유자의 변경이나 토지소유자의 주소변경, 토지등급 또는 기준수확량 변경 및 개별공시지가의 변경은 토지의 이동에 해당하지 아니한다.

해설 ► 토지의 이동
① 토지 자체의 물리적인 변동(형질변경 등)이 아닌 지적공부상의 변경(지목변경 등)을 뜻한다(법 제2조 제28호).
②, ③, ④, ⑤ (법 제2조 제28호 이하, 법 제77조 이하, 영 제63조 이하, 규칙 제80조 이하)

02 다음은 토지의 이동에 관한 설명이다. 틀린 것은?

① 토지이동에 관한 신청은 토지소유자가 하여야 하며, 대위신청에 의하여는 할 수 없다.
② 토지이동이라 함은 토지의 표시를 새로이 정하거나 변경 또는 말소하는 것을 말한다.
③ 도시·군관리계획선에 따라 토지를 분할하는 경우에는 지목변경 없이 등록전환을 신청할 수 있다.
④ 도시개발사업 등의 원활한 사업추진을 위하여 사업시행자가 공사 준공 전에 토지합병을 신청하는 경우에는 지목변경을 할 수 있다.
⑤ 합병하고자 하는 토지의 소유자별 공유지분과 소유자의 주소가 동일한 경우에는 합병신청을 할 수 있다.

정답 01. ① 02. ①

제4장 토지의 이동신청 및 지적공부 정리(기본)

해설 ▶ **토지의 이동**

① (×) 다음의 어느 하나에 해당하는 자는 이 법에 따라 토지소유자가 하여야 하는 신청을 대신할 수 있다. 다만, 제84조에 따른 등록사항 정정 대상토지는 제외한다(법 제87조).
  ㉠ 공공사업 등에 따라 학교용지·도로·철도용지·제방·하천·구거·유지·수도용지 등의 지목으로 되는 토지인 경우 : 해당 사업의 시행자
  ㉡ 국가나 지방자치단체가 취득하는 토지인 경우 : 해당 토지를 관리하는 행정기관의 장 또는 지방자치단체의 장
  ㉢ 「주택법」에 따른 공동주택의 부지인 경우 : 「집합건물의 소유 및 관리에 관한 법률」에 따른 관리인(관리인이 없는 경우에는 공유자가 선임한 대표자) 또는 해당 사업의 시행자
  ㉣ 「민법」 제404조에 따른 채권자
② (○) (법 제2조 제28호)
③ (○) 지목변경 없이 등록전환신청을 할 수 있는 경우(영 제64조 제2항)는 다음과 같다.
  ㉠ 대부분의 토지가 등록전환 되어 나머지 토지를 임야도에 계속 존치하는 것이 불합리한 경우
  ㉡ 임야도에 등록된 토지가 사실상 형질변경 되었으나 지목변경을 할 수 없는 경우
  ㉢ 도시·군관리계획선에 따라 토지를 분할하는 경우
④ (○) (영 제67조 제1항 제3호)
⑤ (○) 합병하고자 하는 토지의 소유자별 공유지분과 소유자 주소가 동일한 경우에만 합병신청이 가능하다(영 제66조 제3항 제5호 반대해석).

---

03 공간정보의 구축 및 관리 등에 관한 법령상 토지소유자가 지적소관청에 신청할 수 있는 토지의 이동 종목이 아닌 것은? **25회 출제**

① 신규등록　　② 분할　　③ 지목변경
④ 등록전환　　⑤ 소유자변경

해설 ▶ **토지의 이동신청**(법 제2조 제28호)
토지의 이동이란 토지의 "표시"를 새로 정하거나 변경 또는 말소하는 것을 말한다. 따라서 토지소유자의 변경이나 토지소유자의 주소변경 등은 이에 해당하지 않는다.

---

04 다음 중 토지이동사유에 해당되지 않는 것은?

① 토지의 등록전환을 하여야 하는 경우
② 토지의 면적에 증감이 발생한 경우
③ 토지의 경계점의 좌표가 달라진 경우
④ 지번의 변경을 하여야 하는 경우
⑤ 상속으로 인하여 소유권이 변경된 경우

정답 03. ⑤　04. ⑤

해설 ▶ **토지의 이동사유**(법 제77조 이하)
- 토지의 이동사유로는 신규등록·등록전환·분할·합병·지목변경과 등록말소 및 축척변경·도시개발사업으로 인한 토지이동은 물론 등록사항정정 및 행정구역의 명칭변경 등이 있다.
- 토지소유(권)자의 변경(상속, 매매 등), 토지소유자의 주소변경, 토지등급의 변경, 개별공시지가의 변경 등은 토지이동사유가 아니다.

05 토지이동에 따른 결정사항이 효력을 발생하는 때는?

① 지적공부등본발급시   ② 지적정리결의서작성시   ③ 표제부의 등기시
④ 지적공부등록시   ⑤ 토지이동신청시

해설 ▶ **토지이동에 따른 효력 발생 시기**
지적등록주의(형식주의)가 공간정보의 구축 및 관리 등에 관한 법령의 이념이다. 토지이동의 효력 발생시기는 원칙적으로 지적공부에 등록한 때이다.

02 신규등록

06 토지의 신규등록에 관한 다음 설명 중 틀린 것은?

① 토지소유자는 신규등록할 토지가 있으면 그 사유가 발생한 날부터 1년 이내에 지적소관청에 신규등록을 신청하여야 한다.
② 신규등록을 함에 있어서는 경계와 면적을 결정하기 위해 지적측량을 하여야 한다.
③ 토지의 신규등록 신청시에는 그 사유를 적은 신청서에 법원의 확정판결서 정본 또는 사본 등 그 밖에 소유권을 증명하는 서류를 첨부하여야 한다.
④ 지적소관청은 토지표시사항은 물론 소유자표시사항도 법원의 확정판결 또는 소유권을 증명하는 서류 등을 실질적으로 심사하여 지적공부에 새로이 등록하여야 한다.
⑤ 신규등록의 효력은 지적공부에 등록한 때에 발생한다.

해설 ▶ **신규등록**(법 제77조, 영 제63조, 규칙 제81조)
① (X) 그 사유가 발생한 날부터 60일 이내에 지적소관청에 신규등록을 신청하여야 한다(법 제77조).
② (O) (법 제23조 제1항 제3호 나목)
③ (O) (규칙 제81조 제1항)
④ (O) (실질적 심사주의, 법 제88조 제1항 단서)
⑤ (O) 형식주의

정답   05. ④   06. ①

제4장 토지의 이동신청 및 지적공부 정리(기본)

07 신규등록에 관한 다음 설명 중 틀린 것은?

① 토지소유자는 신규등록할 토지가 있는 때에는 그 날부터 60일 이내에 지적소관청에 신청하여야 한다.
② 신규등록 대상토지로는 지적공부에 기재되지 아니한 미등록 토지 또는 공유수면매립지 등을 들 수 있다.
③ 지번, 지목, 경계나 좌표·면적은 모두 지적소관청이 결정한다.
④ 신규등록의 경우 지적소관청은 관할등기관서에 등기를 촉탁하여야 한다.
⑤ 신규등록시 경계와 면적은 지적측량에 의하여 결정한다.

해설 **신규등록**(법 제77조, 영 제63조, 규칙 제81조)
① (○) (법 제77조)
② (○) 신규등록이란 새로 조성된 토지와 지적공부에 등록되어 있지 아니한 토지를 지적공부에 등록하는 것을 말한다(법 제2조 제29호).
③ (○) (지적국정주의, 법 제2조 제20호 참조)
④ (×) 신규등록의 경우 소유권보존등기는 토지소유자가 단독으로 신청하므로 촉탁등기의 대상이 아니다(법 제89조 제1항, 「부동산등기법」 제65조 제1호 참조).
⑤ (○) (법 제23조 제1항 제3호 나목)

08 토지소유자가 신규등록을 신청할 때에는 신규등록사유를 적은 신청서에 해당 서류를 첨부하여 지적소관청에 제출하여야 한다. 이 경우 첨부해야 할 해당 서류가 아닌 것은?

23회 출제

① 법원의 확정판결서 정본 또는 사본
② 「공유수면 관리 및 매립에 관한 법률」에 따른 준공검사확인증 사본
③ 도시계획구역의 토지를 그 지방자치단체의 명의로 등록하는 때에는 기획재정부장관과 협의한 문서의 사본
④ 지형도면에 고시된 도시관리계획도 사본
⑤ 소유권을 증명할 수 있는 서류의 사본

해설 **신규등록**
토지소유자가 신규등록을 신청할 때에는 그 사유를 적은 신청서에 다음 서류 중 어느 하나에 해당하는 서류를 첨부하여 지적소관청에 제출하여야 한다(영 제63조, 규칙 제81조).
1) 법원의 확정판결서 정본 또는 사본
2) 「공유수면 관리 및 매립에 관한 법률」에 의한 준공검사확인증 사본
3) 도시계획구역 토지를 그 지방자치단체의 명의로 등록하는 때에는 기획재정부장관과 협의한 문서의 사본
4) 그 밖에 소유권을 증명할 수 있는 서류의 사본

정답 07. ④　08. ④

제1편 공간정보의 구축 및 관리 등에 관한 법률

03 등록전환

09 등록전환에 관한 설명 중 알맞은 것은?

① 등록전환의 사유에 관한 증명서류의 사본을 첨부하여야 한다.
② 등록전환일 때 시·도지사 승인을 받아 축척변경을 하여야 한다.
③ 먼저 등록전환을 한 후 나중에 지적측량을 한다.
④ 등록전환 할 때 지목변경이 수반된다.
⑤ 임야대장의 면적과 등록전환될 면적의 차이가 법령상 허용범위를 초과하는 경우에 지적소관청은 임야대장의 면적 또는 임야도의 경계를 토지소유자의 신청에 의해 정정하여야 한다.

해설 ▶ **등록전환**(법 제2조 제30호, 법 제78조, 영 제64조, 규칙 제82조)
등록전환이란 임야대장 및 임야도에 등록된 토지를 토지대장 및 지적도에 옮겨 등록하는 것을 말한다.
① (○) 등록전환의 사유에 관한 증명서류(건축물대장, 토지의 형질변경 등의 공사의 준공검사필증 등)의 사본을 첨부하여야 한다(규칙 제82조 제1항).
② (×) 등록전환은 축척변경과 달리 시·도지사의 승인을 요하는 사유가 아니다(법 제78조, 제83조 참조).
③ (×) 선(先)지적측량 후(後)등록전환(법 제23조 제1항 제3호 다목)
④ (×) 등록전환은 원칙적으로 지목변경을 수반하나(영 제64조 제1항) 예외를 인정하고 있다(영 제64조 제2항).
⑤ (×) 임야대장의 면적과 등록전환될 면적의 차이가 법령상 허용범위 이내인 경우에는 등록전환될 면적을 등록전환 면적으로 결정하고, 그 허용범위를 초과하는 경우에는 임야대장의 면적 또는 임야도의 경계를 지적소관청이 직권으로 정정하여야 한다(영 제19조 제1항 제1호 나목).

10 등록전환에 관한 설명으로 틀린 것은? **22회 출제**

① 토지소유자는 등록전환할 토지가 있으면 그 사유가 발생한 날부터 60일 이내에 지적소관청에 등록전환을 신청하여야 한다.
②「산지관리법」,「건축법」등 관계 법령에 따른 토지의 형질변경 또는 건축물의 사용승인 등으로 인하여 지목을 변경하여야 할 토지는 등록전환을 신청할 수 있다.
③ 임야도에 등록된 토지가 사실상 형질변경되었으나 지목변경을 할 수 없는 경우에는 지목변경 없이 등록전환을 신청할 수 있다.
④ 등록전환에 따른 면적을 정할 때 임야대장의 면적과 등록전환될 면적의 차이가 오차의 허용범위 이내인 경우 임야대장의 면적을 등록전환 면적으로 결정한다.
⑤ 지적소관청은 등록전환에 따라 지적공부를 정리한 경우 지체없이 관할 등기관서에 토지의 표시 변경에 관한 등기를 촉탁하여야 한다.

정답 09. ① 10. ④

해설 ▶ 등록전환
임야대장의 면적과 등록전환될 면적의 차이가 계산식에 따른 허용범위 이내인 경우에는 등록전환될 면적을 등록전환 면적으로 결정한다(영 제19조 제1항 제1호 나목 전단).

11 축척의 변경이 수반되어 도면의 정밀도가 높아지는 토지이동사항은?

① 신규등록 ② 지목변경 ③ 합병
④ 등록전환 ⑤ 등록사항 정정

해설 ▶ 축척의 변경이 수반되는 토지이동
축척의 변경이 수반되는 토지이동에는 축척변경과 등록전환이 있다. 등록전환은 임야대장 및 축척이 작은 임야도의 등록지를 토지대장 및 축척이 큰 인접토지와 동일한 축척의 지적도에 옮겨 토지에 관한 정밀성을 높여 지적관리를 합리화함에 그 목적이 있다. 따라서 축척변경이 선행(수반)된다.

04 분할

12 다음 중 토지분할에 대한 설명으로 옳지 않은 것은?

① 분할전후 면적의 차이가 법규정상 허용범위 이내인 경우에는 그 오차를 분할 후의 각 필지의 면적에 안분하고, 허용범위를 초과하는 경우에는 지적공부상의 면적 또는 경계를 정정하여야 한다.
② 토지소유자는 지적공부에 등록된 1필지의 일부가 형질변경 등으로 용도가 변경된 경우에는 용도가 변경된 날부터 60일 이내에 지적소관청에 토지의 분할을 신청하여야 한다.
③ 등기부에만 분필의 등기가 이루어졌다고 하여도 이로써 분필의 효과가 발생할 수는 없다.
④ 토지의 개수는 「부동산등기법」에 의한 등기부상의 토지의 필수를 표준으로 하여 결정된다.
⑤ 경계점좌표등록부 시행지역의 토지분할을 위하여 면적을 정하는 때에는 분할 전 면적에 증감이 없도록 한다.

정답 11. ④ 12. ④

해설 ▶ 토지분할
① (○) (영 제19조 제1항 제2호)   ② (○) (법 제79조 제2항)
③ (○) 공간정보의 구축 및 관리 등에 관한 법령상 분필절차를 거치지 않은 채 이루어진 분필등기는 그 효력이 없다(대판 1995.6.16. 94다4615).
④ (×) 부동산에 관한 사실관계인 부동산의 표시, 즉 토지의 개수는 공간정보의 구축 및 관리 등에 관한 법령에 의한 지적공부상의 토지의 필수를 표준으로 하여 결정된다(법 제2조 제20호·제21호).
⑤ (○) (영 제19조 제2항)

05 합 병

13 다음은 공간정보의 구축 및 관리 등에 관한 법령상 합병 신청을 할 수 없는 경우이다. 틀린 것은?   [22회 출제]

① 합병하려는 토지의 지번부여지역, 지목 또는 소유자가 서로 다른 경우
② 합병하려는 각 필지의 지반이 연속되지 아니한 경우
③ 합병하려는 토지의 소유자별 공유지분이 같은 경우
④ 합병하려는 토지의 지적도 및 임야도의 축척이 서로 다른 경우
⑤ 합병하려는 토지가 등기된 토지와 등기되지 아니한 토지인 경우

해설 ▶ 합병요건
합병하려는 토지의 소유자별 공유지분이 다른 경우에는 합병할 수 없으나, 공유지분이 같은 경우에는 합병할 수 있다(법 제80조 제3항 제3호, 영 제66조 제3항 제5호).

14 토지의 합병이 가능한 경우는?

① 토지의 지목이 서로 다르나 연접되어 있는 경우
② 동일지목(同一地目)이나 지반이 연속되어 있지 않는 경우
③ 동일소유자이나 기등기지(旣登記地)와 미등기지(未登記地)인 경우
④ 연속된 각 필지가 암반으로 구성되어 있는 경우
⑤ 필지의 축척(筆地縮尺)이 서로 다른 경우

해설 ▶ 합병(법 제2조 제32호, 법 제80조, 영 제66조)
각 필지가 암반으로 구성된 것은 지반의 연속으로 본다.

정답 13. ③ 14. ④

15 공간정보의 구축 및 관리 등에 관한 법령상 합병 신청을 할 수 없는 경우에 관한 내용으로 틀린 것은? (단, 다른 조건은 고려하지 아니함) 〔35회 출제〕

① 합병하려는 토지의 지목이 서로 다른 경우
② 합병하려는 토지의 소유자별 공유지분이 다른 경우
③ 합병하려는 토지의 지번부여지역이 서로 다른 경우
④ 합병하려는 토지의 소유자에 대한 소유권이전등기 연월일이 서로 다른 경우
⑤ 합병하려는 토지의 지적도 축척이 서로 다른 경우

> **해설** 합병신청을 할 수 없는 경우
> ④ (×) 합병하려는 토지의 소유자(등기 연월일은 관계 없음)가 서로 다른 경우 합병신청을 할 수 없다.

06 지목변경

16 지목변경에 관한 설명으로 틀린 것은?

① 지적측량의 대상이 아니며, 지적소관청이 토지이동조사를 실시한다.
② 임시적이고 일시적인 용도의 변경은 토지이동으로 볼 수 없기 때문에 지목변경은 하지 않는다.
③ 토지소유자는 지목변경을 할 토지가 있으면 그 사유가 발생한 날부터 60일 이내에 지적소관청에 지목변경을 신청하여야 한다.
④ 「국토의 계획 및 이용에 관한 법률」 등 관계법령에 의한 토지의 형질변경 등의 공사가 준공된 경우 지목변경을 신청할 수 있다.
⑤ 건축물의 용도가 변경된 경우에는 지목변경을 신청할 수 없다.

> **해설** 지목변경(법 제2조 제33호, 법 제81조, 영 제67조, 규칙 제84조)
> ① (○) 지목변경시에는 지적측량을 하지 않는다(법 제23조 제1항 각호 참조).
> ② (○) (영 제59조 제2항 참조) ③ (○) (법 제81조) ④ (○)
> ⑤ (×) 토지뿐만 아니라 건축물의 용도가 변경된 경우에도 지목변경을 신청할 수 있다(영 제67조 제1항).

정답 15. ④ 16. ⑤

17. 지목변경에 관한 다음 설명 중 옳은 것은?

① 토지의 주된 사용목적 및 용도가 변경된 경우에 행정적으로 이루어지는 행정처분이다.
② 지목변경은 순수한 행정의 재량사항이므로 위법을 이유로 한 행정소송의 대상이 아니다.
③ 지목변경은 토지의 사용이 달라지므로 형질변경과 다름없다.
④ 원칙적으로 직권에 의하여 이루어진다.
⑤ 사유발생일로부터 30일 이내에 하여야 한다.

해설 ▶ 지목
① (○) 지적공부 지적소관청의 지목변경신청 반려행위가 항고소송의 대상이 되는 행정처분에 해당한다(대판 2004.4.22. 2003두9015).
② (×) 기속재량행위이므로 위법을 이유로 한 행정소송의 대상이 된다.
③ (×) 지목변경이란 지적공부에 등록된 지목을 다른 지목으로 바꾸어 등록하는 것을 말하고, 형질변경은 토지의 사용이 달라지는 것으로 형질변경이 있다고 하여 반드시 지목변경이 되는 것이 아니다.
④, ⑤ (×) 토지소유자는 지목변경을 할 토지가 있으면 대통령령으로 정하는 바에 따라 그 사유가 발생한 날부터 60일 이내에 지적소관청에 지목변경을 신청하여야 한다(법 제81조).

18. 다음 중 지목변경신청(地目變更申請)을 하여야 하는 경우가 아닌 것은? ★

① 1필지의 일부가 지목이 다르게 되어 분할신청을 하는 때
② 인·허가받은 사업수행으로 형질변경되거나 건축물의 공사가 완료된 때
③ 토지 또는 건축물의 용도가 다른 용도로 변경되어 토지의 지목(地目)이 다르게 된 때
④ 도시개발사업 등의 원활한 추진을 위하여 사업시행자가 공사 준공 전에 토지의 합병을 신청하는 경우
⑤ 토지의 등록전환(登錄轉換)을 할 사유가 발생한 때

해설 ▶ 지목변경신청사유(영 제67조 제1항)
① (○) 지목변경신청서를 함께 제출하여야 한다(법 제79조 제2항, 영 제65조 제2항).
②, ③, ④ (○) (영 제67조 제1항 각호)
⑤ (×) 등록전환의 신청대상이고 지목변경의 신청대상은 아니다(영 제64조).

정답 17. ① 18. ⑤

07 바다로 된 토지의 말소신청 (해면성 말소)

19 바다로 된 토지의 말소(해면성 말소)에 대한 설명 중 타당하지 <u>않은</u> 것은? ★★

① 바다로 된 토지란 지적공부에 등록된 토지가 지형의 변화 등으로 바다로 된 경우에 지적공부에의 등록대상에서 제외되는 토지를 말한다.
② 지형의 변화로 바다로 되어 원상회복할 수 없거나 다른 지목의 토지로 될 가능성이 없는 경우이다.
③ 지적소관청으로부터 통지받은 토지소유자는 90일 이내에 해당서류를 첨부하여 신청하여야 하는데 이를 해태할 때 10만원 이하의 과태료를 부과한다.
④ 토지소유자가 90일 이내 등록말소신청을 하지 않는 경우 지적소관청이 직권으로 그 지적공부의 등록사항을 말소한다.
⑤ 바다로 된 토지를 등록말소한 이후에 지형의 변화 등으로 다시 토지로 된 경우에는 지적소관청은 회복 등록할 수 있다.

해설 ▶ 바다로 된 토지의 말소(법 제82조, 영 제68조)
①, ② (○) 바다는 지적공부에의 등록대상 토지가 아니다(법 제82조 제1항 참조).
③ (×) 바다로 된 토지의 말소(해면성 말소) 신청을 90일 이내에 하지 아니하여도 과태료를 부과하지 않는다(법 제111조 제1항 각호 참조).
④ (○) (영 제68조 제1항)
⑤ (○) (법 제82조 제3항)

정답 19. ③

제2절 축척변경

01 축척변경의 대상과 시행

35회 출제

20 공간정보의 구축 및 관리 등에 관한 법령상 축척변경에 관한 설명으로 옳은 것은?

① 도시개발사업 등의 시행지역에 있는 토지로서 그 사업시행에서 제외된 토지의 축척변경을 하는 경우 축척변경위원회의 심의 및 시·도지사 또는 대도시 시장의 승인을 받아야 한다.

② 지적소관청은 시·도지사 또는 대도시 시장으로부터 축척변경 승인을 받았을 때에는 지체 없이 축척변경의 목적, 시행지역 및 시행기간, 축척변경의 시행에 관한 세부계획, 축척변경의 시행에 따른 청산금액의 내용, 축척 변경의 시행에 따른 토지소유자 등의 협조에 관한 사항을 15일 이상 공고하여야 한다.

③ 지적소관청은 축척변경에 관한 측량을 한 결과 측량 전에 비하여 면적의 증감이 있는 경우에는 그 증감면적에 대하여 청산을 하여야 한다. 다만, 토지소유자 3분의 2 이상이 청산하지 아니하기로 합의하여 서면으로 제출한 경우에는 그러하지 아니하다.

④ 지적소관청은 청산금을 내야 하는 자가 납부고지를 받은 날부터 1개월 이내에 청산금에 관한 이의신청을 하지 아니하고, 고지를 받은 날부터 3개월 이내에 지적소관청에 청산금을 내지 아니하면 「지방행정제재·부과금의 징수 등에 관한 법률」에 따라 징수할 수 있다.

⑤ 청산금의 납부 및 지급이 완료되었을 때에는 지적소관청은 지체 없이 축척변경의 확정공고를 하여야 하며, 확정공고 사항에는 토지의 소재 및 지역명, 축척변경 지번별조서, 청산금 조서, 지적도의 축척이 포함되어야 한다.

해설 ▶ 축척변경
① (×) 심의 및 승인을 요하지 않는다.　　　② (×) 15일 → 20일
③ (×) 청산을 하지 않는 경우 : 토지소유자 3분의 2 이상 합의 → 전원이 합의
④ (×) 3개월 → 6개월

정답　**20. ⑤**

제4장 토지의 이동신청 및 지적공부 정리(기본)

21 공간정보의 구축 및 관리 등에 관한 법령상 축척변경에 관한 설명이다. ( )에 들어갈 내용으로 옳은 것은? **28회 출제**

- 지적소관청은 축척변경을 하려면 축척변경 시행지역의 토지소유자 (㉠)의 동의를 받아 축척변경위원회의 의결을 거친 후 (㉡)의 승인을 받아야 한다.
- 축척변경 시행지역의 토지소유자 또는 점유자는 시행공고일부터 (㉢) 이내에 시행공고일 현재 점유하고 있는 경계에 경계점표지를 설치하여야 한다.

	㉠	㉡	㉢
①	2분의 1 이상	국토교통부장관	30일
②	2분의 1 이상	시·도지사 또는 대도시 시장	60일
③	2분의 1 이상	국토교통부장관	60일
④	3분의 2 이상	시·도지사 또는 대도시 시장	30일
⑤	3분의 2 이상	국토교통부장관	60일

해설 ▶ 축척변경

지적소관청은 축척변경을 하려면 축척변경 시행지역 토지소유자의 2/3 이상의 동의를 받아 축척변경위원회의 의결을 거친 후 시·도지사 또는 대도시 시장의 승인을 받아야 한다(법 제83조 제3항). 축척변경 시행지역의 토지소유자 또는 점유자는 시행공고일부터 30일 이내에 시행공고일 현재 점유하고 있는 경계에 경계점표지를 설치하여야 한다(영 제71조 제3항).

22 축척변경에 관한 다음 설명 중 틀린 것은?

① 축척변경은 지적도의 정밀도를 높이기 위해 소축척을 대축척으로 바꾸는 것을 말하는데 도면의 정밀도를 높이기 위한 것에는 등록전환신청도 해당된다.
② 축척변경 시행지역의 지번부여는 지적확정측량을 실시한 지역에서의 지번부여 방법에 의한다.
③ 축척변경시행지역의 토지는 청산금의 납부 및 지급완료일에 토지의 이동이 있는 것으로 본다.
④ 축척변경은 소유자의 신청 없이도 일정한 요건을 구비한 경우 할 수 있다.
⑤ 축척변경측량은 토지소유자가 설치한 경계점표지를 기준으로 측량한다.

해설 ▶ 축척변경

① (○) (법 제2조 제34호)
② (○) (영 제56조 제3항 제6호 다목, 동항 제5호 참조)
③ (×) 축척변경의 확정공고일에 토지의 이동이 있는 것으로 본다(영 제78조 제3항).
④ (○) 지적소관청이 토지소유자의 신청 또는 지적소관청의 직권으로 일정한 지역을 정하여 그 지역의 축척을 변경할 수 있다(법 제83조 제2항 각호 참조).
⑤ (○) (영 제72조 제2항)

정답 21. ④ 22. ③

23. 공간정보의 구축 및 관리 등에 관한 법령상 토지의 조사·등록에 관한 설명으로 틀린 것은?

24회 출제

① 국토교통부장관은 모든 토지에 대하여 필지별로 소재·지번·지목·면적·경계 또는 좌표 등을 조사·측량하여 지적공부에 등록하여야 한다.
② 지적공부에 등록하는 지번·지목·면적·경계 또는 좌표는 토지의 이동이 있을 때 토지소유자의 신청을 받아 지적소관청이 결정한다. 다만, 신청이 없으면 지적소관청이 직권으로 조사·측량하여 결정할 수 있다.
③ 지적소관청은 토지의 이동현황을 직권으로 조사·측량하여 토지의 지번·지목·면적·경계 또는 좌표를 결정하려는 때에는 토지이동현황 조사계획을 수립하여 시·도지사 또는 대도시 시장의 승인을 받아야 한다.
④ 지적소관청은 토지이동현황 조사계획에 따라 토지의 이동현황을 조사한 때에는 토지이동 조사부에 토지의 이동현황을 적어야 한다.
⑤ 지적소관청은 토지이동현황 조사 결과에 따라 토지의 지번·지목·면적·경계 또는 좌표를 결정한 때에는 이에 따라 지적공부를 정리하여야 한다.

해설 ▶ **토지의 조사·등록**
①, ② (법 제64조)
③ 시·도지사 또는 대도시 시장의 승인을 받을 필요는 없다(규칙 제59조 제1항 참조).
④, ⑤ (규칙 제59조 제2항, 제3항)

24. 축척변경을 할 때에 경계점표지를 설치하여야 하는 지점은?

① 이해관계자가 합의한 지점
② 시행공고일 현재 점유하고 있는 경계
③ 경계복원점
④ 도면상의 위치
⑤ 지적소관청이 결정한 지점

해설 ▶ **축척변경**(경계점표지설치)
축척변경 시행지역의 토지소유자 또는 점유자는 시행공고일로부터 30일 이내에 시행공고일 현재 점유하고 있는 경계에 국토교통부령으로 정하는 경계점표지를 설치하여야 하고(영 제71조 제3항), 지적소관청이 축척변경을 위한 측량을 할 때에는 이 경계점표지를 기준으로 새로운 축척에 따라 면적·경계 또는 좌표를 정하여야 한다(영 제72조 제2항).

정답 23. ③ 24. ②

25 축척변경 시행기간 중에 경계복원측량을 할 수 있는 경우는?

① 건축물·경계점 확인을 위한 측량시
② 점유지에 경계점 표지를 설치하기 위한 경계복원측량시
③ 소송경계확인을 위한 경계복원측량시
④ 토지이동을 위한 합병시
⑤ 소유점용점에 대한 분할측량시

해설 ▸ 축척변경 시행기간 중 경계복원측량을 할 수 있는 경우(영 제74조)
1) 축척변경 시행지역의 경계점표지의 설치를 위한 경우
2) 축척변경 위원회의 의결이 있는 경우

02 축척변경의 절차

26 축척변경의 절차가 순서대로 바르게 서술된 것은?

① 시행공고 → 측량실시 → 경계점표지설치 → 지번별 조서작성 → 청산금공고 → 청산금납부고지 또는 수령통지 → 확정공고
② 시행공고 → 경계점표지설치 → 측량실시 → 지번별 조서작성 → 청산금공고 → 청산금납부고지 또는 수령통지 → 확정공고
③ 시행공고 → 경계점표지설치 → 지번별 조서작성 → 측량실시 → 청산금공고 → 청산금납부고지 또는 수령통지 → 확정공고
④ 시행공고 → 측량실시 → 경계점표지설치 → 지번별 조서작성 → 청산금납부고지 또는 수령통지 → 청산금공고 → 확정공고
⑤ 시행공고 → 지번별 조서작성 → 경계점표지설치 → 측량실시 → 청산금공고 → 청산금납부고지 또는 수령통지 → 확정공고

해설 ▸ 축척변경의 절차
시·도지사 또는 대도시 시장의 승인을 얻은 날부터 20일 이상 시행공고(영 제71조 제1항) → 시행공고일부터 30일 이내에 경계점표지설치(영 제71조 제3항) → 청산금조서 작성 후 15일간 청산금공고(영 제75조 제4항) → 청산금을 결정·공고한 날로부터 20일 이내 청산금 납부고지 또는 수령통지(영 제76조 제1항) → 청산금의 납부 및 지급이 완료된 때에 지체없이 확정공고를 한다(영 제78조 제1항).

정답 25. ② 26. ②

27 축척변경의 절차에 관한 설명 중 틀린 것은?

① 지적소관청은 축척변경에 관한 측량을 한 결과 측량 전에 비하여 면적의 증감이 있는 경우에는 그 증감면적에 대하여 청산을 하여야 한다.
② 토지소유자 전원이 청산하지 아니하기로 합의하여 서면으로 제출한 경우에는 그 증감면적에 대한 청산을 하지 않는다.
③ 청산금의 납부 및 지급이 완료되었을 때 지적소관청은 지체없이 축척변경의 확정공고를 하여야 하고, 청산금의 납부 및 지급이 완료되었을 때에 토지의 이동이 있는 것으로 본다.
④ 축척변경위원회는 5명 이상 10명 이하의 위원으로 구성하되, 토지소유자인 위원이 2분의 1 이상(그 축척변경 시행지역의 토지소유자가 5명 이하일 때에는 토지소유자 전원)이어야 한다.
⑤ 위원장은 축척변경위원회의 회의를 소집할 때에는 회의일시·장소 및 심의안건을 회의 개최 5일 전까지 각 위원에게 서면으로 통지하여야 한다.

해설 ▶ 축척변경의 절차(영 제75조 이하)
①, ② (영 제75조 제1항 본문 및 단서)
③ 축척변경의 확정공고일에 토지의 이동이 있는 것으로 본다(영 제78조 제3항).
④ (영 제79조 제1항)
⑤ (영 제81조 제3항)

28 공간정보의 구축 및 관리 등에 관한 법령상 축척변경사업에 따른 청산금에 관한 내용이다. ( )안에 들어갈 사항으로 옳은 것은?

26회 출제

- 지적소관청이 납부고지하거나 수령통지한 청산금에 관하여 이의가 있는 자는 납부고지 또는 수령통지를 받은 날부터 (㉠) 이내에 지적소관청에 이의신청을 할 수 있다.
- 지적소관청으로부터 청산금의 납부고지를 받은 자는 그 고지를 받은 날부터 (㉡) 이내에 청산금을 지적소관청에 내야 한다.

① ㉠ : 15일, ㉡ : 6개월
② ㉠ : 1개월, ㉡ : 3개월
③ ㉠ : 1개월, ㉡ : 6개월
④ ㉠ : 3개월, ㉡ : 6개월
⑤ ㉠ : 3개월, ㉡ : 1년

해설 ▶ 축척변경사업에 따른 청산금
납부고지되거나 수령통지된 청산금에 관하여 이의가 있는 자는 납부고지 또는 수령통지를 받은 날부터 "1개월" 이내에 지적소관청에 이의신청을 할 수 있다(영 제77조 제1항). 그리고 납부고지를 받은 자는 그 고지를 받은 날부터 "6개월" 이내에 청산금을 지적소관청에 내야 한다(영 제76조 제2항).

정답 27. ③   28. ③

03 축척변경위원회

29 공간정보의 구축 및 관리 등에 관한 법령상 경계점좌표등록부의 등록사항으로 옳은 것만 나열한 것은?　**27회 출제**

① 지번, 토지의 이동사유
② 토지의 고유번호, 부호 및 부호도
③ 경계, 삼각점 및 지적기준점의 위치
④ 좌표, 건축물 및 구조물 등의 위치
⑤ 면적, 필지별 경계점좌표등록부의 장번호

해설 **경계점좌표등록부 등록사항**(법 제73조)
토지의 소재, 지번, 좌표, 토지의 고유번호, 지적도면의 번호, 필지별 경계점좌표등록부의 장번호, 부호 및 부호도

제3절 토지이동의 절차

30 토지이동의 절차에 관한 다음의 설명 중 틀린 것은?

① 도시개발사업, 농어촌정비사업, 그 밖에 대통령으로 정하는 토지개발사업과 관련하여 토지의 이동이 필요한 경우에는 토지소유자가 지적소관청에 토지의 이동을 신청하여야 한다.
② 위의 토지의 이동은 토지의 형질변경 등의 공사가 준공된 때에 이루어진 것으로 본다.
③ 공공사업 등에 따라 학교용지·도로·철도용지·제방·하천·구거·유지·수도용지 등의 지목으로 되는 토지인 경우에는 해당 사업의 시행자가 토지이동 신청을 대위할 수 있다.
④ 지적소관청은 토지의 이동현황을 직권으로 조사·측량하여 토지의 지번·지목·면적·경계 또는 좌표를 결정하려는 때에는 토지이동현황 조사계획을 수립하여야 한다.
⑤ 지적소관청은 토지이동현황 조사 결과에 따라 지적공부를 정리하려는 때에는 토지이동 조서를 작성하여 토지이동정리 결의서에 첨부하여야 한다.

정답　29. ②　30. ①

제1편 공간정보의 구축 및 관리 등에 관한 법률

해설 ▸ **토지이동의 절차**
① 해당 사업의 시행자가 지적소관청에 토지의 이동을 신청하여야 한다(법 제86조 제2항).
② (법 제86조 제3항) ③ (법 제87조 제1호)
④ (규칙 제59조 제1항) ⑤ (규칙 제59조 제4항)

31. 도시개발사업 등의 시행지역에서 토지이동의 신청방법을 설명한 것으로 틀린 것은?

① 도시개발사업으로 인하여 사업의 착수신고가 된 토지의 소유자가 해당 사업시행자에게 토지의 이동을 신청하도록 요청한 경우 사업시행자는 반드시 지적소관청에 그 이동을 신청하여야 한다.
② 도시개발사업으로 인하여 사업의 착수신고가 된 토지는 그 사업이 완료되는 때까지 사업시행자 외의 자가 토지의 이동을 신청할 수 없다.
③ 「주택법」에 의한 주택건설사업의 시행자가 파산하여 토지이동을 신청할 수 없을 때에는 그 주택의 시공을 보증한 자 또는 입주예정자 등이 토지이동을 신청할 수 있다.
④ 환지를 수반하는 지역의 경우에는 사업완료신고로써 토지이동신청을 갈음할 수 있다.
⑤ 토지의 형질변경 등의 공사가 준공된 때에 토지이동이 있는 것으로 본다.

해설 ▸ **도시개발사업 등 시행지역의 토지이동신청에 관한 특례**
① 요청을 받은 사업시행자는 해당 사업에 지장이 없다고 판단되면 지적소관청에 그 이동을 신청하여야 한다(법 제86조 제4항).
② (법 제86조 제2항) ③ (영 제83조 제4항)
④ (영 제83조 제3항) ⑤ (법 제86조 제3항)

32. 공간정보의 구축 및 관리 등에 관한 법령상 신청기간의 제한이 없는 경우는?

① 신규등록신청 ② 등록전환신청
③ 지목변경신청 ④ 공공용 토지의 지목이 아닌 토지합병신청
⑤ 1필지의 일부가 형질변경 등으로 용도가 변경된 토지분할신청

해설 ▸ **토지이동의 신청기간**(법 제77조 이하)
①, ②, ③ 제한이 있다(법 제77조·제78조·제81조).
④ 제한이 없다. 합병의 경우 예외적으로 합병신청의무가 있는 다음과 같은 경우에는 사유가 발생한 날부터 60일 이내에 지적소관청에 합병을 신청하여야 한다(지목상 주로 공공용 토지인 경우). 그러나 공공용 토지의 지목이 아닌 토지의 합병신청은 임의적이다.
㉠ 「주택법」에 따른 공동주택의 부지, 도로, 제방, 하천, 구거, 유지(법 제80조 제2항)
㉡ 공장용지·학교용지·철도용지·수도용지·공원·체육용지 등 다른 지목의 토지(영 제66조 제2항)
⑤ 제한이 있다. 토지분할신청은 원칙적으로 임의신청이다. 따라서 신청기간의 제한도 없다. 그러나 지적공부에 등록된 1필지의 일부가 형질변경 등으로 용도가 변경된 경우에는 토지소유자는 의무적으로 그 사유가 발생한 날로부터 60일 이내에 지적소관청에 토지의 분할을 신청하여야 한다(법 제79조 제2항).

정답 31. ① 32. ④

제4장 토지의 이동신청 및 지적공부 정리(기본)

33 다음 중 공간정보의 구축 및 관리 등에 관한 법령상 토지소유자가 하여야 하는 토지의 이동신청을 대신할 수 있는 자가 <u>아닌</u> 것은? **24회 출제**

① 「민법」 제404조에 따른 채권자
② 주차전용 건축물 및 이에 접속된 부속시설물의 부지인 경우는 해당 토지를 관리하는 관리인
③ 국가나 지방자치단체가 취득하는 토지인 경우는 해당 토지를 관리하는 행정기관의 장 또는 지방자치단체의 장
④ 공공사업 등에 따라 하천·구거·유지·수도용지 등의 지목으로 되는 토지인 경우는 해당 사업의 시행자
⑤ 「주택법」에 따른 공동주택의 부지인 경우는 「집합건물의 소유 및 관리에 관한 법률」에 따른 관리인(관리인이 없는 경우에는 공유자가 선임한 대표자) 또는 해당 사업의 시행자

해설 ▶ 토지이동신청의 대위(법 제87조)

토지이동신청은 원칙적으로 토지소유자가 하여야 하나, 다음의 어느 하나에 해당하는 자는 토지소유자가 하여야 하는 신청을 대신할 수 있다. 다만, 제84조에 따른 등록사항 정정 대상토지는 제외한다.
1) 공공사업 등에 따라 학교용지·도로·철도용지·제방·하천·구거·유지·수도용지 등의 지목으로 되는 토지인 경우 : 해당 사업의 시행자
2) 국가나 지방자치단체가 취득하는 토지인 경우 : 해당 토지를 관리하는 행정기관의 장 또는 지방자치단체의 장
3) 「주택법」에 따른 공동주택의 부지인 경우 : 「집합건물의 소유 및 관리에 관한 법률」에 따른 관리인(관리인이 없는 경우에는 공유자가 선임한 대표자) 또는 해당 사업의 시행자
4) 「민법」 제404조에 따른 채권자

정답 33. ②

제4절 지적공부의 정리

01 토지표시의 정리

34 토지이동(土地異動)에 따른 지적공부의 정리에 관하여 잘못 설명한 것은?

① 원칙적으로 토지소유자의 신청에 의한다.
② 지적소관청이 직권으로 토지이동사항을 조사하여 지적공부를 정리하는 경우에는 사전에 토지소유자에게 신청절차의 이행을 통지하여야 한다.
③ 지적소관청은 토지이동의 조사를 위하여 타인의 토지나 건축물에 그 소유자의 승낙없이 출입할 수 있다.
④ 토지이동으로 지적공부(地籍公簿)를 정리하는 때에는 대장과 도면을 함께 정리하여야 한다.
⑤ 1필지의 일부가 소유자가 다르게 되었음을 이유로 토지분할을 신청하는 경우에 이러한 토지분할신청을 거부하는 행위는 항고소송의 대상이 되는 행정처분이다.

해설 토지이동에 따른 지적공부의 정리
① (○) (법 제84조) 그러나 이 경우에도 지적소관청은 그 타당성을 조사·확인한 후 정리하여야 한다(실질적 심사주의).
② (×) 지적정리 후 사후통지한다(법 제90조 본문). 참고로 통지시기는 다음과 같다(영 제85조).
 ㉠ 토지의 표시에 관한 변경등기가 필요한 경우 : 그 등기완료의 통지서를 접수한 날부터 15일 이내
 ㉡ 토지의 표시에 관한 변경등기가 필요하지 아니한 경우 : 지적공부에 등록한 날부터 7일 이내
③ (○) 토지의 이동을 조사하는 자가 그 측량 또는 조사 등에 필요한 경우에 타인의 토지 등에 출입하고자 하는 경우에는 관할 특별자치도지사, 시장·군수 또는 구청장의 허가를 받아야 하나, 다만, 행정청인 자는 허가를 받지 아니하고 타인의 토지 등에 출입할 수 있다(법 제101조 제2항).
⑤ (○) (대판 1993.3.23. 91누8968)

정답 34. ②

제4장 토지의 이동신청 및 지적공부 정리(기본)

35 공간정보의 구축 및 관리 등에 관한 법령상 지적정리 등의 통지에 관한 설명으로 틀린 것은? [25회 출제]

① 지적소관청이 시·도지사나 대도시 시장의 승인을 받아 지번부여지역의 일부에 대한 지번을 변경하여 지적공부에 등록한 경우 해당 토지소유자에게 통지하여야 한다.
② 토지의 표시에 관한 변경등기가 필요하지 아니한 지적정리 등의 통지는 지적소관청이 지적공부에 등록한 날부터 10일 이내 해당 토지소유자에게 하여야 한다.
③ 지적소관청은 지적공부의 전부 또는 일부가 멸실되거나 훼손되어 이를 복구 등록한 경우 해당 토지소유자에게 통지하여야 한다.
④ 토지의 표시에 관한 변경등기가 필요한 지적정리 등의 통지는 지적소관청이 그 등기완료의 통지서를 접수한 날부터 15일 이내 해당 토지소유자에게 하여야 한다.
⑤ 지적소관청이 직권으로 조사·측량하여 결정한 지번·지목·면적·경계 또는 좌표를 지적공부에 등록한 경우 해당 토지소유자에게 통지하여야 한다.

해설 ▶ **지적정리 등의 통지**(법 제90조, 영 제85조)
7일 이내에 해당 토지소유자에게 통지하여야 한다.

36 다음은 지적소관청이 토지소유자에게 지적정리 등을 통지하여야 하는 시기에 관한 내용이다. ( )에 들어갈 사항으로 옳은 것은? [23회 출제]

- 토지의 표시에 관한 변경등기가 필요하지 아니한 경우: 지적공부에 등록한 날부터 (㉠) 이내
- 토지의 표시에 관한 변경등기가 필요한 경우: 그 등기완료의 통지서를 접수한 날부터 (㉡) 이내

① ㉠: 7일, ㉡: 15일
② ㉠: 15일, ㉡: 7일
③ ㉠: 30일, ㉡: 30일
④ ㉠: 60일, ㉡: 30일
⑤ ㉠: 30일, ㉡: 60일

해설 ▶ **지적정리의 통지시기**
지적소관청의 직권 또는 대위자의 신청으로 지적공부정리를 한 경우 토지소유자는 그 정리내용을 알 수 없으므로 토지소유자의 신청에 의하지 않고 지적공부가 정리된 때에는 모두 통지의 대상이다. 한편 지적소관청이 토지소유자에게 지적공부정리 등을 통지하여야 하는 시기는 다음과 같다(영 제85조).
 1) 토지의 표시에 관한 변경등기가 필요한 경우에는 등기완료통지서 접수일로부터 15일 이내
 2) 토지의 표시에 관한 변경등기가 필요하지 아니한 경우에는 지적공부에 등록한 날부터 7일 이내

정답 35. ② 36. ①

37. 지적공부의 정리에 대한 설명으로 옳지 않은 것은?

① 지적공부의 등록사항 중 경계 또는 면적 등 측량을 수반하는 토지의 표시에 잘못이 있는 때에는 지적소관청은 그 정정이 완료될 때까지 지적측량을 정지시킬 수 있다.
② 지적정리 등의 통지를 받을 자의 주소나 거소를 알 수 없는 경우에는 국토교통부령으로 정하는 바에 따라 일간신문, 해당 시·군·구의 공보 또는 인터넷홈페이지에 공고하여야 한다.
③ 지적소관청은 신규등록으로 인한 지적정리 후 토지표시변경에 관한 등기촉탁을 관할등기소에 하여야 한다.
④ 분할, 합병, 등록전환 등의 토지이동으로 인한 지적정리를 한 경우 지적소관청은 토지소유자에게 지적정리의 통지를 하여야 한다.
⑤ 지적공부에 기재된 등록사항의 정정으로 인접 토지의 경계가 변경되는 경우에는, 토지소유자는 인접 토지소유자의 승낙서 또는 이에 대항할 수 있는 확정판결서 정본(正本)을 지적소관청에 제출하여야 한다.

해설 ▶ **지적공부의 정리**(법 제88조 등 참조)
① (영 제82조 제3항)
② (법 제90조 단서)
③ 지적공부에 등록된 토지소유자의 변경사항은 등기관서에서 등기한 것을 증명하는 등기필증, 등기완료통지서, 등기사항증명서 또는 등기관서에서 제공한 등기전산정보자료에 따라 정리한다(토지의 권리관계에 관한 사항은 등기부를 기준으로 지적공부를 정리한다). 다만, 신규등록하는 토지의 소유자는 지적소관청이 직접 조사하여 등록한다(법 제88조 제1항). 토지의 소유권보존등기는 지적공부를 기준으로 대장상 소유자로 등록된 자의 신청에 의해 이루어지기 때문이다(「부동산등기법」 제65조 참조). 지적공부상 토지의 신규등록은 소유권보존등기의 전제가 된다. 그러나 등기촉탁사항은 아니다(법 제89조 참조).
④ (법 제90조)
⑤ (법 제84조 제3항)

37. ③

02 토지소유자의 정리

38 토지대장에 등록된 토지소유자의 변경사항은 등기관서에서 등기한 것을 증명하거나 제공한 자료에 따라 정리한다. 다음 중 등기관서에서 등기한 것을 증명하거나 제공한 자료가 <u>아닌</u> 것은?

[25회 출제]

① 등기필증
② 등기완료통지서
③ 등기사항증명서
④ 등기신청접수증
⑤ 등기전산정보자료

해설 ▶ 토지소유자의 정리(법 제88조 제1항)

지적공부에 등록된 토지소유자의 변경사항은 등기관서에서 등기한 것을 증명하는 등기필증, 등기완료통지서, 등기사항증명서 또는 등기관서에서 제공한 등기전산정보자료에 의해 정리한다.

39 지적공부의 토지소유자 정리에 관한 설명 중 틀린 것은?

① 지적공부에 등록된 토지소유자의 변경사항은 등기관서에서 등기한 것을 증명하는 등기필통지서, 등기필증(등기필정보), 등기부등·초본 및 등기전산정보자료에 의하여 정리한다.
② 「공유수면관리 및 매립에 관한 법률」의 규정에 의하여 매립준공인가된 토지를 신규등록하는 경우 지적공부에 등록하는 토지의 소유자는 지적소관청이 조사하여 등록한다.
③ 지적소관청이 관할 등기관서의 등기필통지 및 등기전산정보자료를 받은 경우 등기부에 기재된 토지의 표시가 지적공부의 등록사항과 부합하지 않은 때에는 이를 정리할 수 없다.
④ 지적공부와 부동산등기부의 부합여부를 확인하기 위하여 지적소관청이 등기부를 열람하거나 등기전산정보자료의 제공을 요청하는 경우 그 수수료는 무료로 한다.
⑤ 지적공부와 부동산등기부의 부합여부를 조사·확인하여 부합하지 않은 사항이 있는 때에는 지적소관청이 토지소유자와 그 밖에 이해관계인에게 그 부합에 필요한 신청을 요구할 수 있으나 이를 직권으로 정정할 수 없다.

해설 ▶ 지적공부의 토지소유자 정리(법 제88조)

① (법 제88조 제1항 본문)
② (법 제88조 제1항 단서, 규칙 제81조 제1항 제2호)
③ (법 제88조 제3항)
④ (법 제88조 제5항)
⑤ 지적공부와 부동산등기부에 공시되는 내용의 일치를 위하여 지적공부에 등록된 토지소유자의 정리는 등기부를 기초로 정리하여야 하는 바, 지적소관청은 필요한 때에는 지적공부와 부동산등기부의 부합여부를 관할 등기관서 등기부 열람에 의하여 조사·확인 후, 부합되지 아니하는 사항을 등기사항증명서 또는 등기관서에서 제공한 등기전산정보자료에 의하여 지적공부를 "직권"으로 정리하거나 토지소유자 그 밖의 이해관계인에게 그 부합에 필요한 신청 등을 하도록 요구할 수 있다(법 제88조 제4항).

정답 38. ④ 39. ⑤

40. 지적소관청이 관할등기소의 등기완료통지에 의하여 지적공부를 정리할 수 있는 경우 중 옳은 것은?

① 토지대장에 등재된 소유자의 주소와 등기부에 등재된 소유자의 주소가 서로 다를 때
② 토지대장에 등재된 지목과 등기부에 등재된 지목이 서로 다를 때
③ 토지대장에 등재된 토지표시와 등기부에 등재된 토지 표제부가 서로 다를 때
④ 토지대장에 등재된 지번과 등기부에 등재된 지번이 서로 다를 때
⑤ 토지대장에 등재된 면적과 등기부에 등재된 면적이 서로 다를 때

해설 ▶ 토지소유자의 정리
지적공부와 등기부의 토지표시사항이 서로 일치하는 경우에는 지적소관청이 소유자정리결의서를 작성하고 대장에 소유자정리를 한다(법 제88조 제1항). 다만, 등기관서에서 등기완료통지가 있더라도 등기부에 기재된 토지표시가 지적공부와 부합하지 아니하는 때에는 소유자정리를 할 수 없다(법 제88조 제3항, 영 제84조 제2항).

03 등록사항의 정정

41. 지적공부에의 등록사항에 오류가 있는 경우 지적소관청이 직권으로 정정할 수 없는 사항은 어느 것인가?

① 지적도 및 임야도에 등록된 필지가 경계의 위치는 그대로이나 면적의 증감이 있는 경우
② 지적측량성과와 다르게 정리된 경우
③ 지적공부의 등록사항을 정정하여야 하는 경우
④ 지적공부의 작성 또는 재작성 당시 잘못 정리된 경우
⑤ 합필등기를 할 수 없는 토지에 대한 합필등기신청을 각하한 경우로서 등기관의 통지가 있는 경우

해설 ▶ 등록사항의 직권정정
① 직권정정 할 수 없다. 등록사항의 직권정정사유는 지적도 및 임야도에 등록된 필지가 면적의 증감 없이 경계의 위치만 잘못된 경우이다(영 제82조 제1항 제2호).
⑤ 직권정정 할 수 있다(「부동산등기법」 제37조 제1항 참조).

정답 40. ① 41. ①

42

다음 중 토지의 표시사항의 정정에 대한 설명으로 잘못된 것은?

① 소유자의 신청에 의한 정정사유는 제한이 없으므로 직권정정사유에 해당하더라도 소유자가 신청하여 정정할 수 있다.
② 토지소유자는 지적공부의 등록사항에 대한 정정신청을 하는 때에 정정으로 경계 또는 면적 이외의 등록사항을 정정하는 경우에는 변경사항을 확인할 수 있는 서류를 첨부하여야 한다.
③ 토지소유자는 지적공부의 등록사항에 대한 정정신청을 하는 때에 정정으로 경계 또는 면적의 변경을 가져오는 경우에는 측량을 실시하여야 하지만, 등록사항정정측량성과도를 첨부할 필요는 없다.
④ 신청에 의한 정정으로 인하여 인접 토지의 경계가 변경되는 경우 그 정정은 인접 토지소유자의 승낙서 또는 이에 대항할 수 있는 확정판결서 정본에 의하여야 한다.
⑤ 지적공부의 등록사항 중 경계 또는 면적 등 측량을 수반하는 토지의 표시에 잘못이 있는 경우에는 소관청은 그 정정이 완료되는 때까지 지적측량을 정지시킬 수 있다.

해설 ▶ 토지의 표시사항의 정정

② (○)
③ (×) 토지소유자는 지적공부의 등록사항에 대한 정정신청을 하는 때에는 정정사유를 기재한 신청서에 다음의 구분에 따른 서류를 첨부하여 지적소관청에 제출하여야 한다(규칙 제93조).
 ㉠ 경계 또는 면적의 변경을 가져오는 경우 : 등록사항정정측량성과도
 ㉡ 그 밖의 등록사항을 정정하는 경우 : 변경사항을 확인할 수 있는 서류
④ (○) (법 제84조 제3항)   ⑤ (○) (영 제82조 제3항 본문)

43

공간정보의 구축 및 관리 등에 관한 법령상 지적소관청은 지적공부의 등록사항에 잘못이 있음을 발견하면 직권으로 조사·측량하여 정정할 수 있다. 직권으로 조사·측량하여 정정할 수 있는 경우가 아닌 것은?　**23회 출제**

① 지적공부의 등록사항이 잘못 입력된 경우
② 지적측량성과와 다르게 정리된 경우
③ 토지이용계획서의 내용과 다르게 정리된 경우
④ 지적공부의 작성 또는 재작성 당시 잘못 정리된 경우
⑤ 지적도 및 임야도에 등록된 필지가 면적의 증감 없이 경계의 위치만 잘못된 경우

정답　42. ③　43. ③

> **해설** ▶ 등록사항의 직권정정사유(영 제82조)
> 1) 토지이동정리결의서의 내용과 다르게 정리된 경우
> 2) 지적도 및 임야도에 등록된 필지가 면적의 증감 없이 경계의 위치만 잘못된 경우
> 3) 1필지가 각각 다른 지적도 또는 임야도에 등록되어 있는 경우로서 지적공부에 등록된 면적과 측량한 실제면적은 일치하지만 지적도 또는 임야도에 등록된 경계가 서로 접합되지 않아 지적도 또는 임야도에 등록된 경계를 지상의 경계에 맞추어 정정하여야 하는 토지가 발견된 경우
> 4) 지적공부의 작성 당시 잘못 정리된 경우
> 5) 지적측량성과와 다르게 정리된 경우
> 6) 지방지적위원회 또는 중앙지적위원회의 의결서 사본을 받은 지적소관청이 의결의 내용에 따라 지적공부의 등록사항을 정정하여야 하는 경우
> 7) 지적공부의 등록사항이 잘못 입력된 경우
> 8) 「부동산등기법」 제37조 제2항의 규정에 의한 통지가 있는 경우
> 9) 지적법개정법률(법률 제2801호) 부칙 제3조에 따른 면적환산이 잘못된 경우

44. 공간정보의 구축 및 관리 등에 관한 법령상 지적소관청이 지적공부의 등록사항을 직권으로 조사·측량하여 정정할 수 있는 경우로 틀린 것은? [35회 출제]

① 연속지적도가 잘못 작성된 경우
② 지적공부의 작성 또는 재작성 당시 잘못 정리된 경우
③ 토지이동정리 결의서의 내용과 다르게 정리된 경우
④ 지적도 및 임야도에 등록된 필지가 면적의 증감 없이 경계의 위치만 잘못된 경우
⑤ 지방지적위원회 또는 중앙지적위원회의 의결서 사본을 받은 지적소관청이 그 내용에 따라 지적공부의 등록사항을 정정하여야 하는 경우

> **해설** ▶ 직권정정사유
> ① "연속지적도"란 지적측량을 하지 아니하고 전산화된 지적도 및 임야도 파일을 이용하여 도면상 경계점들을 연결하여 작성한 도면으로서 측량에 활용할 수 없는 도면을 말한다(법 제2조 제19호의2). 따라서 측량하여 정정하는 경우에 해당하지 않는다.

정답 44. ①

04 등기촉탁

45 공간정보의 구축 및 관리 등에 관한 법령상 지적소관청은 토지의 이동 등으로 토지의 표시 변경에 관한 등기를 할 필요가 있는 경우에는 지체 없이 관할등기관서에 그 등기를 촉탁하여야 한다. 이 경우 등기촉탁의 대상이 아닌 것은?   **35회 출제**

① 지목변경　② 지번변경　③ 신규등록　④ 축척변경　⑤ 합병

해설 ▶ 등기촉탁 대상
- 등기촉탁의 대상이 아닌 것
  ① 신규등록, ② 토지소유자에 관한 사항 정리, ③ 행정구역의 명칭변경에 따른 정리

46 공간정보의 구축 및 관리 등에 관한 법령상 지적소관청은 토지의 이동 등으로 토지의 표시 변경에 관한 등기를 할 필요가 있는 경우에는 지체없이 관할 등기관서에 그 등기를 촉탁하여야 한다. 등기촉탁 대상이 아닌 것은?　**28회 출제**

① 지번부여지역의 전부 또는 일부에 대하여 지번을 새로 부여한 경우
② 바다로 된 토지의 등록을 말소한 경우
③ 하나의 지번부여지역에 서로 다른 축척의 지적도가 있어 축척을 변경한 경우
④ 지적소관청이 신규등록하는 토지의 소유자를 직접 조사하여 등록한 경우
⑤ 지적소관청이 직권으로 조사·측량하여 지적공부의 등록사항을 정정한 경우

해설 ▶ 등기촉탁
신규등록은 지적소관청이 등기관서에 토지표시에 관한 사항의 변경등기를 촉탁할 대상이 아니다(법 제89조 제1항). 또한 소유자에 관한 사항은 등기촉탁 대상이 아니다.

정답　45. ③　46. ④

47

등기촉탁과 지적정리에 관한 설명이다. 옳지 못한 내용은? ★★

① 지적소관청이 지적정리 후 일정한 사항에 관하여 토지표시사항의 일치를 위해 촉탁하는 등기는 토지이동에 따른 표시변경등기이다.
② 지적소관청이 토지표시등기를 촉탁한 경우에는 등기완료통지서를 접수한 날부터 15일 이내에 토지소유자에게 지적정리의 통지를 하여야 한다.
③ 소유자의 신청에 의하여 분할·합병·등록전환 등의 토지이동으로 인한 지적정리를 한 경우 지적소관청은 토지소유자에 지적정리의 통지를 하여야 한다.
④ 「전자정부법」 제36조 제1항에 따른 행정정보의 공동이용을 통하여 첨부서류에 대한 정보를 확인할 수 있는 경우에는 그 확인으로 첨부서류를 갈음할 수 있다.
⑤ 등기촉탁서에는 등기촉탁의 취지를 기재하고, 토지·임야대장등본을 첨부한다.

해설 ▶ 지적정리의 통지
① (법 제89조 제1항)
② (영 제85조 제1호)
③ 소유자의 신청에 의하여 토지이동으로 인한 지적정리를 한 경우 지적소관청은 토지소유자에 지적정리의 통지를 할 필요없다(법 제90조 참조).
④ (규칙 제98조 제1항 단서)
⑤ (규칙 제97조 제1항)

05 지적정리의 통지

48

다음 중 지적소관청이 지적정리의 통지를 해야 할 대상이 아닌 것은? ★★

① 토지소유자의 신청에 의하여 지적정리를 한 경우
② 지적소관청이 지번을 변경한 때
③ 지적공부를 복구한 때
④ 대위신청에 의하여 지적정리를 하였을 때
⑤ 바다로 된 토지를 직권으로 등록말소한 때

정답 47. ③ 48. ①

제4장 토지의 이동신청 및 지적공부 정리(기본)

> **해설** ▸ **지적정리의 통지**(법 제90조)
> ① 지적공부 등록사항이 토지소유자가 모르게 정리된 다음의 경우 토지소유자에게 통지하여야 한다. 따라서 소유자가 신청한 경우는 통지대상이 아니다.
>   ㉠ 지적소관청이 직권으로 조사·측량하여 지적공부를 정리한 때
>   ㉡ 지번변경을 한 때
>   ㉢ 지적공부를 복구한 때
>   ㉣ 지적소관청이 바다로 된 토지의 등록을 직권말소한 때
>   ㉤ 지적소관청이 직권으로 등록사항을 정정한 때
>   ㉥ 행정구역의 변경에 따른 지번변경을 정리한 때
>   ㉦ 도시개발사업 등에 의한 토지이동을 정리한 때
>   ㉧ 대위신청권자의 신청에 의해 지적공부를 정리한 때
>   ㉨ 지적소관청이 토지표시이동에 따른 등기를 촉탁한 때

49 지적정리의 통지에 관한 설명이다. 옳지 못한 내용은?

① 행정구역의 변경에 따른 지번변경을 정리한 때에는 토지소유자에게 통지하여야 한다.
② 지적소관청이 직권으로 조사·측량하여 지적공부를 정리한 때에는 토지소유자에게 통지하여야 한다.
③ 통지받을 자의 주소나 거소를 알 수 없는 경우에는 일간신문, 해당 시·군·구의 공보 또는 인터넷홈페이지에 공고함으로써 소유자에게 통지된 것으로 본다.
④ 지적소관청은 토지이동에 따른 토지의 표시에 관한 변경등기가 필요하지 아니한 경우 지적공부에 등록한 날부터 10일 이내에 토지소유자에게 지적정리 등을 통지하여야 한다.
⑤ 지적소관청은 토지이동에 따른 토지의 표시에 관한 변경등기가 필요한 경우 그 등기완료의 통지서를 접수한 날부터 15일 이내에 토지소유자에게 지적정리 등을 통지하여야 한다.

> **해설** ▸ **지적정리의 통지대상 및 방법**
> ①, ② (법 제90조)
> ③ (법 제90조 단서)
> ④ 7일 이내(영 제85조)
> ⑤ (영 제85조)

정답 49. ④

응용 출제예상문제

01 등록전환을 위한 대상토지는 몇 개인가? ★★

㉠ 「산지관리법」 등 관계법령에 의한 토지의 형질변경 또는 건축물의 사용승인 등으로 지목변경을 하여야 하는 토지
㉡ 동일한 임야도 내의 대부분의 토지가 등록전환되어 나머지 토지를 임야도에 계속 존치하는 것이 불합리한 토지
㉢ 임야도에 등록된 토지가 사실상 형질변경되었으나 지목변경을 할 수 없는 경우의 토지
㉣ 도시·군관리계획선에 따라 토지를 분할하는 경우

① 없음 ② 1개 ③ 2개 ④ 3개 ⑤ 4개

해설 ▶ 등록전환 대상토지(영 제64조 참조)
㉠, ㉡, ㉢, ㉣ 모두 영 제64조 제1항 및 제2항 각호의 등록전환 대상토지에 해당된다.

02 토지의 등록전환에 관한 다음의 설명 중 틀린 것은?

① 등록전환은 반드시 축척변경을 가져오지만, 이것을 축척변경으로 취급하지는 않는다.
② 등록전환이 있게 되면 통상적으로 지목변경이 이루어지나 반드시 지목변경을 수반하는 것은 아니다.
③ 등록전환을 신청할 수 있는 토지는 원칙적으로 관계 법령에 따른 토지의 형질변경 또는 건축물의 사용승인 등으로 인하여 지목을 변경하여야 할 토지이다.
④ 임야도에 등록된 토지가 사실상 형질변경 되었으나 지목변경을 할 수 없는 경우에도 지목변경 없이 등록전환을 신청할 수 없다.
⑤ 토지의 등록전환을 신청하려는 경우에는 관계 법령에 따라 토지의 형질변경 등의 공사가 준공되었음을 증명하는 서류의 사본을 첨부하여야 한다.

해설 ▶ 등록전환
① (○) 축척변경과 등록전환은 별개의 제도이다. 즉 등록전환은 토지에 관한 정밀도를 높임으로써 지적관리를 합리화하는데 목적이 있으나 축척변경으로 취급하지는 않는다(법 제2조 제30호). 따라서 축척변경을 위한 시·도지사의 승인이나 축척변경위원회의 의결은 필요치 않다.
②, ③ (○) (영 제64조 제1항)
④ (×) 이 경우에는 지목변경 없이 등록전환을 신청할 수 있다(영 제64조 제2항 제2호).
⑤ (○) (규칙 제82조 제1항)

정답 01. ⑤ 02. ④

03. 토지의 분할(分割)에 대한 설명이다. 옳지 않은 것은?

① 분할 후의 경계와 면적은 지적측량을 하여 결정한다.
② 토지에 대한 분할여부는 토지소유자의 자유의사에 의하고 신청기간의 제한이 없다.
③ 현지(現地)에 구획물(區劃物)만 있으면 분할된 것으로 보기도 한다.
④ 지적소관청이 행하는 행정처분이다.
⑤ 시장·군수·구청장의 소관이다.

해설 ▶ 분할(법 제2조 제31호, 법 제79조, 영 제65조, 규칙 제83조)
① (○) (법 제23조 제1항 제3호 라목)
② (○) (법 제79조 제1항)
③ (×) ④ (○) 분할이란 지적공부상 1필지의 토지를 2필지 이상으로 나누어 등록하는 지적소관청의 행정처분일 뿐 현지의 소유권의 범위를 실제로 나눈다는 뜻은 아니다.
⑤ (○) (법 제2조 제18호)

04. 분할에 관한 다음 설명 중 틀린 것은?

① 분할이라 함은 지적공부에 등록된 1필지를 2필지 이상으로 나누어 등록하는 것을 말한다.
② 토지소유자는 지적공부에 등록된 1필지의 일부가 형질변경 등으로 용도가 다르게 된 때에는 그 날부터 60일 이내에 지적소관청에 토지의 분할을 신청하여야 한다.
③ 토지를 매수하기 위하여 매매계약을 체결한 경우에는 임의적 분할대상이다.
④ 토지소유자는 토지이용상 불합리한 지상경계를 시정하기 위한 경우에는 반드시 분할을 신청하여야 한다.
⑤ 분할허가대상인 토지의 경우에는 그 허가서 사본을 제출하여야 한다.

해설 ▶ 분할의 신청
① (○) (법 제2조 제31호)
② (○) (신청의무, 법 제79조 제2항)
③ (○)
④ (×) 이 경우에 분할신청여부는 토지소유자의 자유의사에 의한다. 즉 의무적 분할신청대상이 아니다(영 제65조 제1항).
⑤ (○) (규칙 제83조 제1항 제1호)

정답 03. ③ 04. ④

제1편 공간정보의 구축 및 관리 등에 관한 법률

05 토지의 합병에 관한 설명이 바르게 된 것은?

① 토지소유자는 「주택법」에 따른 공동주택의 부지, 도로, 제방, 하천, 구거, 유지 등 합병하여야 할 토지가 있으면 그 사유가 발생한 날부터 60일 이내에 지적소관청에 합병을 신청하여야 한다.
② 합병하려는 토지의 지번부여지역, 지목 또는 소유자가 서로 다른 경우에도 합병신청을 할 수 있다.
③ 합병하려는 토지에 소유권·지상권·지역권·전세권·질권·저당권의 등기가 있는 경우에는 합병신청을 할 수 있다.
④ 합병하려는 토지의 지적도 및 임야도의 축척이 서로 다르더라도 합병신청을 할 수 있다.
⑤ 합병에 따른 경계·좌표 또는 면적을 결정하기 위해서는 지적측량을 하여야 한다.

> **해설** 합병
> ① (○) (법 제80조 제2항) 토지소유자의 임의의 합병신청의 경우에는 그 신청기간의 제한이 없다.
> ② (×) 합병하려는 토지의 지번부여지역, 지목 또는 소유자가 서로 다른 경우에는 합병신청을 할 수 없다(법 제80조 제3항 제1호).
> ③ (×) 합병하려는 토지에 소유권·지상권·전세권 또는 임차권의 등기가 있는 경우에는 합병신청을 할 수 있다(법 제80조 제3항 제2호 가목).
> ④ (×) 합병하려는 토지의 지적도 및 임야도의 축척이 서로 다른 경우에는 합병신청을 할 수 없다(법 제80조 제3항 제3호).
> ⑤ (×) 합병에 따른 경계·좌표 또는 면적은 따로 지적측량을 하지 아니하고 결정한다(법 제26조 제1항).

06 지목이 '전(田)'으로서 서로 연접된 같은 소유자의 5필지의 밭의 내부 현지경계를 모두 없애고 건축부지로 정지한 뒤 그 위에 1채의 집을 지었을 때의 설명으로 가장 옳은 것은?

① 토지의 분할을 요한다.
② 지목변경이다.
③ 토지의 합병이다.
④ 지목변경을 한 다음 반드시 합병처리하여야 한다.
⑤ 지목변경을 요하지만 합병은 임의사항이다.

> **해설** 지목변경
> 지목변경 대상토지이므로 60일 이내에 지목변경신청을 하여야 하나(법 제81조, 영 제67조 제1항 제2호), 합병신청여부는 원칙적으로 토지소유자의 자유(임의적)이다(법 제80조 제1항). 다만, 예외적으로 사유발생일로부터 60일 이내에 합병신청을 의무적으로 해야 하는 경우가 있다(법 제80조 제2항, 영 제66조 제2항). 설문의 경우는 임의적 합병신청사유에 해당한다.

정답 05. ① 06. ⑤

07 지목변경신청에 관한 설명으로 틀린 것은?

[22회 출제]

① 토지소유자는 지목변경을 할 토지가 있으면 그 사유가 발생한 날부터 60일 이내에 지적소관청에 지목변경을 신청하여야 한다.
② 「국토의 계획 및 이용에 관한 법률」 등 관계 법령에 따른 토지의 형질변경 등의 공사가 준공된 경우에는 지목변경을 신청할 수 있다.
③ 전·답·과수원 상호간의 지목변경을 신청하는 경우에는 토지의 용도가 변경되었음을 증명하는 서류의 사본 첨부를 생략할 수 있다.
④ 지목변경 신청에 따른 첨부서류를 해당 지적소관청이 관리하는 경우에는 시·도지사의 확인으로 그 서류의 제출을 갈음할 수 있다.
⑤ 「도시개발법」에 따른 도시개발사업의 원활한 추진을 위하여 사업시행자가 공사준공 전에 토지의 합병을 신청하는 경우에는 지목변경을 신청할 수 있다.

해설 ▶ 지목변경
토지의 형질변경 등의 공사가 준공되었음을 증명하는 서류를 해당 지적소관청이 관리하는 경우에는 지적소관청의 확인으로 그 서류의 제출을 갈음할 수 있다(규칙 제84조 제3항).

08 축척변경에 관한 다음 설명 중 틀린 것은?

① 도시개발사업 등의 시행지역 안에 있는 토지로서 당해 사업시행에서 제외된 토지의 축척변경을 하는 경우에는 축척변경위원회의 의결 및 시·도지사의 승인없이 축척변경을 할 수 있다.
② 지적소관청은 축척변경시행지역 안의 각 필지별 지번·지목·면적·경계 또는 좌표를 새로이 정하여야 한다.
③ 면적·경계 또는 좌표는 토지소유자 또는 점유자가 설치한 경계점표지를 기준으로 새로운 축척에 의하여 정하여야 한다.
④ 축척이 서로 다른 지적도에 각각 등록되어 있는 토지를 합병하고자 축척을 변경하는 경우에는 축척변경위원회의 의결을 거쳐야 한다.
⑤ 축척변경위원회는 5인 이상 10인 이내 위원으로 구성하되 위원의 2분의 1 이상을 토지소유자로 하여야 한다.

해설 ▶ 축척변경
① (법 제83조 제3항 단서)
②, ③ (영 제72조 제1항·제2항)
④ 합병하고자 하는 토지가 축척이 다른 지적도에 각각 등록되어 있거나, 도시개발사업 등의 시행지역 안에 있는 토지로서 당해 사업시행에서 제외된 토지의 축척변경을 하는 경우에는 축척변경위원회의 의결 및 시·도지사의 승인 없이 축척변경을 할 수 있다(법 제83조 제3항 단서).
⑤ (영 제79조 제1항)

정답 07. ④ 08. ④

제1편 공간정보의 구축 및 관리 등에 관한 법률

09 공간정보의 구축 및 관리 등에 관한 법령상 도시개발사업 등 시행지역의 토지이동 신청 특례에 관한 설명으로 틀린 것은?

[26회 출제]

① 「농어촌정비법」에 따른 농어촌정비사업의 시행자는 그 사업의 착수·변경 및 완료 사실을 시·도지사에게 신고하여야 한다.
② 도시개발사업 등의 사업의 착수 또는 변경의 신고가 된 토지의 소유자가 해당토지의 이동을 원하는 경우에는 해당 사업의 시행자에게 그 토지의 이동을 신청하도록 요청하여야 한다.
③ 도시개발사업 등의 사업시행자가 토지의 이동을 신청한 경우 토지의 이동은 토지의 형질변경 등의 공사가 준공된 때에 이루어진 것으로 본다.
④ 「도시개발법」에 따른 도시개발사업의 시행자는 그 사업의 착수·변경 또는 완료 사실의 신고를 그 사유가 발생한 날부터 15일 이내에 하여야 한다.
⑤ 「주택법」에 따른 주택건설사업의 시행자가 파산 등의 이유로 토지의 이동 신청을 할 수 없을 때에는 그 주택의 시공에 보증한 자 또는 입주예정자 등이 신청할 수 있다.

해설 ▶ 토지이동신청의 특례
지적소관청에 신고하여야 한다(법 제86조 제1항).

10 지적공부의 정리 및 토지의 이동신청에 관한 설명 중 틀린 것은?

① 도시개발사업 등의 착수·변경 또는 완료 사실의 신고는 그 사유가 발생한 날부터 15일 이내에 하여야 한다.
② 도로·제방·공장용지 등과 같은 합병의무 대상토지의 경우 소유자는 60일 이내에 합병신청을 하여야 한다.
③ 비록 필지의 일부에 형질변경이 있다하더라도 분할은 사적자치의 원칙에 따라야 하므로 신청기한의 제한이 없다.
④ 신규등록 대상토지의 소유자는 지적소관청이 조사·결정하여 등록하고 등록 후에는 관할 등기소에 등기촉탁하지 않는다.
⑤ 합병, 지목변경으로 인해 토지이동이 있는 경우에는 새로이 지적공부를 작성하지 않는다.

해설 ▶ 토지의 이동신청
① (○) (영 제83조 제2항)
② (○) (법 제80조 제2항)
③ (×) 1필지 일부의 형질변경으로 인한 분할 신청은 60일 이내에 신청의무가 있다(법 제79조 제2항).
④ (○) (법 제89조 제1항)
⑤ (○) 다만, 이미 작성된 지적공부에 정리를 할 수 없는 경우에는 새로이 작성하여야 한다(법 제84조 제1항).

정답 09. ① 10. ③

11 토지이동에 대한 대위신청권자가 아닌 것은?

① 제방, 유지, 수도용지 등의 지목으로 된 토지의 공공사업시행자
② 군도를 건설하는 경우에는 지방자치단체의 장
③ 공동주택부지의 합병시는 관리단의 결의에 따라 선임된 관리인
④ 공원, 체육용지 등 공공용지의 합병시는 그 사업의 시행자
⑤ 농경지의 대리경작자

해설 ▶ **토지이동에 대한 대위신청권자**(법 제87조)
① (법 제87조 제1호) ② (법 제87조 제2호)
③ (법 제87조 제3호) ④ (법 제87조 제1호)
⑤ 농경지의 대리경작자는 토지이동을 대위신청 할 수 있는 자로 규정되어 있지 않다(법 제87조 참조), 농경지에 대한 토지이동신청은 경자유전의 원칙의 관철을 위하여 토지소유자가 하도록 하고 있다.

12 토지의 이동신청에 관한 설명으로 틀린 것은? **21회 출제**

① 공유수면매립 준공에 의하여 신규등록할 토지가 있는 경우 토지소유자는 그 사유가 발생한 날부터 60일 이내 지적소관청에 신규등록을 신청하여야 한다.
② 임야도에 등록된 토지를 도시·군관리계획선에 따라 분할하는 경우 토지소유자는 지목변경 없이 등록전환을 신청할 수 있다.
③ 토지소유자는 「주택법」에 따른 공동주택의 부지로서 합병할 토지가 있으면 그 사유가 발생한 날부터 60일 이내 지적소관청에 합병을 신청하여야 한다.
④ 토지소유자는 토지나 건축물의 용도가 변경되어 지목변경을 하여야 할 토지가 있으면 그 사유가 발생한 날부터 60일 이내에 지적소관청에 지목변경을 신청하여야 한다.
⑤ 바다로 되어 말소된 토지가 지형의 변화 등으로 다시 토지가 된 경우 토지소유자는 그 사유가 발생한 날부터 90일 이내 토지의 회복등록을 지적소관청에 신청하여야 한다.

해설 ▶ **토지의 이동신청**
① (법 제77조) ② (영 제64조 제2항 제3호)
③ (법 제80조 제2항) ④ (법 제81조)
⑤ 지적소관청은 말소한 토지가 지형의 변화 등으로 다시 토지가 된 경우에는 대통령령으로 정하는 바에 따라 토지로 회복등록을 할 수 있으며, 이 경우 기간의 제한은 없다.

정답 11. ⑤ 12. ⑤

13. 토지의 이동 및 지적정리 등에 관한 설명으로 틀린 것은?

21회 출제

① 지적소관청은 등록전환으로 인하여 토지의 표시에 관한 변경등기가 필요한 경우 그 변경등기를 등기관서에 접수한 날부터 15일 이내에 해당 토지소유자에게 지적정리를 통지하여야 한다.
② 지적소관청은 분할·합병에 따른 사유로 토지의 표시변경에 관한 등기를 할 필요가 있는 경우 지체없이 관할 등기관서에 그 등기를 촉탁하여야 한다.
③ 지적소관청은 지적공부 정리를 하여야 할 토지의 이동이 있는 경우에는 토지이동정리 결의서를 작성하여야 한다.
④ 지적소관청은 토지의 표시에 관한 변경등기가 필요하지 아니한 경우 지적정리의 통지는 지적공부에 등록한 날부터 7일 이내에 토지소유자에게 하여야 한다.
⑤ 지적소관청은 지적공부를 복구하였으나 지적공부 정리내용을 통지받을 자의 주소나 거소를 알 수 없는 경우에는 일간신문, 해당 시·군·구의 공보 또는 인터넷 홈페이지에 공고하여야 한다.

해설 ▶ 토지의 이동 및 지적정리
① 토지의 표시에 변경등기가 필요한 경우에는 그 "등기완료의 통지서를 접수한 날로부터" 15일 이내에 통지하여야 한다(영 제85조 제1호).
② (법 제90조)　　　③ (영 제84조 제2항)
④ (영 제85조 제2호)　　　⑤ (법 제90조 단서)

14. 지적소관청이 대장상의 토지소유자를 정리하는 방법으로 틀린 것은?

① 이미 등록된 토지소유자의 변경사항은 관할 등기관서에서 등기한 것을 증명하는 등기완료통지서에 의하여 정리한다.
② 이미 등록된 토지소유자의 변경사항은 토지소유자가 등기필증(등기필정보)이나 등기사항증명서를 첨부하여 소유권정리를 신청하는 경우 이에 의하여 정리한다.
③ 이미 등록된 토지소유자의 변경사항은 관할 등기관서에서 제공한 등기전산정보자료에 의하여 정리할 수도 있다.
④ 신규등록하는 토지의 소유자는 지적소관청이 조사하여 등록한다.
⑤ 「국유재산법」에 의한 총괄청 또는 중앙관서의 장이 지적공부에 소유자가 등록되지 아니한 토지를 소유자등록신청을 하는 경우 지적소관청은 등록할 수 없다.

해설 ▶ 토지소유자의 정리(법 제88조)
①, ②, ③ (법 제88조 제1항 본문)
④ (법 제88조 제1항 단서)
⑤ 「국유재산법」에 따른 총괄청이나 중앙관서의 장이 소유자 없는 부동산에 대한 소유자등록을 신청하는 경우 지적소관청은 지적공부에 해당 토지의 소유자가 등록되지 아니한 경우에만 등록할 수 있다(법 제88조 제2항).

정답　13. ①　14. ⑤

15. 토지이동신청에 관한 기술이다. 맞지 않는 것은?

① 토지이동신청은 원칙적으로 소유자가 하여야 한다.
② 환지를 수반하는 경우에는 도시개발사업 완료 신고로써 토지이동신청에 갈음할 수 있다.
③ 도시개발사업으로 인한 토지의 이동신청은 사업시행자가 신청하여야 한다.
④ 미등기 토지에 대하여 토지소유자의 성명 또는 명칭, 주민등록번호, 주소 등에 관한 사항의 정정을 신청한 경우로서 그 등록사항이 명백히 잘못된 경우에는 등기전산정보자료에 따라 정정하여야 한다.
⑤ 국가 또는 지방자치단체가 취득하는 토지의 경우에는 그 토지를 관리하는 행정기관 또는 지방자치단체의 장이 대위신청할 수 있다.

해설 ▶ 토지이동신청
① (법 제77조 이하 참조) ② (영 제83조 제3항) ③ (법 제86조 제2항)
④ 등록사항을 정정할 때 그 정정사항이 토지소유자에 관한 사항인 경우에는 등기필증, 등기완료통지서, 등기사항증명서 또는 등기관서에서 제공한 등기전산정보자료에 따라 정정하여야 한다. 다만, 미등기 토지에 대하여 토지소유자의 성명 또는 명칭, 주민등록번호, 주소 등에 관한 사항의 정정을 신청한 경우로서 그 등록사항이 명백히 잘못된 경우에는 가족관계 기록사항에 관한 증명서에 따라 정정하여야 한다(법 제84조 제4항).
⑤ (법 제87조)

16. 소유권에 대한 지적공부(地籍公簿)의 정리에 관하여 틀린 것은? ★

① 지적공부상 소유자의 변경은 토지이동이 아니다.
② 소유권의 변동사항을 정리하고자 할 때에는 미리 소유자정리결의서를 작성하여야 한다.
③ 소유권자의 지적공부정리신청(地籍公簿整理申請)이 있어야만 변경정리가 가능하다.
④ 지적공부에 신규등록하는 토지의 소유자는 지적소관청이 이를 조사하여 등록한다.
⑤ 지적소관청 소속 공무원이 지적공부와 부동산등기부의 부합 여부를 확인하기 위하여 등기전산정보자료의 제공을 요청하는 경우 그 수수료는 무료로 한다.

해설 ▶ 소유권에 대한 지적공부(地籍公簿)의 정리
① (법 제2조 제28호)
② (영 제84조 제2항)
③ 지적공부의 정리는 직권 또는 신청에 의한다(법 제84조 제1항·제2항).
④ (법 제88조 제1항 단서)
⑤ (법 제88조 제5항)

정답 15. ④ 16. ③

17. 지적공부 등록사항 중 오류가 있는 경우 등록사항정정에 관한 설명 중 틀린 것은?

① 토지소유자는 지적공부의 등록사항에 잘못이 있음을 발견한 때에는 지적소관청에 그 정정을 신청할 수 있다.
② 등록사항의 정정에 따라 경계 또는 면적의 변경을 가져오는 경우에는 토지소유자는 정정사유를 적은 신청서에 등록사항정정측량성과도를 첨부하여 지적소관청에 제출하여야 한다.
③ 등록사항의 정정으로 인접 토지의 경계가 변경되는 경우에는 인접 토지소유자의 승낙서 또는 이에 대항할 수 있는 확정판결서 정본을 지적소관청에 제출하여야 한다.
④ 지적소관청은 지적공부의 등록사항이 토지이동정리결의서의 내용과 다르게 정리된 경우에는 직권으로 조사·측량하여 정정할 수 있다.
⑤ 지적소관청은 지적도 및 임야도에 등록된 필지가 면적의 증감 없이 경계의 위치만 잘못된 경우 조사·측량없이 직권으로 정정할 수 있다.

해설 ▶ **등록사항의 정정**(법 제84조)
① (법 제84조 제1항) ② (규칙 제93조)
③ (법 제84조 제3항) ④ (법 제82조 제1항 제1호)
⑤ 직권으로 조사·측량하여 정정할 수 있다(영 제82조 제1항 제2호).

18. 이해관계인이 있는 토지에 지적공부등록사항의 오류로 인접토지의 경계가 변동되는 때에는 어떻게 정정하는가?

① 이해관계인의 승낙서 등을 첨부하여 정정신청을 하여야 한다.
② 지적공부를 정정하여 버린다.
③ 청산금을 산출하여 청산한다.
④ 측량성과도 및 지적도에 의하여 처리한다.
⑤ 등기사항증명서에 따라 처리한다.

해설 ▶ **등록사항의 정정**
등록사항의 정정으로 인접 토지의 "경계"가 변경되는 경우에는 인접 토지소유자의 승낙서 또는 인접 토지소유자가 승낙하지 아니하는 경우에는 이에 대항할 수 있는 확정판결서 정본(正本)을 제출하여 정정신청을 하여야 하고(법 제84조 제1항·제3항), 한편 "경계 또는 면적"의 변경을 가져오는 경우에는 등록사항 정정 측량성과도를 첨부하여야 한다(규칙 제93조 제1호).

정답 17. ⑤ 18. ①

19 지적소관청이 등기완료의 통지서를 접수한 날부터 15일 이내에 지적정리의 통지를 하지 <u>않아도</u> 되는 것은?

① 토지소유자가 이동신청을 하지 않아 직권정리한 때
② 행정구역의 개편으로 지번을 새로이 정한 때
③ 지번변경을 한 때
④ 멸실된 지적공부의 토지표시사항만을 복구하고 이를 공고한 때
⑤ 직권으로 지적공부의 등록사항에 대한 오류사항을 정정한 때

해설 ▶ 지적정리의 통지
- 지적정리에 따라 토지의 표시에 관한 변경등기가 필요한 경우(법 제89조 참조)에는 그 등기완료의 통지서를 접수한 날부터 15일 이내에 토지소유자에게 통지를 하여야 한다(법 제90조 및 영 제85조 제1호).
- 이 경우와 같이 통지받을 자의 주소·거소를 알 수 없는 때에는 당해 시·군·구의 게시판에 게시하거나 일간신문 또는 시·군·구의 공보 또는 인터넷홈페이지에 공고함으로써 소유자에게 통지된 것으로 본다(법 제90조 단서). 한편 토지소유자가 신청한 경우에는 통지할 필요가 없다.

20 「공간정보의 구축 및 관리 등에 관한 법률」상 토지의 이동사유 발생 시 토지소유자가 지적소관청에 신청하여야 할 기한이 <u>다른</u> 것은?

① 바다로 된 토지의 등록말소신청
② 공유수면매립으로 인한 신규등록신청
③ 등록전환신청
④ 지목변경신청
⑤ 지적공부에 등록된 1필지의 일부가 형질변경 등으로 용도가 변경된 경우 토지분할 신청

해설 ▶ 토지이동신청의 기간
① 90일. 지적소관청은 법 제82조 제1항의 규정에 의한 토지소유자가 통지받은 날부터 90일 이내에 등록말소신청을 하지 아니하는 경우에는 대통령령이 정하는 바에 의하여 이를 말소한다(법 제82조 제2항).
② 60일. 토지소유자는 신규등록할 토지가 있는 때에는 대통령령이 정하는 바에 의하여 그 날부터 60일 이내에 지적소관청에 신청하여야 한다(법 제77조).
③ 60일. 토지소유자는 등록전환할 토지가 있는 때에는 대통령령이 정하는 바에 의하여 그 날부터 60일 이내에 지적소관청에 신청하여야 한다(법 제78조).
④ 60일. 토지소유자는 지목변경할 토지가 있는 때에는 대통령령이 정하는 바에 의하여 그 날부터 60일 이내에 지적소관청에 신청하여야 한다(법 제81조).
⑤ 60일. 토지소유자는 지적공부에 등록된 1필지의 일부가 형질변경 등으로 용도가 변경된 때에는 대통령령이 정하는 바에 의하여 그 날부터 60일 이내에 지적소관청에 토지의 분할을 신청하여야 한다(법 제79조 제2항).

정답 19. ④ 20. ①

21 토지이동에 따른 면적결정방법으로 옳지 <u>않은</u> 것은?

① 합병토지의 면적은 합병 전 각 필지의 면적을 합산하여 정한다.
② 신규등록 토지에 대하여는 측량하여 새로이 정한다.
③ 지목변경 토지에 대한 면적은 종전면적을 그대로 정한다.
④ 경계점좌표등록부가 있는 지역의 분할토지의 면적은 분할 전 면적에 증감이 없도록 결정한다.
⑤ 등록전환 토지의 면적은 임야대장상의 면적을 그대로 등록한다.

> **해설** ▸ 토지이동에 따른 면적결정방법
> ① (○) 합병토지의 면적은 측량없이 종전면적을 합산하여 등록한다(법 제26조 제1항 제2호).
> ② (○) 신규등록 토지에 대하여는 측량하여 면적을 등록한다(법 제23조 제1항 제3호 나목).
> ③ (○) 지목변경의 경우 지번, 면적, 경계 및 소유자에 관한 사항은 변경정리 되지 않는다.
> ④ (○) 경계점좌표등록부가 있는 지역의 토지분할을 위하여 면적을 정할 때에는 분할 전 면적에 증감이 없도록 결정한다(영 제19조 제2항 참조).
> ⑤ (×) 등록전환을 하는 때에는 새로이 측량하여 각 필지의 경계 또는 좌표와 면적을 정한다(법 제23조 제1항 제3호 다목 참조). 임야대장의 면적과 등록전환될 면적의 차이가 허용범위 이내인 경우에는 등록전환될 면적을 등록전환 면적으로 결정하고, 허용범위를 초과하는 경우에는 임야대장의 면적 또는 임야도의 경계를 지적소관청이 직권으로 정정하여야 한다(법 제26조 제2항, 영 제19조 제1항 제1호 나목).

정답 21. ⑤

CHAPTER 05 지적측량

학습포인트

- 이 장은 지적측량의 전반, 지적측량업의 등록 및 지적위원회에 대해 다루고 있다.
- 이 장에서는 지적측량의 방법과 구분, 지적측량을 하여야 하는 경우와 각각의 경우의 지적측량방법, 측량기간 등에서 매회 2문제 내외가 출제된다.
- 시험범위는 지적측량 의뢰, 지적기준점성과의 열람, 지적위원회, 지적측량 적부심사이지만 그 밖의 사항도 관련 지문으로 출제되므로 그 밖의 사항은 가볍게 읽고 지나가는 것이 좋다.

CHAPTER 학습 & 출제되는 키워드

- ☑ 지적측량의 의의와 대상
- ☑ 지적측량의 종류
- ☑ 세부측량을 실시하는 경우
- ☑ 지적측량기간
- ☑ 중앙지적위원회
- ☑ 위원의 제척·기피·회피
- ☑ 심사절차
- ☑ 심의·의결
- ☑ 재심사청구
- ☑ 지적측량의 법률적 효력
- ☑ 지적측량방법
- ☑ 지적측량의 절차
- ☑ 지적측량의 성과
- ☑ 지방지적위원회
- ☑ 위원의 해임·해촉
- ☑ 청구서 제출
- ☑ 의결서의 송부
- ☑ 지적공부의 등록사항 정정
- ☑ 지적측량의 대상
- ☑ 기초측량과 세부측량
- ☑ 지적측량사유
- ☑ 지적측량수수료
- ☑ 지적위원회의 회의
- ☑ 지적측량의 적부심사
- ☑ 심사회부
- ☑ 시·도지사의 조치
- ☑ 지적측량적부심사청구의 제한

CHAPTER 학습 & 출제되는 질문

- ☑ 지적측량에 의하여 필지의 면적을 측정하여야 하는 대상으로 틀린 것은?
- ☑ 지적측량에 관한 설명으로 틀린 것은?
- ☑ 지적기준점성과와 그 측량기록의 보관 및 열람 등에 관한 설명으로 틀린 것은?
- ☑ 지적측량을 하는 자가 지적측량을 위하여 장애물을 제거한 경우 발생한 손실보상에 관한 설명 중 틀린 것은?

기본 출제예상문제

01 지적측량의 의의와 대상

01 공간정보의 구축 및 관리 등에 관한 법령상 지적측량을 실시하여야 할 대상으로 틀린 것은? `26회 출제`

① 「지적재조사에 관한 특별법」에 따른 지적재조사사업에 따라 토지의 이동이 있는 경우로서 측량을 할 필요가 있는 경우
② 지적측량수행자가 실시한 측량성과에 대하여 지적소관청이 검사를 위해 측량을 하는 경우
③ 연속지적도에 있는 경계점을 지상에 표시하기 위해 측량을 하는 경우
④ 지상건축물 등의 현황을 지적도 및 임야도에 등록된 경계와 대비하여 표시하기 위해 측량을 할 필요가 있는 경우
⑤ 「도시 및 주거환경정비법」에 따른 정비사업 시행지역에서 토지의 이동이 있는 경우로서 측량을 할 필요가 있는 경우

해설 ▶ 지적측량의 대상
①, ②, ④, ⑤는 지적측량의 대상이나, ③은 이에 해당하지 아니한다.
지적측량의 대상(법 제23조)
1) 지적기준점을 정하는 측량
2) 지적측량성과를 검사하는 측량
3) 지적공부를 복구하기 위한 복구측량
4) 신규등록측량
5) 등록전환측량
6) 분할측량
7) 축척변경측량
8) 등록사항을 정정하기 위한 측량
9) 바다로 된 토지의 등록말소측량
10) 도시개발사업 등의 시행지역에서 토지의 이동이 있는 경우의 측량
11) 지적재조사사업에 따라 토지의 이동이 있는 경우의 지적재조사측량
12) 경계점을 지표상에 복원하기 위한 경계복원측량
13) 지상건축물 등의 현황을 도면(지적도·임야도)에 등록된 경계와 대비하여 표시하기 위한 지적현황측량

정답 01. ③

02 다음 중 지적측량에 관한 설명으로 옳은 것은?

① 합병·지목변경·지번변경·지적공부의 복구의 경우에는 측량을 실시하지 않는다.
② "기본측량"이란 토지를 지적공부에 등록하거나 지적공부에 등록된 경계점을 지상에 복원하기 위하여 각 필지의 경계 또는 좌표와 면적을 정하는 측량을 말한다.
③ 토지소유자 등 이해관계인은 지적측량을 하여야 할 필요가 있는 때에는 지적소관청에 해당 지적측량을 의뢰하여야 한다.
④ 지적측량은 법률로 정해진 측량방법 및 절차에 의하여 측량하여야 하는 기속측량이다.
⑤ 토지소유자 또는 이해관계인 등은 지적측량성과에 대하여 다툼이 있는 경우에는 대통령령으로 정하는 바에 따라 관할 지적소관청에 지적측량 적부심사를 청구할 수 있다.

해설 ▶ 지적측량
① (×) 합병·지목변경·지번변경 등의 경우에는 지적측량을 실시하지 않으나 지적공부의 복구의 경우에는 측량을 할 필요가 있는 경우 지적측량을 실시한다(법 제23조 제1항 제3호).
② (×) 지적측량에 관한 설명이다. 기본측량이란 모든 측량의 기초가 되는 공간정보를 제공하기 위하여 국토교통부장관이 실시하는 측량을 말한다(법 제2조 제2호).
③ (×) 지적측량수행자에게 의뢰하여야 한다(법 제24조 제1항).
④ (○) 지적측량은 토지의 소유권의 범위(필지)를 결정하는 기준을 정하는 가장 일차적인 행위로서 자본주의 경제질서의 기초인 개인의 재산권과 밀접한 관련을 갖기 때문이다.
⑤ (×) 토지소유자, 이해관계인 또는 지적측량수행자는 지적측량성과에 대하여 다툼이 있는 경우에는 대통령령으로 정하는 바에 따라 관할 시·도지사를 거쳐 지방지적위원회에 지적측량 적부심사를 청구할 수 있다(법 제29조 제1항).

03 지적측량에 대한 설명으로 옳지 않은 것은?

① 지적측량의 하자가 있다 하더라도 정당한 절차에 의하여 취소될 때까지는 적법한 것으로 추정한다.
② 지적측량을 의뢰하고자 하는 자는 지적측량의뢰서에 의뢰사유를 증명하는 서류를 첨부하여 지적측량수행자에게 제출하여야 한다.
③ 지적측량의 측량기간은 5일로 하며, 측량검사기간은 4일로 한다.
④ 지적삼각점표지는 지적소관청이 관리하여야 하나, 한국국토정보공사에 관리를 위탁할 수 있다.
⑤ 「국토의 계획 및 이용에 관한 법률」에 의한 도시지역에는 지적도근점표지를 설치하여야 할 대상지역이다.

정답 02. ④ 03. ④

해설 ▶ 지직측량

① (○) 지적측량의 법적효력 중 공정력에 대한 설명이다. 지적측량의 법적성질로는 기속측량, 사법적측량, 평면측량, 측량성과의 영구성, 공시측량을 들 수 있으며, 그 법적효력으로는 구속력, 공정력, 확정력(존속력), 강제력(집행력, 제재력)이 인정된다.
② (○) (법 제24조 제1항, 규칙 제25조 제1항)
③ (○) (규칙 제25조 제3항 본문)
④ (×) 지적삼각점표지는 지적소관청이 관리한다(지적측량 시행규칙 제2조). 구)지적법 시행령 제43조 제2항의 한국국토정보공사에 관리를 위탁할 수 있다는 내용은 삭제되었다.
⑤ (○) (지적측량 시행규칙 제6조 제2항 제3호, 제12조 제1항 참조)

02 지적측량의 방법과 구분

04 토지의 경계를 정하기 위한 세부측량은 평판측량의 방법으로 하는 것이 원칙이다. 예외적으로 경위의측량방법으로 측량을 하여야 하는 것은?

① 신규등록측량   ② 등록전환측량   ③ 지적확정측량
④ 토지분할측량   ⑤ 경계복원측량

해설 ▶ 경위의측량방법에 의한 측량

기존의 경계점좌표등록부를 갖춰 두는 지역의 경계점에 접속하여 경위의측량방법 등으로 지적확정측량을 하는 경우 동일한 경계점의 측량성과가 서로 다를 때에는 경계점좌표등록부에 등록된 좌표를 그 경계점의 좌표로 본다(지적측량 시행규칙 제23조 제3항).

05 지적측량에 관한 다음 설명 중 틀린 것은?

① 지적공부의 정리를 목적으로 하는 지적측량의 효력은 측량성과를 지적공부에 등록한 때 발생한다.
② 지적측량시행자는 측량결과에 대하여 반드시 검사를 받아야 한다.
③ 도시개발사업 등으로 인하여 지적확정측량을 하는 경우에는 지정된 측량의 방법에 의한다.
④ 지적공부를 복구하기 위한 복구측량을 하는 경우에는 세부측량의 방법에 의한다.
⑤ 기초측량은 지적기준점을 설치하는 경우에 실시한다.

해설 ▶ 지적측량의 방법

① (○) 지적공부에의 등록사항은 등록(기재)되어야 그 효력이 발생한다.
② (×) 세부측량 중 경계복원측량이나 지적현황측량 등은 지적공부에 정리를 요하지 않으므로 지적소관청의 검사를 받지 아니한다(법 제25조, 규칙 제28조 제1항).
③ (○) 지적도근점 측량의 방법에 의한다(규칙 제6조 제2항).
④ (○) (규칙 제6조 제3항) ⑤ (○) (규칙 제5조 제1항)

정답   04. ③   05. ②

06 지적도근점측량을 실시하는 경우에 해당하지 않는 것은?

① 도시개발사업 등으로 인하여 지적확정측량을 하는 경우
② 축척변경을 위한 측량을 하는 경우
③ 지적삼각점의 설치 또는 재설치가 필요한 경우
④ 측량지역의 면적이 당해 지적도 1매에 해당되는 면적 이상인 경우
⑤ 도시지역에서 세부측량을 하는 경우

해설 ▶ 지적도근점측량을 실시하는 경우(지적측량 시행규칙 제6조 제2항)
지적삼각점의 설치 또는 재설치가 필요한 경우에는 지적삼각점측량을 실시한다(동 규칙 제6조 제1항).

03 지적측량의 절차

07 다음 중 지적측량의 절차로서 맞는 것은? ★

① 지적측량의뢰 → 지적측량의 실시 및 성과결정 → 지적측량수행계획서의 제출 → 지적측량성과의 검사 → 지적측량 결과부 발급
② 지적측량의뢰 → 지적측량수행계획서의 제출 → 지적측량 결과부 발급 → 지적측량의 실시 및 성과결정 → 지적측량성과의 검사
③ 지적측량의뢰 → 지적측량수행계획서의 제출 → 지적측량의 실시 및 성과결정 → 지적측량성과의 검사 → 지적측량 결과부 발급
④ 지적측량수행계획서의 제출 → 지적측량의뢰 → 지적측량의 실시 및 성과결정 → 지적측량성과의 검사 → 지적측량 결과부 발급
⑤ 지적측량의뢰 → 지적측량수행계획서의 제출 → 지적측량의 실시 및 성과결정 → 지적측량 결과부 발급 → 지적측량성과의 검사

정답 06. ③ 07. ③

제1편 공간정보의 구축 및 관리 등에 관한 법률

해설 ▶ 지적측량 시행순서

```
지적측량의뢰
    ⇩
지적측량수행계획서의
       제출
    ⇩
지적측량의 실시 및
    성과결정
    ⇩
지적측량성과의 검사
    ⇩
지적측량 결과부 발급
```

토지소유자 등 이해관계인은 지적측량을 할 필요가 있는 경우에는 지적측량수행자에게 지적측량을 의뢰하여야 한다(법 제24조 제1항).

지적측량수행자는 지적측량 의뢰를 받은 때에는 지적측량 수행계획서를 그 다음날까지 지적소관청에 제출하여야 한다(규칙 제25조 제2항).

지적측량수행자는 지적측량 의뢰를 받으면 지적측량을 하여 그 측량성과를 결정하여야 한다(법 제24조 제2항).

지적측량수행자가 지적측량을 하였으면 시·도지사, 대도시 시장 또는 지적소관청으로부터 측량성과에 대한 검사를 받아야 한다(경계복원측량 및 지적현황측량의 경우는 제외, 법 제25조 제1항 단서, 지적측량 시행규칙 제28조 제1항).

지적소관청은 측량성과가 정확하다고 인정하면 지적측량성과도를 지적측량수행자에게 발급하여야 하며, 지적측량수행자는 측량의뢰인에게 그 지적측량성과도를 포함한 지적측량 결과부를 지체없이 발급하여야 한다(지적측량 시행규칙 제28조 제2항 제3호).

08 지적측량의 절차에 관한 설명 중 틀린 것은?

① 토지소유자 등 이해관계인은 지적기준점을 정하는 경우 지적측량성과를 검사하는 경우 또는 토지를 신규등록 등의 토지이동사유로 지적측량을 할 필요가 있는 경우에는 지적측량수행자에게 지적측량을 의뢰하여야 한다.
② 지적측량수행자는 지적측량 의뢰를 받은 때에는 측량기간, 측량일자 및 측량 수수료 등을 적은 지적측량 수행계획서를 그 다음날까지 지적소관청에 제출하여야 한다.
③ 지적측량수행자는 지적측량 의뢰를 받으면 지적측량을 하여 그 측량성과를 결정하여야 한다.
④ 지적측량수행자가 지적측량을 하였으면 지적소관청 등으로부터 측량성과에 대한 검사를 받아야 한다.
⑤ 지적공부를 정리하지 아니하는 측량으로서 경계복원측량 및 지적현황측량을 하는 경우에는 측량성과에 대한 검사를 받지 않아도 된다.

해설 ▶ 지적측량의 절차
① 법 제23조 제1항 제2호에 따른 "검사측량"은 제외된다(법 제24조 제1항 참조).
② (규칙 제25조 제2항) ③ (법 제24조 제2항)
④ (법 제25조 제1항 본문) ⑤ (법 제25조 제1항 단서, 지적측량 시행규칙 제28조 제1항)

정답 **08. ①**

09. 지적측량에 관한 설명으로 틀린 것은?

23회 출제

① 지적측량은 지적기준점을 정하기 위한 기초측량과 1필지의 경계와 면적을 정하는 세부측량으로 구분하며, 평판측량, 전자평판측량, 경위의측량, 전파기 또는 광파기 측량, 사진측량 및 위성측량 등의 방법에 따른다.
② 지적측량수행자가 지적측량 의뢰를 받은 때에는 측량기간, 측량일자 및 측량수수료 등을 적은 지적측량 수행 계획서를 그 다음날까지 시·도지사에게 제출하여야 한다.
③ 지적기준점을 설치하지 아니하고, 지적측량의뢰인과 지적측량수행자가 서로 합의하여 따로 기간을 정하는 경우를 제외한 지적측량의 측량기간은 5일, 측량검사기간은 4일로 한다.
④ 지적공부의 복구·신규등록·등록전환 및 축척변경을 하기 위하여 세부측량을 하는 경우에는 필지마다 면적을 측정하여야 한다.
⑤ 지적기준점측량의 절차는 계획의 수립, 준비 및 현지답사, 선점(選點) 및 조표(調標), 관측 및 계산과 성과표의 작성순서에 따른다.

해설 ▶ 지적측량의 절차

② (×) 지적측량수행자는 지적측량의뢰를 받을 때에는 측량기간, 측량일자 및 측량수수료 등을 적은 지적측량수행계획서를 그 다음날까지 지적소관청에 제출하여야 한다(규칙 제25조 제2항).
③ (○) 지적측량의 측량기간은 5일로 하며, 측량검사기간은 4일로 한다. 다만, 지적기준점을 설치하여 측량 또는 측량검사를 하는 경우 지적기준점이 15점 이하인 경우에는 4일을, 15점을 초과하는 경우에는 4일에 15점을 초과하는 4점마다 1일을 가산한다. 다만, 지적측량 의뢰인과 지적측량수행자가 서로 합의하여 따로 기간을 정하는 경우에는 그 기간에 따르되, 전체 기간의 4분의 3은 측량기간으로, 전체 기간의 4분의 1은 측량검사기간으로 본다(규칙 제25조 제3·4항).

10. 지적측량의뢰 및 지적측량에 대한 설명 중 틀린 것은?

① 지적삼각점측량성과 및 경위의측량방법으로 실시한 지적확정측량성과의 경우에는 시·도지사 또는 대도시 시장, 지적소관청에 검사를 받아야 한다.
② 지적측량의 측량기간은 5일이며, 검사측량기간은 4일로 한다.
③ 지적측량수행자는 지적측량을 의뢰받은 때에는 지적측량수행계획서를 그 다음날까지 지적소관청에 제출하여야 한다.
④ 지적측량수행자는 지적측량 의뢰를 받으면 지적측량을 하여 그 측량성과를 결정하여야 한다.
⑤ 지적측량의뢰인과 지적측량수행자가 서로 합의하여 따로 기간을 정하는 경우에는 전체기간의 4분의 1은 측량기간으로 전체기간의 4분의 3은 측량검사기간으로 본다.

정답 09. ② 10. ⑤

해설 ▸ 지적측량의뢰 및 지적측량
① (지적측량 시행규칙 제28조 제2항 제1호 참조) ② (규칙 제25조 제3항 본문)
③ (규칙 제25조 제2항) ④ (법 제24조 제2항)
⑤ 지적측량의뢰인과 지적측량수행자가 서로 합의하여 따로 기간을 정하는 경우에는 전체기간의 4분의 3은 측량기간으로, 전체기간의 4분의 1은 측량검사기간으로 본다(규칙 제25조 제4항).

11

공간정보의 구축 및 관리 등에 관한 법령상 다음의 예시에 따를 경우 지적측량의 측량기간과 측량검사기간으로 옳은 것은? 【28회 출제】

- 지적기준점의 설치가 필요 없는 경우임
- 지적측량의뢰인과 지적측량수행자가 서로 합의하여 측량기간과 측량검사기간을 합쳐 40일로 정함

	측량기간	측량검사기간		측량기간	측량검사기간
①	33일	7일	②	30일	10일
③	26일	14일	④	25일	15일
⑤	20일	20일			

해설 ▸ 측량기간과 측량검사기간
지적측량의뢰인과 지적측량수행자가 서로 합의하여 따로 기간을 정하는 경우에는 그 기간에 따르되, 전체기간의 3/4은 측량기간으로, 1/4은 측량검사기간으로 본다(규칙 제25조 제4항).

12

다음 내용이다. ( )에 들어갈 내용으로 옳은 것은? 【22회 출제】

지적측량의 측량기간은 (㉠)로 하며, 측량검사기간은 (㉡)로 한다. 다만, 지적기준점을 설치하여 측량 또는 측량검사를 하는 경우 지적기준점이 15점 이하인 경우에는 4일을, 15점을 초과하는 경우에는 4일에 15점을 초과하는 (㉢)마다 1일을 가산한다. 이와 같은 기준에도 불구하고, 지적측량 의뢰인과 지적측량수행자가 서로 합의하여 따로 기간을 정하는 경우에는 그 기간에 따르되, 전체 기간의 (㉣)은 측량기간으로, 전체 기간의 (㉤)은(는) 측량검사기간으로 본다.

① ㉠-4일, ㉡-3일, ㉢-5점, ㉣-4분의 3, ㉤-4분의 1
② ㉠-4일, ㉡-3일, ㉢-5점, ㉣-5분의 3, ㉤-5분의 2
③ ㉠-5일, ㉡-4일, ㉢-4점, ㉣-4분의 3, ㉤-4분의 1
④ ㉠-5일, ㉡-4일, ㉢-4점, ㉣-5분의 3, ㉤-5분의 2
⑤ ㉠-5일, ㉡-4일, ㉢-5점, ㉣-5분의 3, ㉤-5분의 2

해설 ▸ 측량기간 등
(규칙 제25조 제3항, 제4항)

정답 11. ② 12. ③

13

지적측량성과검사에 대한 설명 중 틀린 것은?

① 지적소관청은 측량성과가 정확하다고 인정하면 지적측량성과도를 지적측량수행자에게 발급하여야 하며, 지적측량수행자는 측량의뢰인에게 그 지적측량성과도를 포함한 지적측량 결과부를 지체없이 발급하여야 한다.
② 지적측량수행자는 측량성과가 정확하다고 인정하면 측량의뢰인에게 지적측량성과도를 직접 발급할 수 있다.
③ 지적삼각점측량 및 경위의측량방법에 의한 지적확정측량성과의 검사는 시·도지사 또는 대도시시장, 지적소관청이 한다.
④ 경계복원측량 및 지적현황측량은 지적공부를 정리하지 아니하는 세부측량으로서 측량성과에 대한 검사를 받지 아니한다.
⑤ 검사를 받지 아니한 지적측량성과도는 측량의뢰인에게 발급할 수 없다.

> **해설** ▶ **지적측량성과검사**(「지적측량 시행규칙」 제28조)
> ① (○) ② (×)
> ③ (○) 지적측량수행자는 측량성과에 관한 자료를 지적소관청에 제출하여 그 성과의 정확성에 관한 검사를 받아야 한다(다만, 지적삼각점측량성과 및 경위의측량방법으로 실시한 지적확정측량성과인 경우에는, 시·도지사 또는 대도시 시장, 지적소관청에 검사를 받아야 하고 시·도지사 또는 대도시 시장은 그 결과를 지적소관청에 통지하여 함). 지적소관청은 측량성과가 정확하다고 인정하면 지적측량성과도를 지적측량수행자에게 발급하여야 하며, 지적측량수행자는 측량의뢰인에게 그 지적측량성과도를 포함한 지적측량 결과부를 지체없이 발급하여야 한다(「지적측량 시행규칙」 제28조 제2항 제1호 단서, 제2호, 제3호).
> ④ (○) (법 제25조 제1항 단서, 「지적측량 시행규칙」 제28조 제1항)
> ⑤ (○) (「지적측량 시행규칙」 제28조 제2항 제3호 후문)

14

다음 중 지적측량성과의 검사방법에 대한 설명으로 틀린 것은?

① 지적측량수행자는 지적측량을 한 때에는 측량부·측량결과도·면적측정부 등 측량성과에 관한 자료를 지적소관청에 제출하여 그 성과검사를 받아야 한다.
② 지적측량수행자는 지적삼각점측량성과 및 경위의측량방법으로 실시한 지적확정측량성과인 경우에는 시·도지사 또는 대도시 시장, 지적소관청에 제출하여 그 성과검사를 받아야 한다.
③ 측량성과의 검사는 측량자가 실시한 측량방법과 가급적 다른 방법으로 실시한다.
④ 지적소관청은 측량성과가 정확하다고 인정되는 때에는 지적측량성과도를 지적측량수행자에게 발급하여야 한다.
⑤ 지적측량수행자는 지적소관청 또는 시·도지사로부터 지적측량성과검사를 받지 않았더라도 지적측량의 법정기일이 경과하면 측량의뢰인에게 그 지적측량성과도를 지체없이 발급하여야 한다.

정답 13. ② 14. ⑤

해설 ▶ 지적측량성과의 검사방법

지적측량수행자는 지적소관청 또는 시·도지사로부터 지적측량성과도를 발급받은 때에는 측량의뢰인에게 그 지적측량성과도를 포함한 지적측량 결과부를 지체없이 발급하여야 한다. 그러나 검사를 받지 아니한 지적측량성과도는 측량의뢰인에게 발급할 수 없다(「지적측량 시행규칙」 제28조 제2항 제3호).

15 지적측량수행자가 실시한 지적측량성과에 대하여 시·도지사, 대도시 시장 또는 지적소관청으로부터 측량성과 검사를 받지 <u>않아도</u> 되는 측량은?   **23회 출제**

① 신규등록측량　　② 지적현황측량　　③ 분할측량
④ 등록전환측량　　⑤ 지적확정측량

해설 ▶ 지적측량성과의 검사

지적측량수행자가 지적측량을 실시한 때에는 시·도지사, 대도시 시장 또는 지적소관청으로부터 측량성과에 대한 검사를 받아야 한다. 다만, 지적공부를 정리하지 아니하는 측량으로서 경계복원측량 및 지적현황측량을 하는 경우에는 그러하지 아니하다(법 제25조 제1항 단서 및 「지적측량 시행규칙」 제28조 제1항).

04 지적위원회

16 지적위원회에 관한 다음 설명 중 <u>틀린</u> 것은?

① 국토교통부에 중앙지적위원회를 두고, 지적측량에 대한 적부심사 청구사항을 심의·의결하기 위하여 특별시·광역시·특별자치시·도 또는 특별자치도에 지방지적위원회를 둔다.
② 중앙지적위원회는 위원장 및 부위원장 각 1인을 포함하여 5인 이상 10인 이하의 위원으로 구성한다.
③ 중앙지적위원회의 위원장 및 부위원장을 포함한 위원의 임기는 2년으로 한다.
④ 위원은 지적에 관한 학식과 경험이 풍부한 자중에서 중앙지적위원은 국토교통부장관이, 지방지적위원은 특별시장·광역시장·특별자치시장·도지사 또는 특별자치도지사가 임명 또는 위촉한다.
⑤ 각 위원회의 회의는 위원장 및 부위원장을 포함한 재적위원 과반수의 출석으로 개의하고 출석위원 과반수의 찬성으로 의결한다.

정답　15. ②　16. ③

해설 **지적위원회**(법 제28조 등)
① (법 제28조 제1항, 제2항)
② (영 제20조 제1항) 지방지적위원회의 경우도 동일하다(영 제23조).
③ 위원장 및 부위원장을 "제외한" 위원의 임기는 2년으로 한다(영 제20조 제4항). 지방지적위원회의 경우도 동일하다(영 제23조).
④ (영 제20조 제3항, 제23조)　　⑤ (영 제21조 제3항, 제23조)

17. 지방지적위원회의 심의·의결 사항으로 옳은 것은? [25회 출제]

① 지적측량에 대한 적부심사(適否審査) 청구사항
② 지적측량기술의 연구·개발 및 보급에 관한 사항
③ 지적 관련 정책개발 및 업무개선 등에 관한 사항
④ 지적기술자의 업무정지 처분 및 징계요구에 관한 사항
⑤ 지적분야 측량기술자의 양성에 관한 사항

해설 **지방지적위원회의 심의·의결사항**(법 제28조)
지방지적위원회는 지적측량에 대한 적부심사 청구사항을 심의·의결한다. 나머지는 중앙지적위원회의 심의·의결사항이다.

18. 공간정보의 구축 및 관리 등에 관한 법령상 지적측량성과에 대하여 다툼이 있는 경우에 토지소유자, 이해관계인 또는 지적측량수행자가 관할 시·도지사를 거쳐 지적측량 적부심사를 청구할 수 있는 위원회는? [26회 출제]

① 지적재조사위원회　　② 지방지적위원회　　③ 축척변경위원회
④ 토지수용위원회　　⑤ 국가지명위원회

해설 **지방지적위원회**
지적측량 적부심사(適否審査)를 청구하려는 자는 심사청구서에 지적측량성과 등의 서류를 첨부하여 특별시장·광역시장·특별자치시장·도지사 또는 특별자치도지사를 거쳐 지방지적위원회에 제출하여야 한다(영 제24조 제1항).

정답　17. ①　18. ②

19. 공간정보의 구축 및 관리 등에 관한 법령상 중앙지적위원회의 심의·의결사항으로 틀린 것은?

31회 출제

① 측량기술자 중 지적기술자의 양성에 관한 사항
② 지적측량기술의 연구·개발 및 보급에 관한 사항
③ 지적재조사 기본계획의 수립 및 변경에 관한 사항
④ 지적 관련 정책개발 및 업무개선 등에 관한 사항
⑤ 지적 기술자의 업무정지 처분 및 징계 요구에 관한 사항

해설 ▶ 지적위원회
대통령령으로 정하는 사항이다.

---

05 지적측량의 적부심사

20. 지적측량의 적부심사 등에 관한 설명으로 틀린 것은?

21회 출제

① 지적측량 적부심사를 청구할 수 있는 자는 토지소유자, 이해관계인 또는 지적측량수행자이다.
② 지적측량 적부심사(適否審査)를 청구하려는 자는 심사청구서에 법령에서 정한 서류를 첨부하여 특별시장·광역시장·특별자치시장·도지사 또는 특별자치도지사(이하 "시·도지사"라 한다)를 거쳐 지방지적위원회에 제출하여야 한다.
③ 지적측량 적부심사 청구를 받은 시·도지사는 30일 이내에 다툼이 되는 지적측량의 경위 및 그 성과 등을 조사하여 지방지적위원회에 회부하여야 한다.
④ 지적측량 적부심사 청구서를 회부받은 지방지적위원회는 부득이한 경우가 아닌 경우 그 심사청구를 회부받은 날부터 90일 이내에 심의·의결하여야 한다.
⑤ 의결서를 받은 자가 지방지적위원회의 의결에 불복하는 경우에는 그 의결서를 받은 날부터 90일 이내에 국토교통부장관을 거쳐 중앙지적위원회에 재심사를 청구할 수 있다.

해설 ▶ 지적측량의 적부심사
① (법 제29조 제1항)   ② (영 제24조)   ③ (법 제29조 제2항)
④ 지적측량 적부심사청구를 회부받은 지방지적위원회는 그 심사청구를 회부받은 날부터 60일 이내에 심의·의결하여야 한다. 다만, 부득이한 경우에는 그 심의기간을 해당 지적위원회의 의결을 거쳐 30일 이내에서 한 번만 연장할 수 있다(법 제29조 제3항).
⑤ (법 제29조 제6항)

정답   19. ③   20. ④

제5장 지적측량(기본)

21 다음 중 지적측량적부심사제도에 관한 설명으로 옳지 않은 것은?
① 지방지적위원회의 심의의결에 불복하는 경우에는 지방지적위원회의 의결서를 받은 날부터 90일 내에 국토교통부장관을 거쳐 중앙지적위원회에 재심사를 청구할 수 있다.
② 지적측량적부심사의결서를 송부받은 지적소관청은 그 내용에 따라 지적공부의 등록사항을 정정하거나 측량성과를 수정하여야 한다.
③ 적부심사청구서를 받은 시·도지사는 청구서를 받은 날부터 30일 내에 지방지적위원회에 회부하여야 한다.
④ 지방지적위원회는 지적측량적부심사청구를 회부받은 날부터 60일 내에 심의·의결하여야 한다.
⑤ 지적측량에 다툼이 있는 자는 직접 지방지적위원회에 지적측량적부심사를 청구할 수 있다.

해설 **지적측량적부심사제도**(법 제29조)
①, ③ (법 제29조 제2항, 제6항)
② (법 제29조 제10항)
④ (법 제29조 제3항)
⑤ 직접 지방지적위원회에 지적측량적부심사를 청구할 수 없고 시·도지사를 거쳐야 한다(법 제29조 제1항).

22 지적측량의 적부심사 등에 관한 다음의 설명 중 틀린 것은?
① 지적측량에 대한 적부심사청구에 대해서는 국토교통부에 설치된 중앙지적위원회, 특별시·광역시·특별자치시·도 또는 특별자치도(시·도)에 설치된 지방지적위원회에서 심의·의결한다.
② 토지소유자, 이해관계인 또는 지적측량수행자는 지적측량성과에 대하여 다툼이 있는 경우에는 대통령령으로 정하는 바에 따라 관할 시·도지사를 거쳐 지방지적위원회에 지적측량 적부심사를 청구할 수 있다.
③ 지적측량 적부심사청구를 받은 시·도지사는 30일 이내에 일정한 사항을 조사하여 지방지적위원회에 회부하여야 한다.
④ 의결서를 받은 자가 지방지적위원회의 의결에 불복하는 경우에는 그 의결서를 받은 날부터 90일 이내에 국토교통부장관을 거쳐 중앙지적위원회에 재심사를 청구할 수 있다.
⑤ 지적측량 적부심사청구를 회부받은 지방지적위원회는 그 심사청구를 회부받은 날부터 60일 이내에 반드시 심의·의결하여야 한다.

정답 21. ⑤ 22. ⑤

해설 ▶ 지적측량의 적부심사 등

① (법 제28조 제1항, 제2항) ② (법 제29조 제1항)
③ (법 제29조 제3항) ④ (법 제29조 제6항)
⑤ 부득이한 경우에는 그 심의기간을 해당 지적위원회의 의결을 거쳐 30일 이내에서 한 번만 연장할 수 있다(법 제29조 제4항).

06 지적기준점

23 지적기준점표지의 설치 및 관리에 관한 다음 설명 중 틀린 것은?

① 국토교통부장관 및 해양수산부장관은 필요하다고 인정하는 경우에는 직접 측량기준점표지의 현황을 조사할 수 있다.
② 지적기준점표지의 설치를 위하여 「공익사업을 위한 토지 등의 취득 및 보상에 관한 법률」에 의하여 토지를 수용할 수 있다.
③ 측량기준점표지를 파손하거나 그 효용을 해칠 우려가 있는 행위를 하려는 자는 그 측량기준점표지를 설치한 자에게 이전을 신청하여야 하고 이 경우 이전비용은 신청인이 부담한다.
④ 시장·군수 또는 구청장은 측량기준점표지가 멸실·파손되거나 그 밖에 이상이 있음을 발견한 경우에는 시·도지사를 거쳐 국토교통부장관에게 보고하여야 한다.
⑤ 시·도지사 또는 지적소관청은 지적기준점표지를 설치·이전·복구·철거하거나 폐기한 경우에는 그 사실을 고시하여야 한다.

해설 ▶ 지적기준점표지의 설치 및 관리

① (법 제8조 제6항)
② 기본측량을 위하여 수용할 수 있으나, 지적기준점표지의 설치를 위하여는 수용할 수 없다(법 제103조 제1항 참조).
③ (법 제9조 제2·4항) ④ (법 제8조 제5항) ⑤ (법 제8조 제4항)

정답 23. ②

07 측량기술자 및 측량업

24 측량기술자의 업무정지 등에 관한 설명으로 옳지 않은 것은?

① 국토교통부장관은 근무처 및 경력등의 신고 또는 변경신고를 거짓으로 한 경우에는 측량업무의 수행을 정지시킬 수 있다.
② 국토교통부장관은 지적기술자가 정당한 사유 없이 지적측량신청을 거부한 경우에는 업무의 수행을 정지시킬 수 있다.
③ 측량업무의 수행을 정지시킬 수 있는 기간은 3년(지적기술자의 경우에는 2년) 이내의 기간으로 정한다.
④ 지적기술자에 대하여 업무의 수행을 정지시킬 경우에는 중앙지적위원회의 심의·의결을 거쳐야 한다.
⑤ 중앙지적위원회는 심의 요청이 있는 경우 지적기술자의 업무정지에 관하여 심의·의결하고, 그 결과를 지체없이 국토교통부장관에게 보내야 한다.

해설 ▶ 측량기술자의 업무정지 등
①, ② (법 제42조 제1항)
③ 1년(지적기술자의 경우에는 2년) 이내의 기간을 정하여 측량업무의 수행을 정지시킬 수 있다.
④ (법 제42조 제1항)
⑤ (영 제32조의2 제2항)

08 지적측량업의 등록

25 지적측량업의 등록 등에 관한 다음 설명 중 틀린 것은?

① 한국국토정보공사도 국토교통부장관에게 지적측량업의 등록을 하여야 지적측량업을 할 수 있다.
② 지적측량업을 하려는 자는 기술인력·장비 등의 등록기준을 갖추어 시·도지사에게 지적측량업의 등록을 하여야 한다.
③ 측량업의 등록신청이 등록기준에 적합하지 아니하다고 인정할 때에는 신청인에게 그 뜻을 통지하여야 한다.
④ 지적측량업 등록신청을 받은 경우에 담당 공무원은 「전자정부법」 제36조 제1항에 따른 행정정보의 공동이용을 통하여 법인등기부등본(법인인 경우)과 지적기술자의 국가기술자격증을 확인하여야 한다.
⑤ 지적측량업의 등록을 한 자는 주된 영업소 또는 지점 소재지, 상호, 대표자를 변경하였을 때에는 법 제44조 제4항에 따라 변경된 날부터 30일 이내에 변경신고를 하여야 한다.

정답 24. ③ 25. ①

제1편 공간정보의 구축 및 관리 등에 관한 법률

해설 ▶ **지적측량업의 등록**
① 한국국토정보공사는 지적측량업의 등록의무가 면제된다(법 제44조 제2항 단서 참조).
② (법 제44조 제2항 본문, 영 제35조 제1항)
③ (영 제35조 제5항)
④ (영 제35조 제3항 본문)
⑤ (영 제37조 제1항 본문)

26 지적재조사사업에 관한 다음의 설명 중 틀린 것은?

① 지적재조사사업이란 지적공부의 등록사항이 토지의 실제 현황과 일치하지 아니하는 경우 등에 이를 바로 잡기 위하여 실시하는 국가사업을 말한다.
② 지적재조사사업에 관한 기본계획은 국토교통부장관이 전문가와 시·도지사의 의견을 들은 후 중앙지적재조사위원회의 심의를 거쳐 수립하여야 한다.
③ 지적소관청은 지적재조사사업에 관한 실시계획을 수립하여 사업지구 안 토지소유자 총수의 3분의 2 이상과 토지면적 3분의 2 이상에 해당하는 토지소유자의 동의를 받아 시·도지사에게 사업지구지정을 신청하여야 한다.
④ 사업지구 안의 토지소유자는 토지소유자 총수의 2분의 1 이상과 토지면적 2분의 1 이상에 해당하는 토지소유자의 동의를 받아 토지소유자협의회를 구성할 수 있다.
⑤ 지적소관청이 사업지구의 지정고시를 한 날부터 5년 내에 토지현황조사 및 지적재조사측량을 시행하지 않았을 때에는 그 기간의 만료로 사업지구지정의 효력이 상실된다.

해설 ▶ **지적재조사사업**(지적재조사에 관한 특별법)
① (법 제2조 제2호)
② (법 제4조)
③ (법 제7조)
④ (법 제13조)
⑤ 2년 내에 이를 시행하지 않았을 때에 사업지구지정의 효력이 상실된다(법 제9조).

정답 26. ⑤

27. 지적재조사사업과 관련 경계의 확정 등에 관한 설명 중 틀린 것은?

① 지적소관청은 토지소유자들이 경계에 합의한 경우 그 경계를 기준으로 하여 지적재조사를 위한 경계를 설정할 수 있다.
② 지적소관청은 지상경계에 대하여 다툼이 있는 경우에는 등록할 때의 측량기록을 조사한 경계를 기준으로 지적재조사를 위한 경계를 설정하여야 한다.
③ 지적재조사에 따른 경계결정은 중앙지적조사위원회의 의결을 거쳐 결정한다.
④ 경계가 확정되었을 때에는 지적소관청은 지체없이 경계점표지를 설치하여야 하며, 국토교통부령으로 정하는 바에 따라 지상경계점등록부를 작성하고 관리하여야 한다.
⑤ 지적재조사측량 결과 기존의 지적공부상 지목이 실제의 이용현황과 다른 경우 지적소관청은 시·군·구 지적재조사위원회의 심의를 거쳐 기존의 지적공부상의 지목을 변경할 수 있다.

해설 ▶ 지적재조사사업과 관련 경계의 확정 등(지적재조사에 관한 특별법)
① (동법 제14조 제2항) ② (동법 제14조 제1항 제2호)
③ 경계결정위원회의 의결을 거쳐 결정한다(동법 제16조 제1항).
④ (동법 제18조 제2항) ⑤ (동법 제19조)

28. 다음 중 지적측량수행자에 대한 설명으로 옳지 않은 것은?

① 지적측량업자는 일정한 등록기준을 갖추어 시·도지사에게 등록하여야 하지만, 한국국토정보공사는 등록할 필요가 없다.
② 지적측량수행자는 신의와 성실로써 공정하게 지적측량을 하여야 한다.
③ 지적측량수행자는 손해배상책임을 보장하기 위하여 보증설정을 하여야 하는 바, 보험금은 지적측량수행자가 일정한 서류를 첨부하여 보험회사 또는 공간정보산업협회에 청구한다.
④ 지적측량업자의 지위를 승계한 자는 그 승계사유가 발생한 날부터 30일 이내에 시·도지사에게 신고하여야 한다.
⑤ 한국국토정보공사는 검사측량을 제외한 지적측량을 모두 할 수 있지만, 지적측량업자는 검사측량을 제외하고 경계점좌표등록부가 비치된 지역에서의 지적측량과 도시개발사업 등이 완료됨에 따라 실시하는 지적확정측량업무를 행한다.

해설 ▶ 지적측량수행자
① (○) (법 제44조 제5항, 영 제35조 제1항) ② (○) (법 제50조 제1항)
③ (×) '지적측량의뢰인'은 손해배상으로 보험금·보증금 또는 공제금을 지급받으려면 그 지적측량의뢰인과 지적측량수행자 간의 손해배상합의서, 화해조서, 확정된 법원의 판결문 사본 등을 첨부하여 보험회사 또는 공간정보산업협회에 손해배상금 지급을 청구하여야 한다(영 제43조 제1항).
④ (○) (법 제46조 제2항) ⑤ (○) (법 제45조)

정답 27. ③ 28. ③

29. 지적측량수행자의 성실의무 등에 관한 설명으로 틀린 것은? ★★★

① 지적측량수행자는 본인, 배우자 또는 직계 존속·비속이 소유한 토지에 대하여 지적측량을 하고자 하는 경우에는 지적소관청의 승인을 받아야 한다.
② 지적측량수행자(소속지적기술자를 포함)는 신의와 성실로써 공정하게 지적측량을 하여야 하며, 정당한 사유 없이 지적측량 신청을 거부하여서는 아니 된다.
③ 지적측량수행자는 지적측량수수료 외에는 어떠한 명목으로도 그 업무와 관련된 대가를 받아서는 아니 된다.
④ 측량기술자는 정당한 사유 없이 그 업무상 알게 된 비밀을 누설하여서는 아니 된다.
⑤ 측량기술자는 2 이상의 지적측량수행자에게 소속될 수 없다.

해설 ▶ 지적측량수행자의 성실의무 등
① 지적측량을 하지 못하며(제척사유) 위반하면 300만원 이하의 과태료 부과대상이다(법 제50조 제2항, 제111조 제1항 제11호).
②, ③ (법 제50조 제1항·제3항) ④, ⑤ (법 제41조 제2항·제3항)

30. 다음 중 아래의 (가)와 (나)에 들어갈 기간으로 옳게 연결된 것은? ★

> 지적측량업자는 폐업하거나 (가)을 초과하는 기간 동안 휴업하는 때 또는 그 휴업 후 업무를 재개한 때에는 그 사실을 그 폐업·휴업 또는 업무를 재개한 날부터 (나) 이내에 국토교통부장관에게 신고하여야 한다.

① (가)-10일, (나)-30일
② (가)-30일, (나)-10일
③ (가)-30일, (나)-1월
④ (가)-30일, (나)-30일
⑤ (가)-60일, (나)-30일

해설 ▶ 지적측량업의 휴업·폐업 등 신고
지적측량업자는 폐업하거나 30일을 초과하는 기간 동안 휴업하는 때 또는 그 휴업 후 업무를 재개한 때에는 그 폐업·휴업 또는 업무를 재개한 날부터 30일 이내에 그 사실을 국토교통부장관 또는 시·도지사에게 신고하여야 한다(법 제48조).

31. 다음 중 반드시 지적측량업의 등록을 취소하여야 하는 경우가 아닌 것은?

① 영업정지기간 중에 계속하여 영업을 한 경우
② 다른 사람에게 자기의 등록증을 빌려준 때
③ 등록사항 변경신고를 하지 아니한 때
④ 법인의 임원 중 지적측량업자의 결격사유에 해당하게 된 때
⑤ 기술인력·장비 등의 등록기준에 미달하게 된 경우

해설 ▶ 지적측량업의 절대적·임의적 등록취소사유(법 제52조)
임의적 등록취소사유 또는 영업정지사유에 불과하다.

정답 29. ① 30. ④ 31. ③

응용 출제예상문제

01 지적측량에 관한 설명이다. 옳은 것을 모두 고른 것은?
21회 출제

㉠ 지적기준점측량의 절차는 계획의 수립, 준비 및 현지답사, 선점 및 조표, 관측 및 계산과 성과표의 작성 순서에 따른다.
㉡ 지적측량 수행자가 지적측량 의뢰를 받은 때에는 지적측량 수행계획서를 그 다음날까지 지적소관청에 제출하여야 한다.
㉢ 경계복원측량은 지상건축물 등의 현황을 지적도 및 임야도에 등록된 경계와 대비하여 표시하는 데에 필요한 경우 실시한다.
㉣ 합병에 따른 경계·좌표 또는 면적은 따로 지적측량을 하지 아니하고 결정한다.
㉤ 지상 경계의 구획을 형성하는 구조물 등의 소유자가 다른 경우에는 그 소유권에 따라 지상 경계를 결정한다.

① ㉠, ㉡, ㉢, ㉣
② ㉠, ㉡, ㉢, ㉤
③ ㉠, ㉡, ㉣, ㉤
④ ㉠, ㉢, ㉣, ㉤
⑤ ㉡, ㉢, ㉣, ㉤

해설 지적측량
㉠ (○) (「지적측량 시행규칙」 제7조 제3항)
㉡ (○) (규칙 제25조 제2항)
㉢ (✕) 지적현황측량에 대한 설명이다(영 제18조). 경계복원측량은 경계점을 지상에 복원하는 경우에 행하는 측량을 말한다.
㉣ (○) 분할의 경우와 다른 점이다(법 제26조 제1항).
㉤ (○) (영 제55조 제2항)

02 지적측량을 하여야 하는 경우가 아닌 것은?
22회 출제

① 소유권이전, 매매 등을 위하여 분할하는 경우로서 측량을 할 필요가 있는 경우
② 공유수면매립 등으로 토지를 신규등록하는 경우로써 측량을 할 필요가 있는 경우
③ 「도시개발법」에 따른 도시개발사업 시행지역에서 토지의 이동이 있는 경우로서 측량을 할 필요가 있는 경우
④ 지적공부의 등록사항을 정정하는 경우로서 측량을 할 필요가 있는 경우
⑤ 지적공부에 등록된 지목이 불분명하여 지적공부를 재작성하는 경우로서 측량을 할 필요가 있는 경우

정답 01. ③ 02. ⑤

> **해설** 지적측량을 하여야 하는 경우
> ①, ②, ③, ④ 분할측량, 신규등록측량, 지적확정측량, 등록사항 정정측량
> ⑤ 지적공부에 등록된 지목이 불분명하여 지적공부를 재작성하는 경우는 지적측량을 하여야 할 경우에 해당되지 않는다(법 제23조 참조).

03 지적측량에 대한 설명이다. 옳지 <u>않는</u> 것은?

① 지적소관청이 관리하는 지적기준점표지가 멸실되거나 훼손되었을 때에는 지적소관청은 다시 설치하거나 보수하여야 한다.
② 지적확정측량을 하는 경우 필지별 경계점은 위성기준점, 통합기준점, 삼각점, 지적삼각점, 지적삼각보조점 및 지적도근점에 따라 측정하여야 한다.
③ 측량기준점표지를 파손하거나 그 효용을 해칠 우려가 있는 행위를 하려는 자는 그 측량기준점표지를 설치한 자에게 이전을 신청하여야 한다.
④ 세부측량은 경위의측량방법, 평판측량방법, 위성측량방법 및 전자평판측량방법을 따른다.
⑤ 지적소관청이 지적삼각보조점표지를 설치하거나 변경한 경우에는 그 성과를 시·도지사에게 통보하여야 한다.

> **해설** 지적기준점표지의 설치·관리 등(법 제8조, 「지적측량 시행규칙」 제2조)
> ① (「지적측량 시행규칙」 제2조 제3항) ② (「지적측량 시행규칙」 제22조 제1항)
> ③ (법 제9조 제2항) ④ (「지적측량 시행규칙」 제7조 제1항 제4호)
> ⑤ 지적삼각보조점측량성과는 지적소관청이 관리하므로 그 성과를 시·도지사에게 통보하지 아니한다.

04 지적측량에 대한 설명 중 <u>잘못된</u> 것은?

① 지적소관청은 연 1회 이상 지적기준점표지의 이상 유무를 조사하고, 멸실되거나 훼손된 지적기준점표지를 계속 보존할 필요가 없는 때에는 폐기할 수 있다.
② 시·도지사는 매년 관할구역에 있는 측량기준점표지의 현황을 조사하고 그 결과를 국토교통부장관에게 보고하여야 한다.
③ 지적소관청은 지적기준점을 설치하기 위하여 필요한 때에는 타인의 토지·건축물 또는 구조물 등에 지적기준점표지를 설치·관리할 수 있다.
④ 지적측량시 토지점유자가 정당한 사유없이 방해한 때에는 300만원 이하의 과태료에 처한다.
⑤ 지적삼각보조점표지의 점간거리는 평균 1~3킬로미터로 하고, 지적도근점표지의 점간거리는 평균 50~300미터로 한다.

정답 03. ⑤   04. ②

제5장 지적측량(응용)

> **해설** **지적기준점표지의 설치·관리 등**(법 제8조, 「지적측량 시행규칙」 제2조)
> ① 「지적측량 시행규칙」 제2조 제2항)
> ② 특별자치시장·특별자치도지사, 시장·군수 또는 구청장은 국토교통부령으로 정하는 바에 따라 매년 관할구역에 있는 측량기준점표지의 현황을 조사하고 그 결과를 시·도지사를 거쳐(특별자치시장 및 특별자치도지사의 경우는 제외) 국토교통부장관에게 보고하여야 한다. 측량기준점표지가 멸실·파손되거나 그 밖에 이상이 있음을 발견한 경우에도 같다(법 제8조 제5항).
> ③ (법 제8조 제2항 전문, 제101조 제1항 참조)
> ④ (법 제101조 제7항, 제111조 제1항 제18호 참조)
> ⑤ (「지적측량 시행규칙」 제2조 제1항)

05 공간정보의 구축 및 관리 등에 관한 법령상 지적측량 의뢰 등에 관한 설명으로 틀린 것은? **25회 출제**

① 토지소유자는 토지를 분할하는 경우로서 지적측량을 할 필요가 있는 경우에는 지적측량수행자에게 지적측량을 의뢰하여야 한다.
② 지적측량을 의뢰하려는 자는 지적측량 의뢰서(전자문서로 된 의뢰서를 포함한다)에 의뢰 사유를 증명하는 서류(전자문서를 포함한다)를 첨부하여 지적측량수행자에게 제출하여야 한다.
③ 지적측량수행자는 지적측량 의뢰를 받은 때에는 측량기간, 측량일자 및 측량 수수료 등을 적은 지적측량 수행계획서를 그 다음날까지 지적소관청에 제출하여야 한다.
④ 지적기준점을 설치하지 않고 측량 또는 측량검사를 하는 경우 지적측량의 측량기간은 5일, 측량검사기간은 4일을 원칙으로 한다.
⑤ 지적측량 의뢰인과 지적측량수행자가 서로 합의하여 따로 기간을 정하는 경우에는 그 기간에 따르되, 전체 기간의 5분의 3은 측량기간으로, 전체 기간의 5분의 2는 측량검사기간으로 본다.

> **해설** **지적측량**
> 지적측량 의뢰인과 지적측량수행자가 서로 합의하여 따로 기간을 정하는 경우에는 그 기간에 따르되, 전체 기간의 4분의 3은 측량기간으로, 전체 기간의 4분의 1은 측량검사기간으로 본다(규칙 제25조 제4항).

정답 05. ⑤

06 경계복원측량에 대한 설명으로 옳지 않은 것은?

① 건축물을 신축, 증축, 개축하거나 인접한 이웃간에 경계분쟁이 생겨 정확한 경계를 확인하고자 할 때 주로 하는 측량이다.
② 지상의 건축물이 경계에 걸쳐 있거나 부득이하여 경계점표지를 설치할 수 없는 경우에는 경계점표지를 설치하지 아니한다.
③ 측량 당시의 기준점을 기준으로 하여야 한다.
④ 등록할 당시의 측량방법이 아닌 현재의 정밀한 측량방법에 따르는 것이 원칙이다.
⑤ 대상 토지의 사정변경으로 등록 당시와 비슷한 조건의 주위 기지점(旣知点)에 의거하여 경계복원측량이 불가능하게 되었다면 기초측량에 의하여 해당 토지 인근의 도근점을 찾아내어 이를 기준으로 경계복원측량을 해야 한다.

해설 ▶ 경계복원측량

④ (×) 경계침범 여부가 문제로 되어 지적도상의 경계를 실지에 복원하기 위하여 행하는 경계복원측량은 등록할 당시의 측량 방법과 동일한 방법으로 하여야 하므로, 첫째 등록 당시의 측량 방법에 따르고, 둘째 측량 당시의 기준점을 기준으로 하여야 하며, 비록 등록 당시의 측량 방법이나 기술이 발전하지 못하여 정확성이 없다 하더라도 경계복원측량을 함에 있어서는 등록 당시의 측량 방법에 의하여야 하는 것이지 보다 정밀한 측량 방법이 있다 하여 곧바로 그 방법에 의하여 측량할 수는 없다. 또한 토지의 등록 당시 기지점(기준점)을 기준으로 한 측판측량 방법에 의하여 분할측량이 이루어진 경우 등록 당시의 기지점을 기준으로 하여 경계복원측량을 하여야 함이 원칙이나 대상 토지의 사정변경으로 위 방법에 의하여 경계복원측량을 하는 것마저 불가능하게 되었다면 기초측량에 의하여 해당 토지 인근의 도근점을 찾아내어 이를 기준으로 하여 경계복원측량을 할 수밖에 없다(대판 2003.10.10, 2002다17791, 17807).
② (○) 경계복원측량에 따라 지표상에 복원할 토지의 경계점에는 규칙 제60조 제2항에 따른 경계점표지를 설치하여야 한다. 다만, 건축물이 경계에 걸쳐 있거나 부득이하여 경계점표지를 설치할 수 없는 경우에는 그러하지 아니하다(지적측량 시행규칙 제24조 제2항 단서).

07 공간정보의 구축 및 관리 등에 관한 법령에 따라 지적측량의뢰인과 지적측량수행자가 서로 합의하여 토지의 분할을 위한 측량기간과 측량검사기간을 합쳐 20일로 정하였다. 이 경우 측량검사기간은?(단, 지적기준점의 설치가 필요 없는 지역임) ★★★

26회 출제

① 5일　② 8일　③ 10일　④ 12일　⑤ 15일

해설 ▶ 측량검사기간

① 지적측량의뢰인과 지적측량수행자가 서로 합의하여 따로 기간을 정한 경우 지적측량기간은 합의한 기간으로 하되 전체기간의 3/4는 측량기간으로, 1/4은 측량검사기간으로 한다(규칙 제25조 제4항). 따라서 측량검사기간은 20일의 1/4인 5일이다.

정답　06. ④　07. ①

08
공간정보의 구축 및 관리 등에 관한 법령상 지적기준점성과와 지적기준점성과의 열람 및 등본 발급 신청기관의 연결이 옳은 것은? ★★★　　31회 출제

① 지적삼각점성과 – 시·도지사 또는 지적소관청
② 지적삼각보조점성과 – 시·도지사 또는 지적소관청
③ 지적삼각보조점성과 – 지적소관청 또는 한국국토정보공사
④ 지적도근 점성과 – 시·도지사 또는 한국국토정보공사
⑤ 지적도근 점성과 – 지적소관청 또는 한국국토정보공사

해설 ▶ 지적기준점 성과의 관리 및 열람 등

① 성과의 관리 : 지적삼각점 성과는 특별시장·광역시장·도지사 또는 특별자치도 지사가 관리하고, 지적삼각 보조 점성과 및 지적도 금점성과는 지적소관청이 관리한다.
② 성과의 열람 등★

지적기준점	성과 관리	열람 등
지적삼각점	시·도지사	시·도지사 및 소관청
지적삼각보조점	소관청	소관청
지적도근점	소관청	소관청

09
다음 중 지적측량과 관련된 기술이 옳은 것은?

① 토지소유자 등은 지적소관청에 해당 지적측량을 의뢰하여야 한다.
② 지적측량수행자는 지적측량의뢰를 받은 때에는 측량기간, 측량일자 및 측량수수료 등을 기재한 지적측량수행계획서를 그 다음날까지 지적소관청에 제출하여야 한다.
③ 지적기준점표지의 설치는 한국국토정보공사가 한다.
④ 국토교통부장관은 지적기준점성과와 그 측량기록을 보관하고 일반인이 열람할 수 있도록 하여야 한다.
⑤ 지적측량기준점성과 또는 그 측량부를 열람하거나 등본을 발급받으려는 자는 지적삼각점성과에 대해서는 지적소관청에 신청하고, 지적삼각보조점성과 및 지적도근점성과에 대해서는 시·도지사에게 신청하여야 한다.

해설 ▶ 지적측량

① 지적측량수행자에게 의뢰하여야 한다(법 제24조 제1항).
② (규칙 제25조 제2항)
③ 지적기준점표지의 설치는 시·도지사 또는 지적소관청이 하고, 설치한 경우에는 그 사실을 고시하여야 한다(법 제8조 제4항).
④ 시·도지사나 지적소관청은 지적기준점성과와 그 측량기록을 보관하고 일반인이 열람할 수 있도록 하여야 한다(법 제27조 제1항).
⑤ 지적측량기준점성과 또는 그 측량부를 열람하거나 등본을 발급받으려는 자는 지적삼각점성과에 대해서는 시·도지사 또는 지적소관청에 신청하고, 지적삼각보조점성과 및 지적도근점성과에 대해서는 지적소관청에 신청하여야 한다(규칙 제26조 제1항).

정답　08. ①　09. ②

10

다음은 축척변경위원회와 중앙지적위원회에 관한 설명이다. 옳지 <u>않는</u> 것은?

① 축척변경위원회의 위원장은 위원 중에서 지적소관청이 지명하나, 중앙지적위원회 위원장은 지적업무담당국장이 된다.
② 모두 5인 이상 10인 이하의 위원으로 구성하나, 축척변경위원회는 위원의 2분의 1 이상은 토지소유자로 하여야 한다.
③ 위원장이 회의소집시 축척변경위원회의 5일 전까지, 중앙지적위원회의 10일 전까지 각 위원에게 서면으로 통지하여야 한다.
④ 중앙지적위원회의 위원의 임기는 2년으로 한다.
⑤ 각 위원회는 재적위원 과반수의 출석으로 개의하고, 출석위원 과반수의 찬성으로 의결한다.

> **해설** ▶ **축척변경위원회와 중앙지적위원회**
> ① (영 제20조 제2항, 제79조 제2항)　　② (영 제20조 제1항, 제79조 제1항)
> ③ 두 개의 회의 모두 5일 전까지 각 위원에게 서면으로 통지하여야 한다(영 제21조 제5항, 제81조 제3항).
> ④ (영 제20조 제4항)　　⑤ (영 제21조 제3항, 제81조 제2항)

11

중앙지적위원회의 위원이 중앙지적위원회의 심의·의결에서 제척(除斥)되는 경우에 해당하지 <u>않는</u> 것은?   **25회 출제**

① 위원이 해당 안건의 당사자와 친족이거나 친족이었던 경우
② 위원이 해당 안건에 대하여 증언, 진술 또는 감정을 한 경우
③ 위원이 중앙지적위원회에서 해당 안건에 대하여 현지조사 결과를 보고 받거나 관계인의 의견을 들은 경우
④ 위원이 속한 법인·단체 등이 해당 안건의 당사자의 대리인이거나 대리인이었던 경우
⑤ 위원의 배우자이었던 사람이 해당 안건의 당사자와 공동권리자 또는 공동의무자인 경우

> **해설** ▶ **위원의 제척·기피·회피**
> ③ 다음의 제척사유에 해당하지 않는다.
> **중앙지적위원회 위원의 제척사유**(영 제20조의2)
> 1) 위원 또는 그 배우자나 배우자이었던 사람이 해당 안건의 당사자가 되거나 그 안건의 당사자와 공동권리자 또는 공동의무자인 경우
> 2) 위원이 해당 안건의 당사자와 친족이거나 친족이었던 경우
> 3) 위원이 해당 안건에 대하여 증언, 진술 또는 감정을 한 경우
> 4) 위원이나 위원이 속한 법인·단체 등이 해당 안건의 당사자의 대리인이거나 대리인이었던 경우
> 5) 위원이 해당 안건의 원인이 된 처분 또는 부작위에 관여한 경우

정답　10. ③　11. ③

12. 공간정보의 구축 및 관리 등에 관한 법령상 지적위원회 및 지적측량의 적부심사 등에 관한 설명으로 틀린 것은?

① 토지소유자 이해관계인 또는 지적측량수행자는 지적측량성과에 대하여 다툼이 있는 경우에는 관할 시 도지사를 거쳐 지방지적위원회에 지적측량 적부심사를 청구할 수 있다.
② 지방지적위원회는 지적측량에 대한 적부심사 청구사항과 지적기술자의 징계요구에 관한 사항을 심의 의결한다.
③ 시·도지사는 지방지적위원회의 의결서를 받은 날부터 7일 이내에 지적측량적부심사청구인 및 이해관계인에게 그 의결서를 통지하여야 한다.
④ 시·도시사로부터 의결서를 받은 자가 지방지적위원회의 의결에 불복하는 경우에는 그 의결서를 받은 날부터 90일 이내에 국토교통부장관을 거쳐 중앙지적위원회에 재심사를 청구할 수 있다.
⑤ 중앙지적위원회는 관계인을 출석하게 하여 의견을 들을수 있으며 필요하면 현지조사를 할 수 있다.

> **해설** ▶ 지적측량 적부심사
> 지적측량에 대한 적부심사 청구사항은 지방지적위원회에서 하지만 지적기술자의 징계요구에 관한 사항의 심의 의결은 중앙지적위원회이다.

13. 다음 중 지적측량적부심사 등에 관한 설명으로 옳지 않는 것은?

① 지방지적위원회는 지적측량 적부심사를 의결하였으면 의결서를 작성하여 시·도지사에게 송부하여야 한다.
② 시·도지사는 지방지적위원회의 의결서를 받은 후 해당 지적측량 적부심사 청구인 및 이해관계인이 재심사를 청구하지 아니하면 그 의결서 사본을 지적소관청에 보내야 한다.
③ 시·도지사가 중앙지적위원회의 의결서를 받은 경우에도 그 의결서 사본만을 지적소관청에 보내야 한다.
④ 지방지적위원회 또는 중앙지적위원회의 의결서 사본을 받은 지적소관청은 그 내용에 따라 지적공부의 등록사항을 정정하거나 측량성과를 수정하여야 한다.
⑤ 특별자치시장은 지방지적위원회의 의결서를 받은 후 해당 지적측량 적부심사 청구인 및 이해관계인이 재심사를 청구하지 아니하거나, 중앙지적위원회의 의결서를 받은 경우에는 직접 그 내용에 따라 지적공부의 등록사항을 정정하거나 측량성과를 수정하여야 한다.

정답   12. ②   13. ③

해설 ► 지적측량의 적부심사

① (법 제29조 제4항)   ② (법 제29조 제9항)
③ 시·도지사가 중앙지적위원회의 의결서를 받은 경우에는 그 의결서 사본에 지방지적위원회로부터 받은 의결서 사본을 첨부하여 지적소관청에 보내야 한다(법 제29조 제9항 후문).
④ (법 제29조 제10항)   ⑤ (법 제29조 제11항)

14. 지적기준점성과와 그 측량기록의 보관 및 열람 등에 관한 설명으로 틀린 것은?

23회 개작

① 시·도지사나 지적소관청은 지적기준점성과와 그 측량 기록을 보관하여야 한다.
② 지적삼각점성과를 열람하거나 등본을 발급받으려는 자는 시·도지사 또는 지적소관청에 신청하여야 한다.
③ 지적삼각보조점성과를 열람하거나 등본을 발급받으려는 자는 지적소관청에 신청하여야 한다.
④ 지적도근점성과를 열람하거나 등본을 발급받으려는 자는 지적소관청에 신청하여야 한다.
⑤ 지적측량기준점성과의 열람 및 등본발급 신청을 받은 지적 측량수행자는 이를 열람하게 하거나 등본을 발급하여야 한다.

해설 ► 지적기준점성과의 열람 및 등본발급

① (○) 시·도지사나 지적소관청은 지적기준성과(지적기준점에 의한 측량성과를 말한다)와 그 측량기록을 보관하고 일반인이 열람할 수 있도록 하여야 한다(법 제27조 제1항).
②, ③, ④ (○)
⑤ (×) 지적측량기준점성과 또는 그 측량부를 열람하거나 등본을 발급받으려는 자는 지적삼각점성과에 대해서는 시·도지사 또는 지적소관청에 신청하고, 지적삼각보조점성과 및 지적도근점성과에 대해서는 지적소관청에 신청하여야 하며, 신청을 받은 해당 기관은 이를 열람하게 하거나 등본을 발급하여야 한다(규칙 제26조 참조).

15. 지적측량업 등록에 관련된 설명으로 옳은 것은?

① 한국국토정보공사도 측량업의 등록을 하지 아니하고는 지적측량업을 할 수 없다.
② 지적측량업자는 지적측량업 등록증을 발급받기 전에 보증설정을 하여야 한다.
③ 시·도지사는 지적측량업의 등록을 취소하거나 영업정지를 명하는 경우에는 청문절차를 거쳐야 한다.
④ 지적측량업자는 측량업등록증 또는 측량업등록수첩을 잃어버리거나 헐어서 못 쓰게 되었을 때에는 시·도지사에게 재발급을 신청할 수 있다.
⑤ 지적측량업자는 경계점좌표등록부가 비치된 지역에서의 지적측량과 도시개발사업 등이 완료됨에 따라 실시하는 지적확정측량과 축척변경측량 등을 실시할 수 있다.

정답   14. ⑤   15. ④

제5장 지적측량(응용)

> **해설** ▶ 지적측량업 등록
> ① 한국국토정보공사는 측량업의 등록을 하지 아니하고 지적측량업을 할 수 있다(법 제44조 제2항).
> ② 지적측량업자는 지적측량업 등록증을 발급받은 날부터 10일 이내에 보증설정을 하여야 한다(영 제41조).
> ③ 지적측량업의 등록을 취소하는 경우에만 청문절차를 실시하여야 한다(법 제100조).
> ④ (영 제38조)
> ⑤ 지적측량업자의 업무범위에는 경계점좌표등록부가 비치된 지역에서의 지적측량과 도시개발사업 등이 완료됨에 따라 실시하는 지적확정측량 등이 있다. 즉, 축척변경측량은 포함되지 않는다 (법 제45조 제1·3호).

16 지적측량업등록의 결격사유로 옳지 않는 것은?

① 지적측량업의 등록이 취소(피성년후견인 또는 피한정후견인에 해당하여 등록이 취소된 경우는 제외)된 후 2년이 경과되지 아니한 자
② 피성년후견인 또는 피한정후견인
③ 금고 이상의 실형을 선고받고 그 집행이 끝나거나 집행이 면제된 날부터 3년이 경과되지 아니한 자
④ 형의 집행유예선고를 받고 그 유예기간이 경과하지 아니한 자
⑤ 임원 중에 ①~④까지 어느 하나에 해당하는 자가 있는 법인

> **해설** ▶ 지적측량업등록의 결격사유
> 2년이 경과되지 아니한 자이다(법 제47조 참조).

17 지적측량업 등록사항변경에 관한 설명으로 옳지 않은 것은?

① 측량업자는 등록사항이 변경된 경우에는 국토교통부장관 또는 시·도지사에게 신고하여야 한다.
② 측량업의 등록을 한 자는 등록사항 중 대표자, 상호를 변경하였을 때에는 변경된 날부터 30일 이내에 변경신고를 하여야 한다.
③ 측량업의 등록을 한 자는 등록사항 중 주된 영업소 또는 지점의 소재지를 변경하였을 때에는 변경된 날부터 30일 이내에 변경신고를 하여야 한다.
④ 측량업의 등록을 한 자는 등록사항 중 기술능력 및 장비를 변경하였을 때에는 변경된 날부터 30일 이내에 변경신고를 하여야 한다.
⑤ 둘 이상의 측량업에 등록한 자가 주된 영업소 또는 지점의 소재지, 상호, 대표자를 변경한 경우로서 등록한 기관이 같은 경우에는 이를 한꺼번에 신고할 수 있다.

정답 16. ③ 17. ④

제1편 공간정보의 구축 및 관리 등에 관한 법률

해설 ▶ **지적측량업 등록사항 변경**
① (○) (법 제44조 제4항)
②. ③ (○)
④ (✕) 측량업의 등록을 한 자는 등록사항 중 다음의 어느 하나에 해당하는 사항을 변경하였을 때에는 변경된 날부터 30일 이내에 변경신고를 하여야 한다. 다만, ㉣에 해당하는 사항을 변경한 때에는 그 변경이 있는 날부터 90일 이내에 변경신고를 하여야 한다(영 제37조 제1항).
　㉠ 주된 영업소 또는 지점의 소재지
　㉡ 상호
　㉢ 대표자
　㉣ 기술능력 및 장비
⑤ (○) (영 제37조 제2항)

CHAPTER 06 보칙 및 벌칙

학습포인트

- 이 장에서는 타인 토지 등에의 출입 및 손실보상, 등본 등의 수수료 및 벌칙에 대해 다루고 있다.
- 타인 토지 등에의 출입과 손실보상은 권리구제에 꼭 필요한 영역이므로 철저히 공부하도록 하며, 부동산공법의 개별법령에서 정한 타인 토지 등에의 출입과는 별개의 제도이므로 각 법률별로 구분할 수 있어야 한다.
- 수수료, 과태료 및 벌칙의 부과사유에 대해서는 너무 시간을 들이지 말고 중요사항만 핵심적으로 공부하는 것이 좋다.

CHAPTER 학습 & 출제되는 키워드

- ☑ 타인 토지에의 출입
- ☑ 타인 토지의 일시사용
- ☑ 장애물변경제거
- ☑ 수인의무
- ☑ 토지의 수용
- ☑ 손실보상
- ☑ 수수료
- ☑ 수수료의 납부대상
- ☑ 수수료의 납부방법
- ☑ 수수료의 면제
- ☑ 벌칙
- ☑ 지적행정형벌
- ☑ 양벌규정
- ☑ 지적행정질서벌
- ☑ 과태료부과사유
- ☑ 과태료부과절차
- ☑ 과태료부과 처분에 대한 이의
- ☑ 과태료의 징수절차

CHAPTER 학습 & 출제되는 질문

- ☑ 지적위원회에 관한 설명 중 틀린 것은?
- ☑ 지적위원회 및 지적측량적부심사 등에 대한 설명으로 옳은 것은?
- ☑ 다음 중 「공간정보의 구축 및 관리 등에 관한 법률」 위반에 따른 벌금 또는 과태료의 처분대상이 아닌 것은?

제1편 공간정보의 구축 및 관리 등에 관한 법률

기본 출제예상문제

01 타인 토지의 출입 및 손실보상

01 지적측량 등에 따른 타인의 토지 등에의 출입절차 및 손실보상에 관한 설명 중 틀린 것은?

① 지적측량 등을 하기 위하여 타인의 토지 등에 출입하려는 자는 관할 특별자치도지사, 시장·군수 또는 구청장의 허가를 받아야 하며, 출입하려는 날의 3일 전까지 해당 토지 등의 소유자·점유자 또는 관리인에게 그 일시와 장소를 통지하여야 한다.
② 지적측량 등을 하기 위하여 타인의 토지 등을 일시 사용하거나 장애물을 변경 또는 제거하려는 자는 그 소유자·점유자 또는 관리인의 동의를 받아야 한다.
③ 토지 등의 점유자는 정당한 사유 없이 지적측량 등을 하기 위한 토지 등에 출입을 방해하거나 거부하지 못한다.
④ 국토교통부장관은 기본측량을 실시하기 위하여 필요하다고 인정하는 경우에는 토지, 건물, 나무, 그 밖의 공작물을 수용하거나 사용할 수 있다.
⑤ 지적측량 등을 하기 위한 타인의 토지 등에의 출입행위로 손실을 받은 자는 그 손실보상을 받기 위해서는 먼저 관할 토지수용위원회에 재결(裁決)을 신청하여야 한다.

해설 토지에의 출입 등의 절차와 손실보상
① (법 제101조 제2항) ② (법 제101조 제3항 본문)
③ (법 제101조 제7항) ④ (법 제103조 제1항)
⑤ 그 행위를 한 자는 손실을 받은 자와의 협의에 의하여 손실을 보상하여야 하며, 협의가 성립되지 아니하거나 협의를 할 수 없는 경우에는 관할 토지수용위원회에 재결(裁決)을 신청할 수 있다(법 제102조 제2항).

정답 01. ⑤

02 | 다음 지적측량 등에 따른 토지 등에의 출입 및 손실보상에 관한 내용으로 틀린 것은?

① 지적측량 등의 행위로 손실을 받은 자가 있으면 그 행위를 한 자는 그 손실을 보상하여야 한다.
② 손실보상에 관한 협의가 성립되지 아니하거나 협의를 할 수 없는 경우에는 관할 토지수용위원회에 재결을 신청할 수 있고, 관할 토지수용위원회의 재결에 대하여 이의가 있는 경우 국토교통부장관의 결정에 따른다.
③ 손실보상에 관하여 그 손실을 보상하여야 할 자는 그 손실을 입은 자와 협의하여야 한다.
④ 토지 등의 점유자는 정당한 사유 없이 지적측량 등의 행위를 방해하거나 거부하지 못한다.
⑤ 지적측량 등의 행위를 위해 타인의 토지 등을 일시 사용하거나 장애물을 변경 또는 제거하려는 자는 그 소유자·점유자 또는 관리인의 동의를 받아야 한다.

해설 ▶ 손실보상 및 불복절차(법 제101조, 제102조)
관할토지수용위원회의 재결에 대하여 이의가 있는 자는 재결서의 정본을 받은 날부터 30일 이내에 중앙토지수용위원회에 이의를 신청할 수 있다(법 제102조 제4항, 「공익사업을 위한 토지 등의 취득 및 보상에 관한 법률」 제83조).

02 수수료

03 | 다음은 공간정보의 구축 및 관리 등에 관한 법령에 의한 각종의 신청시 납부하여야 할 수수료에 관한 규정이다. 옳지 않은 것은?

① 지적측량을 의뢰하는 자는 국토교통부령으로 정하는 바에 따라 지적측량수행자에게 지적측량수수료를 내야 한다.
② 국가 또는 지방자치단체가 바다로 된 토지의 등록말소 신청을 하는 경우 수수료를 면제할 수 있다.
③ 지적공부의 열람 및 등본 발급 신청의 경우 지적소관청 등은 전자화폐 등으로 수수료를 내게 할 수 있다.
④ 지적기준점성과의 열람 또는 그 등본의 발급 신청의 경우에는 지적소관청에 수입인지 등으로 수수료를 내야 한다.
⑤ 국가 또는 지방자치단체가 지적공부열람 및 등본 발급 신청을 하는 경우에도 수수료는 면제할 수 없다.

정답 02. ② 03. ⑤

> **해설** ▶ **수수료의 납부 등**(법 제106조, 규칙 제115조)
> ① (○) (법 제106조 제2항) ② (○) (법 제106조 제5항 제5호) ③ (○) (규칙 제115조 제7항)
> ④ (○) (법 제106조 제1항 제6호, 규칙 제115조 제6항)
> ⑤ (✕) 수수료는 면제한다(법 제106조 제5항 제4호).

04 공간정보의 구축 및 관리 등에 관한 법령에 의한 각종의 신청시 수수료의 납부가 면제되는 경우는?

① 전국단위전산정보이용
② 지적삼각보조점성과 및 측량부의 열람 및 등본발급의 신청
③ 국가 또는 지방자치단체가 토지가 바다로 되어 등록말소를 신청하는 경우의 지적공부정리수수료
④ 지적공부의 열람 및 등본발급의 신청
⑤ 지적삼각점성과 및 측량부의 열람 및 등본발급의 신청

> **해설** ▶ **수수료**
> (법 제106조 제5항 제5호.) 한편 수수료의 납부방법에 관해서는 규칙 제115조를 참조한다.

03 벌칙

05 다음 중 공간정보의 구축 및 관리 등에 관한 법령상의 벌칙으로 징역 또는 벌금 규정의 적용대상이 아닌 경우는?

① 지적측량업의 등록을 하지 아니하거나 거짓이나 그 밖의 부정한 방법으로 등록을 하고 지적측량업을 한 자
② 둘 이상의 지적측량업자에게 소속된 지적측량기술자
③ 지적측량업 등록사항의 변경신고를 하지 아니한 자
④ 거짓으로 신규등록, 등록전환, 합병 등의 토지이동신청을 한 자
⑤ 다른 사람의 지적측량업등록증 또는 지적측량업등록수첩을 빌려서 사용하거나 다른 사람의 성명 또는 상호를 사용하여 지적측량업무를 한 자

> **해설** ▶ **벌칙규정**
> ① (법 제108조 제4호)   ② (법 제109조 제6호)
> ③ 300만원 이하의 과태료 부과사유이다(법 제111조 제1항 제8호).
> ④ (법 제109조 제18호)   ⑤ (법 제109조 제8호)

정답 04. ③   05. ③

06
공간정보의 구축 및 관리 등에 관한 법령의 벌칙 또는 과태료에 관한 설명이 바르게 된 것은?

① 지적측량업의 등록을 하지 아니하거나 거짓이나 그 밖의 부정한 방법으로 지적측량업의 등록을 하고 지적측량업을 한 경우에는 2년 이하의 징역 또는 2천만원 이하의 벌금에 처한다.
② 토지 등의 점유자가 정당한 사유 없이 지적측량 또는 이를 위한 토지에의 출입 등의 행위를 방해하거나 거부한 경우에는 500만원 이하의 과태료를 부과한다.
③ 고의로 지적측량성과를 사실과 다르게 한 자는 2천만원 이하의 벌금에 처한다.
④ 정당한 사유 없이 측량을 방해한 경우에는 500만원 이하의 과태료에 처한다.
⑤ 토지소유자가 거짓으로 토지의 신규등록을 신청한 경우 2천만원 이하의 벌금에 처한다.

해설 ▶ **벌칙규정**(법 제107조 이하)
① (○) (법 제108조 제4호)
②, ④ (×) 300만원 이하의 과태료에 처한다(법 제111조 제1항 제1·18호).
③ (×) 2년 이하의 징역 또는 2천만원 이하의 벌금에 처한다(법 제108조 제2호).
⑤ (×) 1년 이하의 징역 또는 1천만원 이하의 벌금에 처한다(법 제109조 제10호 가목).

07
공간정보의 구축 및 관리 등에 관한 법령상 300만원 이하의 과태료에 처하는 경우가 <u>아닌</u> 것은?

① 지적측량수수료 외의 대가를 받은 지적측량기술자
② 30일 이내에 국토교통부장관 또는 시·도지사에게 지적측량업자의 지위승계 신고를 하지 아니한 자
③ 국토교통부장관에게 30일을 초과하는 휴업 또는 폐업 또는 휴업 후 업무재개를 30일 이내에 신고하지 아니한 지적측량업자
④ 본인·배우자 또는 직계 존·비속의 소유토지에 대하여 지적측량을 한 지적측량수행자
⑤ 지적측량업자가 측량업의 등록기준에 미달된다고 인정되어 국토교통부장관, 시·도지사 또는 지적소관청이 소속공무원으로 하여금 조사를 하게 한 경우 정당한 사유 없이 이를 거부·방해 또는 기피한 자

해설 ▶ **공간정보의 구축 및 관리 등에 관한 법령상의 과태료**
① 1년 이하의 징역 또는 1천만원 이하의 벌금에 처해지는 사유이다(법 제109조 제9호).
② (법 제111조 제1항 제9호)   ③ (법 제111조 제1항 제10호)
④ (법 제111조 제1항 제11호)   ⑤ (법 제111조 제1항 제17호)

정답   06. ①   07. ①

08

다음 중 공간정보의 구축 및 관리 등에 관한 법령상의 벌칙으로 1년 이하의 징역 또는 1천만원 이하의 벌금에 처하는 경우가 아닌 것은?

① 공간정보의 구축 및 관리 등에 관한 법령에 의한 각종 토지이동 신청 등을 거짓으로 한 자
② 고의로 지적측량성과를 사실과 다르게 한 자
③ 다른 사람의 측량업등록증 또는 측량업등록수첩을 빌려서 사용하거나 다른 사람의 성명 또는 상호를 사용하여 측량업무를 한 자
④ 정당한 사유 없이 그 업무상 알게 된 비밀을 누설한 측량기술자
⑤ 2 이상의 지적측량수행자에게 소속한 측량기술자가 있는 경우 그 측량기술자

해설 ▶ 공간정보의 구축 및 관리 등에 관한 법령상의 벌칙규정
① (법 제109조 제10호)
② 2년 이하의 징역 또는 2천만원 이하의 벌금에 처한다(법 제108조 제2호).
③ (법 제109조 제8호)   ④ (법 제109조 제5호)
⑤ 측량기술자는 2 이상의 지적측량수행자에게 소속될 수 없다. 2 이상의 지적측량수행자에게 소속한 경우 그 측량기술자에게는 1년 이하의 징역 또는 1천만원 이하의 벌금에 처한다(법 제109조 제6호).

정답 08. ②

제6장 보칙 및 벌칙(응용)

응용 출제예상문제

01 공간정보의 구축 및 관리 등에 관한 법령상 벌금 또는 과태료의 대상이 <u>아닌</u> 것은?

① 지적전산자료를 사용목적 외에 사용하였을 때
② 지적측량업의 휴업·폐업 등의 신고를 하지 아니하거나 거짓으로 신고한 경우
③ 다른 사람의 지적측량업 등록증을 빌려서 사용하거나 다른 사람의 성명 또는 상호를 사용하여 지적측량업무를 한 자
④ 토지이동 신청을 거짓으로 하였을 때
⑤ 정당한 사유 없이 지적측량을 하기 위한 토지의 출입을 거부하였을 때

해설 ▶ 벌금 또는 과태료
① (×) 지적전산자료를 사용목적 외에 사용했을 때 벌칙 또는 과태료부과는 없다.
②, ⑤ (○) 300만원 이하의 과태료부과 사유이다(법 제111조 제1항 제10·18호).
③ (○) 1년 이하의 징역 또는 1천만원 이하의 벌금에 처한다(법 제109조 제8호).
④ (○) 지목변경 등의 토지이동신청을 게을리 한 경우 이는 벌칙 또는 과태료부과 사유가 아니나 거짓으로 한 자에 대해서는 벌칙에 처해진다(법 제109조 제10호 참조).

02 다음 중 공간정보의 구축 및 관리 등에 관한 법률상 부과되는 벌칙의 최대한도가 가장 무거운 것은?

① 측량성과를 국외로 반출한 자
② 측량기술자가 아님에도 불구하고 측량을 한 자
③ 정당한 사유 없이 그 업무상 알게 된 비밀을 누설한 측량기술자
④ 2 이상의 측량업자에게 소속된 측량기술자
⑤ 지적측량수수료 외에 그 업무와 관련된 대가를 받은 지적측량기술자

해설 ▶ 공간정보의 구축 및 관리 등에 관한 법률상의 벌칙
① 가장 무겁다. 2년 이하의 징역 또는 2천만원 이하의 벌금에 처한다(법 제108조).
②, ③, ④, ⑤ 1년 이하의 징역 또는 1,000만원 이하의 벌금에 처한다(법 제109조).

정답 01. ① 02. ①

03 다음 기술 중 옳은 것은?

① 지적측량적부심사 재심사 기간은 지방지적위원회의 의결서를 통지받은 날로부터 60일 이내이다.
② 기본측량은 시·도지사가 실시한다.
③ 지적측량수수료는 지방자치단체장이 매년 12월 말까지 정한다.
④ 정당한 이유 없이 업무상의 비밀을 누설한 때에는 지적측량수행자는 과태료처분을 받는다.
⑤ 토지합병과 바다로 된 토지에 대한 말소신청을 하지 않은 자에 대하여는 과태료 부과의 대상이 아니다.

해설 ▶ 과태료의 부과 대상
① (×) 90일 이내이다(법 제29조 제6항).
② (×) 국토교통부장관이다(법 제12조 제1항). 국토지리정보원장이 실시한다(규칙 제8조).
③ (×) 국토교통부장관이다(법 제106조 제3항).
④ (×) 1년 이하의 징역 또는 1천만원 이하의 벌금형이다(법 제109조 제5호).
⑤ (○) 이 경우에는 신청의무가 없으므로 게을리 한 경우에 해당되지 않고, 나아가 토지이동신청을 게을리 한 경우에도 과태료 부과대상이 아니다(법 제111조 참조).

정답 03. ⑤

제6장 보칙 및 벌칙(응용)

PART 02 부동산등기법

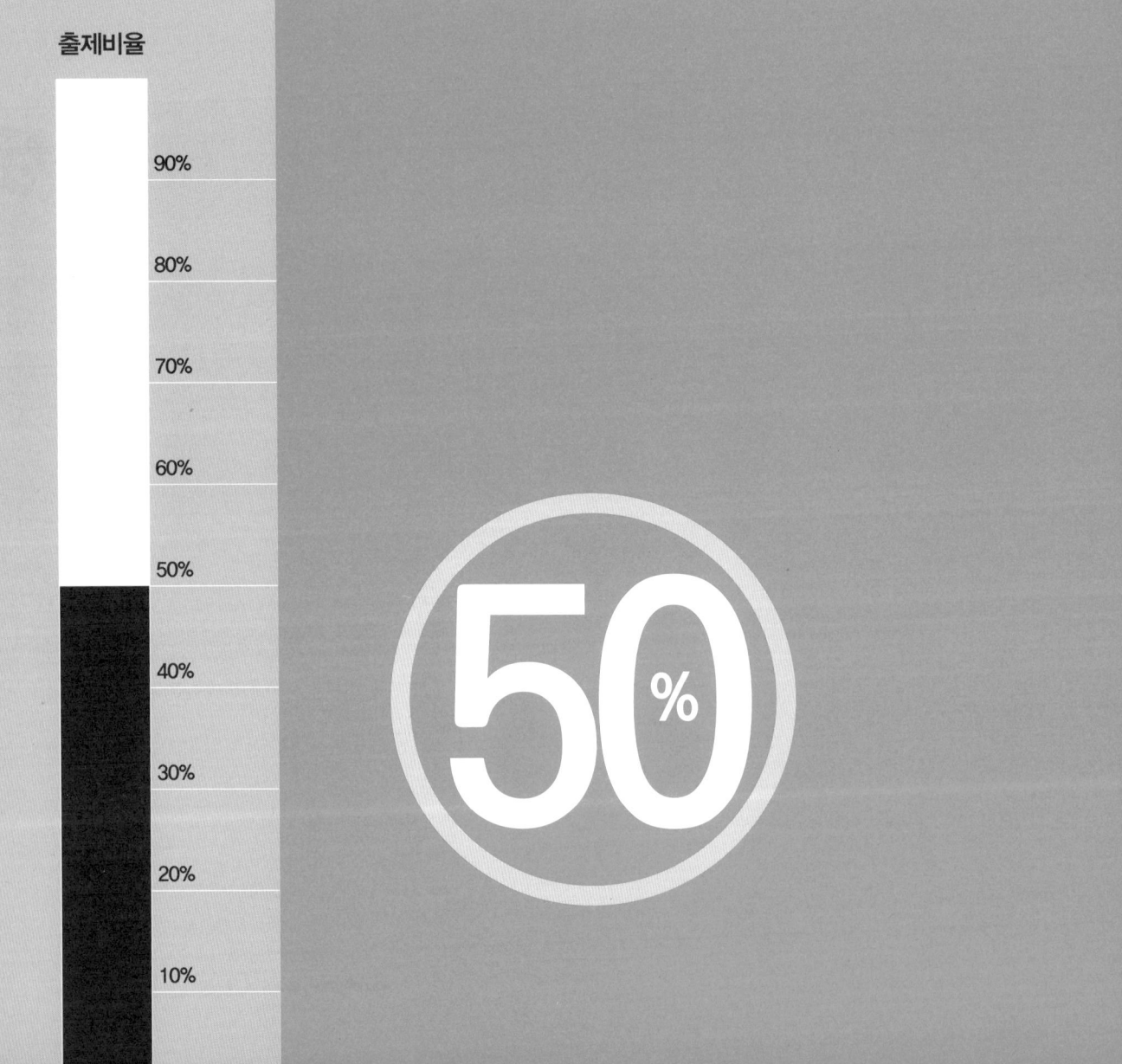

	구 분	26회	27회	28회	29회	30회	31회	32회	33회	34회	35회	계	비율(%)
부동산 등기법	제1장 총설	0	0	0	0	2	3	1	1	2	1	10	4.2
	제2장 등기기관과 그 설비 및 등기의 공시	0	1	0	0	0	0	2	1	0	0	4	1.7
	제3장 등기절차 총론	3	4	3	3	5	3	3	4	5	3	36	15.0
	제4장 부동산의 표시 및 각종 권리의 등기절차	4	5	5	6	4	6	4	4	4	4	46	19.2
	제5장 각종 등기의 절차	5	2	4	3	1	0	2	2	1	4	24	10.0
	소 계	12	12	12	12	12	12	12	12	12	12	120	50.0

CHAPTER 01 총 설

학습포인트

- 이 장에서는 부동산등기에 대한 기초로서 등기 및 등기제도 전반을 이해할 수 있는 등기제도, 등기의 종류, 등기사항, 등기의 유효요건 및 등기의 효력에 관해 다루고 있다.
- 이 장에서는 등기사항, 등기의 유효요건과 효력, 등기한 권리의 순위 등에 대해 매년 1~2 문제씩 출제되었다가 최근에는 비중이 줄어들었으나, 다시 출제비중이 늘어날 가능성이 있다. 이 장은 부동산등기법 전반을 이해하는 기초가 되는 부분이므로 처음에는 출제비중과 관계없이 학습하다가 시험에 임박해서는 출제빈도가 높은 부분 중심으로 학습하는 것이 필요하다.

CHAPTER 학습 & 출제되는 키워드

- ☑ 등기의 의의
- ☑ 등기제도의 연혁
- ☑ 등기에 관한 법령
- ☑ 등기사무의 관장기관(법원)
- ☑ 등기부의 조직(물적편성주의)
- ☑ 등기절차의 개시(공동신청주의)
- ☑ 등기관의 심사권
- ☑ 현행 등기제도의 문제점
- ☑ 등기의 종류
- ☑ 등기사항에 따른 분류
- ☑ 등기의 내용에 따른 분류
- ☑ 등기의 형식에 따른 분류
- ☑ 등기의 효력에 따른 분류
- ☑ 등기할 사항
- ☑ 등기할 사항인 물건
- ☑ 등기할 사항인 권리
- ☑ 등기할 사항인 권리변동
- ☑ 등기의 유효요건
- ☑ 형식적 유효요건
- ☑ 실질적 유효요건
- ☑ 등기의 효력
- ☑ 등기의 일반적 효력
- ☑ 가등기의 효력
- ☑ 폐쇄등기부상의 등기의 효력

CHAPTER 학습 & 출제되는 질문

- ☑ 등기대상 물건이 아닌 것은?
- ☑ 부동산등기의 대상이 될 수 있는 것은?
- ☑ 등기에 관한 설명으로 옳은 것은 모두 몇 개인가?
- ☑ 등기의 유효요건 및 효력에 관한 설명 중 옳은 것은?
- ☑ 동일한 부동산에 등기한 권리의 순위는?

제1장 총설(기본)

기본 출제예상문제

제1절 등기제도 개관

01 등기의 의의

01 부동산등기에 관한 설명이다. 틀린 것은?

① 부동산등기란 등기사항을 '등기부'에 전산정보처리조직을 이용하여 기록하는 것 또는 그러한 기록 자체를 의미한다.
② 등기는 국가가 사권(私權)을 위해서 하는 법률행위로서 공증행위(公證行爲)이다.
③ 매매, 증여 등 '법률행위로 인한 부동산물권의 득실변경'은 당사자의 의사표시 이외에 등기라는 공시방법을 갖추어야만 효력이 발생한다.
④ '법률의 규정에 의한 물권의 취득'을 위하여는 등기를 요하지 않으나, 그 취득 후 처분을 하기 위하여는 등기를 하여야 한다.
⑤ 부동산에 대한 환매특약이나, 임차권 설정, 신탁설정 등은 채권에 불과하나 등기를 통해서 제3자에게 내용을 주장할 수 있다.

해설 ▶ 등기의 의의 및 기능

① (○) (법 제2조)
② (×) 등기는 국가가 사권(私權)을 위해서 하는 비송행위로서(법률행위가 아님) 공증행위(公證行爲)이다.
③ (○) 효력발생요건(성립요건)으로서의 등기이다(「민법」제186조).
④ (○) 처분요건으로서의 등기이다(「민법」제187조).
⑤ (○) 대항요건으로서의 등기이다. 부동산에 대한 환매특약이나, 임차권 설정, 신탁설정 등은 채권에 불과하나 등기를 통해서 제3자에게 내용을 주장할 수 있고, 지상권에서 존속기간·지료 등을 약정하거나, 저당권에서 이자·변제기 등을 약정한 경우 등 임의적 약정사항도 일정한 경우에는 등기하면 제3자에게 이를 대항할 수 있다(「민법」제592조, 제621조 제1항 등).

정답 01. ②

제2편 부동산등기법

02 부동산등기에 관한 설명으로 옳은 것은?

① 우리 민법상 부동산은 토지 및 그 정착물을 말하므로 건물 외의 토지의 정착물도 독립하여 등기의 대상이 된다.
② 등기는 부동산에 관한 물권과 그 물권변동을 대상을 하므로 부동산물권이 아닌 것은 등기의 대상이 되지 아니한다.
③ 공동담보목록은 등기기록의 일부로 보나 신탁원부는 등기기록의 일부로 볼 수 없다.
④ 등기의 목적은 부동산물권의 공시이므로 물권변동과 무관한 사항은 기록하지 아니한다.
⑤ "새 등기기록에의 이기"와 같은 단순한 절차적 기록은 "절차법적 의미의 등기"에 포함되지 않는다.

해설 ▶ 등기의 의의

① (×) 부동산 중에서도 등기의 대상이 되는 것은 토지와 건물뿐이다(법 제14조 제1항).
② (×) 부동산물권은 아니지만 등기의 대상이 되는 권리도 있다. 예컨대 임차권 등(법 제3조).
③ (×) 공동담보목록과 신탁원부는 모두 등기기록의 일부로 본다(법 제78조 제3항, 법 제81조 제2항).
④ (×) 등기의 목적은 부동산물권의 공시이므로 등기부에는 물권변동에 관한 사항만을 기록하는 것이 원칙이지만 부동산의 표시(위치, 면적 등)와 같이 물권변동과 무관한 사항도 등기한다.
⑤ (○) 권리의 등기와 사실의 등기를 합하여 "절차법적 의미의 등기"라고 한다. 따라서 절차법적 의미의 등기는 등기부에 기록하는 모든 사항을 의미한다. 그러나 부동산의 표시 또는 권리관계와 직접 관계가 없는 법 제33조가 규정하는 "새 등기기록에의 이기"와 같은 단순한 절차적 기록은 "절차법적 의미의 등기"에 포함되지 않는다.

03 「부동산등기법」상 용어의 정의 등에 관한 설명으로 틀린 것은?

① "등기부"란 전산정보처리조직에 의하여 입력·처리된 등기정보자료를 대법원규칙으로 정하는 바에 따라 편성한 것을 말한다.
② "등기부부본자료"란 등기부와 동일한 내용으로 보조기억장치에 기록된 자료를 말한다.
③ "등기기록"이란 1필의 토지 또는 1개의 건물에 관한 등기정보자료를 말한다.
④ "등기필정보"란 등기부에 새로운 권리자가 기록되는 경우에 그 권리자를 확인하기 위하여 등기관이 작성한 정보를 말한다.
⑤ "등기신청정보"란 해당 부동산 및 권리가 다른 부동산 및 권리와 구별될 수 있게 하는 정보를 말한다.

해설 ▶ 부동산등기법상 용어의 정의 등

⑤ 법 제6조 제1항에서 "대법원규칙으로 정하는 등기신청정보"란 해당 부동산이 다른 부동산과 구별될 수 있게 하는 정보를 말한다(규칙 제3조 제1항).
①, ②, ③, ④ (법 제2조 참조)

정답 02. ⑤ 03. ⑤

02 우리나라 등기제도의 특징

04 우리나라의 등기제도와 관련이 없는 것을 나열한 것은?

㉠ 물적편성주의	㉡ 대항요건주의 원칙	㉢ 형식주의
㉣ 출석신청의 원칙	㉤ 공동신청의 원칙	㉥ 등기의 공신력의 인정
㉦ 등기부와 대장의 이원화	㉧ 비공개주의	㉨ 예외적 실질적 심사주의

① ㉠, ㉡, ㉢, ㉣
② ㉡, ㉣, ㉥, ㉧, ㉨
③ ㉦, ㉧, ㉨
④ ㉤, ㉥, ㉦
⑤ ㉢, ㉣, ㉤, ㉥

제2절 등기의 종류

05 등기의 종류에 관한 다음 설명 중 틀린 것은?

① 경정등기란 어떤 등기가 등기행위 당시에 등기절차에 착오나 유루가 있어 원시적으로 등기 일부와 실체관계가 불일치한 것을 등기 후에 시정하기 위한 등기를 말한다.
② 변경등기는 어떤 등기가 등기행위 당시에는 실체관계와 일치하였으나, 등기가 행하여진 후에 후발적으로 등기된 사항에 변경이 생긴 경우에 이를 바로 잡기 위한 등기를 말한다.
③ 회복등기는 실체관계에 부합하는 기존의 등기가 부당하게 소멸된 경우에 이를 부활·재현하는 등기를 말한다.
④ 멸실등기는 기존의 등기된 부동산이 물리적으로 전부 멸실된 경우에 행하여지는 등기 또는 존재하지 않는 건물의 등기기록을 폐쇄하기 위한 등기를 말한다.
⑤ 말소등기라 함은 기존등기의 전부 또는 일부가 원시적 또는 후발적인 사유로 인하여 실체관계와 부합하지 않게 된 경우 기존등기의 전부 또는 일부를 소멸시킬 목적으로 하는 등기를 말한다.

정답 04. ② 05. ⑤

해설 ▶ 등기의 종류

① (○) 예컨대, 등기명의인이 등기당시에 김순자로 등기되었는데, 실제는 김숙자인 경우 김순자를 김숙자로 바로잡는 등기(등기명의인의 표시경정등기의 경우 등)
② (○) 예컨대, 저당권금액이 1억원이었으나 5000만원으로 변경하는 경우의 등기
③ (○) 회복등기는 소멸된 등기를 회복하여 그 등기의 효력을 부활·재현시키는 등기로서 등기부의 전부 또는 일부가 손상된 경우에는 등기부 부본자료에 의하여 그 등기부를 복구하는 멸실회복등기(법 제17조, 규칙 제17조)와, 등기내용의 전부 또는 일부가 부적법하게 말소된 경우에 말소 전의 상태로 회복할 것을 목적으로 하는 말소회복등기(법 제57조)가 있다.
④ (○) 예컨대, 건물이 폭격이나 지진 등으로 멸실되는 경우(법 제39조, 법 제43조, 법 제44조 참조)
⑤ (×) 말소등기라 함은 기존등기 전부가 원시적 또는 후발적인 사유로 인하여 실체관계와 부합하지 않게 된 경우 기존등기 전부를 소멸시킬 목적으로 하는 등기를 말한다.

06 다음 중 처분제한의 등기가 아닌 것은?

① 소유권이전청구권 가등기
② 근저당권 가처분등기
③ 경매개시결정의 등기
④ 회생절차개시결정의 등기
⑤ 부동산 가압류등기

해설 ▶ 처분제한의 등기

처분의 제한이라 함은 소유권 기타 권리자가 가지는 일정한 처분권능을 제한하는 것을 의미하는 데 반드시 법률의 근거가 있어야만 등기를 할 수 있다. 여기에는 공유물분할금지의 특약(「민법」제268조), 전세권양도금지 특약(「민법」제306조) 및 가압류등기(「민사집행법」제293조), 가처분등기(「민사집행법」제305조), 경매개시결정등기(「민사집행법」제94조) 등이 있다.

07 등기상 이해관계 있는 제3자가 있는 경우에 그 제3자의 승낙이 없으면 부기등기로 할 수 없는 것은?

① 환매특약등기
② 지상권의 이전등기
③ 등기명의인표시의 변경등기
④ 지상권 위에 설정한 저당권의 이전등기
⑤ 근저당권에서 채권최고액 증액의 변경등기

해설 ▶ 주등기와 부기등기 구별

근저당권에서 채권최고액 증액의 변경등기는 이해관계인의 승낙서가 첨부되면 부기등기로 기록하며 승낙서를 첨부하지 못하면 주등기로 기록하여야 한다.

정답 06. ① 07. ⑤

08 ( )에 들어갈 단어가 순서대로 짝지어진 것은?

> - 이미 종료된 등기의 절차에 착오 또는 빠진 부분이 있어 원시적으로 등기 일부와 실체관계 사이에 불일치가 생긴 경우 이를 시정하기 위하여 하는 등기를 ( )라 한다.
> - 이는 불일치 사유가 원시적이라는 점에서, 후발적 사유에 의하여 그 일부만을 보정하는 ( )와 구별된다. 한편, 일단 유효하게 성립한 등기의 전부가 후에 부적법하게 된 경우에는 ( )를 하게 되며, 건물의 일부가 멸실한 때에는 ( )의 형식으로 등기부에 구현된다.
>   ㉠ 말소등기 ㉡ 경정등기 ㉢ 변경등기 ㉣ 멸실등기 ㉤ 회복등기

① ㉤, ㉡, ㉣, ㉢
② ㉡, ㉢, ㉠, ㉢
③ ㉢, ㉡, ㉠, ㉣
④ ㉡, ㉢, ㉣, ㉠
⑤ ㉤, ㉡, ㉢, ㉣

해설 ▶ **등기의 종류**
이미 경료된 등기의 일부가 실체관계와 불일치하는 경우 이를 일치하도록 시정하는 등기를 광의의 변경등기라고 하는데 원시적인 착오·빠진 부분이 있는 경우 이러한 절차상의 하자를 시정하기 위하여 하는 것이 (경정등기)이고, 후발적으로 발생한 불일치를 시정하기 위한 것이 (변경등기)이며, 기존등기의 전부가 원시적 또는 후발적인 사유로 인하여 실체관계와 부합하지 않게 된 경우 (예피담보채권의 소멸로 인한 저당권소멸)에 기존등기 전부를 소멸시킬 목적으로 하는 등기를 (말소등기)라 한다. 다만, 부동산의 일부가 물리적으로 멸실하면 멸실등기를 하는 것이 아니라 부동산의 면적이 감소된 것이므로 (변경등기)를 하여야 한다.

정답 08. ②

제3절 등기할 사항(등기의 대상)

01 등기의 대상이 되는 물건

09 「부동산등기법」상 등기대상인 물건은 모두 몇 개인가? ★★

ⓐ 국유재산 중 일반재산 ⓑ 주유소의 캐노피 ⓒ 비각(碑閣)
ⓓ 개방형 축사 ⓔ 견본주택 ⓕ 방조제
ⓖ 구조상 공용부분 ⓗ 싸이로 ⓘ 아파트의 지하실
ⓙ 건물의 개축 ⓚ 배수갑문 ⓛ 건물의 신축
ⓜ 방수문 ⓝ 「도로법」상의 도로 ⓞ 건물의 증축부분
ⓟ 공유수면하의 토지 ⓠ 규약상 공용부분 ⓡ 송유관
ⓢ 교량 ⓣ 농업용 고정식 유리온실 ⓤ 터널
ⓥ 아파트의 지하주차장 ⓦ 공작물시설로 등록된 해상관광호텔용 선박

① 11개 ② 12개 ③ 13개 ④ 14개 ⑤ 15개

해설 ▸ 부동산등기법상 등기대상

국유재산 중 일반재산, 비각, 개방형 축사, 방조제, 싸이로, 아파트의 지하실, 건물의 개축, 도로, 건물의 증축, 규약상 공용부분, 송유관, 농업용 고정식 유리온실, 아파트의 지하주차장, 건물의 신축(14개)
[참고] 논란이 되었던 개방형축사는 법령으로 등기능력을 인정했다(등기예규 제1587호).

10 현재 실무상 등기능력을 인정하여 소유권보존등기를 할 수 있는 경우는?

① 토지대장에 등록된 「하천법」상 하천
② 해수면 위에서 사용할 목적으로 폐유조선을 개조하여 해저지면의 암반에 앵커로 고정한 상업시설
③ 철 구조물에 비닐을 덮어씌워 제작된 비닐하우스
④ 양어장
⑤ 구분건물의 구조상 공용부분

정답 09. ④ 10. ①

제1장 총설(기본)

해설 ▶ 등기의 대상이 되는 물건

① (○) 하천법의 개정으로 「하천법」상의 하천으로 편입된 토지라도 등기능력이 있기 때문에 소유권·저당권·권리질권 및 그 가등기, 신탁등기, 부동산 표시변경등기, 등기명의인의 표시변경등기, 「부동산등기법」, 「민법」 또는 특별법에 따른 특약 또는 제한사항의 등기를 할 수 있다. 따라서 소유권보존등기도 가능하다. 다만, 지상권·지역권·전세권 또는 임차권에 대한 권리의 설정, 이전 또는 변경의 등기는 「하천법」상의 하천에 대하여는 할 수 없다(등기예규 제1387호).

②, ③, ④ (×) 폐유조선 및 플로팅 도크(2006.7.31. 부동산등기과-2279)·비닐하우스(2000.6.7. 등기 3402-395)·양어장(2000.08.21. 등기 3402-575) 등은 등기능력이 없다.

⑤ (×) 구분건물에 관한 등기의 경우 전유부분의 면적만 등기할 수 있고, 구조상 공용부분(복도·계단 등)은 등기능력이 없으므로 건축물대장에 등재되어 있어도 이 부분을 독립하여 등기할 수 없다. 구조상 공용부분은 그 면적을 1동의 건물의 표제부에 일괄하여 기록할 뿐이다.

11 특례법에 의해 일정한 요건을 갖춘 경우 부동산등기의 대상이 될 수 있는 것은?

21회 출제

① 방조제의 부대시설물인 배수갑문
② 컨테이너
③ 옥외 풀장
④ 주유소의 닫집(캐노피)
⑤ 개방형 축사

해설 ▶ 등기의 대상

개방형 축사는 「축사의 부동산등기에 관한 특례법」에 의해 등기할 수 있다(등기예규 제1587호).

12 등기의 대상이 되는 물건에 대한 다음 설명 중 틀린 것은?

① 1필지의 토지 일부에 대한 지상권·지역권·전세권·임차권 등 용익권의 설정등기는 허용되지 않는다.
② 1필지의 토지의 특정된 일부에 대해 경료된 가처분등기는 절대무효이며 따라서 직권말소사항이다.
③ 구조상·이용상 독립성이 인정되는 구분건물의 경우에는 소유자의 의사에 따라 일반건물로 등기할 수 있다.
④ 집합건물의 규약상 공용부분 중 독립된 건물로서 요건을 갖춘 경우에는 독립하여 공용부분인 뜻의 등기를 할 수 있다.
⑤ 건축물의 등기능력 유무의 판단기준은 정착성, 외기분단성, 용도성여부 기준으로 판단한다.

정답 11. ⑤ 12. ①

> **해설** ▶ 등기의 대상이 되는 물건
① (×) 1필 토지의 일부는 분필절차를 거치지 않는 한 독립한 물권거래의 객체로 할 수 없음이 원칙이므로 토지의 물리적 일부에 대한 소유권이전등기나 소유권이전청구권가등기, 근저당권설정등기 등은 허용되지 아니한다. 다만, 1필지의 일부라도 지상권설정등기, 지역권설정등기, 전세권설정등기, 임차권설정등기 등은 가능하다(법 제69조, 제70조, 제72조, 제74조). 즉 1필 토지의 물리적 일부라도 용익물권과 임차권은 그 등기신청정보의 내용으로 그 범위를 기재하고, 범위를 기재한 도면을 등기소에 제공하면 1필 토지의 일부에 등기가 가능하다.
② (○) 법 제29조 제2호 "사건이 등기할 것이 아닌 경우"에 해당하여 당연무효인 등기이므로 법 제58조의 절차에 따라 직권말소 한다.
③ (○) 구분건물이 구조상 및 이용상 독립성이 인정되는 경우에 소유자의 의사에 의하여 집합건물이 아닌 1개의 일반건물로 등기할 수도 있다(대판 1999.7.27. 98다35020).
④ (○) 집합건물의 규약상 공용부분은 원래 구분건물 또는 독립건물로서의 등기능력을 갖는 건물(예 아파트 단지의 관리사무소, 노인정)을 규약에 의하여 1동의 건물의 소유자 전부 또는 일부의 공용부분으로 등기한 것으로, 이 경우 등기관은 공용부분인 뜻의 등기를 한다(법 제47조).
⑤ (○) 「건축법」상 건축물에 관하여 건물로서 소유권보존등기를 신청할 경우 등기관은 그 건축물이 토지에 견고하게 정착되어 있는지(정착성), 지붕 및 주벽 또는 그에 유사한 설비를 갖추고 있는지(외기분단성), 일정한 용도로 계속 사용할 수 있는 것인지(용도성) 여부를 당사자가 신청서에 첨부한 건축물대장등본 등에 의하여 종합적으로 심사하여야 한다(등기예규 제1086호).

02 등기의 대상이 되는 권리

13 다음 중 등기할 수 없는 것은? ★
① 채권담보권
② 전세금반환채권의 일부양도에 따른 전세권 일부이전등기
③ 상속으로 인한 지상권이전등기
④ 토지의 등기기록에 대지권인 뜻의 등기가 된 경우 그 대지권을 객체로 하는 저당권의 설정등기
⑤ 모든 토지에 대하여 등기원인 및 그 연월일과 접수번호가 동일한 저당권에 관한 등기가 있는 경우의 합필등기

> **해설** ▶ 등기할 수 있는 권리 등
① (○) 저당권부채권담보권을 설정한 경우에는 당해 저당권 목적 부동산의 등기기록에 이를 기록하여 공시한다(법 제3조 제7호, 규칙 제132조 제2항). 「개정법」에서 등기할 수 있는 권리로 추가되었다.
② (○) 이 경우 전세금반환채권 중 양도액을 신청정보의 내용으로 등기소에 제공하여야 하고 등기관은 등기기록에 이를 기록한다(법 제73조, 규칙 제129조).
③ (○) 지상권도 상속재산에 해당하고 그 이전등기는 소유권 외의 권리에 대한 이전등기로서 부기등기로 한다(법 제52조 제2호).
④ (×) 구분건물의 전유부분에 대한 소유권과 분리처분의 결과를 초래할 수 있는 대지권을 객체로 하는 저당권의 설정등기는 할 수 없다(「집합건물법」 제20조 제2항).
⑤ (○) 합필 대상 2필 이상의 토지의 각각에 합필 전에 창설적 공동저당권이 설정된 경우에는 합필 후의 1필의 토지상에 1개의 저당권으로 존속할 수 있기 때문이다(법 제37조 제1항 단서).

정답 13. ④

14. 다음 중 등기원인에 약정이 있더라도 등기기록에 기록할 수 없는 사항은?

① 지상권의 존속기간
② 지역권의 지료
③ 전세권의 위약금
④ 임차권의 차임지급시기
⑤ 저당권부 채권의 이자지급장소

해설 ▶ 등기의 대상

② 지역권의 지료는 임의적 사항에 규정되어 있지 않다.

15. 등기에 관한 설명으로 옳은 것을 모두 고른 것은? [22회 출제]

㉠ 인터넷을 통해 인감증명서 발급예약을 신청하고 신용카드로 수수료를 결제한 경우 예약에 따라 등기소에서 인감증명서 작성이 완료된 후에는 그 신청을 철회할 수 없다.
㉡ 「하천법」상 하천으로 편입된 토지에 대해서는 소유권이전등기나 저당권설정등기를 할 수 없다.
㉢ 공작물대장에 등재된 해상관광용 호텔선박은 건물등기부에 등기할 수 있다.
㉣ 주위토지통행권의 확인판결을 받았더라도, 이 통행권은 등기할 수 없다.
㉤ 1필 토지의 일부를 목적으로 하는 저당권이나 지상권은 등기할 수 있으나, '아파트 분양약관상의 일정기간 전매금지특약'은 등기할 수 없다.

① ㉠, ㉢   ② ㉠, ㉣   ③ ㉠, ㉣, ㉤   ④ ㉡, ㉢, ㉤   ⑤ ㉡, ㉣

해설 ▶ 등기에 관한 설명

㉠ (○) 인터넷에 의한 등기기록의 열람 등에 관한 규정에 따라 신용카드의 결제, 예금계좌의 이체, 전자화폐의 결제 등으로 수수료의 결제가 끝난 경우에는 그 열람 및 등기사항증명서 발급신청 또는 법인 등기사항증명서 다량발급예약, 인감증명서 발급예약신청은 수수료를 결제한 당일에 한하여 전부에 대해서만 철회할 수 있다. 다만, 예약에 따라 등기소에서 인감증명서 작성이 완료된 후에는 당일에도 철회할 수 없다(등기예규 제1571호).
㉣ (○) 주위토지통행권은 「민법」상 상린관계에 의해 인정되는 소유권의 내용으로서 등기능력이 없다(「민법」 제219조, 1996.11.27 등기선례 제5-4호).
㉡ (×) 하천을 구성하는 토지의 소유권이전 또는 저당권설정등기를 할 수 있다(등기예규 제1387호).
㉢ (×) 해상관광호텔용 선박은 등기할 수 없는 물건이다(2002.8.22. 등기 3402-462 질의회답).
㉤ (×) 1필 토지의 일부를 목적으로 하는 지상권은 등기할 수 있으나 저당권은 등기할 수 없고, '아파트 분양약관상의 일정기간 전매금지특약'은 법률에 그러한 사항을 등기하도록 하는 특별한 규정이 없는 한 그러한 약정은 등기할 수 없다(등기선례 제2-173호).

정답 14. ② 15. ②

제2편 부동산등기법

16 등기에 관한 설명으로 **틀린** 것은? 　　　23회 출제

① 사권(私權)의 목적이 되는 부동산이면 공용제한을 받고 있다 하더라도 등기의 대상이 된다.
② 1필지 토지의 특정된 일부분에 대하여 분할을 선행하지 않으면 지상권을 설정하지 못한다.
③ 건물의 공유지분에 대하여는 전세권등기를 할 수 없다.
④ 1동의 건물을 구분 또는 분할의 절차를 밟기 전에도 건물 일부에 대한 전세권설정등기가 가능하다.
⑤ 주위토지통행권은 확인판결을 받았다 하더라도 등기할 수 없다.

해설 ▶ 등기할 사항

② (×) 1필 토지의 일부는 분필절차를 거치지 않는 한 독립한 물권거래의 객체로 할 수 없음이 원칙이므로 토지의 물리적 일부에 대한 소유권이전등기나 소유권이전청구권가등기, 근저당권설정등기 등은 허용되지 아니한다. 다만, 1필지의 일부라도 지상권설정등기, 지역권설정등기 등은 가능하다(법 제69조, 제70조).
③, ④ (○) 전세권의 목적인 부동산은 1필의 토지 또는 1동의 건물의 전부라야 할 필요는 없고 그 일부라도 무방하나, 부동산의 일부에 대하여 전세권설정등기를 신청하고자 할 경우에는 전세권의 범위를 특정하고 그 부분을 표시한 지적도나 건물도면을 첨부정보로 제공하여야 하므로(「부동산등기법」 제72조, 「부동산등기규칙」 제128조 제2항 참조), 건물의 특정부분이 아닌 공유지분에 대한 전세권은 등기할 수 없다(등기예규 제1351호).

17 등기가 가능한 것은? 　　　24회 출제

① 甲소유 농지에 대하여 乙이 전세권설정등기를 신청한 경우
② 甲과 乙이 공유한 건물에 대하여 甲지분만의 소유권보존등기를 신청한 경우
③ 공동상속인 甲과 乙 중 甲이 자신의 상속지분만에 대한 상속등기를 신청한 경우
④ 가압류결정에 의하여 가압류채권자 甲이 乙소유 토지에 대하여 가압류등기를 신청한 경우
⑤ 가등기가처분명령에 의하여 가등기권리자 甲이 乙소유 건물에 대하여 가등기신청을 한 경우

해설 ▶ 사건이 등기할 것이 아닌 경우 등(규칙 제52조)

① (×) (규칙 제52조 제4호)
② (×) 공유자 중 1인의 자기 지분만에 대한 소유권보존등기는 1부동산 1등기기록주의 원칙에 반하여 허용되지 아니한다(규칙 제52조 제6호).
③ (×) (규칙 제52조 제7호)
④ (×) (규칙 제52조 제8호)
⑤ (○) 가등기권리자는 법 제23조 제1항에도 불구하고 가등기의무자의 승낙이 있거나 가등기를 명하는 법원의 가처분명령이 있을 때에는 단독으로 가등기를 신청할 수 있다(법 제89조).

정답　16. ②　17. ⑤

03 등기하여야 하는 권리변동

18 다음 중 등기할 수 있는 권리변동은 모두 몇 개인가? ★★

> ㉠ 가등기상의 권리의 처분을 금지하는 가처분등기
> ㉡ 부동산의 특정일부의 이전등기
> ㉢ 소유권이전등기와 동시에 신청하지 아니한 환매특약등기
> ㉣ 수인의 가등기권리자 중 1인이 신청하는 가등기권리자 전원명의의 본등기
> ㉤ 가처분등기 후 그에 반하는 소유권이전등기
> ㉥ 가등기에 기한 본등기를 금지하는 가처분등기
> ㉦ 매매계약서상의 수개의 부동산 중 일부에 관한 소유권이전등기
> ㉧ 수인의 포괄수증자 중 1인이 신청하는 자기지분만의 소유권이전등기
> ㉨ 부동산소유권의 일부이전등기

① 4개 ② 5개 ③ 6개 ④ 7개 ⑤ 8개

해설 ▶ 등기할 수 있는 권리변동

- 등기할 수 있는 것: ㉠, ㉤, ㉦, ㉧, ㉨ 5개이다.
  - ㉠, ㉤ 가처분에 위반한 처분행위는 가압류등기의 효력과 같이 가처분채무자와 그 상대방 및 제3자 사이에서는 완전히 "유효"하고 단지 가처분채권자에게만 "대항"할 수 없음에 그친다. 따라서 가처분채권자의 권리가 본안에서 확정될 때까지는 가처분등기 후의 처분행위라도 등기가 허용됨은 물론이다(대판 1999.7.9. 98다13754).
  - ㉦ 등기의 신청은 1건당 1개의 부동산에 관한 신청정보를 제공하는 방법으로 하여야 한다(법 제25조). 즉, 여러 개의 부동산이라면 부동산별로 등기신청서를 작성하는 것이 원칙이다.
  - ㉧ 수증자가 여럿인 포괄유증의 경우에는 수증자 전원이 공동으로 신청하거나 각자가 자기 지분만에 대하여 소유권이전등기를 신청할 수 있다(등기예규 제1512호).
  - ㉨ 등기할 수 있다(법 제67조).
- 등기할 수 없는 것
  - ㉡ 부동산의 물리적 일부에 대한 소유권이전계약은 사적자치의 원칙상 가능하지만, 부동산등기법상 1부동산 1등기기록의 원칙이 유지되어야 하므로 부동산의 일부이전 등기신청이 접수되면 등기관은 법 제29조 제2호로 각하할 수밖에 없다.
  - ㉢ 소유권이전등기와 동시에 신청하지 아니한 환매특약 등기신청은 「민법」 제592조의 취지에 따라 허용될 수 없음이 명백하기 때문에 법 제29조 제2호의 사건이 등기할 것이 아닌 경우에 해당하여 이를 각하하여야 한다.
  - ㉣ 하나의 가등기에 관하여 수인의 가등기권자가 있는 경우에 가등기에 기한 본등기는 가등기권자 모두가 공동의 이름으로 신청하거나, 그 중 일부의 가등기권자가 자기의 가등기지분에 관하여 신청할 수 있다. 그러나 가등기권자 중의 1인이 전원 명의로 가등기에 의한 본등기를 보존행위의 일환으로 할 수는 없다(등기예규 제1408호). 이는 보존행위가 아니라 처분행위이기 때문에 다른 가등기권자의 권리를 행사할 수 없다는 의미이다.
  - ㉥ 가등기상의 권리 자체의 처분을 금지하는 가처분은 등기사항이라고 할 것이나, 가등기에 기한 본등기를 금지하는 내용의 가처분은 가등기상의 권리 자체의 처분의 제한에 해당하지 아니하므로 그러한 본등기를 금지하는 내용의 가처분등기는 수리하여서는 아니 된다(대결 1978.10.14. 78마282).

정답 18. ②

19 다음 중 등기하여야 효력이 발생하는 부동산 물권변동은 모두 몇 개인가? ★★

㉠ 상속에 의한 소유권 취득
㉡ 점유취득시효에 의한 부동산물권의 취득
㉢ 피담보채권이 소멸한 경우 저당권의 소멸
㉣ 분배농지 상환완료에 의한 소유권취득
㉤ 공유수면매립에 의한 소유권 취득
㉥ 계약에 의한 전세권취득
㉦ 신축건물의 소유권취득
㉧ 관습법상 법정지상권의 취득
㉨ 공용징수·경매·형성판결에 의한 소유권취득

① 0개　　② 1개　　③ 2개　　④ 3개　　⑤ 4개

해설 ▶ 등기하여야 할 권리변동

㉡ (○) 20년간 소유의 의사로 평온, 공연하게 부동산을 점유한 자는 등기(=소유권이전등기)함으로써 그 소유권을 취득한다(「민법」 제245조 제1항).
㉥ (○) 법률행위로 인한 부동산물권의 변동은 등기하여야 그 효력이 발생한다(「민법」 제186조). 나머지는 모두 등기 없이 권리취득의 효과가 발생한다(「민법」 제187조).

정답　19. ③

제4절 등기의 유효요건

01 형식적 유효요건

20 등기의 유효요건에 대한 다음 설명 중 틀린 것은?(다툼이 있으면 판례에 의함)

① 등기능력 없는 사항에 대하여 등기관이 이를 간과하고 등기를 한 경우 그 등기는 무효이다.
② 관할위반의 등기신청이 있는 경우 등기관은 그 신청을 각하하여야 한다.
③ 법 제29조 제3호 이하의 절차 위배 등기는 직권으로 말소할 수는 없으나 이의신청방법으로 그 등기의 말소를 구할 수는 있다.
④ 동일 부동산에 관하여 등기명의인을 달리하여 중복된 소유권보존등기가 마쳐진 경우에는 먼저 된 소유권보존등기가 원인무효가 되지 아니하는 한 뒤에 된 소유권보존등기는 1부동산 1등기기록주의를 채택하고 있는 현행 「부동산등기법」 아래에서는 무효이다.
⑤ 소유권이전등기와 다른 접수번호를 가지는 환매특약등기는 무효의 등기이다.

해설 ▶ 등기의 형식적 유효요건
① (○) 법 제29조 제2호 '사건이 등기할 것이 아닌 때'에 해당되어 당연무효의 등기이다.
② (○) 이를 간과하고 등기한 경우의 효력은 위 ①과 동일하다.
③ (×) 판례에 따르면 이러한 등기는 소송으로 다투는 것은 별론으로 하고 직권말소하거나 이의신청방법으로 그 등기의 말소를 구할 수는 없다(대판 1973.8.29. 73마699).
④ (○) (대판 1998.7.14. 97다34693)
⑤ (○) 환매특약등기는 소유권 이전등기와 동시에 신청하여야 한다. 동시에 신청하지 않으면 등기할 것이 아닌 때에 해당하며 각하하여야 될 등기사건이므로 등기부에 기록되어 있다고 하더라도 무효의 등기가 된다(법 제29조 제2호)고 보는 것이 통설의 견해이다.

정답 20. ③

제2편 부동산등기법

02 실질적 유효요건

21 등기의 유효요건에 대한 다음 설명 중 틀린 것은?

① 권리자인 甲을 乙로 등기를 한 경우는 무효이다.
② 멸실된 건물의 보존등기를 멸실건물과 동일하게 신축한 건물의 보존등기로서 유용하는 것은 그 동일성을 인정할 수 없다.
③ 실질관계의 소멸로 무효로 된 등기의 유용은 그 등기를 유용하기로 하는 합의가 이루어지기 전에 등기상 이해관계가 있는 제3자가 생기지 않은 경우에 한하여 허용된다.
④ 등기명의인이 되는 자는 등기신청당사자능력이 있어야 한다.
⑤ 증여에 의하여 부동산권리를 취득한 경우 사실과 다른 원인을 매매로 기록한 경우 그 등기는 무효가 된다.

해설 ▶ 등기의 실질적 유효요건

① (○) 물권행위상의 권리의 객체(甲건물에 하여야 할 등기를 乙건물에 등기한 경우), 권리의 주체(권리자인 甲을 乙로 등기한 경우), 권리의 종류(근저당권을 임차권으로 한 등기) 등이 잘못된 경우에는 그 등기는 무효이다.
② (○) 건물이 멸실되어 무효로 된 멸실건물의 소유권보존등기를 멸실 건물과 동일하게 다시 건축한 신축건물의 소유권보존등기로 유용하는 것은 동일성이 전혀 없어 허용되지 않는다(대판 1976.10.26. 75다2211).
③ (○) (대판 1989.10.27. 87다카425)
④ (○) 등기명의인으로 되는 자는 등기신청당사자능력이 있어야 하므로 허무인이 아니어야 한다.
⑤ (×) 부동산등기는 현실의 권리 관계에 부합하는 한 그 권리취득의 경위나 방법 등이 사실과 다르다고 하더라도 그 등기의 효력에는 아무런 영향이 없다(대판 1980.7.22. 80다791).

22 등기의 유효요건에 관한 설명 중 틀린 것은? ★★

① 등기실행 후 등기가 부적법하게 그 존재를 잃게 된 경우 소유권은 그 효력을 잃지 않으나 제한물권은 그 효력을 잃는다.
② 실체적 유효요건을 결한 등기는 부실등기로서 무효이기 때문에 말소하여야 한다. 다만, 당연무효의 등기는 아니므로 등기관이 직권으로 말소할 수는 없다.
③ 중간생략등기는 판례상 그 유효성이 인정되고 있다.
④ 원인없는 권리등기를 한 후에 원인이 갖추어지면 그 후에 한 권리등기는 유효이다.
⑤ 위조된 등기서류에 의하여 경료된 소유권이전등기는 그 등기가 실체적 권리관계에 부합한다면 유효한 등기라고 할 수 있다.

정답 21. ⑤ 22. ①

제1장 총설(기본)

해설 ▶ 등기의 유효요건
① (×) 등기는 물권의 효력발생요건이고 존속요건은 아니므로 일단 유효하게 존재하였던 등기가 멸실되거나, 불법으로 말소되거나, 또는 새 등기부에 이기하는 과정에서 빠진 경우에도 그 등기가 표상하던 물권은 소멸하지 않는다(대판 1997.9.30. 95다39526).
② (○) 당사자가 공동으로 말소하거나 말소를 구하는 소송절차를 통해서 말소하여야 한다.
③, ④ (○) (대판 1967.4.4. 67다133)
⑤ (○) (대판 1965.5.25. 65다365)

23. 등기의 유효요건에 관한 설명이다. 가장 옳은 것은?

① 당해 부동산의 물리적 현황과 등기부 표시란의 기록과의 사이에 상이한 점이 있으면 당해 부동산을 공시하고 있는 것이라 할 수 있을 정도의 동일성이 인정된다 하더라도 그 등기는 무효이다.
② 등기부의 기록이 실제의 권리변동의 과정 내지 태양과 일치하지 않는다면, 등기된 결과가 현재의 진실한 권리상태를 공시하더라도 그 등기는 무효인 것으로 보고 있다.
③ 3자의 합의 없이 경료된 중간생략등기는 양도계약 당사자들 사이에 양도계약이 적법하게 성립되어 이행되었다 하더라도 그 등기는 무효이다.
④ 관할위반의 등기신청은 각하되어야 하나, 일단 등기의 신청이 수리되어 등기가 완료된 때에는 그 등기가 실질적 유효요건을 구비하였으면 유효하다.
⑤ 등기된 내용이 원인행위보다 더 큰 경우에는 물권행위의 한도 안에서 효력이 생긴다.

해설 ▶ 등기의 유효요건
① (×) 등기부에 기록된 표시의 내용이 실제의 부동산표시와 다소 불일치가 있더라도 사회통념상 그 외관상 유사성이 인정되면 그 등기는 유효하며, 다만 변경 또는 경정등기의 대상이 될 뿐이다(등기예규 제1374호).
② (×) 판례는 등기가 물권변동의 과정이나 태양을 여실히 반영하고 있지 않더라도 실체관계에 부합한 경우에는 유효인 등기로 보고 있다(대판 1993.1.26. 92다39112).
③ (×) 판례는 중간생략등기에 있어서 전원의 합의 없이 이미 최종 매수인에게 등기가 경료된 경우에는 그것이 관계 당사자간에 적법한 원인행위가 있었고 실체관계에 부합한다면 그 등기는 무효로 볼 수는 없으므로 그 말소등기청구도 행사할 수 없다고 한다(대판 1979.7.10. 79다847).
④ (×) 관할 위반의 등기는 당연무효로서 직권말소의 대상이다(법 제29조 제1호).
⑤ (○) 등기된 저당권의 피담보채권액이 물권행위의 액수보다 큰 경우에는 당사자간의 합의된 액수만큼의 즉 물권행위만큼의 유효성을 긍정할 수 있고 그 불일치는 경정등기로 시정할 수 있다는 것이 판례의 입장이다.

정답 23. ⑤

24. 「부동산등기법」상 중복등기에 관한 설명으로 틀린 것은?

① 같은 건물에 관하여 중복등기기록을 발견한 등기관은 대법원규칙에 따라 그 중 어느 하나의 등기기록을 폐쇄하여야 한다.
② 중복등기기록의 정리는 실체의 권리관계에 영향을 미치지 않는다.
③ 선·후등기기록에 등기된 최종 소유권의 등기명의인이 같은 경우로서 후등기기록에 소유권 이외의 권리가 등기되고 선등기기록에 그러한 등기가 없으면, 선등기기록을 폐쇄한다.
④ 중복등기기록 중 어느 한 등기기록의 최종 소유권의 등기명의인은 그 명의의 등기기록의 폐쇄를 신청할 수 있다.
⑤ 등기된 토지의 일부에 관하여 별개의 등기기록이 개설된 경우 등기관은 직권으로 분필등기를 한 후 중복등기기록을 정리하여야 한다.

해설 ▸ 중복등기
① 규칙에 의해서 정리할 수 있는 것은 토지만에 관한 것이다(법 제21조, 규칙 제33조). 건물중복등기기록의 정리는 등기예규 제1374호에 의해 정리한다.
② (규칙 제33조 제2항)   ③ (규칙 제34조 단서)
④ (규칙 제39조 제1항)   ⑤ (규칙 제40조 제1항)

25. 중복등기 정리에 관한 설명 중 가장 옳은 것은?

① 중복등기의 정리는 등기관이 직권 또는 지방법원장의 허가를 얻어 정리하는 고유권한으로 등기명의인이 신청할 수는 없다.
② 중복등기기록의 최종소유권의 등기 명의인이 서로 다른 경우에는 반드시 지방법원장의 허가를 얻어 정리한다.
③ 중복등기의 정리 절차에 따라 폐쇄된 등기기록의 소유명의인은 국가를 상대로 자신이 진정한 소유자임을 확인하는 판결을 첨부하여 등기기록의 부활을 신청할 수 있다.
④ 중복등기기록의 정리는 실체의 권리관계에 영향을 미치지 아니한다.
⑤ 건물소유권보존등기의 명의인이 서로 다른 경우 중복등기의 존속 중에 어느 일방의 등기부상의 등기를 기초로 하는 새로운 등기신청은 이를 수리할 수 없다.

정답 24. ①   25. ④

제1장 총설(기본)

해설 ▶ 중복등기의 정리

① (×) 등기관이 중복등기를 발견한 경우에는 직권으로 정리한다. 다만, 등기관이 중복등기를 모두 발견하여 정리하는 데에는 한계가 있으므로 중복등기기록의 최종 소유권의 등기명의인 또는 등기상 이해관계인도 등기관의 직권발동을 촉구하는 의미의 신청을 할 수 있다.

② (×) 소유명의인이 다른 경우로서 규칙 제35조의 경우에는 지방법원장의 허가를 받을 필요가 없으나 규칙 제36조, 제37조에 의한 정리의 경우에는 지방법원장의 허가를 받아야 한다(규칙 제38조).

③ (×) 폐쇄된 등기기록의 최종소유권의 등기명의인과 등기상 이해관계인은 폐쇄되지 아니한 등기기록의 최종소유명의인과 등기상 이해관계인을 상대로 그 토지가 폐쇄된 등기기록의 소유명의인의 소유임을 확인하는 판결(판결과 동일한 효력이 있는 조서를 포함)을 제공하여 부활을 신청할 수 있다(규칙 제41조, 등기선례 3402-442).

④ (○) 규칙에 의하여 정리된 등기가 반드시 실체관계에 부합하는 것은 아니므로 중복등기의 정리는 실체의 권리관계에 영향을 미치지 아니하는 잠정적 조치이다(규칙 제33조 제2항).

⑤ (×) 수리한다(등기예규 제1374호). 이는 직권에 의한 중복등기정리를 할 수 없기 때문이다.

26 등기의 유효요건에 관한 설명이다. 틀린 것은?

① 멸실건물의 소유권보존등기를 신축건물의 소유권보존등기로 유용하는 것은 허용된다.
② 무효인 저당권설정등기를 새로운 채권을 담보하는 저당권설정등기로 유용할 수 있다.
③ 중간생략등기는 학설·판례에 의하여 유효성이 인정되어 왔다.
④ 중간생략등기가 적법한 등기원인에 기하여 마쳐진 경우에는 합의가 없었음을 이유로 무효를 주장할 수 없다.
⑤ 토지거래허가구역 내에서 중간생략등기의 합의하에 최종매수인과 최초매도인 사이에 토지거래허가를 받아 경료한 소유권이전등기는 무효이다.

해설 ▶ 등기의 유효요건

① (×) 건물이 멸실되어 무효로 된 멸실건물의 소유권보존등기를 멸실 건물과 동일하게 다시 건축한 신축건물의 소유권보존등기로 유용하는 것은 동일성이 전혀 없어 허용되지 않는다(대판 1976.10.26. 75다2211).

② (○) 저당권설정등기의 유용 합의 이전에 등기부상 새로이 이해관계를 갖게 된 제3자가 없는 때에 한하여 무효인 저당권설정등기를 새로운 채권을 담보하는 저당권설정등기로 유용할 수 있다(대판 1986.12.9. 86다카716).

③ (○) 판례는 「부동산등기 특별조치법」의 금지규정을 단속규정으로 해석하여 중간생략등기 합의의 사법상 효력까지 무효로 하는 취지는 아니라고 하여 중간생략등기의 유효성을 인정한다(대판 1993.1.26. 92다39112).

④ (○) '중간생략등기가 적법한 등기원인에 기하여 마쳐진 경우에는 합의가 없었음을 이유로 무효를 주장할 수 없고 따라서 그 말소를 청구하지 못한다.'고 하여 그 유효성을 인정한다(대판 1980.2.12. 79다2104).

⑤ (○) 토지거래허가구역 내의 토지를 토지거래허가 없이 순차로 매매한 후, 최종 매수인이 중간생략등기의 합의하에 자신과 최초 매도인을 매매 당사자로 하는 토지거래허가를 받아 경료한 소유권이전등기는 적법한 토지거래허가 없이 경료된 등기로서 무효이다(대판 1997.11.11. 97다33218).

정답 26. ①

27. 등기에 관한 설명으로 틀린 것은? (다툼이 있으면 판례에 의함) **22회 출제**

① 1필의 토지 전부에 대하여, 이미 소멸한 전세권의 설정등기가 존재하는 경우 다른 전세권의 설정등기신청을 수리하지 못한다.
② 등기의 추정력은 권리등기에 인정되며, 표제부의 등기에는 인정되지 않는다.
③ 소유권이전등기가 경료된 경우 그 등기명의인은 직전 소유자에 대하여 적법한 등기원인에 의하여 소유권을 취득한 것으로 추정된다.
④ 동일한 건물에 대하여 동일인 명의의 보존등기가 중복된 경우 후등기를 기초로 하여 제3자 명의의 등기가 경료된 때에는 후등기가 유효하다.
⑤ 무효인 매매계약을 원인으로 이전등기가 된 경우 그 등기의 말소등기를 하지 않고 매도인 명의로의 소유권 이전등기를 할 수 있다.

해설 ▸ 등기의 효력

① (○) 등기의 효력 중 후등기저지력에 대한 설명이다.
②, ③ (○) 등기의 효력 중 (권리)추정력에 대한 설명이다.
④ (×) 동일인 명의로 소유권보존등기가 중복되어 있는 경우에는 먼저 경료된 등기가 유효하고 뒤에 경료된 중복등기는 그것이 실체관계에 부합하는 여부를 가릴 것 없이 무효이다(대판 1981.11.18. 81다1340).
⑤ (○) "진정한 등기명의 회복"을 원인으로 한 소유권이전등기절차의 이행을 직접 구하는 것도 허용되어야 한다(대판 1990.11.27. 89다카12398).

정답 27. ④

제1장 총설(기본)

제5절 등기의 효력

01 등기의 일반적 효력

28 등기의 효력에 관한 설명으로 옳은 것은?(다툼이 있으면 판례에 의함) `21회 출제`

① 실체적 권리관계의 소멸로 인하여 무효가 된 담보가등기라도 이해관계 있는 제3자가 있기 전에 다른 채권담보를 위하여 유용하기로 합의하였다면 그 등기는 유효하다.
② 건물멸실로 무효인 소유권보존등기라도 이해관계 있는 제3자가 있기 전 신축건물에 유용하기로 합의한 경우에는 유효하다.
③ 甲소유 미등기부동산을 乙이 매수하여 乙명의로 한 소유권보존등기는 무효이다.
④ 부동산을 증여하였으나 등기원인을 매매로 기록한 소유권이전등기는 무효이다.
⑤ 토지거래허가구역 내의 토지에 관하여, 중간생략등기의 합의 하에 최초매도인과 최종매수인을 당사자로 하는 토지거래허가를 받아 최초매도인으로부터 최종매수인 앞으로 한 소유권이전등기는 유효하다.

해설 ▶ 등기의 효력

① (○) 판례에 의하면 유효하게 경료된 저당권설정등기가 피담보채권의 변제 등으로 인하여 소멸하여 저당권설정등기가 실체법상 무효로 되었지만 저당권설정등기를 말소하지 않고 있던 중에, 당사자간에 종전 저당권과 동일한 내용의 채권이 새로이 성립된 경우에는 그 저당권설정등기의 유용 합의 이전에 등기부상 새로이 이해관계를 갖게 된 제3자가 없는 때에 한하여 무효인 저당권설정등기를 새로운 채권을 담보하는 저당권설정등기로 유용할 수 있다(대판 1986.12.9. 86다카716).
② (×) 소유권보존등기의 유용은 허용되지 않는다(대판 1976.10.26. 75다2211).
③, ④ (×) 실체관계에 부합하는 유효한 등기이다.
⑤ (×) 판례는 토지거래허가구역 내의 토지를 토지거래허가 없이 순차로 매매한 후, 최종 매수인이 중간생략등기의 합의하에 자신과 최초 매도인을 매매 당사자로 하는 토지거래허가를 받아 경료한 소유권이전등기는 적법한 토지거래허가 없이 경료된 등기로서 무효(대판 1997.11.11. 97다33218)라는 태도이다.

정답 28. ①

제2편 부동산등기법

29 등기의 효력에 관한 설명으로 틀린 것은?(다툼이 있으면 판례에 의함)

① 등기관은 가등기에 의한 본등기를 하였을 때에는 가등기 이후에 된 등기로서 가등기에 의하여 보전되는 권리를 침해하는 등기를 직권으로 말소하여야 한다.
② 동일인 명의로 소유권보존등기가 중복되어 있는 경우에는 먼저 경료된 등기가 유효하고 뒤에 경료된 중복등기는 그것이 실체관계에 부합하는 여부를 가릴 것 없이 무효이다.
③ 소유권이전등기가 경료된 경우 그 등기명의인은 직전 소유자에 대하여 적법한 등기원인에 의하여 소유권을 취득한 것으로 추정된다.
④ 소유권이전청구권을 보호하기 위한 가등기의 이전등기는 주등기의 형식으로 한다.
⑤ 같은 주등기에 관한 부기등기 상호간의 순위는 그 등기순서에 따른다.

해설 ▸ 등기의 효력
① (○) (법 제92조 제1항)
② (○) (대판 1981.11.18. 81다1340)
③ (○) 등기원인의 적법추정은 권리변동의 당사자간에도 미친다(대판 2004.9.24. 2004다27273).
④ (×) 가등기에 대한 부기등기의 형식으로 경료할 수 있다(대판 1998.11.19. 98다24105 전합).
⑤ (○) 부기등기(附記登記)의 순위는 주등기(主登記)의 순위에 따른다. 다만, 같은 주등기에 관한 부기등기 상호간의 순위는 그 등기순서에 따른다(법 제5조).

30 등기의 효력에 관한 설명으로 틀린 것은?(다툼이 있으면 판례에 따름) **26회 출제**

① 등기를 마친 경우 그 등기의 효력은 대법원규칙으로 정하는 등기신청정보가 전산정보처리조직에 저장된 때 발생한다.
② 대지권을 등기한 후에 한 건물의 권리에 관한 등기는 건물만에 관한 것이라는 뜻의 부기등기가 없으면 대지권에 대하여 동일한 등기로서 효력이 있다.
③ 같은 주등기에 관한 부기등기 상호간의 순위는 그 등기순서에 따른다.
④ 소유권이전등기청구권을 보전하기 위한 가등기에 대하여는 가압류등기를 할 수 없다.
⑤ 등기권리의 적법추정은 등기원인의 적법에서 연유한 것이므로 등기원인에도 당연히 적법 추정이 인정된다.

해설 ▸ 등기의 효력
부동산소유권이전등기청구권이 가등기에 의해 보전된 경우에도 가압류의 등기를 부기등기로 할 수 있다(등기예규 제1344호).

정답 29. ④ 30. ④

제1장 총설(기본)

31 다음은 등기의 효력에 관한 설명이다. 잘못된 것은?

① 명백히 위조된 서류에 의한 등기명의인 표시변경등기라고 하더라도 당연무효의 등기라고 할 수는 없다.
② 甲의 미등기 부동산을 乙이 매수하여 직접 보존등기를 한 경우 그 등기가 실체관계와 부합하므로 무효라고 할 수 없다.
③ 토지거래허가구역 내의 토지에 관하여, 중간생략등기의 합의 하에 최초매도인과 최종매수인을 당사자로 하는 토지거래허가를 받아 최초매도인으로부터 최종매수인 앞으로 한 소유권이전등기는 무효이다.
④ 등기는 물권의 효력발생요건이므로 등기가 원인 없이 말소되더라도 물권은 상실되지 않는다.
⑤ 상속인이 자기명의로 소유권이전등기를 하지 않고 그 부동산을 양도하여, 피상속인으로부터 직접 양수인 앞으로 소유권이전등기를 한 경우 그 등기는 효력이 없다.

해설 ▶ 등기의 효력

① (○) 명백히 허위 또는 무효인 서류를 근거로 등기명의인 표시변경등기가 이루어졌다는 사유는 법 제29조 제9호의 첨부정보를 제공하지 않는 경우에 해당할 뿐 동법 제2호의 당연무효인 등기는 아니다(대결 1993.11.29. 93마1645).
② (○) 미등기건물의 소유자와 양수인 사이의 합의로 직접 양수인명의로 한 이른바 모두생략의 소유권보존등기는 부동산에 관한 현재의 진실한 권리상태와 합치하므로 무효라고 할 수 없다(대판 1964.9.15. 64다180).
③ (○) 적법한 토지거래허가 없이 경료된 등기로서 무효이다(대판 1997.11.11. 97다33218).
④ (○) 등기는 법률행위로 인한 물권변동의 효력발생요건이지 발생한 물권의 효력존속요건은 아니므로 등기가 원인 없이 말소되었더라도 등기명의인이 물권을 상실하는 것이 아니어서 그 부동산의 물권자로서 말소회복등기를 신청할 수 있다(대판 1990.6.26. 89다카5673 참조).
⑤ (×) 위의 경우 피상속인으로부터 직접 양수인 앞으로 마쳐진 소유권이전등기는 실체관계에 부합하는 중간생략등기로서 그 효력이 있다.

32 등기의 추정력에 관한 설명이다. 이에 해당하지 않는 것은?

① 저당권 등기에는 담보물권의 존재 및 피담보채권의 존재까지도 추정력이 생긴다.
② 사자명의의 등기나 허무인 명의의 등기에는 추정력이 인정되지 아니한다.
③ 매매를 증여로 등기하는 등의 실제와 다른 원인에 의해 등기가 행해진 경우에는 추정력은 미친다.
④ 소유권보존등기의 추정력은 전 소유자가 양도사실을 부인하는 경우에도 인정된다.
⑤ 등기가 있을 때에는 일응 적법한 절차에 의하여 종료된 등기라고 추정된다.

정답 31. ⑤ 32. ④

[해설] 등기의 추정력
① (○) (대판 1969.2.18. 68다2329)
② (○) 사자(死者) 명의의 등기(대판 1983.8.23. 83다카597), 허무인명의(虛無人名義)의 등기(대판 1985.11.22. 84다카2494)에도 추정력이 인정되지 아니한다.
③ (○) 판례는 등기원인에 추정력이 미치는 것으로 보고 있다(대판 1977.6.7. 76다3010).
④ (×) 소유권이 진실하게 보존되어 있다는 사실에 관하여만 추정력이 있고 소유권보존 이외의 권리변동이 진실하다는 점에 관하여는 추정력이 없다. 따라서 소유권보존등기 명의인이 원시취득자가 아니라는 점이 증명되면 보존등기의 추정력은 깨어진다. 보존등기 명의자가 보존등기하기 이전의 소유자로부터 부동산을 양수한 것이라고 주장하고 오히려 전(前)소유자는 양도사실을 부인하는 경우에는 그 보존등기의 추정력은 깨어지고 그 보존등기 명의자 측에서 스스로 그 양수사실을 입증할 책임이 있다(대판 1982.9.14. 82다카707).
⑤ (○) (대판 2002.2.5. 2001다72029)

33. 다음 중 등기한 권리의 순위에 관한 기술 중 틀린 것은?

① 대지권을 등기한 후에 한 건물에 대한 소유권에 관한 등기로서 건물만에 관한 뜻의 부기등기가 없는 경우에는 대지권에 대하여도 동일한 등기로서 효력이 있다.
② 대지권을 등기한 후 건물등기기록에 한 등기로서 대지권에도 미치는 등기와 대지권의 목적인 토지등기기록의 해당구에 한 등기와의 선후는 접수번호에 의한다.
③ 같은 부동산에 관하여 등기한 권리의 순위는 법률에 다른 규정이 없으면 등기한 순서에 따른다.
④ 甲구에서 한 등기사이의 순위 또는 乙구에서 한 등기의 순위는 순위번호에 의한다.
⑤ 소유권 이외의 권리를 목적으로 하는 권리에 관한 (이전)등기는 부기등기의 순위에 따른다.

[해설] 등기한 권리의 순위
① (○) (법 제61조 제1항)
② (○) (법 제61조 제2항)
③, ④ (○) 동일한 부동산에 관하여 등기한 권리의 순위는 법률에 다른 규정이 있는 때에는 법률의 규정에 의한다. 등기의 순서는 등기기록 중 같은 구(區)에서 한 등기 상호간에는 순위번호에 따르고, 다른 구에서 한 등기 상호간에는 접수번호에 따른다(법 제4조).
⑤ (×) 소유권 이외의 권리를 목적으로 하는 권리에 관한 (이전)등기는 부기등기로 실행하고(법 제52조), 부기등기의 순위는 주등기의 순위에 따른다(법 제5조).

정답 33. ⑤

제1장 총설(기본)

02 가등기의 효력

34 가등기에 관한 설명으로 옳은 것은? (다툼이 있으면 판례에 따름) 【35회 출제】

① 소유권이전등기청구권 보전을 위한 가등기에 기한 본등기가 경료된 경우, 본등기에 의한 물권변동의 효력은 가등기한 때로 소급하여 발생한다.
② 소유권이전등기청구권 보전을 위한 가등기가 마쳐진 부동산에 처분금지가처분등기가 된 후 본등기가 이루어진 경우, 그 본등기로 가처분채권자에게 대항할 수 있다.
③ 정지조건부의 지상권설정청구권을 보전하기 위해서는 가등기를 할 수 없다.
④ 가등기된 소유권이전등기청구권이 양도된 경우, 그 가등기상의 권리의 이전등기를 가등기에 대한 부기등기의 형식으로 경료할 수 없다.
⑤ 소유권이전등기청구권 보전을 위한 가등기가 있으면 소유권이전등기를 청구할 어떤 법률관계가 있다고 추정된다.

해설 ▶ 가등기
소유권이전등기청구권보전 가등기에 의하여 소유권이전의 본등기를 한 경우 가처분등기는 직권말소 대상으로 가처분채권자에게 대항할 수 있다.

35 가등기의 효력에 관한 다음 설명 중 틀린 것은?

① 가등기는 법률의 특별한 규정이 없는 한 그 본등기를 명하는 판결이 확정된 경우라도 본등기를 경료하기까지는 아무런 실체법상 효력을 갖지 아니한다.
② 가등기에 기한 본등기를 경료한 경우 본등기에 의한 물권변동의 효력은 가등기한 때로 소급한다.
③ 가등기는 현재 청구권이 반드시 확정되어야 하는 것은 아니다.
④ 가등기에는 가등기상의 권리자체의 처분을 금지하는 효력은 없으며, 추정력이나 경고적 효력도 인정되지 않는다.
⑤ 가등기에 기한 본등기를 한 경우 그와 저촉되는 등기는 등기관이 직권으로 말소한다.

정답 34. ② 35. ②

해설 ▸ **가등기의 효력**

① (○) 본등기하기 전의 가등기 자체만으로는 실체법상 어떤 효력도 인정되지 않는다는 것이 통설과 판례의 견해이다(대판 2001.3.23. 2000다51285). 다만, 「가등기담보 등에 관한 법률」에 의한 저당권 유사의 효력이 인정되는 경우가 있다.

② (×) 가등기는 그 성질상 본등기의 순위보전의 효력만이 있어 후일 본등기가 경료된 때에는 본등기의 순위가 가등기한 때로 소급하는 것뿐이지, 본등기에 의한 물권변동의 효력이 가등기한 때로 소급하여 발생하는 것은 아니다(대판 1992.9.25. 92다21258).

③ (○) 가등기는 청구권이 현재에는 확정되지 않았지만, 장래에 있어 확정될 청구권을 보전하려는 경우에도 가능하다(법 제88조).

④ (○) 가등기를 한 경우 본등기의 순위는 가등기의 순위에 의하는데 이를 순위보전의 효력이라고 한다(법 제91조). 통설과 판례에 의한 순위보전의 효력의 의미는 가등기 자체는 아무런 실체법적 효력이 없고 따라서 가등기 이후에도 가등기설정자는 제한없이 처분행위를 할 수 있다. 또한 예비등기의 일종인 가등기에는 가등기에 따른 어떤 법률관계가 있다는 추정력이 생기지는 않는다(대판 1963.4.18. 63다114).

⑤ (○) (법 제92조)

제1장 총설(응용)

응용 출제예상문제

01 등기의 종류에 대한 설명 중 적절하지 못한 것은?

① 부동산등기는 등기의 효력에 따라서 종국등기(본등기)와 예비등기인 가등기로 나눌 수 있다.
② 권리등기가 없는 부동산표시만의 등기는 독립적으로 인정되지 아니한다.
③ 멸실등기는 부동산이 전부 멸실한 경우에 하는 등기로서 부동산이 일부만 멸실된 경우에는 멸실등기가 아닌 부동산표시변경등기를 하여야 한다.
④ 부기등기는 주등기에 종속되어 주등기와 일체성을 이루는 등기로서 주등기와 별개의 등기는 아니다.
⑤ 말소등기는 말소등기의 대상은 될 수 없고 말소회복등기의 대상이 될 수 있을 뿐이다.

해설 ▶ 등기의 종류
① (○) 부동산등기는 그 기록된 등기의 효력에 따라서 물권변동의 효력요건이 되거나 대항요건이 되는 종국등기(본등기)와 장래에 할 종국등기(본등기)의 준비로서 실행하는 예비등기인 가등기로 나눌 수 있다. 다만, 2011.4.12 개정 부동산등기법에 의해서 예고등기는 존치하는 이익보다 남용의 폐해가 더 크다는 점을 이유로 폐지하였다.
② (×) 구분건물의 표시에 관한 사항의 경우에는 권리등기가 없는 표시등기만을 독립적인 등기사항으로 인정하고 있다(법 제3조 본문).
④ (○) (대판 2000.10.10. 2000다19526)

02 부기등기에 대한 설명이다. 틀린 것은?

① 부기등기의 순위는 주등기의 순위에 의한다. 그러나 같은 주등기에 관한 부기등기 상호간의 순위는 그 등기순서에 따른다.
② 1개의 주등기에 수 개의 부기등기를 할 수 있으며, 부기등기에 대한 부기등기도 가능하다.
③ 환매특약등기와 권리소멸약정등기 및 공유물분할금지약정등기는 모두 부기등기의 형식으로 한다.
④ 행정구역의 변경으로 인한 표제부의 등기는 경제성 도모 목적으로 부기등기로 실행한다.
⑤ 부기등기도 하나의 등기이므로 등기 기록의 내용에 일정 사항을 추가 기록하는 단순한 부기와는 다르다.

정답 01. ② 02. ④

제2편 부동산등기법

해설 ▶ 부기등기

② (○) 부기등기의 부기등기도 가능하다. 예컨대 환매권의 이전등기는 부기등기의 부기등기로 실행하게 된다.
④ (×) 종전예규에 의하면 행정구역변경으로 인한 표제부변경등기는 경제성 도모 목적으로 부기등기로 실행하였으나, 동 예규의 폐지로 표제부의 등기는 전부 주등기로 실행한다(등기예규 제1433호).
⑤ (○) 부기등기는 독립한 부기 호수가 있는 것이므로, 부기 호수가 없는 추가저당권설정등기를 실행하는 경우의 공동담보인 뜻의 기록과는 전혀 다른 것이다(규칙 제135조 제3항).

03 부기등기에 관한 설명으로 틀린 것을 모두 고른 것은? [21회 출제]

㉠ 지상권설정등기는 부기등기로 실행한다.
㉡ 환매권의 이전등기는 부기등기의 부기등기로 실행한다.
㉢ 권리변경등기는 등기상 이해관계인의 승낙을 얻으면 부기등기로 실행할 수 있다.
㉣ 1개의 주등기에 여러 개의 부기등기가 있는 경우 그 부기등기 상호간의 순위는 그 등기순서에 의한다.
㉤ 소유권처분제한의 등기는 부기등기로 실행한다.

① ㉠, ㉡   ② ㉡, ㉢   ③ ㉢, ㉣   ④ ㉣, ㉤   ⑤ ㉠, ㉤

해설 ▶ 부기등기형식으로 행하는 등기(법 제52조)

㉠ (×) 지상권설정등기는 독립등기(주등기)의 대상이다.
㉤ (×) 소유권처분제한의 등기는 독립등기(주등기)로 한다.

04 등기할 물건에 관한 다음 설명 중 옳지 않은 것은?

① 방조제(제방)는 토지대장에 등록한 후 그 대장등본을 첨부하여 토지로서 소유권보존등기를 할 수 있다.
② 아파트 관리사무소, 노인정과 같은 집합건물의 공용부분은 독립된 건물로서의 요건을 갖추더라도 독립하여 건물로서 등기할 수 없다.
③ 승강기, 발전시설 등과 같은 건물의 부대설비는 원칙적으로 건물로서 소유권보존등기를 할 수 없다.
④ 공유수면을 구획지어 소유권보존등기신청을 한 경우에는 그 등기신청을 각하하여야 한다.
⑤ 유류저장탱크는 일정한 요건을 갖추면 건물로서 소유권보존등기를 할 수 있다.

정답 03. ⑤   04. ②

제1장 총설(응용)

해설 ▶ 등기대상

① (○) 방조제는 지목을 제방으로 하여 토지등기부에 소유권보존등기를 할 수 있다(등기예규 제1086호).
② (×) 집합건물의 공용부분 중 구조적·물리적으로 공용부분인 것(복도, 계단 등)은 전유부분으로 등기할 수 없지만 집합건물의 공용부분이라 하더라도 아파트관리소, 노인정 등과 같이 독립된 건물로서의 요건을 갖춘 경우에는 독립하여 건물로서 등기할 수 있다(등기예규 제1086호).
③ (○) 건물에 부합되어 독립한 물건(건물)이 아니므로 등기능력이 없다(등기예규 제1086호).
④ (○) 공유수면을 구획지어 소유권보존등기신청을 하거나 굴착한 토굴에 관하여 소유권보존등기신청을 할 경우 등기관은 그 등기신청을 각하하여야 한다(등기예규 제1086호).
⑤ (○) 벽면과 지붕을 갖추어 독립된 건물로 볼 수 있는 경우라면 그 탱크의 높이와는 관계없이 그 건물에 대한 소유권보존등기를 할 수 있을 것이다(대판 1990. 7. 27. 90다카6160, 등기예규 제1086호).

05. 물권변동과 등기에 관한 다음 설명 중 틀린 것은?

① 경락을 원인으로 하는 소유권 취득은 등기하여야 효력을 발생한다.
② 피담보채권이 소멸하였다면 저당권말소등기를 하지 않더라도 저당권 소멸의 효력이 발생한다.
③ 부동산환매권을 등기한 때에는 그때부터 제3자에 대하여 효력이 있다.
④ 소유권이전등기절차의 이행을 명하는 판결이 확정되었더라도 등기를 하지 않으면 그로 인한 물권변동의 효력은 발생하지 아니한다.
⑤ 법정지상권은 등기 없이도 물권변동의 효력이 발생한다.

해설 ▶ 물권변동과 등기

① (×) 경매로 인한 소유권 취득(「민사집행법」 제135조)은 법률의 규정에 의한 물권변동으로 등기를 요하지 아니한다(「민법」 제187조).
② (○) 채권의 소멸에 의한 저당권소멸(「민법」 제369조)은 법률의 규정에 의한 물권변동으로 등기를 요하지 아니한다(「민법」 제187조).
③ (○) 환매권은 채권으로서 등기를 하면 그때부터 제3자에게 대항력이 생긴다(「민법」 제592조).
④ (○) 이행판결은 등기를 하여야 물권변동의 효력이 생긴다. 등기 없이 판결의 확정만으로 물권변동효력이 생기는 것은 형성판결이다.
⑤ (○) 등기 없이 효력이 발생하지만 등기하여야 처분할 수 있다(「민법」 제187조).

정답 05. ①

06 등기의 유효요건에 관한 다음 설명 중 옳지 않은 것은?(다툼이 있는 경우 판례, 등기예규 및 선례에 따름)

① 부동산의 표시에 관하여는 해당 부동산의 물리적 현황과 등기기록 사이에 다소의 불일치가 있다 하더라도 그 등기가 해당 부동산을 공시하고 있는 것이라고 할 수 있을 정도의 동일성이 인정되면 그 등기는 유효하다고 할 수 있다.
② 증여에 의하여 부동산을 취득하였음에도 불구하고 등기기록에 등기원인이 매매로 되어 있는 경우 그 등기는 당사자 사이의 실체적 권리관계에 부합하는 한 유효하다고 할 수 있다.
③ 보존등기 후 건물이 멸실되었으나 멸실등기가 아직 이루어지지 않은 상태에서 같은 지번 위에 건물이 신축되었다면, 종전 건물에 대한 보존등기를 신축된 건물의 보존등기로 유용할 수 있다.
④ 물권변동의 요건으로서의 등기는 물권의 효력발생요건이지 물권의 존속요건이 아니므로 등기가 원인 없이 말소된 경우에는 물권의 효력에 영향을 미치지 못한다.
⑤ 근저당권설정등기를 하여야 하는데 저당권설정등기를 한 경우 그 등기는 무효이다.

해설 ▶ 등기의 유효요건

① (○) 건물에 관한 소유권보존등기상의 표시와 실제건물과의 사이에 건물의 건축시기, 건물 각 부분의 구조, 평수, 소재 지번 등에 관하여 다소의 차이가 있다 할지라도 사회통념상 외관상 유사성이 인식될 수 있으면 그 등기는 당해 건물에 관한 등기로서 유효하고(대판 1981. 12. 8. 80다163), 토지의 경우에도 소재·지번만 일치하면 지적 또는 지목이 다소 불일치하더라도 동일성을 인정할 수 있으며(등기예규 제1431호), 양자 간의 다소의 불일치는 경정등기로 시정할 수 있다.
② (○) (대판 1980. 7. 22. 80다791)
③ (×) 건물이 멸실되어 무효로 된 멸실건물의 소유권보존등기를 멸실 건물과 동일하게 다시 건축한 신축건물의 소유권보존등기로 유용하는 것은 동일성이 전혀 없어 허용되지 않는다(대판 1976. 10. 26. 75다2211).
④ (○) (대판 1997. 9. 30. 95다39526)
⑤ (○) 권리의 종류의 불일치가 있는 경우로서 무효의 등기이다.

정답 06. ③

제1장 총설(응용)

07 다음 중 독립하여 등기할 수 있는 물건만을 아래에서 있는 대로 고른 것으로 가장 적당한 것은? ★★

㉠ 방조제(제방)
㉡ 집합건물의 공용부분 중 구조적·물리적으로 공용부분인 것(복도, 계단 등)
㉢ 독립된 건물로서의 요건을 갖춘 집합건물의 공용부분인 아파트 관리사무소, 노인정
㉣ 건축물대장에 철골조 건축물로 등재된 주유소 캐노피
㉤ 철구조물에 비닐을 덮어씌워 제작된 비닐하우스
㉥ 호텔 및 상업시설로 수선하고 해안가의 해저지면에 있는 암반에 앵커로 고정한 폐유조선 및 플로팅 도크(물위에 떠 있는 건조용 도크)
㉦ 지붕이 없이 철제파이프로 연결만 시켜놓은 양어장
㉧ 건축물대장에 구조가 컨테이너이고 지붕 또한 컨테이너로 등재되어 있는 건축물
㉨ 토지에 견고하게 정착되어 있고, 벽면과 지붕을 갖춘 유류저장탱크
㉩ 하천을 구성하는 토지   ㉪ 도로   ㉫ 공유수면
㉬ 공작물관리대장에 용도는 유희시설로, 구조는 기둥과 지붕이 있는 철골조 구축물로 기재된 공작물

① ㉠, ㉣, ㉥, ㉧, ㉩, ㉪
② ㉠, ㉢, ㉨, ㉩, ㉪
③ ㉢, ㉩, ㉪, ㉬
④ ㉡, ㉤, ㉦, ㉧, ㉫
⑤ ㉠, ㉣, ㉦, ㉧

해설 ▶ 등기할 수 있는 물건

등기대상인 물건	등기할 수 없는 물건
1) 토지로 등기되는 물건 ① 「하천법」상의 하천 ② 「도로법」상의 도로 ③ 방조제(지목 : 제방) ④ 국유재산인 토지 2) 건물로 등기되는 물건 ① 농업용 고정식 온실 ② 유류저장탱크·싸이로·비각(碑閣) ③ 조적조 및 컨테이너구조 슬레이트 지붕주택 ④ 경량철골조 경량 패널 지붕건축물 ⑤ 구분건물의 전유부분 및 부속건물 ⑥ 구분건물의 규약상 공용부분 ⑦ 집합건물의 공용부분 중 구분건물 또는 독립건물로서의 구조를 가지는 경우(지하실, 기계실, 관리사무소, 노인정 등) ⑧ 공동주택의 지하주차장(전유부분으로 독립하여 등기할 수는 없으나, 전유부분의 부속건물로 힘이 상당하다고 판단되는 경우에는 전유부분의 부속건물로 등기가능) ⑨ 「집합건물법」상의 구분점포 ⑩ 개방형 축사(축사의 부동산등기에 관한 특례법)	① 공유수면하의 토지 ② 방조 제의 부대시설물(배수갑문·권양기·양수기) ③ 농지개량시설의 공작물(방수문·잠관) ④ 일시사용을 위한 가설건축물 ⑤ 경량철골조 혹은 조립식 패널구조의 건축물(지붕표시가 없는 경우) ⑥ 견본주택(모델하우스)·지붕이 없는 공작물 ⑦ 수조·옥외풀장·양어장 ⑧ 주유소의 캐노피·비닐하우스 ⑨ 공작물시설로 등록된 해상관광호텔용 선박 ⑩ 공해상 수중암초 및 구조물 ⑪ 구분건물의 구조상 공용부분(아파트의 복도·계단) ⑫ 지하상가나 시장건물의 통로·복도·계단·변소 ⑬ 건물의 승강기, 발전시설, 보일러시설, 냉난방시설 부착된 금고, 교환 및 방송시설 옥내변전·배전시설, 펌프실·물탱크실 ⑭ 군사분계선 이북지역의 토지

㉠, ㉢, ㉩, ㉪ **등기가능**(등기예규 제1387호 등 참조) ㉨ **등기가능**(대판 1990. 7. 27. 90다카6160)

정답 07. ②

제2편 부동산등기법

08 다음 중 법률행위로 인해 권리를 취득할 수 있는 경우로 옳은 것은? ★★

① 피담보채권(被擔保債權)이 변제로 인하여 이미 소멸되었는데도 아직 등기부상 존속하는 저당권을 양수한 자
② 진정한 소유자에게서 형식적으로 등기의 명의를 신탁받은 자로부터 소유권을 양수한 자
③ 표현상속인(表見相續人)의 상속등기를 신뢰하고 부동산소유권을 양수한 자
④ 타인 소유의 부동산을 임의(任意)로 자기의 소유 명의로 등기한 자로부터 소유권을 양수한 자
⑤ 강제집행을 면할 목적으로 甲소유의 부동산이 乙의 명의로 이전된 사실을 알면서 乙로부터 소유권을 양수한 자

해설 ▶ 등기를 신뢰한 자의 보호
① (×) 저당권은 피담보채권의 소멸로 당연히 소멸하는 바, 저당권의 이전은 무효이다.
② (○) 판례는 명의신탁의 유효성을 인정하기 때문에 명의수탁자로부터 소유권을 양수한 자는 유효하게 소유권을 취득할 수 있다. 특히, 「부동산 실권리자명의 등기에 관한 법률」에 의해 명의신탁등기는 당사자간에는 무효이지만 그 무효를 제3자에게는 대항하지 못하므로 명의수탁자로부터 양수받은 제3자는 선의·악의를 불문하고 유효하게 소유권을 취득한다(부동산 실권리자명의 등기에 관한 법률 제4조 제3항).
③ (×) 다만, 참고[상속회복청구권의 제척기간(안 날로부터 3년, 상속일로부터 10년) 도과에 의한 반사적 효과로 권리취득이 가능]
④ (×) 공신력이라 함은 등기를 신뢰하여 무권리자로부터 부동산을 양수한 자도 그 권리취득의 유효를 주장할 수 있는 효력을 말하는 바, 우리나라에서는 등기에 이러한 공신력을 인정하고 있지 않다(대판 1969.6.10. 68다199). 따라서 무권리자로부터 권리를 취득한 자는 권리취득의 유효를 주장할 수 없다.
⑤ (×) 허위표시에 의한 등기로서 허위표시는 무효이나 그 무효는 선의의 제3자에 한해 대항할 수 없다(「민법」 제108조). 그러나 사안의 경우 양수인이 악의이므로 甲은 양수인에게 무효를 주장할 수 있어 양수인은 권리를 취득할 수 없다.

09 등기의 효력에 관한 설명이다. <u>틀린</u> 것은?

① 우리 「민법」에는 점유의 추정력에 관한 규정만 있을 뿐, 등기의 추정력에 관하여는 명문의 규정이 없으나 학설·판례상 인정되고 있다.
② 권리의 추정력은 권리등기에만 인정되며 표제부에는 인정되지 않는다.
③ 판례에 의하면 부동산등기의 공신력은 없는 것으로 해석되고 있다.
④ 본등기에 의한 물권변동의 효력은 가등기를 한 때로 소급하는 것이 아니라 본등기를 실행한 때부터 발생하는 것이나 그 순위를 결정하는 기준은 가등기시로 한다.
⑤ 법률행위에 의한 물권변동의 효력은 등기관이 등기를 마친 때부터 효력을 발생한다.

정답   08. ②   09. ⑤

제1장 총설(응용)

해설 ▶ 등기의 효력

① (○) 우리나라는 점유(「민법」제200조)와 달리 등기의 추정력에 관해서는 민법에 명문의 규정을 두고 있지 아니하며, 학설·판례(개연성설)가 인정하고 있다(대판 1972.10.10. 72다1352).
② (○) 권리의 추정력은 권리등기에만 인정되며 표제부에는 인정되지 아니한다. 다만, 권리등기라 하더라도 사망자 명의의 등기, 허무인 명의의 등기에는 추정력이 인정되지 않는다(대판 1983.8.23. 83다카597, 1985.11.12. 84다카2494).
③ (○) (대판 1969.6.10. 68다199)
④ (○) 가등기에 의한 본등기를 한 경우에 순위만 가등기시로 소급하는 것이지 물권변동의 효력까지 소급되는 것이 아니다.
⑤ (×) 등기관이 등기부에 등기사항을 기록하고 등기관의 식별부호를 등기전산시스템에 기록하여 등기를 완료하면 등기신청이 접수된 때로 소급하여 물권변동의 효력이 발생한다(법 제6조, 규칙 제3조).

10 등기의 효력에 관한 다음 설명 중 가장 옳지 않은 것은?

① 부동산에 관하여 소유권이전등기가 마쳐져 있는 경우 그 등기명의자는 제3자에 대하여서뿐만 아니라 그 전 소유자에 대하여서도 소유권을 취득한 것으로 추정된다.
② 부동산에 관하여 소유권이전등기가 마쳐져 있는 이상 일응 그 절차 및 원인이 정당한 것이라는 추정을 받게 된다.
③ 등기가 원인 없이 말소된 경우 그 회복등기가 마쳐지기 전에는 말소된 등기의 등기명의인은 적법한 권리자로 추정되지 않는다.
④ 허무인으로부터 등기를 이어받은 소유권이전등기의 등기명의인에 대한 소유권 추정력은 인정되지 않는다.
⑤ 사망자 명의의 등기신청에 의하여 마쳐진 등기에는 등기의 추정력이 인정되지 않는다.

해설 ▶ 등기의 효력

① (○) (대판 2004.9.24. 2004다27273)
② (○) (대판 2000.3.10. 99다65462)
③ (×) 판례에 의하면 등기는 물권변동의 효력요건이지 존속요건이 아니기 때문에 어떤 등기가 원인없이 부적법하게 말소된 경우에 권리의 소멸·부존재에 대한 추정력이 인정되지 않으며, 오히려 회복등기가 마쳐지기 전이라도 말소된 등기명의인이 적법한 권리자로 추정된다(대판 1997.9.30. 95다39526).
④ (○) (대판 1985.11.12. 84다카2494)
⑤ (○) 판례에 의하면 전 소유자가 사망한 이후에 그 명의로 신청되어 경료된 소유권이전등기는, 특별한 사정이 인정되는 경우를 제외하고는, 원인무효의 등기라고 볼 것이어서 그 등기의 추정력을 인정할 여지가 없다(대판 2004.9.3. 2003다3157).

정답 10.

11. 부동산등기에 대한 기술로서 틀린 것은?

① 건물을 신축하여 소유권을 원시취득한 경우에 등기 없이도 그 소유권을 주장할 수 있다.
② 상속재산에 대한 협의분할의 약정이 있는 경우에는 그에 관한 서면을 첨부하여 법정상속분을 무시하고 상속등기를 할 수 있다.
③ 토지수용의 경우 기업자가 과실없이 등기부상의 소유자를 진정한 소유자로 믿고 수용절차를 마쳤다면 기업자는 소유권을 원시취득한다.
④ 판례는 중간생략등기의 사법상 효력을 인정하고 있는데, 이는 토지거래허가 구역에서 적법한 허가 절차없이 이루어진 경우에도 적용된다.
⑤ 1필의 토지 중 특정부분에 대하여 소유권이전등기를 명하는 판결이 있는 경우에도 공간정보의 구축 및 관리 등에 관한 법률에 의한 분할 및 그에 따른 분필등기가 선행되어야 소유권이전등기를 신청할 수 있다.

해설 ▶ 부동산등기

③ (○) (대판 1995.9.15. 94다27649)
④ (×) 당사자들 사이에 최초의 매도인으로부터 최종 매수인 앞으로 직접 소유권이전등기를 경료하기로 하는 중간생략등기의 합의가 있었다고 하더라도 이러한 중간생략등기의 합의란 부동산이 전전 매도된 경우 각각의 매매계약이 유효하게 성립함을 전제로 그 이행의 편의상 최초의 매도인으로부터 최종의 매수인 앞으로 소유권이전등기를 경료하기로 한다는 당사자 사이의 합의에 불과할 뿐, 최초의 매도인과 최종의 매수인 사이에 매매계약이 체결되었다는 것을 의미하는 것은 아니므로 최초 매도인과 최종 매수인 사이에 매매계약이 체결되었다고 볼 수 없고, 설사 최종 매수인이 자신과 최초 매도인을 매매당사자로 하는 토지거래허가를 받아 자신 앞으로 소유권이전등기를 경료하였더라도 그러한 최종 매수인 명의의 소유권이전등기는 적법한 토지거래허가 없이 경료된 등기로서 무효이다(대판 1997.3.14. 96다22464).
⑤ (○) (대판 2000.10.27. 2000다39582)

12. 가등기의 효력에 관한 기술 중 타당하지 못한 것은? (다툼이 있으면 판례에 의함) ★

① 가등기에 기한 본등기가 행하여지면 그 사이에 행하여진 본등기는 가등기에 의하여 보전되는 청구권과 상충되는 경우에는 무효로 되나, 양립가능한 경우에는 후순위의 등기로서 유효하다.
② 가등기는 본등기순위보전의 효력을 가지나, 가등기에 기한 본등기를 하여도 물권변동의 효력이 그 가등기를 한 때로 소급하여 발생하는 것은 아니다.
③ 소유권청구권보전의 가등기가 있더라도 판례는 반드시 소유권이전등기를 청구할 수 있는 어떤 법률관계가 있었던 것으로 단정할 수 없다고 한다.
④ 가등기에 대한 본등기를 금지하는 가처분도 허용된다.
⑤ 가등기가 본등기의 요건을 구비하고 있다고 할지라도 본등기를 행하지 아니하고 있는 한 가등기설정자의 처분행위를 저지할 수 없으며 이에 의한 제3취득자에 대하여 대항할 수 없다.

정답　11. ④　12. ④

> **해설** ▶ **가등기의 효력**
> ① (○) 가등기에 기하여 본등기가 행하여지면 중간처분이 본등기를 갖추고 있더라도 가등기에 저촉하는 범위 내에서 모두 효력을 잃거나 후순위가 된다(등기예규 제1408호).
> ④ (×) 가등기에 터잡아 본등기를 하는 것은 그 가등기에 기하여 순위보전된 권리의 취득이지 가등기상의 권리 자체의 처분이라고는 볼 수 없으므로 가등기에 기한 본등기 금지가처분은 「부동산등기법」 제3조에 규정된 등기할 사항에 해당하지 아니하므로 잘못 기입등기된 경우에도 그 기록사항은 아무런 효력을 발생할 수 없다(대판 1992.9.25. 92다21258).
> ⑤ (○) 가등기권자는 본등기를 하는 경우 순위보전의 효력만 있으므로 가등기 후에 적법하게 소유권이전등기를 한 제3자에 대하여 가등기만으로써 소유권을 주장할 수 없다(대판 1966.5.24. 66다485).

13 다음 각 등기가 동일한 부동산에 대하여 경료되어 있을 때 그 순위를 바르게 나타낸 것은? (괄호 안은 접수연도임) ★

> ㉠ 순위번호 2번, 접수번호 3번의 소유권에 관한 가등기(1997)
> ㉡ 순위번호 3번, 접수번호 2번의 소유권가압류등기(1998)
> ㉢ 순위번호 1번, 접수번호 4번의 저당권설정등기(1997)
> ㉣ 순위번호 3번, 접수번호 5번의 저당권설정등기(1998)

① ㉠, ㉢, ㉡, ㉣
② ㉠, ㉢, ㉡, ㉣(다만, ㉡, ㉣은 동순위임)
③ ㉢, ㉠, ㉡, ㉣
④ ㉢, ㉠, ㉡, ㉣(다만, ㉡, ㉣은 동순위임)
⑤ 정답없음

> **해설** ▶ **등기의 순위**
> 1) 등기신청서를 받은 등기관은 전산정보처리조직에 접수연월일, 접수번호, 등기의 목적, 신청인의 성명 또는 명칭, 부동산의 표시, 등기신청수수료, 취득세 또는 등록면허세, 국민주택채권매입금액 및 그 밖에 대법원예규로 정하는 사항을 입력한 후 신청서에 접수번호표를 붙여야 한다. 같은 부동산에 관하여 동시에 여러 개의 등기신청이 있는 경우에는 같은 접수번호를 부여하여야 한다(규칙 제65조).
> 2) 접수번호는 1년마다 새로 부여하여야 한다(규칙 제22조). 그러므로 1997(㉠, ㉢)이 1998(㉡, ㉣)보다 순위가 앞선다.
> 3) 등기관은 접수번호의 순서에 따라 등기사무를 처리하여야 한다(법 제11조).
> 1997년 등기 중 접수번호가 앞서는 ㉠(접수번호 3번)이 ㉢(접수번호 4번)보다 순위가 먼저이며, 1998년 등기 중 접수번호가 앞서는 ㉡(접수번호 2번)이 ㉣(접수번호 5번)보다 앞선다.

정답 13. ①

CHAPTER 02
등기기관과 그 설비 및 등기의 공시

학습포인트

- 이 장에서는 등기기관과 인적 설비인 등기관, 물적 설비인 등기에 관한 장부, 등기의 공시인 등기사항의 증명과 열람 및 전산정보처리조직에 의한 등기사무의 처리에 관한 등기예규(제1624호)에 관해 다루고 있다.
- 이 장의 출제비중은 높지 않으나 등기기록의 구성과 양식(특히 구분건물의 등기기록)과 등기사항의 증명과 열람(특히 인터넷에 의한)부분이 주로 출제된다. 이 장은 일상생활에서 부동산거래를 할 때의 상식으로서도 필요한 부분이다. 시험에 대비하여서는 등기기록의 구성과 양식, 등기사항의 증명과 열람 중심으로 학습할 필요가 있다.
- 전산정보처리조직에 의한 등기사무의 처리에 관한 등기예규의 내용은 거의 매회 출제가 되므로 또한 전자신청에 관한 전반적인 내용의 이해를 위해서도 면밀한 예습과 복습이 필요하다.

CHAPTER 학습 & 출제되는 키워드

- ☑ 등기소
- ☑ 관할등기소
- ☑ 관할의 변경
- ☑ 등기사무의 정지
- ☑ 등기관의 의의
- ☑ 등기관의 업무처리의 제한
- ☑ 등기관의 책임
- ☑ 등기정보중앙관리소 등
- ☑ 등기에 관한 장부
- ☑ 등기부
- ☑ 등기부의 편성
- ☑ 1부동산 1등기기록주의의 원칙
- ☑ 토지 및 일반건물 등기기록
- ☑ 구분건물등기기록
- ☑ 등기기록의 일부로 취급되는 것
- ☑ 폐쇄등기부
- ☑ 등기부 이외의 장부
- ☑ 등기부의 보존·관리
- ☑ 등기의 공시
- ☑ 등기사항증명서의 발급
- ☑ 등기기록 등의 열람
- ☑ 주민등록번호 등의 공시제한
- ☑ 수수료
- ☑ 전산정보처리조직에 의한 등기

CHAPTER 학습 & 출제되는 질문

- ☑ 등기부와 대장(臺帳)의 관계에 관한 설명 중 틀린 것은?
- ☑ 인터넷을 이용한 등기부 등의 열람에 관한 설명 중 틀린 것은?
- ☑ 전산정보처리조직에 의한 등기신청(이하 '전자신청')에 관한 설명 중 틀린 것은?

제2장 등기기관과 그 설비 및 등기의 공시(기본)

기본 출제예상문제

제1절 등기소

01 등기소의 관할에 관한 다음 설명 중 틀린 것은?

① 등기할 권리의 목적인 부동산의 소재지를 관할하는 지방법원, 지원 또는 등기소를 관할등기소로 한다.
② 부동산이 여러 등기소의 관할구역에 걸쳐 있는 경우 그 부동산에 대한 최초의 등기신청을 하고자 하는 자는 각 등기소를 관할하는 상급법원의 장에게 관할등기소의 지정을 신청하여야 한다.
③ 관할등기소의 지정신청은 부동산의 소재지를 관할하는 등기소 중 어느 한 등기소에 신청서를 제출하는 방법으로 한다.
④ 대법원장은 어느 등기소의 관할에 속하는 사무를 다른 등기소에 위임하게 할 수 있다.
⑤ 건물대지 일부가 행정구역 등의 변경으로 관할이 변경되어 1개의 건물이 2개 이상의 등기소의 관할에 걸치게 된 때에는 관할지정을 받아야 한다.

해설 ▶ 관할 등기소
① (법 제7조 제1항) ②, ③ (규칙 제5조) ④ (법 제8조)
⑤ 관할지정을 받을 필요 없이 종전 관할 등기소에서 계속 관할하되, 관할의 지정을 받아 등기하려는 경우에 준하여 건물대지의 일부가 변경된 등기소에 그 취지를 통지하여야 한다(등기예규 제1433호).

02 서울시 강남구(서울중앙 지방법원 등기국)와 송파구(서울동부 지방법원 송파등기소)에 걸쳐진 건물을 신축하여 보존등기를 하려는 경우 그 관할등기소는? ★★

① 건물의 주요 부분이 속하는 지역의 등기소가 관할한다.
② 대법원장의 지정에 의한 등기소가 관할한다.
③ 서울고등법원장의 지정에 의한 등기소가 관할한다.
④ 관할의 위임을 받은 등기소가 관할한다.
⑤ 법률의 규정이 없으므로 어느 한 등기소가 관할할 수 있다.

정답 01. ⑤ 02. ③

해설 ▶ 관할등기소의 지정

부동산이 여러 등기소의 관할구역에 걸쳐 있을 때에는 그 부동산에 대한 최초의 등기신청을 하고자 하는 자의 신청에 의해 각 등기소를 관할하는 상급법원의 장이 관할 등기소를 지정하는 바. 서울중앙지방법원 등기국과 서울동부 지방법원 송파등기소를 관할하는 상급법원장인 서울고등법원장이 지정한 등기소가 관할하게 된다(법 제7조 제2항, 규칙 제5조).

03 다음은 관할등기소에 관한 설명이다. 틀린 것은?

① 대법원장은 어느 등기소의 관할에 속하는 사무를 다른 등기소에 위임하게 할 수 있다.
② 건물대지 일부의 행정구역변경 등으로 인하여 1개의 건물이 2개 이상의 등기소의 관할에 걸치게 된 때에는 종전 관할 등기소에서 관할한다.
③ 등기관이 관할지정에 따라 등기를 하였을 때에는 지체없이 그 사실을 다른 등기소에 통지하여야 한다.
④ 관할위반의 등기신청은 각하사유가 되고, 이를 간과하고 등기된 때에는 당연무효의 등기로서 직권말소사유가 된다.
⑤ 천재·지변, 즉 등기소의 화재·수난(水難) 등 등기사무를 정지하여야 하는 사유가 발생하면 등기소장은 기간을 정하여 등기사무의 정지를 명령할 수 있다.

해설 ▶ 관할등기소

① (법 제8조)
② (등기예규 제1433호)
③ (규칙 제5조 제5항)
④ (법 제29조 제1호, 법 제58조)
⑤ 천재·지변, 즉 등기소의 화재·수난(水難) 등 현실적으로 등기사무의 처리가 불가능하여 등기소에서 등기사무를 정지하여야 하는 사유가 발생하면 대법원장은 기간을 정하여 등기사무의 정지를 명령할 수 있다(법 제10조).

정답 03. ⑤

제2절 등기관

04 다음은 등기소와 등기관에 관한 설명이다. 이 중 올바른 것은?

① 행정구역의 변경으로 인한 관할의 변경이 생긴 경우 종전 관할등기소는 변경등기 후 신 관할등기소에 그 부동산에 관한 등기기록의 처리권한을 넘겨주는 조치를 하여야 한다.
② 1동의 건물 및 1필의 토지가 수 개의 관할구역에 걸쳐 있는 경우에는 상급법원장이 직권으로 관할을 지정한다.
③ 등기소장이나 등기과장은 지방법원장의 지정이 없더라도 보직명령을 받으면 등기관으로 본다.
④ 등기관의 업무처리 제한사유에 해당함에도 불구하고 참여인의 참가 없이 등기가 경료 되었다고 하여 그 등기가 무효의 등기가 되는 것은 아니다.
⑤ 등기사무의 정지기간 중에 행하여진 등기는 실체관계에 부합하면 유효하다.

해설 ▶ 등기소와 등기관

① (×) 관할변경의 경우 종전의 관할 등기소는 관할변경된 부동산의 등기기록에 대하여 전산정보처리조직을 이용하여 신관할 등기소로 이관하는 조치를 하여야 하고(법 제9조), 신관할 등기소는 구관할 등기소로부터 관할이 변경된 부동산에 대한 등기기록이 이관된 때에는 등기부의 표제부 등기원인 및 기타 사항란에 관할변경의 사유와 그 연월일을 기록하고 등기관이 「부동산등기규칙」 제7조의 식별부호를 기록하여야 한다(등기예규 제1433호).
② (×) 1필의 토지가 성립하려면 공간정보의 구축 및 관리 등에 관한 법령상 지번부여지역(법정 동·리 또는 이에 준하는 지역)이 동일하여야 하므로 관할등기소의 지정문제가 발생하지 않으며, 1동 건물의 관할등기소의 지정권자인 상급법원장이 직권으로 지정하는 것이 아니라 등기명의인의 신청을 받아서 지정한다(법 제7조 제2항).
③ (×) 지방법원장(또는 지원장)으로부터 지정을 받아야 한다(법 제11조).
④ (○) 절차규정에 위반되는 등기이기는 하나 통설에 의하면 사소한 절차위배임을 근거로 하여 무효의 등기가 되는 것은 아니라고 본다.
⑤ (×) 법 제29조 제2호의 사건이 등기할 것이 아닌 때에 해당하여 실체관계에 부합하더라도 무효의 등기가 된다.

정답 04. ④

05 등기관에 관한 다음 설명으로 맞는 것은?

① 등기관은 자기, 배우자 또는 4촌 이내의 친족이 등기신청인인 때에는 그 등기소에서 소유권등기를 한 성년자로서 등기관의 배우자등이 아닌 자 1명의 참여가 있으면 등기를 할 수 있다.
② 배우자의 경우 배우자관계가 끝난 후에는 그러하지 아니하다.
③ 심사과정에서 등기업무를 담당하는 평균적 등기관이 보통 갖추어야 할 통상의 주의의무만 기울였어도 제출된 서면이 위조되었다는 것을 쉽게 알 수 있었음에도 이를 간과한 채 적법한 것으로 심사하여 등기신청을 각하하지 못한 경우에는 등기관의 과실을 인정할 수 없다.
④ 등기신청의 첨부정보로 제공한 판결서가 위조된 것으로서 그 기재사항 및 기재형식이 일반적인 판결서의 작성방식과 다른 경우 이를 근거로 한 판결서의 진정성립에 관하여 확인절차를 하지 않은 등기관의 직무상의 주의의무위반을 인정할 수 있다.
⑤ 등기관 개개인은 등기신청사건에 관하여 직무상 자기의 이름으로, 독자적인 책임하에 등기사건을 처리할 권한을 가진다.

해설 ▶ 등기관

① 등기관은 자기, 배우자 또는 4촌 이내의 친족이 등기신청인인 때에는 그 등기소에서 소유권등기를 한 성년자로서 등기관의 배우자등이 아닌 자 2명 이상의 참여가 없으면 등기를 할 수 없다(법 제12조 제1항).
② 배우자등의 관계가 끝난 후에도 등기관의 배우자등이 아닌 자 2명 이상의 참여가 없으면 등기를 할 수 없다(법 제12조 제1항 후문).
③ 심사과정에서 등기업무를 담당하는 평균적 등기관이 보통 갖추어야 할 통상의 주의의무만 기울였어도 제출된 서면이 위조되었다는 것을 쉽게 알 수 있었음에도 이를 간과한 채 적법한 것으로 심사하여 등기신청을 각하하지 못한 경우에 등기관의 과실을 인정할 수 있다(대판 2005.2.25. 2003다13048).
④ 등기신청의 첨부정보로 제공한 판결서가 위조된 것으로서 그 기재사항 및 기재형식이 일반적인 판결서의 작성방식과 다르다는 점만을 근거로 판결서의 진정성립에 관하여 자세한 확인절차를 하지 않은 등기관의 직무상의 주의의무위반을 인정할 수 없다(대판 2005.2.25. 2003다13048).
⑤ (등기예규 제1364호)

정답 05. ⑤

제3절 등기에 관한 장부

06 등기부에 관한 다음 설명 중 틀린 것은? ★
① 등기번호란에는 등기기록에 처음으로 등기한 순서를 기록한다.
② 1필의 토지 또는 1동의 건물에 대하여 1등기기록을 두는 것이 원칙이다.
③ 건물등기기록의 건물 내역란에는 건물의 구조, 종류, 면적 등을 기록하되 건물의 길이, 높이 등은 기록하지 아니한다.
④ 토지등기기록의 표제부에는 표시번호란, 접수란, 소재지번란, 지목란, 면적란, 등기원인 및 기타 사항란을 둔다.
⑤ 집합건물의 규약상 공용부분에 대한 등기기록은 그 표제부만을 둔다.

해설 ▶ 물적편성주의 및 등기기록의 양식
① (×) 등기부의 1등기기록은 표제부, 갑구, 을구로 구성하고(법 제15조 제2항 참조), 등기번호란을 두지 않는다.
② (○) (법 제15조 제1항)
③ (○) 건물등기기록의 표제부에는 표시번호란, 접수란, 소재지번 및 건물번호(1필지에 수개의 건물이 있는 경우에 기재)란, 건물내역란, 등기원인 및 기타 사항란을 둔다(규칙 제13조 제1항). 한편 건물 내역란에는 건물의 구조, 종류, 면적 등을 기록하되 건물의 길이, 높이 등은 기록하지 아니한다(1993.7.7. 등기 제1687호 질의회답).
④ (○) (규칙 제13조 제1항) ⑤ (○) (규칙 제104조 제3항)

07 「부동산등기법」상 등기기록에 관한 설명으로 옳지 않은 것은?
① 등기관은 동일한 토지에 행해진 중복등기를 발견한 경우에는 대법원규칙이 정하는 절차에 따라 중복등기되어 있는 등기기록 중 어느 하나를 남겨두고 나머지 등기기록을 폐쇄하여야 한다.
② 등기기록에는 부동산의 표시에 관한 사항을 기록하는 표제부와 소유권에 관한 사항을 기록하는 갑구(甲區) 및 소유권 외의 권리에 관한 사항을 기록하는 을구(乙區)를 둔다.
③ 공동담보목록, 도면 및 신탁원부는 영구히 보존하여야 한다.
④ 구분건물의 등기사항증명서의 발급 또는 열람에 관하여는 1동의 건물의 표제부와 해당 구분건물의 표제부·갑구·을구에 관한 등기기록만을 1등기기록으로 본다.
⑤ 누구든지 수수료를 내고 대법원규칙으로 정하는 바에 따라 등기기록의 부속서류의 열람을 청구할 수 있다.

정답 06. ① 07. ⑤

해설 ▸ 등기기록
① (법 제21조)   ② (법 제15조 제2항)
③ (규칙 제20조 제1항)   ④ (규칙 제30조 제3항)
⑤ 등기기록의 부속서류에 대하여는 이해관계인이 이해관계 있는 부분만 열람을 청구할 수 있다(법 제19조 제1항 단서).

08 등기부 또는 등기기록에 관한 다음 기술 중 옳은 것은?

① 기존의 건물이 존재하는 토지에 새로운 건물을 신축하는 경우 항상 새로운 등기기록을 만들어야 한다.
② 전산정보처리조직에 의하여 등기사무를 처리하는 경우에 등기번호란에는 토지의 지번 또는 건물대지의 지번을 기록한다.
③ 등기부의 부본은 전산정보처리조직으로 보조기억장치에 기록하여 작성하여야 한다.
④ 임차권설정등기청구권보전의 가등기는 甲구에, 소유권이전금지가처분등기는 乙구에 기록한다.
⑤ 접수번호는 등기기록의 표제부에 기록할 사항이다.

해설 ▸ 등기부 또는 등기기록
① 별개의 건축물로 보존등기하는 경우에는 새로운 등기기록을 개설하여야 하나, 기존건물에 부속시킬 경우에는 기존등기기록의 표시란에 변경등기하면 된다.
② 등기부의 1등기기록은 표제부, 갑구, 을구로 구성하고, 등기번호란을 두지 않는다(법 제15조 제2항). 다만, 등기부의 우측 상단에는 각 부동산별로 고유번호를 기록함으로써 등기번호란의 기능을 갈음하고 있다.
③ (법 제2조 제2호, 법 제16조, 규칙 제15조 제1항)
④ 가등기도 일반적인 등기와 같이 소유권이전등기청구권보전 가등기는 등기기록 갑구에, 소유권 이외의 권리에 관한 등기청구권보전 가등기는 등기기록 을구에 기록한다.
⑤ 접수번호는 등기의 순위를 결정하기 위하여 기록하는 것이므로 갑구 또는 을구에 기록하며, 순위와 무관한 표제부에는 기록하지 않는다(규칙 제13조 제1항 참조).

09 구분건물 등기기록의 표제부에 기록되지 않는 사항은? [24회 출제]

① 전유부분의 등기기록의 표제부에 건물번호
② 대지권이 있는 경우 전유부분의 등기기록의 표제부에 대지권의 표시에 관한 사항
③ 1동 건물의 등기기록의 표제부에 소재와 지번
④ 대지권이 있는 경우 1동 건물의 등기기록의 표제부에 대지권의 목적인 토지의 표시에 관한 사항
⑤ 대지권등기를 하였을 경우 1동 건물의 등기기록의 표제부에 소유권이 대지권이라는 뜻

정답   08. ③   09. ⑤

해설 ▶ **건물등기기록 표제부의 등기사항**
①, ②, ③, ④ (법 제40조 제2항 및 제3항)
⑤ "토지"의 등기기록(갑구 또는 을구)에 (소유권 또는 지상권·전세권·임차권이) 대지권이라는 뜻을 기록하여야 한다(법 제40조 제4항 참조).

10 폐쇄등기기록에 관한 다음 기술 중 옳은 것은?

① 폐쇄등기부는 현재등기로서의 효력이 없으므로 폐쇄한 등기기록에 관하여는 등기사항증명서 발급 및 열람이 허용되지 않는다.
② 폐쇄등기부상의 등기에 대하여 말소소송을 제기할 수 있으며, 말소회복소송을 제기할 수도 있다.
③ 폐쇄등기부상의 소유권보존등기에 관하여 말소예고등기를 촉탁하여 그 예고등기를 행할 수 있다.
④ 폐쇄등기기록은 영구히 보존하여야 한다.
⑤ 부동산등기기록이 폐쇄된 경우 그 폐쇄가 위법하게 이루어진 것이라면 소송의 방법으로 그 회복절차의 이행을 청구할 수 있다.

해설 ▶ **폐쇄등기기록**
① 등기사항증명서의 발급 및 열람에 관한 규정은 모두 폐쇄등기기록에 준용되므로(법 제20조 제3항) 폐쇄등기기록도 등기사항증명서 발급 및 열람의 청구를 할 수 있다.
②, ③ 개정 전 「부동산등기규칙」 제113조에 의해서 폐쇄등기부상의 등기사항도 예외적으로 예고등기 촉탁대상이 되어 신등기기록에 이기된 경우에는 승소 확정판결에 의해서 말소 또는 말소회복의 등기를 할 수 있었으나, 「부동산등기법」에서 예고등기가 삭제됨에 따라 동 규칙 제113조도 함께 삭제되었기 때문에 더 이상 폐쇄등기부상의 등기에 대해서 신등기기록에 이기한 후 말소나 말소회복등기를 할 수 없다.
④ (법 제20조)
⑤ 설사 법률이 규정하는 폐쇄사유가 없음에도 불구하고 부동산등기기록이 폐쇄되었거나 또는 그 폐쇄가 위법한 절차나 방법에 의하여 이루어진 것이 객관적으로 명백하다고 하더라도 등기관이 그 폐쇄사유와 절차 등에 관한 법률 규정을 준용하여 직권으로 이를 회복할 수 있음은 별론으로 하고(1992.5.22. 등기 제1222호), 소송의 방법으로 그 회복을 청구할 수는 없는 것이다(대판 1994.12.23. 93다37441).

정답 10. ④

11 다음 중 등기기록의 양식 등에 관한 설명으로 틀린 것은?

① 등기부의 1등기기록은 표제부, 갑구, 을구로 구성하고, 등기번호란을 두지 않는다.
② 구분건물의 등기기록에는 1동의 건물에 대한 표제부를 두고 구분한 각 건물마다 표제부, 갑구, 을구를 둔다.
③ 각 구에는 순위번호란, 등기목적란, 접수란, 등기원인란, 권리자 및 기타 사항란을 둔다.
④ 구분건물에 대하여 등기기록을 개설할 때에는 전유부분마다 부동산고유번호를 부여하고 이를 등기기록에 기록하여야 한다.
⑤ 대지권이 있는 경우 전유부분의 표제부에는 대지권의 목적인 토지의 표시란을 둔다.

해설 ▸ **등기기록의 양식**
① (○) (법 제15조 제2항, 규칙 제12조 제1항)   ② (○) (규칙 제14조 제1항)
③ (○) (규칙 제13조 제2항)
④ (○) 등기기록을 개설할 때에는 1필의 토지 또는 1개의 건물마다 부동산고유번호를 부여하고 이를 등기기록에 기록하여야 한다. 구분건물에 대하여는 전유부분마다 부동산고유번호를 부여한다(규칙 제12조).
⑤ (✕) 1동의 건물의 표제부에 둔다(규칙 제14조 제2항).

정답 11. ⑤

제4절 등기부 이외 장부

12 등기부 외의 장부에 관한 다음 설명 중 틀린 것은?

① 등기부의 전부 또는 일부가 손상된 경우에 전산운영책임관은 등기부부본자료에 의하여 그 등기부를 복구하여야 한다.
② 폐쇄등기부에 기록되어 있는 등기는 현재의 등기로서의 효력이 없다.
③ 등록권리자가 2인 이상일 때에는 공동인명부를 작성한다.
④ 소유권보존등기가 등기관의 착오나 등기명의인의 착오에 기한 말소신청 또는 확정판결의 집행으로 말소됨에 따라 등기기록이 폐쇄된 후 그 말소가 착오에 의한 것임이 밝혀지거나 확정판결이 재심판결에 의하여 취소됨으로써 소유권보존등기를 회복하여야 할 경우 부활된 등기기록에 소유권보존등기를 회복한다.
⑤ 거래부동산이 2개 이상인 경우 또는 거래부동산이 1개라 하더라도 여러 명의 매도인과 여러 명의 매수인 사이의 매매계약인 경우에는 매매목록도 첨부정보로서 등기소에 제공하여야 한다.

해설 ▶ 등기부 외의 장부
① (○) (규칙 제17조 제2항).
② (○) (대판 1979.9.25. 78다1089)
③ (×) 공동인명부 작성의 근거규정인 공동인명부의 기재규정은 법 개정으로 삭제되었다.
④ (○) (등기예규 제1207호)
⑤ (○) (규칙 제124조 제2항)

정답 12. ③

제2편 부동산등기법

제5절 장부의 보존·관리

13 등기부 등 장부의 관리에 관한 다음 설명 중 가장 옳지 <u>않은</u> 것은?

① 등기부는 전쟁, 천재지변이나 그 밖에 이에 준하는 사태를 피하기 위한 경우 외에는 보관되어 있는 장소 밖으로 옮기지 못한다.
② 등기신청서와 그 부속서류는 전쟁, 천재지변이나 그 밖에 이에 준하는 사태를 피하기 위한 경우와 법원의 명령 또는 촉탁이 있거나 법관이 발부한 영장에 의해 압수하는 경우 외에는 등기소 밖으로 옮기지 못한다.
③ 지방법원장은 신청서나 그 밖의 부속서류 및 전자문서로 작성된 등기부 부속서류의 멸실방지 등에 필요한 처분을 명할 수 있다.
④ 법원행정처장은 등기부의 전부 또는 일부가 손상되거나 손상될 염려가 있을 때에는 등기부의 복구·손상방지 등 필요한 처분을 명할 수 있다.
⑤ 대법원장은 전자문서로 작성된 등기부 부속서류의 멸실방지 등의 처분명령에 관한 권한은 법원행정처장에게, 신청서나 그 밖의 부속서류의 멸실방지 등의 처분명령에 관한 권한은 지방법원장에게 위임한다.

해설 ▶ 등기부 등 장부의 관리

①, ② (○) 등기부와 그 부속서류는 전쟁·천재지변이나 그 밖에 이에 준하는 사태를 피하기 위한 경우 외에는 그 장소 밖으로 옮기지 못한다(법 제14조 제3항 및 제4항). 다만, 신청서나 그 밖의 부속서류에 대하여는 법원의 명령 또는 촉탁(囑託)이 있거나 법관이 발부한 영장에 의하여 압수하는 경우에는 그러하지 아니하다(법 제14조 제4항).
③ (×) 전자문서로 작성된 신청정보 기타 부속서류정보는 법원행정처장이, 서면으로 작성된 신청서 기타 부속서류는 지방법원장이 멸실방지 등에 필요한 처분을 명할 수 있다(규칙 제16조 제2항).
④ (○) 전산등기부의 경우 대법원장은 법원행정처장에게 등기부의 복구·손상방지 등 필요한 처분을 명할 수 있는 권한을 법원행정처장에게 위임한다(규칙 제16조 제1항). 따라서 법원행정처장이 위 처분을 명할 수 있다.
⑤ (○) (규칙 제16조 제2항)

정답 13. ③

제6절 등기의 공시(등기사항의 증명과 열람)

01 등기사항증명서 등의 발급

14 등기사항증명서의 발급 등에 관한 설명 중 틀린 것은?

① 인터넷에 의한 등기기록의 열람 및 등기사항증명서 발급의 경우에는 신청서의 제출을 요하지 아니한다.
② 누구든지 수수료를 내고 등기기록의 전부 또는 일부의 열람과 등기사항증명서의 발급을 청구할 수 있으나 등기기록의 부속서류에 대하여는 이해관계 있는 부분만 열람을 청구할 수 있다.
③ 대리인이 신청서나 그 밖의 부속서류의 열람을 신청할 때에는 신청서에 그 권한을 증명하는 서면을 첨부하여야 한다.
④ 등기사항증명의 기록사항에 변경이 없다는 사실증명서의 발급신청을 할 수는 없다.
⑤ 신탁원부, 공동담보목록, 도면 또는 매매목록은 그 사항의 증명도 함께 신청하는 뜻의 표시가 없는 경우에도 등기사항증명서에 이를 포함하여 발급한다.

해설 ▶ 등기사항의 열람과 증명
① (○) (등기예규 제1571호)
② (○) (법 제19조 제1항)
③ (○) (규칙 제26조 제2항)
④ (○) 개정법(제19조)에 의하면 일정 사실에 대한 사실증명서의 발급 규정이 삭제되었다
⑤ (✗) 신탁원부, 공동담보(전세)목록, 도면 또는 매매목록은 그 사항의 증명도 함께 신청하는 뜻의 표시가 있는 경우에만 등기사항증명서에 이를 포함하여 발급한다(규칙 제30조 제2항).

정답 14. ⑤

제2편 부동산등기법

15 등기사항증명서 등의 발급 및 열람에 관한 설명 중 틀린 것은?

① 등기부 또는 폐쇄등기부의 등기사항증명서의 발급신청은 누구든지 할 수 있다.
② 대리인이 부속서류의 열람을 신청할 때에는 위임장을 첨부하여야 한다.
③ 신청서나 부속서류가 전자문서로 작성된 경우에는 그 열람은 전자적 방법으로 그 내용을 보게 하거나 그 내용을 기록한 서면을 교부하는 방법으로 한다.
④ 신청서나 그 밖의 부속서류의 열람은 등기관 또는 그가 지정하는 직원이 보는 앞에서 할 수 있게 한다.
⑤ 등기기록에 기록되어 있는 사항 및 그 부속서류에 대하여는 이해관계 있는 부분만 열람을 청구할 수 있다.

해설 ▶ 등기사항의 증명과 열람
①, ② (법 제19조 제1항, 법 제20조 제3항 규칙 제26조 참조)
③, ④ (규칙 제31조 제2항)
⑤ 누구든지 수수료를 내고 대법원규칙으로 정하는 바에 따라 등기기록에 기록되어 있는 사항의 전부 또는 일부의 열람(閱覽)과 이를 증명하는 등기사항증명서의 발급을 청구할 수 있다. 다만, 등기기록의 부속서류에 대하여는 이해관계 있는 부분만 열람을 청구할 수 있다(법 제19조 제1항).

16 등기사항증명서나 등기기록의 열람에 관한 다음 설명 중 옳지 않은 것은?

① 대리인이 등기소를 방문하여 신청서나 그 밖의 부속서류의 열람을 신청할 때에는 신청서에 그 권한을 증명하는 서면을 첨부하여야 한다.
② 전자문서로 작성된 신청서나 그 밖의 부속서류의 열람 신청은 관할 등기소가 아닌 등기소에서도 할 수 있다.
③ 등기신청이 접수된 부동산에 관하여는 원칙적으로 등기사항증명서를 발급하지 못하지만, 그 부동산에 등기신청사건이 접수되어 처리 중에 있다는 뜻을 등기사항증명서에 표시한 경우에는 발급할 수 있다.
④ 신탁원부나 매매목록은 그 사항의 증명을 함께 신청하지 않았다 하더라도 관련 부동산에 관한 등기사항증명서를 발급할 때 함께 발급하여야 한다.
⑤ 등기기록 또는 신청서나 그 밖의 부속서류를 열람하고자 하는 사람은 신청서를 제출하여야 한다.

해설 ▶ 등기사항의 증명과 열람
① (○) 대리인이 이해관계 있는 부속서류의 열람을 신청할 때에는 신청서에 그 권한을 증명하는 정보(위임장, 가족관계등록사항별증명서 등)과 위임인으로부터 발급받은 이해관계 있음을 증명하는 정보를 제공하여야 하고(규칙 제26조 제2항), 위임인의 인감증명을 제공하여야 한다(2007.08.31. 부동산등기과-2830 질의회답).
④ (×) 신탁원부, 공동담보(전세)목록, 도면 또는 매매목록은 그 사항의 증명도 함께 신청하는 뜻의 표시가 있는 경우에만 등기사항증명서에 이를 포함하여 발급한다(규칙 제30조 제2항).

정답   15. ⑤   16. ④

17 등기사항증명서의 발급에 관한 다음 설명 중 가장 옳지 않은 것은?

① 등기신청이 접수된 부동산에 관하여는 등기를 마칠 때까지 등기사항증명서를 발급할 수 있는 경우가 없다.
② 전산등기부가 폐쇄된 경우 폐쇄등기부 등기사항증명서의 발급에 관한 사항은 전산등기부 등기사항증명서 발급의 예에 따른다.
③ 공동담보목록은 그 사항의 증명도 함께 신청하는 뜻의 표시가 있는 경우에만 등기사항증명서에 이를 포함하여 발급한다.
④ 무인발급기를 이용하여 발급할 수 있는 등기사항증명서는 등기사항전부증명서뿐이다.
⑤ 등기사항증명서를 발급할 때에는 등기사항증명서의 종류를 명시하고, 등기기록의 내용과 다름이 없음을 증명하는 내용의 증명문을 기록하여야 한다.

해설 ► 등기사항증명서의 발급
① (×) 등기신청이 접수된 부동산에 관하여는 등기관이 그 등기를 마칠 때까지 등기사항증명서를 발급하지 못한다. 다만, 그 부동산에 등기신청사건이 접수되어 처리 중에 있다는 뜻을 등기사항증명서에 표시하여 발급할 수 있다(규칙 제30조 제4항).
② (○) (등기예규 제1605호)
③ (○) (규칙 제30조 제2항)
④ (○) 무인발급기를 통해서는 등기사항전부증명서만 발급이 가능하고 신청인은 직접 지번 등을 입력하여 발급받는다. 다만, 매수가 16매 이상인 경우에는 발급을 제한할 수 있다(등기예규 제1605호).
⑤ (○) (규칙 제30조 제1항)

02 등기기록 등의 열람

18 등기기록의 부속서류 열람에 관한 다음 설명 중 가장 옳지 않은 것은?

① 등기기록의 부속서류에 관해서는 이해관계 있는 부분만 열람을 청구할 수 있다.
② 이해관계 있는 자의 청구가 있으면 열람에 대신하여 등기신청서에 대한 사진촬영을 허용할 수 있다.
③ 우편으로는 등기신청서 그 밖의 부속서류에 대한 사본의 교부청구를 할 수 없다.
④ 종중이 신청인인 경우 그 등기신청서 및 부속서류에 대하여는 종중 대표자만 열람이 가능하고 종원은 이해관계가 있더라도 열람할 수 없다.
⑤ 신청서나 그 밖의 부속서류의 열람은 등기관이 보는 앞에서 하여야 한다.

정답 17. ① 18. ④

해설 ▶ 등기기록의 부속서류 열람등

① (○) 등기기록의 부속서류에 대하여는 누구나 열람신청할 수 있는 것이 아니라 이해관계인이 이해관계 있는 부분만 열람을 청구할 수 있다(법 제19조 제1항).
② (○) 등기신청서 기타 부속서류에 관하여는 법령의 근거가 없으므로 그 등(초)본이나 인증된 사본을 교부할 수는 없으나, 이해관계 있는 자의 청구가 있으면 그 열람 또는 사진촬영은 허용하여도 무방하며 열람의 연장으로서 등기관의 인증이 없는 단순한 사본을 교부할 수도 있다(등기예규 제680호).
③ (○) 열람은 신청서 기타 부속서류의 원본을 직접 보는 것이기 때문에 성질상 우편신청이 허용되지 아니한다.
④ (×) 종중이 당사자인 등기사건에서 그 종중의 종원은 해당 등기기록의 부속서류에 대하여「부동산등기법」제19조에 의하여 이해관계 있다는 사실을 소명하여 이해관계 있는 부분에 대한 열람을 할 수 있다. 이해관계를 소명하는 자료로는 종원명부, 결의서, 회의록, 판결문, 족보 등이 해당될 수 있다(2012.07.17. 부동산등기과-1393 질의회답).
⑤ (○) (규칙 제31조 제2항)

19. 다음은 인터넷을 이용한 등기기록의 열람 등에 관한 내용이다. 틀린 것은?

① 민원인은 이미지폐쇄등기부에 대한 등기사항증명서의 발급 및 등기기록의 열람 또는 영구보존문서에 대한 발급을 신청하는 경우 사전에 인터넷을 통하여 예약할 수 있다.
② 인터넷에 의한 등기기록의 열람 및 등기사항증명서 발급의 경우에도 신청서를 제출하여야 한다.
③ 최초의 열람 후 1시간 이내에는 재열람을 할 수 있다.
④ 등기사항증명서의 발급이 완료된 후에 전산이기의 오류 등이 발견된 등기기록에 대하여 신청인이 경정을 요청한 때에는 직권경정한 날로부터 1월 이내에 1회에 한하여 재발급을 받을 수 있다.
⑤ 타인으로부터 등기사항증명서를 교부받은 자는 인터넷으로 등기사항증명서의 진위 여부를 확인할 수 있다.

해설 ▶ 인터넷을 이용한 등기기록의 열람 등

①, ④, ⑤ (○) (등기예규 제1571호)
② (×) 신청서의 제출을 요하지 아니한다(등기예규 제1571호).
③ (○) 최초의 열람 후 1시간 이내에는 재열람을 할 수 있으며, 이때 서비스시간이 종료되었으면 다음 업무일 서비스 개시 후 1시간 이내에 재열람을 할 수 있다. 재열람의 대상은 재열람 당시의 등기기록이다(등기예규 제1571호).

정답 19. ②

20 인터넷에 의한 등기사항증명 등에 관한 다음 설명 중 틀린 것은?

① 등기사항증명서의 발급 또는 등기기록의 열람업무는 중앙관리소에서 처리하며, 전산운영책임관이 그 업무를 담당한다.
② 등기사항전부증명서 형태의 열람의 경우에는 등기기록에 기록되어 있는 모든 내용을 볼 수 있다.
③ 수수료의 결제일로부터 3월이 경과한 때에는 해당 등기기록에 대한 등기사항증명서 발급 서비스를 제공하지 아니한다.
④ 1등기기록에 대한 등기사항전부증명서 형태 또는 등기사항일부증명서 형태의 열람은 각 1건으로 본다.
⑤ 신청사건이 계류중이더라도 등기기록에 대하여 열람 및 등기사항증명서의 발급을 신청할 수 있다.

해설 ▶ 인터넷에 의한 등기사항증명 및 열람
① (○) (규칙 제28조)
②, ③, ④ (○) (등기예규 제1571호)
⑤ (×) 신청사건이 계류중인 등기기록을 열람하고자 하는 경우에는 그 사실을 알려 준다. 그러나 그럼에도 불구하고 등기사항증명서는 발급하지 아니한다(등기예규 제1571호).

정답 20. ⑤

제7절 전산정보처리조직에 의한 부동산등기신청에 관한 업무처리지침

21 전자신청에 관한 설명으로 틀린 것은?

① 자격자대리인이 아닌 사람은 다른 사람을 대리하여 전자신청을 할 수 없다.
② 전자신청을 하기 위해서는 그 등기신청을 하는 당사자 또는 등기신청을 대리할 수 있는 자격자대리인이 최초의 등기신청 전에 사용자등록을 하여야 한다.
③ 당사자 또는 대리인이 출석하지 않았다고 하여 등기관은 법 제29조 제4호로 각하할 수 없다.
④ 전자신청에 대한 각하 결정의 방식 및 고지방법은 방문신청과 동일한 방법으로 처리한다.
⑤ 전자신청의 경우에도 별도의 접수 절차가 존재한다.

해설 ▶ 전자신청
① (○) (규칙 제67조 제1항)　② (○) (규칙 제68조 제1항)
③ (○) 전자신청에 대하여는 출석주의의 적용이 배제되기 때문이다(법 제24조 제1항).
④ (○) 전자신청에 대한 각하 결정의 방식 및 고지방법은 전산정보처리조직을 이용하는 방법으로 해서는 아니되고, 방문신청과 동일한 방법으로 처리한다.
⑤ (×) 전자신청의 경우에는 자동으로 접수되므로 별도의 접수절차가 필요없다.

정답　21. ⑤

제2장 등기기관과 그 설비 및 등기의 공시(응용)

응용 출제예상문제

01 다음 중 「부동산등기법」의 관련규정으로 맞는 것은 모두 몇 개인가? ★★

> ㉠ 부동산이 수 개의 등기소의 관할구역에 걸쳐 있는 때에는 그 각 등기소를 관할하는 상급법원의 장이 직권으로 관할등기소를 지정한다.
> ㉡ 등기소장은 어느 등기소의 관할에 속하는 사무를 다른 등기소에 위임하게 할 수 있다.
> ㉢ 대법원장은 등기소에서 등기사무를 정지하여야 하는 사유가 발생하면 3월 이상의 기간을 정하여 그 정지를 명하여야 한다.
> ㉣ 법원행정처장은 등기관의 재정보증(財政保證)에 관한 사항을 정하여 운용할 수 있다.
> ㉤ 등기관은 자기, 배우자 또는 4촌 이내의 친족이 등기신청인인 때에는 그 등기소에서 소유권등기를 한 성년자로서 등기관의 배우자등이 아닌 자 2명 이상의 참여가 없으면 등기를 할 수 없다. 배우자등의 관계가 끝난 후에도 같다.

① 없음   ② 1개   ③ 2개   ④ 3개   ⑤ 4개

해설 ▶ 등기기관
㉠ (×) 그 부동산에 대한 최초의 등기신청을 하고자 하는 자의 신청에 의하여 지정한다(규칙 제5조 참조).
㉡ (×) 관할의 위임은 대법원장의 권한이다(법 제8조).
㉢ (×) 등기사무의 정지는 기간을 정하여 정하되 반드시 3개월 이상일 필요는 없다(법 제10조).
㉣ (○) (법 제13조)
㉤ (○) (법 제12조)

정답 01. ③

02 등기관과 관련한 설명이다. 가장 잘못된 것은?

① 등기관은 각기 자기 책임하에 사건을 처리하는 독립적 기관이지만 상사의 일반 행정지시 및 지휘·감독에 따라야 한다.
② 등기관의 고의 또는 중대한 과실로 인하여 국가가 배상책임을 진 경우 국가는 등기관에게 구상권을 행사할 수 있다.
③ 4촌 이내의 친족이 등기신청인일 때에는 그 등기소에서 소유권등기를 한 성년자로서 배우자 및 4촌 이내의 친족이 아닌 자 2인 이상의 참여가 없으면 등기를 할 수 없다.
④ 등기사무는 등기소에 근무하는 등기사무관·등기주사 또는 등기주사보 중에서 지방법원장이 등기관으로 지정한 자만 처리할 수 있다.
⑤ 등기관은 접수번호의 순서에 따라 등기사무를 처리하여야 한다.

해설 ▶ 등기관

①, ② (○) (등기예규 제1364호)
④ (×) 등기사무는 등기소에 근무하는 법원서기관·등기사무관·등기주사 또는 등기주사보(법원사무관·법원주사 또는 법원주사보 중 2001. 12. 31 이전에 시행한 채용시험에 합격하여 임용된 사람을 포함한다) 중에서 지방법원장(등기소의 사무를 지원장이 관장하는 경우에는 지원장을 말한다)이 지정하는 자가 처리한다(법 제11조). 따라서 법원서기관 및 지방법원 지원장, 법원사무관·법원주사 또는 법원주사보 중 2001. 12. 31 이전에 시행한 채용시험에 합격하여 임용된 사람이 빠졌기 때문에 틀린 지문이다.

03 등기기록에 관한 다음 설명 중 잘못된 것은?

① 임차권설정등기청구권보전을 위한 가등기는 을구에 기록한다.
② 건물등기기록의 표제부에는 표시번호란, 접수란, 소재지번 및 건물번호란, 건물내역란, 등기원인 및 기타 사항란을 둔다.
③ 소유권이전금지가처분등기는 을구에 기록한다.
④ 토지등기기록의 표제부에는 표시번호란, 접수란, 소재지번란, 지목란, 면적란, 등기원인 및 기타 사항란을 둔다.
⑤ 전세권에 기한 임의경매개시결정등기는 갑구에 기록한다.

해설 ▶ 등기기록의 양식

소유권이전금지가처분 등기는 갑구에 기록한다.

정답 02. ④ 03. ③

04 다음 중 등기기록에 관한 설명으로 타당하지 않은 것은? ★★

① "등기기록"이란 1필의 토지 또는 1개의 건물에 관한 등기정보자료를 말한다.
② 1동의 건물을 구분한 건물에 있어서는 1동의 건물에 속하는 전부에 대하여 1개의 등기기록을 둔다.
③ 법인 아닌 사단이나 재단 명의의 등기를 할 때에는 그 대표자나 관리인의 성명, 주소 및 주민등록번호를 함께 기록하여야 한다.
④ 등기할 권리자가 2인 이상일 때에는 권리자별 지분을 기록하여야 하고 등기할 권리가 합유(合有)인 때에는 그 뜻을 기록하여야 한다.
⑤ 구분건물에 대지권이 있는 경우 그 권리의 표시에 관한 사항은 1동의 건물의 표제부에 기록한다.

해설 ▶ 등기기록
① (법 제2조 제3호) ② (법 제15조 제1항 단서) ③, ④ (법 제48조)
⑤ 대지권의 목적인 토지의 표시는 1동의 건물의 표제부에 기록하고 대지권에 관한 사항은 전유부분 표제부에 기록한다(규칙 제88조 제1항).

05 폐쇄등기부에 대한 다음 설명 중 틀린 것은?

① 등기관의 착오에 의하여 등기기록이 폐쇄된 경우에는 등기관이 직권으로 부활하고, 당사자의 신청 착오로 폐쇄된 경우에는 당사자의 신청에 의하여 부활한다.
② 폐쇄등기부의 보관·관리장소는 중앙관리소로 한다.
③ 폐쇄가 위법한 절차나 방법에 의하여 이루어진 것이 객관적으로 명백하다고 하더라도 소송의 방법으로 그 회복을 청구할 수는 없는 것이다.
④ 폐쇄등기부에 기록되어 있는 등기는 현재의 등기로서의 효력이 없다.
⑤ 폐쇄등기부상의 등기라고 하더라도 그 등기의 말소를 구할 소의 이익이 있다.

해설 ▶ 폐쇄등기부
① (○) (등기예규 제1207호) ② (○) (규칙 제10조 제2항)
③ (○) 법률이 규정하는 폐쇄사유가 없음에도 불구하고 부동산등기기록이 폐쇄되었거나 또는 그 폐쇄가 위법한 절차나 방법에 의하여 이루어진 것이 객관적으로 명백하다고 하더라도 등기관이 그 폐쇄사유와 절차 등에 관한 법률 규정을 준용하여 직권으로 이를 회복할 수 있음은 별론으로 하고(1992.5.22. 등기 제1222호), 소송의 방법으로 그 회복을 청구할 수는 없는 것이다(대판 1994.12.23. 93다37441).
④ (○) (대판 1979.9.25. 78다1089)
⑤ (×) 개정 전 부동산등기규칙 제113조에 의해서 폐쇄등기부상의 등기사항도 예외적으로 예고등기 촉탁대상이 되어 신등기기록에 이기된 경우에는 승소 확정판결에 의해서 말소 또는 말소회복의 등기를 할 수 있었으나, 예고등기가 부동산등기법에서 삭제됨에 따라 동 규칙 제113조도 함께 삭제되었기 때문에 더 이상 폐쇄등기부상의 등기에 대해서 신등기기록에 이기한 후 말소나 말소회복등기를 할 수 없다.

정답 04. ⑤ 05. ⑤

06. 다음 중 등기기록의 폐쇄사유가 아닌 것은?

① 소유권보존등기의 말소
② 토지의 분합필(합병)
③ 토지의 합필, 건물의 합병등기의 경우
④ 중복등기를 정리하는 경우
⑤ 등기기록의 매수과다로 신등기기록으로 이기를 한 후의 전 등기기록

해설 ▶ 등기기록의 폐쇄사유

① (○) 소유권보존등기를 말소한 경우에는 그 부동산은 미등기부동산이 되고 또한 우리나라의 부동산등기제도는 원칙적으로 표제부만을 두는 등기는 허용하지 아니하므로 등기기록 전부를 폐쇄한다. 다만, 1동의 건물 중 어느 구분건물의 소유권보존등기를 말소하는 경우에는 그 구분건물의 표시에 관한 등기기록(1동의 건물 및 전유부분의 표제부)은 폐쇄하지 아니하고 갑구 및 을구만 폐쇄한다.
② (×) 갑지를 분할하여 그 일부를 을지에 합병하는 경우에는 갑지와 을지의 부동산표시변경등기를 하는 것이지 등기기록을 개설해야 하거나 폐쇄해야 하는 것은 아니다(규칙 제78조).
③ (○) 갑지를 을지에 합병하여 합필의 등기를 하는 경우에는 갑지의 등기사항을 을지에 이기한 후 갑지의 등기기록을 폐쇄한다(규칙 제79조). 건물 합병의 경우도 마찬가지이다(규칙 제100조).
④ (○) 예규에 의한 건물의 중복등기를 정리할 때에는 말소등기를 한 후 그 등기기록을 폐쇄하며, 규칙에 의해서 토지에 관한 중복등기를 정리하는 경우에는 일정한 등기기록을 말소등기 없이 제거해서 폐쇄한다(등기예규 제1431호).
⑤ (○) (규칙 제55조 제1항)

07. 구분건물에 관한 설명이다. 다음 중 틀린 것은?

① 구분건물은 구조상·이용상의 독립성이 있어야 한다.
② 1동의 건물을 구분한 경우 1동 건물에 대하여는 표제부만 둔다.
③ 1동 건물을 구분한 건물에 있어서는 1동의 건물에 속하는 전부에 대하여 1등기기록을 사용한다.
④ 대지권등기 후의 건물의 권리에 관한 등기는 건물만에 관한 것이라는 부기가 없는 한 대지권에 대하여도 동일한 등기로서 효력이 있다.
⑤ 규약상 공용부분에 대한 등기기록에도 갑구, 을구를 두어 권리에 관한 등기를 기록한다.

해설 ▶ 구분건물의 등기

① (「집합건물의 소유 및 관리에 관한 법률」 제1조)
② (규칙 제14조 제1항)
③ (법 제15조 제1항 단서)
④ (법 제61조 제1항 본문)
⑤ 규약상 공용부분은 표제부만 등기하고 갑구와 을구를 두지 않는다(규칙 제104조 제3항).

정답 06. ② 07. ⑤

제2장 등기기관과 그 설비 및 등기의 공시(응용)

08 다음 중 등기사항증명 등에 관한 설명으로 틀린 것은?

① 등기기록의 열람 및 등기사항증명서의 발급 청구는 관할 등기소가 아닌 등기소에 대하여도 할 수 있다.
② 폐쇄한 등기기록에 대하여는 말소사항포함 등기사항전부증명서만 발급한다.
③ 등기사항증명서를 발급하거나 등기기록을 열람하게 할 때에는 등기명의인의 표시에 관한 사항 중 주민등록번호 또는 부동산등기용등록번호의 일부를 공시하지 아니할 수 있다.
④ 등기신청이 접수된 부동산에 관하여 등기사항증명서의 발급신청이 있는 경우 그 발급 신청인에게 신청사건이 접수되어 처리 중임을 알려 준 후 발급신청을 각하한다.
⑤ 모사전송방법에 의한 관할외 등기사항증명서의 발급신청은 할 수 없다.

해설 ▶ 등기사항의 증명 등
① (○) (법 제19조 제2항) ② (○) (규칙 제29조 단서) ③ (○) (규칙 제32조 제1항)
④ (×) 등기신청이 접수된 부동산에 관하여 등기사항증명서의 발급신청이 있는 경우 그 발급 신청인에게 신청사건이 접수되어 처리 중임을 알려 준 후 등기사항증명서 첫 면의 상단에 신청사건에 대한 정보를 표시하고 등기사항증명서 매 장마다 음영으로 신청사건처리중임을 표시하며, 맨 뒷면의 증명문에 현재 처리 중인 신청사건의 결과에 따라 등기기록의 내용이 접수시로 소급해서 변경될 수 있다는 뜻을 표시하여 등기사항 증명서를 발급하여야 한다(등기예규 제1605호).
⑤ (○) 관련근거규정의 삭제로 모사전송에 의한 관할외 등기사항증명서의 발급은 하지 아니한다.

09 등기기록의 열람 및 등기사항증명서 발급에 관한 기술 중 타당한 것은? ★★

① 등기사항증명서의 발급은 등기소 이외의 장소에서는 무인등본발급기에 의하여 발급할 수 없으나, 인터넷에 의하여 등기사항증명서의 발급업무를 처리할 수는 있다.
② 지적공부소관청이 「공간정보의 구축 및 관리 등에 관한 법률」에 따라 부동산표시의 부합여부를 조사하기 위하여 등기기록을 열람하는 경우에도 수수료를 납부한다.
③ 어느 부동산이 등기되어 있지 않다는 사실증명(미등기증명)은 이를 발급할 수 없다.
④ 등기사항에 변경이 없다는 사실 또는 어떤 사항의 등기가 없다는 사실의 증명발급은 가능하다.
⑤ 대리인이 등기사항증명서의 발급을 청구하는 경우에는 그 권한을 증명하는 서면을 제출할 필요가 없으나 등기기록의 열람을 신청할 때에는 그 권한을 증명하는 서면을 제출하여야 한다.

정답 08. ④ 09. ③

해설 ▸ 등기기록의 열람 및 등기사항증명서 발급

① (×) 민원인의 편의를 위하여 등기소 외의 장소에도 무인발급기를 설치할 수 있다(규칙 제27조 제2항).
② (×) 등기사항증명서의 발급 및 열람의 수수료는 다른 법률에 수수료를 면제하는 규정이 있는 경우에는 면제한다(공간정보의 구축 및 관리 등에 관한 법률 제88조 제5항).
③ (○) 미등기사실증명은 허용하지 않는다. 미등기사실증명제도는 2001년 7월 폐지되었다.
④ (×) 개정법(제19조)에 의하면 일정 사실에 대한 사실증명서의 발급규정이 삭제되었다.
⑤ (×) 등기기록의 열람 및 등기사항증명서의 발급신청인은 제한이 없으므로 누구든지 열람 및 발급을 신청할 수 있다(법 제19조 제1항). 따라서 비록 대리인이라 하여도 위임장을 등기소에 첨부정보로서 제공할 필요 없이 자기 이름으로 신청할 수 있다.

10. 전산정보처리조직에 의한 등기신청을 위한 사용자 등록과 관련한 설명이다. 잘못된 것은?

① 사용자등록을 한 사람은 사용자등록의 효력정지, 효력회복 또는 해지를 신청할 수 있다.
② 사용자등록번호를 분실하였을 때에는 사용자등록을 다시 하여야 한다.
③ 사용자등록의 유효기간은 3년이다.
④ 사용자등록의 유효기간 만료일 3개월 전부터 만료일까지는 그 유효기간의 연장을 신청할 수 있으며, 그 연장기간은 3년으로 한다.
⑤ 사용자등록의 효력정지 및 해지의 신청은 반드시 직접 등기소에 방문하여 하여야 한다.

해설 ▸ 사용자등록

① (규칙 제70조) ② (규칙 제71조 제2항)
③, ④ (규칙 제69조)
⑤ 사용자등록의 효력정지 및 해지의 신청은 전자문서로 할 수도 있고 등기소에 방문하여 할 수도 있다. 그러나 사용자등록의 효력회복신청은 반드시 등기소에 방문하여 하여야 한다(규칙 제70조 참조).

정답 10. ⑤

CHAPTER 03 등기절차 총론

학습포인트

- 이 장에서는 등기절차의 총론, 즉 등기신청주의 원칙과 그 예외, 등기신청, 등기의 신청정보와 첨부정보, 등기신청의 접수와 심사, 등기신청의 보정, 각하 및 취하, 등기의 실행, 등기완료 후의 절차 및 등기관의 처분에 대한 이의와 벌칙에 관해 다루고 있다.
- 절차법상 등기신청권과 실체법상 등기청구권의 차이, 등기신청인, 신청정보와 첨부정보, 등기신청의 각하사유, 등기신청절차 전반을 묻는 종합문제, 등기관의 처분에 대한 이의 등이 주로 출제된다. 이 장은 절차법인 부동산등기법을 이해함에 있어서 초석이 되는 부분이므로 모든 부분을 빠짐없이 철저히 학습해야 한다.

CHAPTER 학습 & 출제되는 키워드

- ☑ 신청주의 원칙
- ☑ 등기당사자능력·신청능력
- ☑ 판결에 의한 등기신청
- ☑ 1건 1신청주의
- ☑ 등기원인을 증명하는 정보
- ☑ 주소를 증명하는 정보
- ☑ 규약 또는 공정증서
- ☑ 등기신청의 접수 및 심사
- ☑ 등기신청의무
- ☑ 등기당사자적격
- ☑ 상속 등 포괄승계에 따른 등기신청
- ☑ 필요적 신청정보의 내용
- ☑ 제3자의 허가·동의·승낙 등
- ☑ 주민등록번호 등의 증명정보
- ☑ 인감증명
- ☑ 등기신청의 보정·각하 및 취하
- ☑ 등기관의 직권에 의한 등기
- ☑ 공동신청주의·단독신청
- ☑ 등기신청정보
- ☑ 임의적 신청정보의 내용
- ☑ 대표자·대리인의 자격
- ☑ 부동산의 표시증명정보
- ☑ 거래계약신고필정보
- ☑ 등기관의 처분에 대한 이의신청

CHAPTER 학습 & 출제되는 질문

- ☑ 등기신청절차에 관한 설명 중 틀린 것은?
- ☑ 법인 아닌 사단의 등기에 관한 설명 중 틀린 것은?
- ☑ 등기신청정보의 내용 중 임의적 정보사항은?
- ☑ 등기원인증명정보(서면) 및 그 검인에 관한 설명으로 옳은 것은?
- ☑ 부동산등기를 신청하는 경우 제출해야 하는 인감증명이 아닌 것은?
- ☑ 부동산등기법상 등기필정보에 관한 설명 중 틀린 것은?
- ☑ 등기신청의 각하사유 중 '사건이 등기할 것이 아닌 때'에 해당하지 않는 것은?

제1절 신청주의 원칙과 그 예외

01 등기신청의무에 관한 설명이다. 다음 중 틀린 것은?

① 등기는 사적자치의 원칙에 따라서 등기를 할 것인지 여부는 당사자의 자유의사에 의해 당사자가 결정할 문제이고, 원칙적으로 당사자에게 등기신청의무가 없다.
② 「부동산등기법」과 특별법에서는 등기부와 대장의 부동산표시를 일치시킬 목적, 중간생략등기와 명의 신탁등기를 금지시킬 목적 등으로 예외적으로 등기신청의무 규정을 두고 있다.
③ 「부동산등기 특별조치법」에서는 쌍무계약의 경우에는 반대급부의 이행이 완료된 날로부터 30일 이내에 소유권이전등기를 신청하여야 한다.
④ 토지의 분할, 합병, 멸실 등의 경우 등기명의인은 1개월 이내에 그 등기를 신청하여야 한다.
⑤ 「부동산등기 특별조치법」에서는 등기신청의무를 위반할 경우 과태료를 부과하고 있다.

해설 ▶ 등기신청의무

③ (✕) 소유권이전등기 신청은 쌍무계약의 경우에는 반대급부의 이행이 완료된 날부터, 편무계약의 경우에는 그 계약의 효력이 발생한 날로부터 60일 이내에 신청하여야 한다(「부동산등기 특별조치법」 제2조 제1항).
④ (○) (「부동산등기법」 제35조, 제39조)
⑤ (○) (「부동산등기 특별조치법」 제11조)

02 등기절차개시에 관한 설명으로 틀린 것은?

① 등기는 당사자의 신청 또는 직권에 의해서도 개시된다.
② 관공서는 부동산에 관한 거래관계의 주체로서 등기를 촉탁할 수 있는 경우에도 등기권리자와 등기의무자의 공동으로 등기를 신청할 수 있다.
③ 등기는 등기권리자와 등기의무자가 등기소에 출석하여 이를 신청하는 것이 원칙이다.
④ 신청주의의 원칙은 사적자치를 존중하기 위한 제도 중에 하나이다.
⑤ 등기신청절차는 등기권리자가 자신의 주소지를 관할하는 등기소에 신청함으로써 개시된다.

정답 01. ③ 02. ⑤

제3장 등기절차 총론(기본)

해설 ▶ 등기절차개시
② (○) 관공서가 부동산에 관한 거래관계의 주체로서 하는 등기"촉탁"은 "신청"과 실질적으로 아무런 차이가 없으므로 공동신청할 수 있다(대판 1977.5.24. 77다206).
④ (○) 등기는 원칙적으로 등기권리자와 등기의무자간의 사권실현을 돕는 것으로 사적자치를 존중하기 위하여 신청제도를 두고 있으며 다만, 예외적으로 신청의무가 인정된다.
⑤ (×) 부동산소재지를 관할하는 지방법원, 동 지원 또는 등기소에 신청함으로써 개시된다.

03. 다음 중 등기관의 직권으로 할 수 있는 등기가 아닌 것은?

① 등기의무자가 행방불명된 경우 전세권말소등기
② 수용을 원인으로 한 소유권이전등기시 수용의 날 이후에 경료된 소유권이전등기의 말소등기
③ 소유권이전등기신청의 경우 주소변경으로 인한 등기명의인표시변경등기
④ 가등기에 기하여 본등기를 한 경우 가등기 후 본등기 전에 경료된 제3자의 등기
⑤ 환매권행사에 따른 환매특약의 말소등기

해설 ▶ 직권으로 할 수 있는 등기
※ 등기관이 직권으로 하는 등기(신청주의의 예외)와 등기당사자가 단독으로 신청할 수 있는 경우(공동신청주의의 예외)를 구별해야 한다.
① 등기권리자가 등기의무자의 행방불명으로 인하여 공동으로 등기의 말소신청을 할 수 없는 때에는 등기권리자가 제권판결을 받아 단독으로 말소등기를 신청할 수 있다(법 제56조).
② (법 제99조 제4항)   ③ (규칙 제122조)
④ (법 제92조)   ⑤ (규칙 제114조)

04. 등기신청에 관한 설명으로 옳은 것은? [22회 출제]

① 미등기 토지에 대해 소유권 확인의 승소판결을 받은 자는 보존등기를 신청할 수 없다.
② 토지에 관한 부동산표시의 변경등기를 신청할 때는 신청수수료를 내야 한다.
③ 甲과 乙이 토지를 공유하기로 하고 매수하여 이전등기를 신청하는 경우 신청정보의 내용으로 그 지분을 제공하지 않아도 된다.
④ 甲과 乙이 공유하나 건축물대장상 공유지분 표시가 없는 건물에 대해 甲의 지분 2/3. 乙의 지분 1/3로 보존등기하기 위해서 甲의 인감증명을 첨부할 필요가 없다.
⑤ 법무사가 대리인으로서 등기신청을 하는 경우 자신이 직접 등기소에 출석하여 신청서를 제출해야 한다.

정답 03. ① 04. ④

제2편 부동산등기법

해설 등기신청

① (×) 확정판결에 의하여 자기의 소유권을 증명하는 자는 소유권보존등기를 할 수 있다(법 제65조 제2호).
② (×) 등기신청수수료를 받지 아니한다(등기예규 제1629호).
③ (×) 그 지분을 신청정보의 내용으로 등기소에 제공하여야 한다(규칙 제105조 제1항).
④ (○) 乙의 인감증명을 첨부하여야 한다. 〈공유물의 보존등기〉 등기권리자가 2인 이상인 때에는 그 지분을 신청정보의 내용으로 등기소에 제공하여야 하므로(규칙 제105조 제1항), 건축물대장상 소유명의인이 甲과 乙로 등재되어 있으나 그 공유지분의 표시가 없는 건물에 대하여는 신청정보의 내용으로 甲과 乙의 공유지분이 각 1/2인 것으로 제공하여 소유권보존등기를 신청하여야 할 것이다. 그러나, 만약 甲과 乙의 실제 공유지분이 균등하지 않다면, 甲과 乙이 공동으로 작성한 공유지분을 증명하는 서면과 실제의 지분이 균등하게 산정한 지분보다 적은 자(지문에서는 乙)의 인감증명을 첨부하여 실제의 지분에 따른 소유권보존등기를 신청할 수 있다(1998.2.4. 등기선례 제5-260호). 따라서 실제의 지분이 균등하게 산정한 지분보다 많은 자(지문에서는 甲)의 인감증명은 첨부할 필요가 없다.
⑤ (×) 사무원을 등기소에 출석하게 할 수 있다(법 제24조 제1항 제1호).

05 다음 중 공동신청주의 원칙의 예외로서 단독으로 신청할 수 있는 등기만을 열거한 것은?

① 소유권보존등기, 수용으로 인한 소유권이전등기, 포괄유증으로 인한 소유권이전등기
② 소유권보존등기의 말소등기, 신탁등기, 공공용지의 협의취득을 원인으로 한 소유권이전등기
③ 등기명의인표시변경등기, 신탁등기의 말소등기, 소유권보존등기의 말소등기
④ 부동산표시변경등기, 법인의 합병으로 인한 소유권이전등기, 사인증여를 원인으로 한 소유권이전등기
⑤ 상속으로 인한 소유권이전등기, 신탁등기의 말소등기, 포괄유증으로 인한 소유권이전등기

해설 단독신청

① (×) 포괄유증에 의한 소유권이전등기는 유언집행자가 등기의무자, 수증자가 등기권리자가 되어 공동으로 신청한다(법 제23조 제1항).
② (×) 공공용지의 협의취득을 원인으로 한 소유권이전등기는 그 실질이 매매를 원인으로 한 소유권이전등기와 같기 때문에 공동으로 신청하는 것이 원칙이다(법 제23조 제1항).
③ (○) 부동산의 표시변경·경정등기는 소유권의 등기명의인이 1월 이내에 단독으로 이를 신청하고, 등기명의인의 표시변경·경정등기는 그 등기명의인이 단독으로 신청한다(법 제23조 제5·6항).
④ (×) 사인증여를 원인으로 한 소유권이전등기는 단독신청의 특칙을 두고 있지 아니하고, 포괄승계도 아니다. 한편 사인증여는 유증의 효력규정을 준용하기 때문에 증여자의 상속인과 수증자가 공동으로 신청해야 할 것이다.

정답 05. ③

06. 다음 중 등기신청에 관한 설명으로 옳지 않은 것은?

① 등기는 원칙적으로 등기권리자와 등기의무자가 공동으로 신청하여야 한다.
② 판결 또는 상속으로 인한 등기는 등기권리자만으로 이를 신청할 수 있다.
③ 종중 또는 문중에 속하는 부동산등기에 관하여는 그 대표자가 이를 신청한다.
④ 전자신청의 경우에도 공동신청의 원칙은 유지되고 있다.
⑤ 등기관은 등기신청이 부적법이면 신청을 각하하는데, 부적법여부의 판단은 등기신청시를 기준으로 한다.

해설 ▶ 등기신청
① (○) (법 제23조 제1항) ② (○) (법 제23조 제3항, 제4항)
③ (○) (법 제26조 제2항) ④ (○) 전자신청의 경우에도 공동신청의 원칙은 유지되고 있다.
⑤ (×) 등기신청의 하자는 보정할 수 있으므로 등기신청의 적법여부의 판단은 등기기록에 기록시를 기준으로 한다. 즉 등기신청은 무조건 접수하여야 하며, 등기기록에 기록시에 적법여부를 심사하여 각하할 수 있다(대결 1989.5.29. 87마820).

제2절 등기의 신청

01 등기당사자능력 및 등기당사자적격

07. 다음 중 등기당사자능력이 없는 것은 모두 몇 개인가?

㉠ 아파트입주자대표회의	㉡ 읍이나 면	㉢ 정 당
㉣ 제일여자중학교	㉤ 한정치산자	㉥ 주식회사 삼정
㉦ 외국인	㉧ 「민법」상의 조합	㉨ 재단법인
㉩ 종 중	㉪ 농업협동조합	㉫ 강화군
㉬ 태 아	㉭ 대한불교조계종	

① 3개　　② 4개　　③ 5개　　④ 6개　　⑤ 2개

해설 ▶ 등기당사자능력
부동산등기법상 등기당사자능력이 있는 자는 자연인, 법인 및 비법인 사단·재단이므로, 등기당사자능력이 없는 것은 ㉡, ㉣, ㉧, ㉬이다.

정답　06. ⑤　07. ②

인정되는 경우(○)	부정되는 경우(×)
1) 자연인(의사무능력자, 제한능력자, 외국인포함) 2) 법인(사단법인, 재단법인, 영리·비영리법인 불문) 3) 공법인(국가, 지방자치단체) ⇨ 지방자치단체는 특별·광역시, 도·특별자치도 및 시·군·자치구 4) 법인 아닌 사단·재단(종중, 정당, 교회, 동창회, 유치원, 아파트입주자 대표회의) ⇨ 등기권리자 또는 등기의무자는 사단·재단 이름으로 하되 등기신청인은 대표자나 관리인	1) 태아(정지조건설과 판례에 따름) 2) 「민법」상 조합 ⇨ 조합은 계약이므로 조합자체의 명의로 등기할 수 없고 조합원 전원명의의 합유등기로 한다. 3) 사립학교 ⇨ 학교이름으로 등기할 수 없고 재단법인(설립자)명의로 등기신청 4) 지자체의 읍·면·리·동

08 다음 중 등기당사자능력이 있는 자는?(다툼이 있으면 판례의 의함)

① 「재난관리법」에 근거하여 설치된 서울특별시 사고대책본부
② 비법인 사단의 실체를 갖추고 있으나 주무관청으로부터 인가를 취소당한 주택조합
③ 태 아
④ 「대한민국재향경우회법」에 의하여 설립된 대한민국재향경우회의 지부 또는 지회
⑤ 등기기록상 소유자로 기록되어 있고, 제3자에게 등기절차이행의무를 지고 있는 학교

해설 등기의 신청능력
① (×) 행정기관에 불과하므로 등기능력이 없다.
② (○) 인가의 취소여부는 행정법상의 문제일 뿐, 권리능력없는 사단으로서의 실체를 갖추고 있으므로 등기신청당사자능력이 있다.
③ (×) 태아는 정지조건설을 판례가 채택함으로 등기신청당사자능력이 없다.
④ (×) 단체의 지부인 경우 또는 하부기관인 경우에는 등기신청당사자능력이 인정되지 않으므로 단체의 명의로만 등기가 가능하다.
⑤ (×) 학교는 시설물에 불과하므로 그 배후의 법인의 명의로 등기한다.

09 등기신청에 관한 설명으로 틀린 것은? ★   24회 출제

① 丙의 채무담보를 위하여 甲과 乙이 근저당권설정계약을 체결한 경우 丙은 근저당권설정등기신청에서 등기당사자 적격이 없다.
② 17세인 甲은 소유권보존등기신청에서 등기신청능력을 갖지 않는다.
③ 성년후견인 甲은 피성년후견인 乙을 대리하여 등기신청을 할 수 있다.
④ 지방자치단체는 등기신청에서 등기당사자능력이 있다.
⑤ 甲으로부터 적법하게 등기신청을 위임받은 乙이 피한정후견인이라도 등기신청능력을 갖는다.

정답   08. ②   09. ②

제3장 등기절차 총론(기본)

해설 ▶ 등기신청절차 일반
① (○) 등기권리자(근저당권자)와 등기의무자(근저당권설정자)가 아닌 자는 등기당사자적격이 없다.
② (×) 미성년자는 원칙적으로 법정대리인의 동의 없이 단독으로 등기신청행위를 할 수 없지만 소유권보존등기 등과 같이 권리만을 얻는 행위에 관하여는 등기신청능력을 갖는다.
③ (○) 부동산등기법은 대리인에 의한 등기신청을 허용하고 있고(법 제24조 제1항 제1호), 대리인에는 임의대리인 뿐만 아니라 법정대리인도 포함된다.
④ (○) 지방자치단체는 법인으로 보므로(「지방자치법」 제3조) 당연히 등기당사자능력이 있다.
⑤ (○) 부동산에 관한 권리변동을 위한 법률행위(원인행위)를 대리하는 경우 대리인은 행위능력자가 아니어도 무방하다(「민법」 제117조). 따라서 위 원인행위의 이행에 불과한 등기신청행위의 경우에도 그 대리인은 행위능력자임을 요하지 않는다고 할 것이다.

10 등기신청과 관련한 다음 설명 중 옳지 않은 것은?

① 등기청구권은 등기신청에 협력을 청구하는 사법상의 권리를 말하고, 등기신청권은 국가기관인 등기관에게 등기를 구하는 공법상의 권리를 말한다.
② 임차권등기명령제도에 의한 임차권등기는 임차주택 소재지 관할법원에 임차권등기명령을 신청하면 법원의 촉탁에 의해 임차권등기가 이루어진다.
③ 등기신청이 등기권리자와 등기의무자의 공동신청에 의한 경우에는 그 등기신청의 취하도 공동으로 하여야 한다.
④ 등기의무자가 등기신청에 협력하지 않을 때에는 판결에 의하여 강제실현할 수 없다.
⑤ 소유권말소등기절차의 이행을 명하는 승소판결을 받은 등기권리자가 말소등기신청을 하지 아니하는 경우에도 패소한 등기의무자가 직접 말소등기를 신청할 수는 없다.

해설 ▶ 등기신청
② (○) (「주택임대차보호법」 제3조의3)
③ (○) (등기예규 제1643호)
④ (×) 등기신청협력의무 불이행시에는 판결에 의하여 강제실현할 수 있다.
⑤ (○) 법 제23조 제4항에 의하면 판결에 의해서 단독으로 등기를 신청할 수 있는 자는 승소한 등기권리자나 승소한 등기무자만이다(등기예규 제1607호).

정답 10. ④

02 등기신청인

11 다음 중 등기권리자와 등기의무자에 관한 설명으로 옳은 것은?

① 매매로 인한 소유권이전등기의 말소등기신청에서 매도인은 등기의무자이다.
② 甲 소유의 부동산에 설정된 乙 명의의 저당권 말소등기를 신청하는 경우에는 甲이 등기의무자이고, 乙이 등기권리자이다.
③ 채무인수로 인한 채무자변경등기에 있어 근저당권자가 등기의무자이다.
④ 저당권자가 채권양도로 변경된 경우 저당권양수인이 등기권리자이다.
⑤ 갑 소유권에 설정된 저당권이 乙에서 丙으로 이전된 후에 채무를 변제하여 그 저당권등기를 말소하고자 하는 경우 저당권양도인인 乙이 등기의무자이다.

해설 ▶ 등기신청인(등기권리자와 등기의무자)

유 형	등기권리자	등기의무자
소유권이전등기의 말소등기(매매)	매도인	매수인
저당권말소등기	저당권설정자·제3취득자	저당권자
저당권변경등기(채무자변경)	저당권자	저당권설정자·제3취득자
저당권이전등기(채권양도)	저당권양수인	저당권양도인
저당권이전등기의 말소등기	저당권설정자	저당권양수인

저당권 양수인이 등기권리자가 된다.
甲 소유권에 설정된 저당권이 을에서 병으로 이전된 후에 채무를 변제하여 그 저당권등기를 말소하고자 하는 경우에, 실체법상의 말소등기청구권자는 저당권설정자인 甲이고 그 협력의무자는 저당권의 양수인인 丙이며, 절차법상으로는 권리를 회복하는 저당권설정자인 甲이 등기권리자가 되고 권리를 잃게 되는 저당권 양수인인 현재의 저당권자 丙만이 등기의무자가 된다. 따라서 종전의 저당권자인 을은 실체법상으로나 절차법상으로도 권리를 잃게 되는 자가 아니므로 등기의무자가 될 수 없다.

12 부동산등기의 등기신청과 관련한 다음 설명 중 틀린 것은?

① 종중에 속하는 부동산의 등기의무자는 그 종중대표자이다.
② 판결로 인한 등기는 승소한 등기권리자 또는 등기의무자가 단독으로 신청할 수 있다.
③ 방문신청의 경우 등기는 등기권리자와 등기의무자 또는 대리인이 등기소에 출석하여 이를 신청하여야 한다.
④ 소유권보존등기(所有權保存登記) 또는 소유권보존등기의 말소등기(抹消登記)는 등기명의인으로 될 자 또는 등기명의인이 단독으로 신청한다.
⑤ 대위에 의한 등기도 원칙적으로 등기의무자와 대위자가 공동으로 신청하여야 한다.

정답 11. ④ 12. ①

제3장 등기절차 총론(기본)

해설 ▶ **등기신청인**(등기권리자와 등기의무자)
① (×) 법인 아닌 사단도 등기능력이 인정되므로(법 제26조), 단체 명의로 등기하여야 하며, 그 등기의무자도 단체 자체이다. 다만, 단체의 경우 대표자가 등기신청을 대표할 뿐이다(甲 종중 대표 A의 형식).
② (○) (법 제23조 제4항)
③ (○) (법 제24조 제1항 제1호)
④ (○) (법 제23조 제2항)
⑤ (○) 대위에 의한 등기신청은 채무자가 가지는 등기신청권을 채권자가 대위행사하는 것에 불과하므로 대위신청과 관련된 내용을 제외하고는 나머지 등기절차는 통상의 경우와 같다.

13 다음은 등기명의인이나 등기권리자가 단독으로 신청할 수 있는 등기를 나열한 것이다. 틀린 것은?

① 말소회복등기 ② 가등기의 말소등기
③ 등기명의인 표시변경등기 ④ 미등기부동산에 대한 소유권보존등기
⑤ 판결에 의한 소유권이전등기

해설 ▶ **단독신청 및 그 예**
말소회복등기는 등기권리자와 등기의무자가 공동으로 신청하여야 한다(법 제23조 제1항).

14 등기신청과 관련한 다음 설명 중 가장 잘못된 것은?

① 가등기권리자는 가등기가처분명령의 정본을 첨부정보로 제공하여 단독으로 가등기를 신청할 수 있다.
② 판결에 의한 등기는 승소한 등기권리자 또는 등기의무자만으로 등기신청 할 수 있다.
③ 수용으로 인한 소유권이전등기는 권리자가 단독으로 신청할 수 있다.
④ 유증을 원인으로 한 소유권이전등기는 수증자가 단독으로 신청한다.
⑤ 단독으로 신청할 수 있는 경우라도 당연히 직권으로 등기할 수 있는 것은 아니다.

해설 ▶ **단독신청**
① (○) (법 제89조, 규칙 제145조 제2항) ② (○) (법 제23조 제4항)
③ (○) (법 제99조 제1항)
④ (×) 유증을 원인으로 한 소유권이전등기는 포괄유증이나 특정유증을 불문하고 수증자를 등기권리자, 유언집행자 또는 상속인을 등기의무자로 하여 공동으로 신청하여야 한다. 수증자가 유언집행자로 지정되거나 상속인인 경우에도 같다(등기예규 제1512호).
⑤ (○) 직권에 의한 등기의 경우에는 신청조차 필요치 않은 것으로서 양자는 구별되는 개념이다.

정답 13. ① 14. ④

15. 등기권리자와 등기의무자가 공동으로 등기신청을 해야 하는 것은? (단, 판결 등 집행권원에 의한 등기신청은 제외함) [35회 출제]

① 소유권보존등기의 말소등기를 신청하는 경우
② 법인의 합병으로 인한 포괄승계에 따른 등기를 신청하는 경우
③ 등기명의인표시의 경정등기를 신청하는 경우
④ 토지를 수용한 사업시행자가 수용으로 인한 소유권이전등기를 신청하는 경우
⑤ 변제로 인한 피담보채권의 소멸에 의해 근저당권설정등기의 말소등기를 신청하는 경우

해설 ▶ **단독등기신청의 허용**
등기는 등기권리자와 등기의무자가 공동으로 신청하여야 한다(법 제23조). 다만, 권리변동을 수반하지 아니하는 등기(표시변경등기)나 등기의무자가 존재하지 아니하는 등기 또는 판결의 경우와 같이 진정성이 확보되는 경우 등에는 단독신청에 의할 수 있다. ⑤는 단독신청 불가

16. 단독으로 신청할 수 있는 등기를 모두 고른 것은? (단, 판결에 의한 신청은 제외) [27회 출제]

㉠ 소유권보존등기의 말소등기
㉡ 근저당권의 채권최고액을 감액하는 변경등기
㉢ 법인합병을 원인으로 한 저당권이전등기
㉣ 특정유증으로 인한 소유권이전등기
㉤ 승역지에 지역권설정등기를 하였을 경우 요역지지역권등기

① ㉠, ㉢ ② ㉠, ㉣ ③ ㉡, ㉣
④ ㉠, ㉢, ㉤ ⑤ ㉢, ㉣, ㉤

정답 15. ⑤ 16. ①

제3장 등기절차 총론(기본)

해설 ▶ 단독으로 신청할 수 있는 등기

미등기부동산에 대한 소유권보존등기 또는 소유권보존등기의 말소등기는 단독신청한다(법 제23조 제2항). 상속, 법인의 합병, 법인의 분할로 인하여 분할 전 법인이 소멸하는 경우 등 포괄승계에 따른 등기는 등기권리자가 단독으로 그 등기를 신청한다(법 제23조 제3항).

• 단독신청의 허용

등기의무자가 존재하지 않는 등기	• 상속등기 • 미등기부동산의 소유권보존등기 • 혼동으로 소멸한 권리의 말소등기 • 멸실등기
권리변동이 없는 중성적인 등기	• 부동산표시의 변경·경정등기 • 등기명의인표시의 변경·경정등기
등기의 진정성이 보장되는 등기	• 판결에 의한 등기(이행판결) • 가등기가처분명령·승낙증명정보를 첨부정보로 제공한 가등기 • 승낙증명정보·대항할 수 있는 재판이 있음을 증명하는 정보를 첨부정보로 제공한 가등기의 말소 • 사망으로 소멸한 권리의 말소등기 • 토지수용으로 인한 소유권이전등기
특히 그 필요성이 요구되는 등기	• 등기의무자가 소재불명된 경우의 말소등기 • 가등기명의인에 의한 가등기의 말소

17. 협의분할에 의한 상속등기에 관한 다음 설명 중 가장 옳지 <u>않은</u> 것은?

① 협의분할에 의한 상속등기를 신청할 경우에는 피상속인이 사망한 날을 등기원인일로 하여야 한다.
② 피상속인의 사망으로 상속이 개시된 후 상속등기를 하지 아니한 상태에서 공동상속인 중 1인이 사망한 경우 나머지 상속인들과 사망한 공동상속인의 상속인들이 피상속인의 재산에 대한 협의분할을 할 수 있다.
③ 친권자와 그 친권에 복종하는 미성년자가 공동상속인으로서 상속재산 협의분할을 할 때에 친권자가 상속재산을 전혀 취득하지 아니한 경우라면 상속포기를 하지 아니하였더라도 미성년자를 위한 특별대리인을 선임할 필요는 없다.
④ 협의분할에 의한 상속등기를 신청함에 있어 공동상속인이 각각 날인한 동일한 분할협의서(복사본이나 프린트 출력물 등)를 수통 첨부하였더라도 그 등기신청을 수리할 수 있다.
⑤ 상속인 전원이 상속인 중 甲, 乙 공동으로 상속하기로 하는 상속재산 분할협의를 하여 상속등기를 마친 후 다시 공동상속인 전원의 합의에 따라 甲이 단독으로 상속하기로 하는 새로운 상속재산 분할협의를 한 경우 甲, 乙 공유를 甲 단독 소유로 하는 소유권경정등기를 신청할 수 있다.

정답 17. ③

해설 ▶ 협의분할에 의한 상속등기

① (○) (등기예규 제438호)
② (○) (등기선례 제7-178호)
③ (×) 상속인들이 협의서를 작성할 때 상속 중 친권자를 포함한 미성년자가 있는 경우에, 상속포기를 하지 아니한 친권자가 미성년자를 대리하게 되면 이해상반될 우려가 있으므로 미성년자를 위한 특별대리인을 선임하여 상속재산분할협의를 하여야 한다(등기예규 제1088호).
④ (○) 공동상속인의 주소가 상이하여 동일한 분할협의서(복사본이나 프린트 출력물 등)를 수통 작성하여 각각 날인하였더라도 결과적으로 공동상속인 전원이 분할협의에 참가하여 합의한 것으로 볼 수 있다면, 그 소유권이전등기신청을 수리하여도 무방하다(등기선례 제200612-5호).
⑤ (○) (등기선례 제8-199호)

18

협의분할에 의한 상속등기에 관한 설명이다. 틀린 것은?

① 협의분할에 의한 상속등기를 신청하는 경우에도 상속을 증명하는 서면을 첨부정보로 제공하여야 함은 물론이나 등기의무자의 등기필정보를 신청정보로 제공할 필요는 없다.
② 상속재산의 분할협의에는 공동상속인 전원이 참가하여야 하므로 공동상속인 중 일부의 행방을 알 수 없는 경우에는 위 행방불명된 상속인에 대한 실종선고를 받지 않는 한 협의분할을 할 수 없다.
③ 피상속인의 사망으로 상속이 개시된 후 상속등기를 하지 아니한 상태에서 공동상속인 중 1인이 사망한 경우에는 나머지 상속인들과 사망한 공동상속인의 상속인들이 피상속인의 재산에 대한 협의분할을 할 수 있다.
④ 상속재산의 분할은 법정상속등기 후에도 이를 할 수 있는 것이며 이 경우 등기원인일자는 상속재산분할의 소급효에 따라 상속개시일자를 기록하여야 한다.
⑤ 甲의 사망으로 甲 소유 부동산에 관하여 공동상속등기가 경료된 후 공동상속인 중 어느 1인이 사망하였다면, 그 공동상속등기에 대해서는 상속재산분할협의에 의한 소유권경정등기를 할 수 없다.

해설 ▶ 협의분할에 의한 상속등기

① (○) 상속사실을 증명하여야 하므로 상속증명서면은 첨부정보로 제공하나, 단독신청이므로(등기의무자가 존재하지 않음) 등기필정보를 신청정보로 제공할 필요는 없다.
② (○) 공동상속인 전원의 합의가 없으면 분할협의는 무효이기 때문이다.
③ (○) 사망한 상속인의 권리가 그의 상속인에게 공동귀속하기 때문이다(2003.08.14. 부등3402-442).
④ (×) 등기원인은 협의분할로 인한 상속 또는 확정판결(또는 화해, 인낙)에 의한 상속이라고 기록하고, 그 등기원인일자는 피상속인의 사망일이 아닌 협의분할일자를 기록한다.
⑤ (○) 왜냐하면 이미 또 다른 상속사유가 발생하여 그 사망자의 상속인이 상속을 받아서, 이미 그 망자의 지분은 협의할 종전의 상속재산이 아니기 때문이다(2001.10.25. 등기 3402-722).

정답   18. ④

19

甲이 乙에게 자신의 부동산을 매도한 다음 그에 따른 등기를 하기 이전에 사망하였다. 이 경우 乙명의로 포괄승계인에 의한 소유권이전등기를 신청하는 방법에 관한 설명 중 **틀린** 것은?

① 등기원인이 발생한 후에 甲에 대하여 상속이 있는 경우에 甲의 상속인이 그 등기를 신청하는 것을 말한다.
② 공동신청의 원칙이 유지되므로 단독신청을 하는 상속·합병·분할등기와 다르다.
③ 甲의 상속인 앞으로의 상속등기 등이 생략된 채 乙 등의 명의로 직접 등기를 실행하므로 중간생략등기가 명시적으로 인정된다.
④ 甲의 상속인은 등기필정보를 제공할 필요가 없다.
⑤ 신청정보의 등기의무자의 표시가 등기기록과 일치하지 아니한 경우에도 등기신청을 각하할 수 없다.

해설 포괄승계인에 의한 등기신청

①, ②, ③ (○) (법 제27조 참조)
④ (×) 상속등기가 아니므로 등기필정보를 제공해야 한다(규칙 제43조 제1항 제7호 단서).
⑤ (○) 신청정보의 등기의무자의 표시가 등기기록과 일치하지 아니한 경우에는 등기신청을 각하한다. 다만, 제27조에 따라 포괄승계인이 등기신청을 하는 경우는 제외한다(법 제29조 제7호).

20

대위등기신청에 관한 다음 설명 중 옳지 **않은** 것은?

① 「주택법」에 의한 금지사항 부기등기의 말소신청은 채권자 대위에 의한 신청이 허용되지 않는다.
② 건물이 멸실한 경우에 등기기록상 소유명의인의 채권자는 대위원인을 증명하는 서면과 건축물대장등본 기타 멸실을 증명할 수 있는 서면을 첨부정보로 제공하여 건물 멸실등기를 대위신청할 수 있다.
③ 채권자대위에 의한 등기신청이 있는 경우에는 채권자의 성명 또는 명칭, 주소 또는 사무소 소재지와 대위원인을 기록하여야 한다.
④ 등기기록상 등기명의인의 성명이 착오로 잘못 기록되어 있는 경우에 당해 부동산 소유명의인의 채권자는 등기명의인 표시경정등기를 대위신청할 수 있다.
⑤ 대위의 기초인 권리가 특정채권인 때에는 당해 권리의 발생원인인 법률관계의 존재를 증명하는 서면을 첨부정보로 제공하여야 하는데, 이 서면은 공정증서일 필요는 없다.

정답 19. ④ 20. ①

제2편 부동산등기법

해설 ▶ 대위신청
① (×) 「주택법」상의 금지사항의 부기등기도 채권자 대위에 의한 말소등기가 가능하다(등기선례 제200507-8호).
② (○) (등기선례 제200603-3호)
③ (○) (법 제28조 제2항) 등기신청인이 채권자이고 채무자가 아님에 주의하여야 한다.
④ (○) 채권자는 권리등기 뿐만 아니라 중성적등기인 표시등기도 대위할 수 있다.
⑤ (○) 대위원인을 증명하는 서면은 공정증서가 아닌 사서증서라도 무방하다(등기예규 제1432호).

21 대위에 의하여 등기를 신청할 수 있는 경우를 설명한 것이다. 옳은 것은?

① 수익자 또는 위탁자는 수탁자를 대위하여 신탁의 등기를 신청할 수 없다.
② 일반금전채권자는 채무자를 대위하여 등기를 신청할 수 없다.
③ 가등기명의인의 승낙서를 첨부정보로 제공한 때에는 등기상이해관계인은 가등기명의인을 대위하여 가등기의 말소를 신청할 수 있다.
④ 일부 구분건물의 소유자가 소유권보존등기를 신청하는 경우 다른 구분건물의 소유자를 대위하여 그 건물의 표시에 관한 등기를 신청할 수 있다.
⑤ 상속인이 상속의 포기 등을 할 수 있는 기간이 경과하지 않은 경우에는 상속인의 채권자는 상속인을 대위하여 상속등기를 신청할 수 없다.

해설 ▶ 대위에 의하여 등기를 신청할 수 있는 경우
① 신청할 수 있다(법 제82조 제2항). ② 신청할 수 있다(등기예규 제1432호).
③ 가등기의무자 또는 가등기에 관하여 등기상 이해관계 있는 자는 법 제23조 제1항에도 불구하고 가등기명의인의 승낙을 받아 단독으로 가등기의 말소를 신청할 수 있다(법 제93조 제2항). 대위에 의한 신청이 아니다.
④ (법 제46조 제2항)
⑤ 상속인 자신이 한정승인 또는 포기를 할 수 있는 기간 내에 상속등기를 한 때에는 상속이 단순승인으로 인정된 경우가 있을 것이나 상속등기가 상속재산에 대한 처분행위라고 볼 수 없으니 만큼 채권자가 상속인을 대위하여 상속등기를 하였다 하여 단순승인의 효력을 발생시킬 수 없고 상속인의 한정승인 또는 포기할 수 있는 권한에는 아무런 영향도 미치는 것이 아니므로 채권자의 대위권행사에 의한 상속등기를 거부할 수 없다(대결 1964.4.3. 63마54).

정답 21. ④

22. 대위등기에 관한 다음 설명 중 가장 옳지 <u>않은</u> 것은?

① 채권자대위에 의하여 등기를 신청할 때에 제공하여야 하는 대위원인을 증명하는 정보는 공문서뿐만 아니라 사서증서라도 무방하다.
② 채권자가 채무자를 대위하여 등기를 신청하는 경우 채무자로부터 채권자 자신으로의 등기를 동시에 신청하지 않더라도 이를 수리한다.
③ 대위로 신청할 수 있는 등기에는 채무자의 권리에 이익을 가져오는 등기뿐만 아니라 부동산표시변경등기와 같이 채무자에게 불리하지 아니한 등기도 포함된다.
④ 특정채권자나 금전채권자가 대위신청하는 경우에 무자력 입증정보는 첨부정보로서 등기소에 제공하여야 한다.
⑤ 채권자대위신청에 의하여 등기를 할 때에는 대위자의 성명 또는 명칭, 주소 또는 사무소 소재지 및 대위원인을 기록하여야 한다.

해설 ▶ 대위등기

① (○) (등기예규 제1432호) ② (○) (등기예규 제1432호)
③ (○) 대위등기할 수 있는 등기의 종류에는 특별한 제한이 없다. 그러나 채권자가 그 중 어느 등기를 대위신청하려는 경우에 그 등기는 통상 채무자에 유리하거나 중성적인 등기(표시변경)여야 한다.
④ (✕) 종전과 달리 변경된 예규와 선례에 의하면 특정채권자나 금전채권자가 대위신청하는 경우에 무자력 입증정보는 첨부정보로서 등기소에 제공할 필요가 없다(등기예규 제1432호 및 2001.05.28. 등기 3402-366).
⑤ (○) (법 제28조 제2항)

23. 제3자에 의한 등기신청을 설명한 것이다. 옳지 <u>않는</u> 것은?

① 체납처분으로 인한 압류등기를 촉탁하기 위하여 관공서는 체납자를 대위하여 체납자 앞으로의 소유권이전등기촉탁을 할 수 있다.
② 신탁재산의 처분으로 인한 신탁등기 또는 신탁재산의 회복으로 인한 신탁등기는 위탁자나 수익자가 대위하여 신청할 수 있다.
③ 채권자가 채무자를 대위하여 등기를 신청하는 경우 채무자로부터 채권자 자신으로의 등기를 동시에 신청하여야만 이를 수리할 수 있다.
④ 건물이 멸실되어 건물소유자가 1월 내에 멸실등기의 신청을 해태한 경우에는 토지소유자는 건물소유자를 대위하여 건물멸실등기의 신청이 가능하다.
⑤ 구분건물의 대지권변경이 있는 경우 구분건물의 변경등기는 구분건물의 소유자 중 일부가 나머지 소유자를 대위하여 신청할 수 있다.

해설 ▶ 제3자에 의한 등기신청

① (법 제96조) ② (법 제82조 제2항)
③ 동시에 신청하지 않더라도 이를 수리한다(등기예규 제1432호).
④ (법 제43조 제2항) ⑤ (법 제41조 제3항)

정답 22. ④ 23. ③

제2편 부동산등기법

24. 관공서가 촉탁하는 등기에 관한 설명으로 옳은 것은?

① 관공서가 촉탁정보 및 첨부정보를 적은 서면을 제출하는 방법으로 등기촉탁하는 경우에는 우편으로 그 촉탁서를 제출할 수 있다.
② 공동신청을 해야 할 경우 등기권리자가 지방자치단체인 때에는 등기의무자의 승낙이 없더라도 해당 등기를 등기소에 촉탁해야 한다.
③ 관공서가 공매처분을 한 경우에 등기권리자의 청구를 받으면 지체없이 체납처분으로 인한 압류등기를 등기소에 촉탁해야 한다.
④ 관공서가 체납처분으로 인한 압류등기를 촉탁하는 경우에는 등기명의인을 갈음하여 등기명의인의 표시변경등기를 함께 촉탁할 수 없다.
⑤ 수용으로 인한 소유권이전등기를 신청하는 경우에는 보상이나 공탁을 증명하는 정보를 첨부정보로서 등기소에 제공할 필요가 없다.

해설 ▶ 촉탁등기
② 국가 또는 지방자치단체가 등기권리자인 경우에는 국가 또는 지방자치단체는 등기의무자의 승낙을 받아 해당 등기를 지체 없이 등기소에 촉탁하여야 한다.
③ 관공서가 공매처분을 한 경우에 등기권리자의 청구를 받으면 지체없이 체납처분으로 인한 압류등기의 말소를 등기소에 촉탁해야 한다.

25. 다음은 채권자대위권에 의한 등기절차에 관한 설명이다. 가장 틀린 것은?

① 대위채권자는 채무자의 신청대리인이 아니고, 자기의 명의로 채무자명의의 등기를 신청하는 것이다.
② 등기관이 등기를 완료한 때에는 대위신청인 및 피대위자에게 등기완료통지를 하여야 한다.
③ 대위원인을 증명하는 서면을 첨부하여야 하나, 위 서면은 사문서이거나 공문서이거나를 불문한다.
④ 등기관이 채권자대위신청에 의하여 등기를 할 때에는 대위자의 성명, 주소 및 주민등록번호와 대위원인을 기록하여야 한다.
⑤ 금전채권자가 대위신청하는 경우에도 무자력 입증정보는 첨부정보로 제공할 필요가 없다.

해설 ▶ 채권자대위등기
① (○) 대위등기신청은 등기권리자나 등기의무자가 아니면서 법률(「민법」제404조, 법 제96조, 제99조 등)에 의하여 등기신청권자를 대위하여 자기 이름으로 피대위자 명의의 등기를 신청하는 경우이다.
② (○) (규칙 제53조)
③ (○) 대위원인을 증명하는 정보(규칙 제50조)로는 사서증서(매매계약서 등), 공문서(체납처분의 압류조서 등), 재판서(가압류결정등본·가처분결정등본 등) 등을 불문한다.
④ (×) 대위자의 주민등록번호는 등기사항이 아니다(법 제28조 제2항).
⑤ (○) 변경된 예규에 의하면 금전채권자가 대위신청하는 경우에도 무자력 입증정보는 첨부정보로서 등기소에 제공할 필요가 없다(등기예규 제1432호).

정답 24. ① 25. ④

제3장 등기절차 총론(기본)

26 판결에 의한 등기신청에 관한 설명 중 옳은 것은?

① 판결에 의하여 '소유권이전등기'를 신청하는 경우에는 그 등기원인에 대하여 요구되는 행정관청의 허가, 동의 또는 승낙 등의 현존사실이 그 판결서상에 기재되어 있으면 그 허가서 등을 첨부정보로 제공하지 않아도 된다.
② 승소한 등기권리자가 등기신청을 하지 않아 방치한 경우에 불이익을 받게 되는 등기의무자는 등기수취권에 기하여 이를 소명하는 소명자료와 송달된 판결정본을 첨부하여 단독으로 등기신청을 할 수 있다.
③ 등기절차를 이행하라는 확정판결에 의하여 등기신청을 하는 경우에는 원칙적으로 그 판결문에 집행문을 부여받을 필요는 없다.
④ 등기절차를 명하는 판결에 반대급부를 명하고 있거나 조건부판결인 경우에도 집행문 없이 등기를 할 수 있다.
⑤ 형성판결의 경우에 등기원인은 확정판결, 등기원인일자는 판결선고일을 신청정보의 내용으로 제공하여야 한다.

해설 ▶ 판결에 의한 등기신청

① (×) 소유권이전등기를 신청할 때에는 해당 허가서 등의 현존사실이 판결서 등에 기재되어 있다 하더라도 행정관청의 허가 등을 증명하는 서면을 반드시 제출하여야 한다(등기예규 제1607호).
② (×) 패소한 등기의무자에 해당한다. 등기수취권의 행사는 법원에 소를 제기하여 승소한 경우에만 등기의무자가 단독으로 신청할 수 있다(법 제23조 제4항, 대판 2001.2.9. 2000다60708).
③ (○) 의사진술을 명한 판결은 그 확정에 의하여 즉시 의사진술이 의제되어 강제집행이 종료되었기 때문에(「민사집행법」 제263조), 신청정보에는 첨부정보로서 확정증명서를 등기소에 제공하면 충분하고 집행문까지 발급받아 제공할 필요가 없음이 원칙이다.
④ (×) 반대급부를 명하거나 조건부판결인 경우에는 집행문의 부여를 요한다(「민사집행법」 제263조). 반대급부나 조건의 성취를 증명할 필요가 있기 때문이다.
⑤ (×) 등기원인은 "판결에서 행한 형성처분"을, 그 연월일은 "판결확정일"을 신청정보의 내용으로 제공하여야 한다(등기예규 제1607호).

정답 26. ③

27. 판결에 의한 등기를 신청하는 경우 첨부정보에 관한 다음 설명 중 가장 옳지 않은 것은?

① 판결에 의한 등기를 신청하는 경우 등기원인증서로서 판결정본과 그 판결의 확정증명서를 첨부하여야 하나 송달증명서는 첨부할 필요가 없다.
② 등기절차의 이행을 명하는 판결이 선이행판결, 상환이행판결, 조건부이행판결인 경우에는 집행문을 첨부하여야 한다.
③ 판결에 의한 소유권이전등기를 신청할 때에는 등기원인에 대하여 행정관청의 허가, 동의 또는 승낙이 필요한 경우에도, 판결이유에 그 허가서 등의 현존사실이 기재되어 있다면 그 허가서 등을 첨부할 필요가 없다.
④ 甲은 乙에게, 乙은 丙에게 각 소유권이전등기절차를 순차로 이행하라는 판결에 의하여 丙이 乙을 대위하여 甲으로부터 乙로의 소유권이전등기를 신청할 때에는 乙의 주소를 증명하는 정보를 첨부하여야 한다.
⑤ 판결문상의 피고의 주소가 등기기록상의 등기의무자의 주소와 다르나 주민등록번호가 일치하는 경우에는 동일인임을 증명하는 서면을 첨부정보로 제공할 필요가 없다.

해설 ▶ 판결에 의한 등기신청
① (○) (등기예규 제1607호)
② (○) 원칙적으로 집행문은 제공할 필요가 없지만 선이행판결, 상환이행판결, 조건부판결 등인 경우에는 제공하여야 한다(등기예규 제1607호).
③ (×) 소유권이전등기를 신청할 때에는 해당 허가서 등의 현존사실이 판결서 등에 기재되어 있다 하더라도 행정관청의 허가 등을 증명하는 서면을 반드시 제출하여야 한다(등기예규 제1607호).
④, ⑤ (○) (등기예규 제1607호)

28. 甲에서 乙에게로 소유권이전등기가 경료된 후 甲이 乙을 상대로 그 등기가 원인무효임을 이유로 소유권이전등기의 말소소송을 제기하여 승소 확정되었다. 그런데 그 판결에 따른 말소등기를 하기 전에 乙의 채권자 丙에 의하여 가압류등기가 경료되었다. 다음 중 옳은 것은?

① 甲이 위 판결에 의하여 乙명의의 소유권이전등기를 말소하기 위해서는 丙의 승낙서를 첨부정보로 제공하여야 한다.
② 甲이 위 판결에 의하여 乙명의의 소유권이전등기를 말소하기 위해서는 丙 명의의 가압류등기의 말소를 구하는 소송을 제기하여야 한다.
③ 甲은 丙의 가압류등기를 그냥 둔 채로 乙명의의 소유권이전등기의 말소등기를 신청할 수 있다.
④ 甲은 丙을 상대로 가압류이의 재판을 통하여 丙의 가압류등기를 말소시킨 후에 乙의 등기를 말소할 수 있다.
⑤ 甲이 丙에 대하여 승계집행문을 얻은 경우 甲은 丙명의의 가압류등기의 말소와 乙명의의 소유권이전등기의 말소를 동시에 신청할 수 있다.

정답 27. ③ 28. ⑤

해설 ▶ 판결에 의한 등기신청
① (×) 丙은 등기상이해관계인 아닌 승계인에 해당하기 때문에 승계집행문을 첨부해서 말소할 수 있다.
② (×) 판례에 의하면 가압류(가처분)등기는 재판을 통하여 법원의 촉탁에 의해서 등기되는 것이므로 乙명의의 등기가 무효가 된다하여 가압류 재판까지 무효가 되는 것은 아니므로 甲은 乙 명의 등기가 말소된다는 점에 대한 승낙의 의사표시를 구해야지 丙 명의의 가압류(가처분) 등기의 말소를 구하는 소송을 제기할 수 없다(대판 1998.11.27. 97다41103).
③ (×) 가압류등기를 말소하지 않은 채 乙명의의 등기만 말소한 경우에 그 등기는 법 제29조 제2호에 위반한 등기로서 직권말소대상이기 때문에 乙등기만 말소할 수는 없다.
④ (×) 승계집행문을 첨부해서 말소신청 할 수 있기 때문에 가압류취소결정을 받아서 선행 말소해야 하는 것은 아니다.
⑤ (○) 사실심변론종결 후에 가압류등기가 경료되었기 때문에 승계집행문을 부여받아 乙등기의 말소와 가압류등기의 말소를 동시에 신청할 수 있다. 다만, 이 경우 등기를 완료한 등기관은 집행법원에 통지해야 한다.

29 확정판결에 의한 등기신청에 관한 설명으로 틀린 것은? ★ 　24회 출제

① 공유물분할판결을 첨부하여 등기권리자가 단독으로 공유물분할을 원인으로 한 지분이전등기를 신청할 수 있다.
② 승소한 등기권리자가 판결에 의한 등기신청을 하지 않는 경우에는 패소한 등기의무자도 그 판결에 의한 등기신청을 할 수 있다.
③ 승소한 등기권리자가 그 소송의 변론종결 후 사망하였다면, 상속인이 그 판결에 의해 직접 자기 명의로 등기를 신청할 수 있다.
④ 채권자 대위소송에서 채무자가 그 소송이 제기된 사실을 알았을 경우 채무자도 채권자가 얻은 승소판결에 의하여 단독으로 그 등기를 신청할 수 있다.
⑤ 등기절차의 이행을 명하는 판결이 확정된 후, 10년이 지난 경우에도 그 판결에 의한 등기신청을 할 수 있다.

해설 ▶ 판결에 의한 등기
① (○) 공유물분할판결이 확정되면 그 소송 당사자는 원·피고인지 여부에 관계없이 그 확정판결을 첨부하여 등기권리자 단독으로 공유물분할을 원인으로 한 지분이전등기를 신청할 수 있다(등기예규 제1607호).
② (×) 패소한 등기의무자는 그 판결에 기하여 직접 등기권리자 명의의 등기신청을 하거나 승소한 등기권리자를 대위하여 등기신청을 할 수 없다(등기예규 제1607호).
③ (○) 승소한 등기권리자가 승소판결의 변론종결 후 사망하였다면, 상속인이 상속을 증명하는 서면을 첨부하여 직접 자기 명의로 등기를 신청할 수 있다(등기예규 제1607호).
④ (○) 채권자 대위소송에서 채무자가 채권자대위소송이 제기된 사실을 알았을 경우에는 채무자 또는 제3채권자도 채권자가 얻은 승소판결에 의하여 단독으로 등기를 신청할 수 있다(등기예규 제1607호).
⑤ (○) 등기절차의 이행을 명하는 확정판결을 받았다면 그 확정시기에 관계없이, 즉 확정 후 10년이 경과하였다 하더라도 그 판결에 의한 등기신청을 할 수 있다(등기예규 제1607호).

정답　29. ②

30. 등기신정 대리인과 관련한 설명이다. 가장 잘못된 것은?

① 서면신청의 경우 대리인이 될 수 있는 자격에 제한이 없지만 전자신청의 경우 법무사, 변호사와 같은 자격자대리인이 아니면 자기 사건이라도 상대방을 대리할 수 없다.
② 등기신청 대리인은 행위능력자임을 요하지 아니하며, 자기계약·쌍방대리도 허용된다.
③ 등기신청을 법무사에게 위임한 대표이사가 등기신청 전에 변경된 경우에도 법무사는 그가 위임 당시 해당 회사의 대표이사임을 증명하는 법인등기사항증명서와 그의 인감증명을 첨부하여 등기신청할 수 있다.
④ 등기신청의 대리권은 등기신청서를 접수할 때 뿐 아니라 등기완료시까지 존속하여야 한다.
⑤ 대리인에 의한 등기의 경우 대리인의 성명과 주소는 등기부에 기록하지 않는다.

해설 ▶ 대리인에 의한 등기신청
① (○) 전자신청 대리의 경우에는 누구나 할 수 있는 것은 아니고 변호사나 법무사(법무법인·법무법인(유한)·법무사법인·법무사법인(유한)을 포함)가 아닌 자는 다른 사람을 대리할 수 없다(등기예규 제1624호).
② (○) 등기신청행위는 비송행위의 일종이고 공법상 행위이지만 등기신청행위는 이미 이루어진 법률행위의 이행행위로서 등기절차를 이행하는데 불과하므로 통설은 행위능력자일 필요는 없다고 한다.
③ (○) (등기선례 제5-125호)
④ (✗) 등기신청의 대리권은 그 신청행위의 종료시(등기관이 신청정보를 접수할 때까지)까지 있으면 충분하고, 등기가 완료될 때까지 있을 필요는 없다.
⑤ (○) 신청정보의 내용으로는 제공하지만(규칙 제43조 제1항 제4호), 등기부에는 기록하지 않는다.

31. 다음 중 반드시 동시신청하여야 하는 등기에 해당하지 않는 등기는?

① 환매특약부 매매로 인한 권리이전의 등기와 환매특약의 등기
② 채권자 대위등기와 채무자로부터 채권자 자신으로의 등기
③ 1동의 건물에 속하는 구분건물 중의 일부만에 관한 소유권보존의 등기와 나머지 구분건물의 표시에 관한 등기
④ 대지사용권취득등기와 대지권변경등기
⑤ 신탁등기와 신탁으로 인한 소유권이전등기

해설 ▶ 동시신청
① (「민법」 제590조)
② 채권자가 채무자를 대위하여 등기를 신청하는 경우에 채무자로부터 채권자 자신으로의 등기를 동시에 신청하지 않더라도 등기관은 이를 수리한다(등기예규 제1432호).
③ (법 제46조 제1항)   ④ (법 제60조 제3항)   ⑤ (법 제82조 제1항)

정답 30. ④ 31. ②

제3절 등기신청에 필요한 정보

01 등기신청정보(등기신청서)

32 다음 중 등기신청시 필요적 신청정보의 내용이 아닌 것은?
① 신청인이 법인인 경우에는 그 대표자의 성명과 주소
② 지상권의 지료와 그 지급시기
③ 등기의 목적
④ 등기원인과 연월일
⑤ 신청인이나 대리인의 주소·성명

해설 ▶ **필요적 신청정보의 내용**(규칙 제43조)
지상권의 지료와 지급시기는 지상권의 필수적 요소가 아니므로 임의적 신청정보에 불과하다(법 제69조, 규칙 제126조).

33 토지소유권이전등기 신청정보에 해당하지 않는 것은?   **25회 출제**
① 지목　　② 소재와 지번　　③ 토지대장 정보
④ 등기소의 표시　　⑤ 등기원인과 등기의 목적

해설 ▶ **신청정보의 내용**(규칙 제43조 제1항)
토지대장 정보는 첨부정보이다(규칙 제46조 제1항 제7호).

34 등기신청서 및 등기부의 기록문자에 대한 설명이다. 가장 옳은 것은?
① 계량법에 의한 면적의 표시는 '제곱미터'로 표시하고, 소수점 이하는 기재하지 않는다.
② 등기명의인의 주소를 기재할 때에는 "서울특별시"나 "부산광역시"는 "서울"이나 "부산"으로 약기하여야 한다.
③ 금액의 표시는 아라비아숫자로 하되, 외국화폐로 하는 경우에는 그 외국화폐를 통칭하는 명칭을 함께 기재한다.
④ 원칙적으로 한글과 아라비아숫자로 기재하나 외국인의 성명을 기재할 때에는 해당 국가의 문자로 기재한다.
⑤ 금액의 표시는 아라비아숫자로 하되, 그 표시를 외국화폐로 하는 경우에는 "US $10,000,000", "日本國 10,000,000円"으로 표시한다.

정답　32. ②　33. ③　34. ③

해설 등기신청서 및 등기부의 기록문자(등기예규 제1187호)
① (X) 계량법에 의한 면적의 표시는 제곱미터의 약호인 m²를 사용하고 소수점 이하의 면적의 표시는 67.07m²와 같이 기재한다(동예규).
② (X) 행정구역 명칭 그대로 전부 기재하여야 하며, "서울특별시", "부산광역시" 등을 "서울", "부산" 등으로, "경기도", "충청남도" 등을 "경기", "충남" 등으로 약기하여서는 아니 된다(동예규).
③ (○) (동예규)
④ (X) "프랑스인, 장 자크 루소"처럼 등기부는 한글과 아라비아숫자로 기재하되, 외국인의 성명을 기재할 때에는 국적을 함께 기재한다(동예규).
⑤ (X) 금액의 표시는 아라비아숫자로 하되, 그 표시를 내국화폐로 하는 경우에는 "금10,000,000원"과 같이 기재하고, 외국화폐로 하는 경우에는 "미화 금10,000,000달러", "일화 금10,000,000엔"으로 표시한다.

35

방문신청을 위한 등기신청서의 작성 및 제공에 관한 설명으로 틀린 것은?

① 등기신청서에는 신청인 또는 그 대리인이 기명날인 하거나 서명하여야 한다.
② 신청서에 간인을 하는 경우 등기권리자가 여러명이고 등기의무자가 1명일 때에는 등기권리자 중 1명과 등기의무자가 간인하는 방법으로 한다.
③ 신청서의 문자를 삭제한 경우에는 그 글자 수를 난외에 적으며 문자의 앞뒤에 괄호를 붙이고 이에 서명하고 날인하여야 한다.
④ 특별한 사정이 없는 한 등기의 신청은 1건당 1개의 부동산에 관한 신청정보를 제공하는 방법으로 하여야 한다.
⑤ 같은 채권의 담보를 위하여 여러 개의 부동산에 대한 저당권설정등기를 신청하는 경우 부동산의 관할 등기소가 서로 다르면 1건의 신청정보로 일괄하여 등기를 신청할 수 없다.

해설 신청정보 작성방법
신청서의 문자를 삭제한 경우에는 그 글자 수를 난외에 적으며 문자의 앞뒤에 괄호를 붙이고 이에 날인 또는 서명하여야 한다(부동산등기규칙 제57조).

36

방문신청시 등기신청서 작성과 관련한 설명 중 옳은 것은?

① 신청서가 여러 장 일 때에는 등기권리자 및 등기의무자가 전원이 간인하여야 한다.
② 신청서에 첨부할 부속서류인 상속재산분할협의서가 여러 장으로 작성된 경우에는 작성자 중 1인이 간인하면 족하다.
③ 신청인이 수인인 신청서의 기재사항을 정정하는 경우에는 그 중 1인이 정정인을 날인한다.
④ 매매를 원인으로 한 소유권이전등기신청서에는 신청인이 서명하여 제출할 수 없다.
⑤ 수 개의 부동산이 동일한 등기소의 관할 내에 있지 않다하더라도 각 부동산에 대한 등기원인 및 등기 목적이 같을 때에는 일괄신청이 허용된다.

정답 35. ③ 36. ④

제3장 등기절차 총론(기본)

해설 ▶ 등기신청서

① (×) 신청서가 여러 장일 때에는 신청인은 서류간의 연속성을 나타낼 목적으로 갑지·을지·별지에 간인을 하여야 한다. 그러나 등기권리자 또는 등기의무자가 다수일 때에는 등기권리자 또는 등기의무자 각 1인씩만 간인하는 방법으로 한다(규칙 제56조 제2항).
② (×) 규칙 제56조 제2항은 등기신청서 간인에 관한 것이므로 그 부속서류에는 적용되지 아니한다. 따라서 상속등기를 신청하는 경우에 첨부한 상속재산분할협의서나 위임장 등이 여러 장일 경우에는 상속인 전원이 간인해야 할 것이다(1992.07.08. 등기 제1491호).
③ (×) 신청인이 다수인데 신청서를 정정하여야 하는 경우에는, 날인하지 아니한 신청인과 이해상반되는 경우가 있을 수 있으므로, 신청인 전원의 정정인을 날인한다(등기예규 제585호).
④ (○) 개정 「부동산등기규칙」 제56조 제1항에 서명제도를 추가하였다. 그러나 신청서에 서명할 수 있는 등기신청은 성질상 규칙 제60조의 인감증명을 첨부정보로 등기소에 제공할 필요가 없는 등기신청의 경우로 제한된다. 왜냐하면 매매를 원인으로 하는 소유권이전등기와 같이 인감증명을 첨부정보로 제공해야 할 경우에는 신청정보나 위임장에 반드시 인감을 날인해야 하기 때문이다.
⑤ (×) 수 개의 부동산이 같은 등기소의 관할 내에 있어야 한다(법 제25조).

37. 다음 중 일괄신청할 수 있는 경우를 모두 모은 것은? ★

> ㉠ 같은 채권의 담보를 위하여 소유자가 다른 여러 개의 부동산에 대한 공동저당권설정등기를 신청하는 경우
> ㉡ 관공서가 공매처분을 한 경우에 등기권리자의 청구에 의해 공매처분으로 인한 권리이전의 등기 등을 촉탁하는 경우
> ㉢ 부동산강제경매의 경우 매각대금이 지급된 뒤에 법원사무관 등이 매수인 앞으로의 소유권이전등기 등을 촉탁하는 경우
> ㉣ 취득한 부동산을 담보로 매매대금을 지급하기 위해 소유권이전등기와 저당권설정등기를 하려는 경우

① ㉠, ㉡
② ㉡, ㉢
③ ㉢, ㉣
④ ㉠, ㉡, ㉢
⑤ ㉡, ㉢, ㉣

해설 ▶ 일괄신청

㉠, ㉡, ㉢ (○) 등기의 신청은 1건당 1개의 부동산에 관한 신청정보를 제공하는 방법으로 하여야 한다. 다만, 등기목적과 등기원인이 동일하거나 그 밖에 대법원규칙으로 정하는 경우에는 같은 등기소의 관할 내에 있는 여러 개의 부동산에 관한 신청정보를 일괄하여 제공하는 방법으로 할 수 있다(법 제25조).
㉣ (×) 이 경우에는 등기목적과 등기원인이 서로 다른 경우이므로 일괄신청할 수 없다.

정답 37. ④

02 등기원인을 증명하는 정보

38 다음 서면 중에서 등기원인을 증명하는 정보에 해당하는 것은 모두 몇 개인가?

> ㉠ 근저당권설정등기신청에 있어서 근저당권설정계약서
> ㉡ 상속으로 인한 소유권이전등기신청에 있어서 상속재산분할협의서나 가족관계등록사항별 증명서
> ㉢ 매매로 인한 소유권이전등기에 있어서 매매계약서
> ㉣ 매각을 원인으로 한 권리이전등기촉탁에 있어서 매각허가결정정본
> ㉤ 판결에 의한 소유권이전등기신청에 있어서 확정판결정본
> ㉥ 유증이나 사인증여로 인한 소유권이전등기에 있어서 유언증서나 사인증여계약서
> ㉦ 부동산교환계약서나 조정조서

① 3개　② 4개　③ 5개　④ 6개　⑤ 7개

해설▶ 등기원인을 증명하는 정보
개정 부동산등기법에 의하면 상속을 원인으로 한 소유권이전등기의 경우에는 가족관계등록사항별 증명서, 제적증명서, 상속포기수리증명원, 상속재산분할협의서 등이, 유증이나 사인증여를 원인을 하는 소유권이전등기의 경우에는 유언증서나 사인증여증서가 당연히 등기원인을 증명하는 정보가 된다.

39 다음은 등기원인을 증명하는 정보에 관한 설명이다. 잘못된 것은?

① 저당권설정계약해지증서나 매매예약서도 등기원인을 증명하는 정보이다.
② 경락(매각)을 원인으로 한 소유권이전등기를 할 경우에는 검인을 받아야 한다.
③ 건물소유권보존등기의 경우에는 건축물대장정보가 등기원인을 증명하는 정보가 될 수 있다.
④ 승소한 등기권리자가 판결에 의해 단독신청하는 경우에는 등기원인을 증명하는 정보로 확정판결정본을 첨부하여야 한다.
⑤ 부동산등의 매수인은 신고인이 부동산 거래신고에 따른 신고필증을 발급받은 때에 「부동산등기 특별조치법」에 따른 검인을 받은 것으로 본다.

정답　38. ⑤　39. ②

해설 ▶ 등기원인을 증명하는 정보

① (○) 저당권말소등기(저당권설정계약해지증서), 소유권이전등기의 가등기(매매예약서)의 등기원인을 증명하는 정보이다.
② (×) 계약을 원인으로 소유권이전등기를 신청할 때에는 계약서 및 판결서에 검인을 받아야 한다(「부동산등기 특별조치법」 제3조). 경락의 경우 "계약"에 해당하지 아니하므로 검인을 받을 필요가 없다.
③ (○) 해당 등기의 원인이 되는 사실을 담고 있으면 모두 등기원인을 증명하는 정보라고 해야 하는 바, 건물소유권보존등기의 경우에 건축물대장정보가 등기원인을 증명하는 정보가 될 수 있다.
④ (○) (등기예규 제1607호)
⑤ (○) (부동산 거래신고 등에 관한 법률 제3조 제5항).

40 계약서 등의 검인제도에 관한 설명 중 잘못된 것은? ★★

① 계약의 조건이나 기한이 있을 때에는 그 조건이나 기한도 검인계약서에 기재되어야 한다.
② 화해조서나 청구인낙조서에는 검인을 받을 필요가 없다.
③ 진정명의회복을 원인으로 한 소유권이전등기를 신청할 때에는 검인을 받을 필요가 없다.
④ 소유권이전을 목적으로 하는 계약의 원인증서의 검인신청은 당사자 중 1인이나, 그 위임인 또는 변호사, 법무사 외에도 중개업자도 할 수 있다.
⑤ 검인권자는 목적 부동산소재지를 관할하는 시장·구청장·군수 또는 위임받은 자(읍·면·동장)이다.

해설 ▶ 계약서 등의 검인

① (○) 계약서의 원본에 검인을 받아야 하기 때문이다.
② (×) 집행력있는 판결문에도 검인을 받아야 하고, 판결과 같은 효력인 화해조서나 청구인낙조서도 검인을 받아야 한다(등기예규 제1419호).
③ (○) 계약에 의한 소유권이전이 아니기 때문이다.
④ (○) 검인 신청권자가 계약의 당사자로 한정되는 것은 아니다(등기선례 제3-96호).
⑤ (○) (「부동산등기 특별조치법」 제3조 제1항)

41 소유권이전등기시에 시장·군수 등의 검인을 받아야만 되는 원인정보는?

① 국가가 일방당사자인 계약서
② 공유물분할계약서
③ 토지수용의 재결서
④ 공매로 인한 공매결정통지서
⑤ 지방자치단체가 일방당사자인 계약서

정답 40. ② 41. ②

제2편 부동산등기법

해설 ▶ 계약서 등의 검인

검인계약서가 등기원인증명정보로서 필요한 경우는 소유권이전계약이 등기원인인 경우이다. 판결에 의한 경우에도 판결문에 검인이 필요하다.

검인계약서의 제공이 필요한 경우	검인계약서의 제공이 불필요한 경우
1) 계약을 원인으로 한 소유권이전 2) 집행력 있는 판결서 3) 확정판결과 동일한 효력이 있는 조서 4) 공유물분할계약서 5) 명의신탁해지약정서 6) 명의신탁해지를 원인으로 하는 판결서	1) 경매·공매의 등기원인증서 2) 계약의 일방당사자가 국가 또는 지방자치단체인 경우 그 계약서 3) 수용의 경우 4) 가등기(본등기신청시에 검인 필요) 5) 토지거래허가지역에서 허가증을 발급받는 경우(부동산 거래신고 등에 관한 법률 제20조 제2항)

03 등기필정보(등기필증) 또는 확인정보

42 등기필정보가 멸실된 경우 그에 갈음할 수 있는 것은?

① 신청서부본　　② 보증서　　③ 대장소관청의 증명
④ 인감증명서　　⑤ 등기의무자의 출석

해설 ▶ 등기필정보가 없는 경우(법 제51조)

1) 등기의무자의 등기필정보가 없을 때에는 등기의무자 또는 그 법정대리인(이하 "등기의무자등"이라 한다)이 등기소에 출석하여 등기관으로부터 등기의무자등임을 확인받아야 한다(법 제51조 본문).
2) 다만, 등기신청인의 대리인(변호사나 법무사만을 말한다)이 등기의무자등으로부터 위임받았음을 확인한 경우 또는 신청서(위임에 의한 대리인이 신청하는 경우에는 그 권한을 증명하는 서면을 말한다) 중 등기의무자등의 작성부분에 관하여 공증(公證)을 받은 경우에는 그러하지 아니하다(법 제51조 단서).
3) 「부동산등기법」의 개정으로 보증서제도는 폐지되었다.

43 다음 중 등기필정보를 신청정보의 내용으로 제공하여야 하는 경우는?

① 상속으로 인한 등기를 신청하는 경우
② 소유권이전청구권 보전의 가등기에 기한 본등기를 신청하는 경우
③ 등기권리자가 집행력 있는 판결을 받아 등기를 신청하는 경우
④ 관공서가 부동산에 관한 권리를 취득하여 등기권리자로서 등기를 촉탁하는 경우
⑤ 사업시행자인 등기권리자가 토지수용을 원인으로 하여 소유권이전등기를 신청하는 경우

정답　42. ⑤　43. ②

제3장 등기절차 총론(기본)

해설 ▶ 등기필정보의 제공

등기필정보는 등기의무자가 진정한 등기의무자인지 등기관이 확인하기 위한 것으로 등기의무자의 관념을 인정하기 어렵거나, 진정한 등기의무자임이 명확한 경우에는 첨부정보로 제공할 필요가 없다.
①의 경우 등기의무자가 존재하지 않으며, ③, ④, ⑤의 경우에는 진정한 등기의무자임이 공적으로 확인된 경우로 등기필정보를 제공할 필요가 없다.

44. 등기필정보(등기필증)에 관한 설명으로 틀린 것은? ★★

① 종전의 등기필증을 소지한 자는 등기필정보의 제공에 갈음하여 그 등기필증을 첨부정보로 등기소에 제공할 수 있다.
② 등기권리자의 단독신청(單獨申請)이 인정되는 경우에는 신청정보의 내용으로 제공할 필요가 없다.
③ 등기필정보가 멸실된 때에는 반드시 등기의무자나 그 법정대리인(法定代理人)이 등기소에 출석하여야 한다.
④ 등기필증의 첨부는 부실무효(不實無效)의 등기를 예방하기 위한 것이다.
⑤ 승소한 등기권리자의 등기신청시 등기원인증서가 집행력 있는 판결인 때에는 신청정보로 제공할 필요가 없다.

해설 ▶ 등기필정보(등기필증)

① (○) 개정 「부동산등기법」 부칙 제2조에 경과 규정을 두어 종전에 등기필증을 소지한 자가 등기의무자가 되는 경우에는 그 자의 진의를 확인하기 위해서 등기필증을 첨부정보로서 등기소에 제공해야 하는 것으로 하고 있다. 다만, 등기필정보를 교부받은 자는 첨부정보로 제공하는 것이 아니라 신청정보의 내용으로 등기소에 제공한다는 점에 유의한다.
② (○) (규칙 제43조 제7호)
③ (✕) 법 제51조 단서의 방법의 경우에는 출석하지 아니해도 된다.
⑤ (○) 그러나 승소한 등기의무자가 단독으로 등기를 신청하는 경우에는 제공하여야 한다(규칙 제43조 제7호 단서).

정답 44. ③

04 그 밖의 첨부정보

45 다음 중 인감증명에 관한 설명으로 틀린 것은?
① 인감증명을 제출하여야 하는 경우에는 해당 신청서나 첨부서면에는 반드시 그 인감을 날인하여야 한다.
② 합필특례에 따라 토지소유자들의 확인서를 첨부정보로서 등기소에 제공하여 토지합필등기를 신청하는 경우에는 그 토지소유자들의 인감증명을 제공하여야 한다.
③ 규칙 제74조에 따라 권리자의 확인서를 첨부하여 토지분필등기를 신청하는 경우에는 그 권리자의 인감증명을 제공하여야 한다.
④ 본인서명사실확인서를 제출한 경우에는 인감증명서를 제출한 것으로 본다.
⑤ 대한민국 국민은 「인감증명법」에 의한 본인의 인감증명을 제공하여야 하므로 본인이 무능력자인 경우에도 무능력자의 인감증명을 제공하여야 한다.

해설 ▶ 인감증명
① (○) (규칙 제60조 제1항)
②, ③ (○) (규칙 제60조 제1항 제4호, 제5호)
④ (○) 관계 법령 등에 규정된 각종 절차와 거래 관계 등에서 인감증명서를 제출하여야 하는 경우 본인서명사실확인서(전자본인서명확인서의 경우에는 그 발급증)를 제출한 경우에는 인감증명서를 제출한 것으로 본다(본인서명사실 확인 등에 관한 법률 제13조 제1항).
⑤ (×) 법정대리인의 인감증명을 제공한다. 무능력자의 인감증명은 제공하지 아니함에 유의하여야 한다(규칙 제61조 제2항).

46 등기신청시 등기의무자의 인감증명을 요하지 않는 경우는?
① 관공서가 등기의무자인 경우와 근저당권설정계약해지로 인하여 근저당권말소를 신청하는 경우
② 매매계약에 의하여 소유권이전청구권보전의 가등기를 신청하는 경우
③ 증여계약에 의하여 소유권이전등기를 신청하는 경우
④ 소유권에 관한 가등기명의인이 가등기의 말소등기를 신청하는 경우 가등기명의인의 인감증명
⑤ 소유권의 등기명의인이 등기의무자로서 등기를 신청하는 경우

정답 45. ⑤ 46. ①

제3장 등기절차 총론(기본)

해설 ▶ 인감증명의 제출(규칙 제60조)

다음의 경우에는 인감증명을 제출하여야 한다.
1) 소유권의 등기명의인이 등기의무자로서 등기를 신청하는 경우 등기의무자의 인감증명
2) 소유권에 관한 가등기명의인이 가등기말소등기를 신청하는 경우 가등기명의인의 인감증명
3) 소유권 이외의 권리의 등기명의인이 등기의무자로서 법 제51조 단서에 따라 등기를 신청하는 경우 등기의무자의 인감증명
4) 제81조 제1항에 따라 토지소유자들의 확인서를 첨부하여 토지합필등기를 신청하는 경우 그 토지소유자들의 인감증명
5) 제74조에 따라 권리자의 확인서를 첨부하여 토지분필등기를 신청하는 경우 그 권리자의 인감증명
6) 협의분할에 의한 상속등기를 신청하는 경우 상속인 전원의 인감증명
7) 등기신청서에 제3자의 동의 또는 승낙을 증명하는 서면을 첨부하는 경우 그 제3자의 인감증명
8) 법인 아닌 사단이나 재단의 등기신청에서 대법원예규로 정한 경우
    다만, 관공서에는 위의 경우를 적용하지 아니한다.

---

47. 등기소에 제공해야 하는 부동산등기의 신청정보와 첨부정보에 관한 설명으로 틀린 것은?

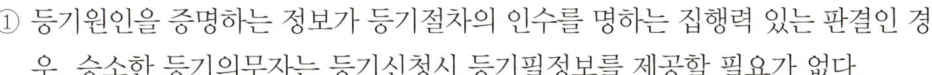

① 등기원인을 증명하는 정보가 등기절차의 인수를 명하는 집행력 있는 판결인 경우, 승소한 등기의무자는 등기신청시 등기필정보를 제공할 필요가 없다.
② 대리인에 의하여 등기를 신청하는 경우, 신청정보의 내용으로 대리인의 성명과 주소를 제공해야 한다.
③ 매매를 원인으로 소유권이전등기를 신청하는 경우, 등기의무자의 주소 또는 사무소 소재지를 증명하는 정보를 제공해야 한다.
④ 등기상 이해관계 있는 제3자의 승낙이 필요한 경우, 이를 증명하는 정보 또는 이에 대항할 수 있는 재판이 있음을 증명하는 정보를 첨부정보로 제공해야 한다.
⑤ 첨부정보가 외국어로 작성된 경우에는 그 번역문을 붙여야 한다.

해설 ▶ 부동산등기의 신청정보와 첨부정보

① (×) 승소한 등기권리자가 집행력 있는 판결을 등기원인으로 하여 신청하는 등기는 등기필정보를 제공할 필요가 없다. 단, 승소한 등기의무자의 판결에 의한 등기신청의 경우는 등기필정보를 제공하여야 함.

47. ①

48

등기원인에 대하여 행정관청의 허가 등을 요하는 경우의 허가(동의·승낙)권자에 대한 내용이다. 가장 틀린 것은?

① 농지의 취득에 대한 농지소재지 관할 시장, 구청장, 읍장, 면장의 농지취득자격증명
② 토지거래의 허가구역 안에 있는 토지에 관한 대가를 받고 소유권·지상권을 이전 또는 설정하는 계약의 체결에 대한 시장·군수 또는 구청장의 허가
③ 전통사찰의 부동산의 양도·대여·담보제공에 대한 문화체육관광부장관의 허가
④ 향교재단의 부동산의 처분 또는 담보제공에 대한 시·도지사의 허가
⑤ 의료법인의 기본재산의 매도, 증여, 임대, 교환 또는 담보제공에 대한 시·도지사의 허가

해설 ▶ 행정관청의 허가서
① (등기예규 제1415호).   ② (등기예규 제1634호).
③ 전통사찰의 부동산의 양도(소유권이전)는 문화체육관광부장관의 허가, 대여 및 담보제공은 시·도지사의 허가를 받아야 한다(등기예규 제1257호).
④ (「향교재산법」 제8조 제1항 제1호)   ⑤ (등기선례 제6-43호)

49

다음은 토지거래허가구역 내의 등기절차에 관한 설명이다. 가장 맞는 것은?(다툼이 있는 경우 판례 및 등기예규에 의함)

① 매매계약 체결 당시에 토지거래허가구역이었다면 그 등기신청 전에 해당 토지에 대한 허가구역의 지정이 취소된 경우라도 토지거래계약허가서를 제출하여야 한다.
② 매매계약의 체결일자가 허가구역 지정 이전인 경우라도 허가구역 지정 이후에 등기신청을 하는 경우에는 토지거래계약허가서를 첨부해야 한다.
③ 허가대상토지에 관하여 소유권이전등기청구권을 보전하기 위한 가등기를 신청할 경우에는 토지거래계약허가서를 첨부할 필요가 없으며, 본등기시에 첨부하면 된다.
④ 토지거래허가구역 내의 토지에 관하여 교환이나 대물변제를 원인으로 소유권이전등기를 신청하는 경우에는 토지거래계약허가서를 첨부해야 한다.
⑤ 진정명의회복을 원인으로 하여 소유권이전등기를 신청하는 경우에도 토지거래계약허가서를 첨부해야 한다.

정답 48. ③   49. ④

제3장 등기절차 총론(기본)

해설 ▶ 토지거래허가
① (×) 종전 선례는 토지거래 허가 구역으로 지정된 이후에 허가를 받지 아니하고 계약을 체결하였는데(유동적 무효인 상태) 등기신청 전에 허가구역의 지정해제가 된 경우에도 토지거래허가서를 첨부정보로 등기소에 제공하도록 했었으나, 변경된 선례에 의하면 허가구역지정 해제의 의미는 부동산투기나 탈법을 규제할 필요성이 소멸하였음을 의미하므로(확정적 유효로 전환) 허가서를 등기소에 첨부정보로 제공할 필요는 없다(1999.06.29. 등기 3402-660).
②, ③ (×) 계약체결일자가 허가구역으로 지정되기 이전인 경우에는 비록 등기신청을 허가구역으로 지정된 이후에 한다하더라도 허가를 받을 필요가 없고, 가등기 신청시에 그 토지거래계약 또는 예약에 대한 토지거래허가서를 제공한 경우에 그 가등기에 의한 본등기를 할 때에는 별도로 첨부정보로 등기소에 제공할 필요는 없다(등기예규 제1634호).
④ (○) 유상계약에 의한 소유권이전이므로 첨부해야 한다.
⑤ (×) 계약에 의한 소유권이전이 아니므로 첨부할 필요가 없다.

50. 다음 중 등기상 이해관계인의 승낙서 등을 첨부정보로 제공하여야 수리될 수 있는 등기가 아닌 것은?

① 말소등기
② 말소회복등기
③ 일부말소 의미의 경정등기
④ 규약상 공용부분인 뜻의 등기
⑤ 주등기에 의한 권리변경(경정)등기

해설 ▶ 등기상 이해관계인의 승낙서 등
권리변경(경정)의 등기에 관하여 등기상 이해관계 있는 제3자의 승낙 등이 있는 경우에는 부기에 의하여 그 등기를 실행하고(법 제52조), 등기상 이해관계 있는 제3자의 승낙 등이 없는 경우에는 주등기로 실행할 뿐이다(규칙 제112조 제1항). 부기등기요건이지 등기신청의 수리요건은 아니다.

51. 다음 설명 중 타당하지 아니한 것은?

① 공익법인이 아닌 비영리사단법인의 재산처분에 따른 등기신청서에는 주무관청의 허가서를 첨부할 필요가 없다.
② 「민법」상 법인이 부동산을 취득하고 법인명의로 소유권이전등기를 신청하는 경우 주무관청의 허가서를 첨부할 필요가 없다.
③ 학교법인의 기본재산을 담보에 제공하고자 할 때에는 관할청의 허가를 받아야 한다.
④ 재단법인 명의의 부동산에 관하여 원인무효에 의하여 소유권이전등기말소신청을 하는 경우 그 재산이 기본재산이라면 주무관청의 허가서를 첨부하여야 한다.
⑤ 재단법인이 재산처분에 따른 등기신청을 하는 경우에도 그 재산이 기본재산이 아님을 소명하는 경우에는 주무관청의 허가서를 첨부할 필요가 없다.

정답 50. ⑤ 51. ④

해설 ▶ 행정관청의 허가서
① (○) 공익법인이 아닌 민법상 비영리사단법인이 그 소유명의의 부동산을 처분하는 경우 주무관청의 허가가 필요치 않다.
② (○) 「민법」상 사단법인 또는 재단법인이 부동산을 매매, 증여, 유증, 그 밖의 원인으로 취득하고 법인 명의로의 소유권이전등기를 신청하는 경우에는 그 등기신청서에 주무관청의 허가를 증명하는 서면을 첨부할 필요가 없다(등기예규 제886호).
③ (○) (「사립학교법」제28조 제1항)
④ (×) 재단법인의 기본재산이라 하더라도 가등기, 취득시효, 소유권말소, 진정명의회복등기, 경락이전의 경우에는 주무관청의 허가서를 첨부하지 아니한다(등기예규 제886호).
⑤ (○) 재단법인 소유 명의의 부동산에 관하여 매매, 증여, 교환, 신탁해지, 공유물분할, 그밖의 처분행위를 원인으로 한 소유권이전등기를 신청하는 경우에는 그 등기신청서에 주무관청의 허가를 증명하는 서면을 첨부하여야 한다. 그러나, 당해 부동산이 재단법인의 기본재산이 아님을 소명하는 경우에는 위 허가를 증명하는 서면을 첨부할 필요가 없다(등기예규 제886호).

52 법인 아닌 사단의 등기신청시 제공해야 할 첨부정보에 관한 설명이다. 틀린 것은? ★

① 법인 아닌 사단의 실체를 증명할 수 있는 정보로 그 사단의 정관이나 그 밖의 규약을 제공하여야 한다.
② 법인 아닌 사단이 등기의무자로서 등기신청을 하는 경우라 하더라도 규칙 제60조 제1항 각호에 해당하지 않는 경우라면 인감증명은 첨부정보로 제공할 필요가 없다.
③ 법인 아닌 사단이 등기권리자가 아닌 등기의무자로 등기를 신청하는 경우에만 「민법」제276조 제1항의 결의가 있음을 증명하는 정보로서 사원총회결의서를 등기소에 제공하여야 한다.
④ 부동산등기용 등록번호대장이나 기타 단체등록증명서는 대표자 또는 관리인임을 증명하는 정보가 아니다.
⑤ 등기되어 있는 대표자나 관리인이 신청하는 경우에도 반드시 대표자나 관리인임을 증명하는 정보를 첨부정보로 제공하여야 한다.

해설 ▶ 법인 아닌 사단의 등기신청시 첨부정보
법인 아닌 사단도 등기능력이 있으며 대표자 또는 관리인이 그 사단명의로 신청한다(법 제26조). 그리고 이 경우의 첨부정보는 다음과 같다(규칙 제48조).
1) 정관이나 그 밖의 규약
2) 대표자나 관리인임을 증명하는 정보. 다만, 등기되어 있는 대표자나 관리인이 신청하는 경우에는 그러하지 아니하다.
3) 「민법」제276조 제1항의 결의가 있음을 증명하는 정보(등기의무자인 경우로 한정)
4) 대표자나 관리인의 주소 및 주민등록번호를 증명하는 정보

정답 52. ⑤

53

다음은 등기신청에 따른 대표자 및 대리권한을 증명하는 서면에 관한 설명이다. 가장 **틀린** 것은?(다툼이 있는 경우 등기예규 및 선례에 의함)

① 법인이 등기신청인인 경우에는 대표자의 자격증명서면으로 법인등기사항증명서를 제출하여야 한다.
② 교도소에 수감 중인 자가 인감증명이 필요한 등기신청을 위임할 경우 위임장에 인감인의 날인에 갈음하여 무인을 찍고 교도관이 이를 확인하는 방법으로 위임장을 작성하여 제출할 수 있다.
③ 비법인사단의 대표자 또는 관리인이 등기를 신청하는 경우에는 대표자 또는 관리인임을 증명하는 서면을 첨부해야 하나, 이미 등기기록에 대표자 등으로 등기되어 있는 자가 등기신청을 하는 때에는 위 서면을 제출할 필요가 없다.
④ 미성년자의 법정대리인이 등기를 신청하는 경우에는 대리권을 증명하는 서면으로 미성년자의 기본증명서와 가족관계증명서를 제출해야 한다.
⑤ 법인이 등기신청을 하는 경우 그 법인의 등기를 관할하는 등기소와 부동산소재지를 관할하는 등기소가 동일한 경우에는 그 대표자의 자격증명정보의 제공을 생략할 수 있다.

해설 ▸ 대표자 및 대리권한을 증명하는 서면
② (×) 교도소에 재감중인 자라 하여도 위임에 의해서 그의 인감증명을 발급받을 수 있기 때문에 그 자의 인감증명을 제공하여야 하지, 재감자가 무인한 등기신청의 위임장이 틀림없다는 취지를 교도관이 확인함으로써 인감증명서의 제공을 대신할 수는 없다(등기예규 제423호).
③ (○) 법인 아닌 재단이나 사단의 경우에 등기되어 있는 대표자나 관리인이 등기를 신청하는 경우에는 대표자의 자격을 증명하는 정보는 첨부정보로 등기소에 제공하지 아니한다(규칙 제48조 제2호).
⑤ (○) (규칙 제46조 제5항)

54

다음의 등기신청 중 토지대장(또는 임야대장) 정보를 첨부정보로 제공하여야 하는 것은?

① 저당권설정등기신청
② 지상권설정등기신청
③ 면적의 증감 또는 지목변경등기
④ 지역권설정등기신청
⑤ 임차권설정등기신청

해설 ▸ 토지대장 정보의 첨부
대장정보 기타 부동산의 표시를 증명하는 정보는 소유권보존등기(규칙 제121조), 소유권이전등기(규칙 제46조 제1항 제7호), 부동산표시변경등기(규칙 제72조, 제86조), 부동산멸실등기(규칙 제83조, 제102조)를 신청할 때에 첨부정보로 제공한다.

정답 53. ② 54. ③

55. 등기권리자에 따른 부동산등기용 등록번호 부여 절차가 바르게 연결되지 못한 것은?

① 국가·국제기관 – 국토교통부장관이 지정·고시
② 주민등록번호가 없는 재외국민 – 체류지 관할등기소의 등기관이 부여
③ 법인 – 주된 사무소 소재지 관할 등기소의 등기관이 부여
④ 국내에 체류지가 없는 외국인 – 대법원소재지를 관할하는 지방출입국·외국인관서의 장이 부여
⑤ 법인 아닌 사단이나 재단 – 시·군·구의 장이 부여

해설▶ 부동산등기용등록번호의 부여절차(법 제49조 참조)
주민등록번호가 없는 재외국민에 대한 등록번호는 대법원소재지 관할 등기소의 등기관이 부여하고, 법인에 대한 등록번호는 주된 사무소 소재지 관할 등기소의 등기관이 부여한다(법 제49조 제1항 제2호).

56. 부동산등기용 등록번호에 관한 설명으로 옳은 것은? [27회 출제]

① 법인의 등록번호는 주된 사무소 소재지를 관할하는 시장·군수 또는 구청장이 부여한다.
② 주민등록번호가 없는 재외국민의 등록번호는 대법원 소재지 관할 등기소의 등기관이 부여한다.
③ 외국인의 등록번호는 체류지를 관할하는 시장·군수 또는 구청장이 부여한다.
④ 법인 아닌 사단의 등록번호는 주된 사무소 소재지 관할 등기소의 등기관이 부여한다.
⑤ 국내에 영업소나 사무소의 설치 등기를 하지 아니한 외국법인의 등록번호는 국토교통부장관이 지정·고시한다.

해설▶ 부동산등기용 등록번호 부여기관(법 제49조)

국가·지방자치단체·국제기관·외국정부	국토교통부장관이 지정·고시(첨부가 아님)
주민등록번호가 없는 재외국민	대법원소재지 관할등기소(서울중앙지방법원 등기국)의 등기관
법인	주된 사무소 소재지(본사·본점) 관할등기소의 등기관
법인 아닌 사단이나 재단 및 국내에 영업소나 사무소의 설치 등기를 하지 아니한 외국법인	시장·구청장·군수(소재지 제한 없음)
외국인	체류지를 관할하는 시방출입국·외국인관서의 장
외국법인	국내에 최초로 설치 등기를 한 영업소나 사무소 소재지 관할 등기소의 등기관

정답 55. ② 56. ②

57 등기신청인의 주소를 증명하는 정보를 첨부하는 경우로만 짝지은 것은?

① 지상권설정등기 – 등기명의인표시변경등기
② 소유권보존등기 – 등기명의인표시변경등기
③ 저당권이전등기 – 부동산표시변경등기
④ 지상권말소등기 – 저당권말소등기
⑤ 전세권이전등기 – 소유권이전등기

해설 주소를 증명하는 정보

개정 전에는 소유권보존등기와 소유권이전등기의 경우에만 주소증명정보를 첨부했으나, 개정 「부동산등기규칙」 제46조 제1항 제6호에 의하면 등기기록에 새롭게 등기명의인이 되는 자가 등기권리자로서 등기신청을 하는 경우에 등기권리자의 주소를 증명하는 정보를 첨부하여야 한다. 다만, 소유권이전등기를 신청하는 경우에는 등기의무자의 주소(또는 사무소 소재지)를 증명하는 정보도 제공하여야 한다. 등기기록에 새롭게 등기명의인이 되는 자가 있을 수 없는 부동산표시변경등기, 등기명의인표시변경등기, 당사자의 변경이 없는 권리변경등기, 말소등기 등의 경우에는 첨부할 필요가 없다.

제4절 등기신청의 접수 및 심사

58 등기신청의 접수시기 및 등기의 효력발생시기에 관한 다음 설명 중 가장 옳지 않은 것은?

① 전자신청의 경우 등기신청은 해당 부동산이 다른 부동산과 구별될 수 있게 하는 정보가 전산정보처리조직에 저장된 때 접수된 것으로 본다.
② 방문신청의 경우 등기신청은 등기관이 신청인으로부터 등기신청서를 인계받았을 때 접수된 것으로 본다.
③ 등기관이 등기를 마친 경우 그 등기는 접수한 때부터 효력을 발생한다.
④ 위 ③에서 등기관이 등기를 마친 경우란 등기관이 미리 부여받은 식별번호를 기록하는 방법으로 등기사무를 처리한 등기관이 누구인지 알 수 있는 조치를 하였을 때를 말한다.
⑤ 같은 토지 위에 있는 여러 개의 구분건물에 대한 등기를 동시에 신청하는 경우에는 그 건물의 소재 및 지번에 관한 정보가 전산정보처리조직에 저장된 때 등기신청이 접수된 것으로 본다.

정답 57. ⑤ 58. ②

> **해설** ▶ 등기신청의 접수시기
> ① (○), ② (×) 전자신청이든 방문신청이든 등기신청은 대법원규칙으로 정하는 등기신청정보가 전산정보처리조직에 저장된 때 접수된 것으로 본다(법 제6조 제1항).
> ③ (○) 법률행위에 의해서 물권변동의 효력이 생기는 시기는 등기관이 등기를 마친 경우 그 등기는 접수한 때부터 효력을 발생한다(법 제6조 제2항).
> ④ (○) (규칙 제3조 제1항)
> ⑤ (○) 같은 토지 위에 있는 여러 개의 구분건물에 관한 등기를 동시에 신청하는 경우에는 그 건물의 소재 및 지번에 관한 정보가 전산정보처리조직에 저장되었을 때를 등기신청의 접수시기로 본다(규칙 제3조 제2항). 즉 접수절차의 간소화를 위해서 이 경우는 동시에 신청한 개개의 구분건물표시에 관한 정보가 모두 전산정보처리조직에 기록되어야 하는 것이 아니라 하나의 신청정보가 기록되면 동시에 신청한 수 개의 등기신청이 접수된 것으로 본다.

59 등기의 신청에 관한 다음 설명이 바르게 된 것은?

① 신탁등기의 신청은 해당 부동산에 관한 권리의 설정등기, 보존등기, 이전등기 또는 변경등기의 신청과 동시에 할 필요는 없다.
② 1동의 건물에 속하는 구분건물 중 일부만에 관하여 소유권보존등기를 신청하는 경우에는 그 나머지 구분건물의 표시에 관한 등기는 추후에 신청하면 된다.
③ 구분건물이 아닌 건물로 등기된 건물에 접속하여 구분건물을 신축한 경우 그 신축건물의 소유권보존등기를 신청할 때에는 구분건물이 아닌 건물을 구분건물로 변경하는 건물의 표시변경등기는 신청하지 않아도 된다.
④ 등기명의인 표시변경등기와 소유권이전등기는 동시에 신청하여야 한다.
⑤ 환매권의 등기는 소유권이전등기와 동시에 신청하여야 한다.

> **해설** ▶ 등기의 동시신청
> ① 신탁등기의 신청은 해당 부동산에 관한 권리의 설정등기, 보존등기, 이전등기 또는 변경등기의 신청과 동시에 하여야 한다(법 제82조 제1항).
> ② 1동의 건물에 속하는 구분건물 중 일부만에 관하여 소유권보존등기를 신청하는 경우에는 그 나머지 구분건물의 표시에 관한 등기를 동시에 신청하여야 한다(법 제46조 제1항).
> ③ 구분건물이 아닌 건물로 등기된 건물에 접속하여 구분건물을 신축한 경우에 그 신축건물의 소유권보존등기를 신청할 때에는 구분건물이 아닌 건물을 구분건물로 변경하는 건물의 표시변경등기를 동시에 신청하여야 한다(법 제46조 제3항).
> ④ 동시신청을 요하는 경우가 아니다.
> ⑤ (「민법」 제592조)

정답 59. ⑤

제3장 등기절차 총론(기본)

60 다음 중 법률상 등기의 동시신청을 요하는 경우가 아닌 것은?

① 甲이 乙을 상대로 소유권이전등기의 말소승소확정판결을 받고 그 변론종결 후 승계인인 丙에 대한 승계집행문을 받은 경우 병 명의의 소유권이전등기의 말소등기와 을 명의의 소유권이전등기의 말소등기
② 신탁으로 인한 소유권이전등기와 신탁등기
③ 신탁재산에 속한 권리가 이전됨에 따라 신탁재산에 속하지 아니하게 된 경우 신탁등기의 말소등기와 신탁된 권리의 이전등기
④ 가처분권리자가 본안사건에서 승소한 경우 그 판결에 의한 소유권이전등기 신청과 당해 가처분등기의 말소등기신청
⑤ 대지사용권취득등기와 대지권변경등기(대지권의 표시등기)

해설 ▶ 등기의 동시신청
① (등기선례 4-482)   ② (법 제82조 제1항)   ③ (법 제87조 제1항)
④ 당해 가처분등기는 등기관이 직권으로 말소한다(법 제94조 제2항).
⑤ (법 제60조 제3항)

61 등기신청에 대한 심사 및 등기관의 조치에 관한 기술이다. 가장 옳지 않은 것은?

① 등기능력 없는 물건에 관하여 소유권보존등기가 경료된 경우 그 등기는 설사 실체관계에 부합한다고 하더라도 당연무효이며, 그러한 등기를 발견한 등기관은 「부동산등기법」 제58조 이하의 규정에 따라 그 등기를 직권말소하여야 한다.
② 검인계약서의 부동산표시가 신청서와 엄격히 일치하지 아니하더라도 양자 사이에 동일성을 인정할 수 있으면 그 등기신청을 수리하여도 무방하다.
③ 등기관이 권한 없는 자에 의하여 마쳐진 등기를 발견한 경우 등기상 이해관계인이 없으면 위조등기 명의인에게 통지할 필요 없이 직권말소하고, 등기상 이해관계인이 있는 경우에는 그 제3자에게 통지하고, 이의가 있는 때에는 이를 각하하고 직권 말소한다.
④ 동일한 부동산에 관하여 이중으로 소유권보존등기가 경료된 경우 후행등기는 「부동산등기법」 제29조 제2호에 해당하는 등기이므로 법 제58조 이하의 규정에 따라 그 등기를 직권말소하여야 한다.
⑤ 구분건물의 표시에 관한 등기관의 실질적 심사권은 인정되지 아니한다.

정답 60. ④ 61. ④

제2편 부동산등기법

해설 ▶ 등기관의 등기신청에 대한 심사 및 조치

② (○) 검인계약서의 부동산표시가 신청서의 그것과 엄격히 일치하지 아니하더라도(주소가 변동된 경우 포함) 다른 제출서면에 의하여 양자 사이의 동일성을 인정할 수 있으면 그 등기신청을 수리하여도 무방하다(등기예규 제1419호).
③ (○) (등기예규 제1377호).
④ (×) 1부동산 1기록주의에 위반하는 등기신청이 있으면 법 제29조 제2호로 각하해야 하지만 등기가 경료된 경우에는 직권말소의 문제가 아니라 중복등기 정리의 문제이다(등기예규 제1431호).
⑤ (○) "구분건물의 표시에 관한 등기관의 실질적 심사권" 제도는 개정법에서 폐지하였다.

62 등기신청에 대한 등기관의 심사에 관한 다음 설명 중 틀린 것은?

① 등기관은 등기신청정보 및 첨부정보가 등기소에 제공된 시점을 기준으로 등기신청의 적법여부를 결정한다.
② 위조된 서류들에 의해 등기가 이루어진 경우 과실의 내용이 구체적으로 밝혀지지 않으면 등기관이 통상의 주의의무를 위반하여 심사권을 행사한 과실이 있는 것으로 되는 것은 아니다.
③ 등기관은 등기신청에 대해서 실체법상의 권리관계와 일치 여부를 심사할 권한은 없다.
④ 등기신청이 법 제29조의 각호에 해당할 때에만 등기신청을 각하하여야 한다.
⑤ 유언이 유언의 방식에 위배된 경우에는 등기신청을 수리해서는 아니 된다.

해설 ▶ 등기신청에 대한 등기관의 심사

① (×) 등기관이 「부동산등기법」 제29조에 의하여 등기신청에 대한 심사를 하는 경우 심사의 기준시는 바로 등기부에 기록(등기의 실행)하려고 하는 때인 것이지 등기신청정보 및 첨부정보가 등기소에 제공된 시점이 아니다(대결 1989.5.29. 87마820).
② (○) (대판 1989.3.28. 87다카2470)
③ (○) (대결 1998.10.7. 98마1333) ④ (○) (법 제29조 본문)
⑤ (○) 유언이 「민법」이 정한 유언의 방식에 위배된 경우에는 실체법을 명백히 위반한 것이므로 등기신청을 수리해서는 아니 된다(1998.9.16. 등기 3402-898).

정답 62. ①

제3장 등기절차 총론(기본)

제5절 등기신청의 보정, 각하 및 취하

01 등기신청의 각하 등

63 「부동산등기법」 제29조 제2호의 "사건이 등기할 것이 아닌 경우"에 해당하는 각하사유이다. 가장 <u>잘못된</u> 것은?

① 공유부동산에 대하여 5년을 넘는 기간의 공유물분할금지특약의 등기를 신청한 경우
② 공동상속인 중 일부가 자기의 상속지분만에 관하여 상속으로 인한 소유권이전등기를 신청한 경우
③ 물권적 청구권을 보전하기 위한 가등기를 신청한 경우
④ 신탁행위에 의한 소유권이전등기와 별개의 신청정보로 신탁등기를 신청한 경우
⑤ 농지를 목적으로 하는 전세권설정등기를 신청한 경우

해설 ▶ 등기대상

① (○) 공유물불분할금지특약은 5년까지 가능하므로 등기할 것이 아니다(「민법」 제268조).
② (○) 공동상속인 중 일부가 상속등기에 협력하지 않거나 행방불명된 경우라 하더라도 나머지 상속인의 상속지분만에 대한 일부 상속등기는 할 수는 없고(등기예규 제535호, 등기선례 제6-200호), 상속인 중 일부가 나머지 상속인들의 상속등기까지 법정상속분에 따라 신청하여야 하며 등기신청정보에도 공동상속인 전원을 표시하여야 한다(등기선례 제5-276호).
③ (○) 물권적 청구권은 가등기의 대상이 아니다(대판 1982.11.23. 81다카1110).
④ (×) 신탁등기를 소유권이전등기와 별개의 신청정보로 신청하거나 신탁등기에 있어서 소유권이전등기 없이 신탁의 등기만을 신청하거나 소유권이전등기만을 신청한 경우에도 그 등기원인이 신탁임이 판명된 경우에는 제5호에 의해서 각하되어야 할 것이다(등기예규 제1618호).
⑤ (○) 농경지는 전세권의 대상이 아니다(「민법」 제303조 제2항).

64 다음 중 등기신청의 각하사유에 해당하는 것은?

① 처분금지가처분등기 후 그에 반하는 소유권이전등기를 신청한 때
② 미등기건물에 대하여 강제경매신청의 기입등기를 신청한 때
③ 등기의무자가 제공한 인감증명서의 인영과 신청서에 날인된 인영이 동일하지 아니한 때
④ 토지일부에 지상권이 설정된 토지의 나머지에 부분에 대하여 지상권설정등기를 신청한 때
⑤ 대리인인 법무사 자신이 출석하지 않고 그 사무원이 출석하여 신청한 때

정답 63. ④ 64. ③

해설 ▸ 등기신청의 각하사유

① (×) 처분금지가처분등기는 상대적 효력만이 있으므로 언제나 처분할 수 있고, 다만 가처분권자에 대항하지 못할 뿐이다. 따라서 각하사유가 아니다.
② (×) 등기관이 직권보존등기를 한 후 경매신청 기입등기를 실행한다(법 제66조).
③ (○) 신청정보의 제공이 방식에 적합하지 아니한 때에 해당한다(법 제29조 제5호).
④ (×) 동일한 토지에 대한 이중의 지상권설정등기도 기존 지상권의 설정범위와 중복되지 않는 한 양립이 가능하므로 나머지 부분에 대한 지상권설정이 가능하다.
⑤ (×) 대리인이 변호사 또는 법무사인 경우에는 대법원규칙이 정하는 사무원을 등기소에 출석하게 하여 이를 신청하게 할 수 있다(법 제24조 제1항 제1호).

65. 등기신청의 각하사유에 해당하는 것을 모두 고른 것은?

㉠ 매매로 인한 소유권이전등기 이후에 환매특약등기를 신청한 경우
㉡ 관공서의 공매처분으로 인한 권리이전의 등기를 매수인이 신청한 경우
㉢ 전세권의 양도금지 특약을 등기신청한 경우
㉣ 소유권이전등기의무자의 등기기록상 주소가 신청정보의 주소로 변경된 사실이 명백한 때

① ㉠, ㉡ ② ㉡, ㉢ ③ ㉢, ㉣
④ ㉠, ㉡, ㉢ ⑤ ㉠, ㉡, ㉢, ㉣

해설 ▸ 등기각하사유

㉠ 매매로 인한 소유권이전등기 이후에 환매특약등기를 신청한 경우는 각하사유에 해당한다.
㉡ 관공서의 공매처분으로 인한 권리이전의 등기를 매수인이 신청한 경우는 각하사유에 해당한다.

66. 다음 등기신청 중 신청정보의 등기의무자의 표시가 등기기록과 일치하지 아니한 때에 해당하여 각하하여야 하는 것은?

① 등기의무자의 주소가 이전된 사실이 나타나는 주민등록표등본을 첨부하여 소유권이전등기를 신청한 경우
② 등기원인은 이미 발생하였으나 상속이 개시되어 상속인이 자기를 등기의무자로 하여 소유권이전등기를 신청한 경우
③ 등기명의인의 성명이 개명되었다는 사실이 나타나는 주민등록표등본 등 증명서면을 첨부하여 소유권이전등기를 신청한 경우
④ 가등기명의인의 표시에 변경사유가 있음을 증명하는 서면을 첨부하여 가등기의 말소를 신청한 경우
⑤ 저당권말소등기를 신청하는데 저당권명의인에 표시변경·경정사유가 있어서 신청정보의 등기의무자의 표시가 등기기록과 일치하지 않는 경우(표시변경·경정을 증명하는 정보를 첨부했음을 전제할 것)

정답 65. ① 66. ③

해설 ▶ 등기신청의 각하사유(법 제29조 제7호)
① (×) 등기관이 소유권이전등기를 할 때에 등기명의인의 주소변경으로 신청정보 상의 등기의무자의 표시가 등기기록과 일치하지 아니하는 경우라도 첨부정보로서 제공된 주소를 증명하는 정보에 등기의무자의 등기기록 상의 주소가 신청정보 상의 주소로 변경된 사실이 명백히 나타나면 직권으로 등기명의인표시의 변경등기를 하여야 한다(규칙 제122조). 따라서 등기관은 법 제29조 제7호로 각하할 수 없다.
② (×) 포괄승계인에 의한 등기신청의 경우는 등기신청을 포괄승계인이 하므로 등기기록상의 명의인과 다를 수밖에 없기 때문에 본호로 각하할 수 없다(법 제27조).
③ (○) 규칙 제122조에서 직권으로 등기명의인표시변경등기를 할 수 있는 사유는 등기의무자의 주소변경 사유일 뿐, 개명이나 주민등록번호의 변경은 여기에 해당하지 아니한다.
④ (×) 가등기의 말소신청을 하는 경우나 저당권(근저당권) 등 소유권 외의 권리에 관한 등기의 말소를 신청하는 경우에 있어서는 그 등기를 말소하면 권리가 소멸하기 때문에 굳이 등기명의인표시등기를 할 실익이 없어서 등기명의인표시변경등기가 생략 된다. 따라서 등기명의인표시의 변경 또는 경정 사유를 증명하는 서면을 첨부하여 신청하는 경우에는 본호가 적용되지 아니한다(등기예규 제1408호).
⑤ (×) 어차피 그 저당권등기는 등기부로부터 말소되기 때문에 실익이 없어서 등기명의인표시변경등기가 생략된다.

67 등기신청의 보정에 관한 다음 설명 중 **틀린** 것은?(다툼이 있는 경우 판례, 등기예규 및 선례에 의함)

① 등기신청서를 제출할 수 있도록 허가받은 변호사나 법무사의 사무원이 보정까지 할 수 있다.
② 신청서에 흠결이 있는 경우 등기관은 보정을 명할 의무가 있다.
③ 등기관은 보정통지를 구두로도 할 수 있다.
④ 등기신청 등의 흠결보정을 위하여 신청정보나 또는 첨부정보를 반환할 수 없다.
⑤ 보정은 등기관이 보정을 명한 날의 다음날까지 하면 된다.

해설 ▶ 등기신청의 보정
① (○) 예규에 의하면 규칙 제58조의 규정에 의하여 허가받은 변호사나 법무사 등의 사무원도 이를 이행할 수 있다(등기예규 제1601호).
② (×) 대법원 견해는 등기관이 보정통지할 법률상 의무는 없다고 보며 더구나 보정통지를 했다 하여도 그 이유에 대한 석명의무도 없다고 본다(대결 1969.11.6. 67마243).
③ (○) 보정사항이 있는 경우 등기관은 보정사유를 등록한 후 전자우편, 구두, 전화 기타 모사전송의 방법에 의하여 그 사유를 신청인에게 통지하여야 한다(예규 제1624호).
④ (○) 보정은 반드시 등기관의 면전에서 하여야 하며 보정을 위하여 신청서 또는 그 부속서류를 신청인에게 반환할 수 없다(등기예규 제1515호).
⑤ (○) 보정을 명한 날의 다음날까지 하면 된다(법 제29조 참조).

정답 67. ②

02 등기신청의 취하

68 다음은 등기신청의 취하에 대한 기술이다. 맞는 것은?

① 등기신청의 취하는 원칙적으로 서면에 의하나 예외적인 경우 구술로도 할 수 있다.
② 등기신청이 등기권리자 및 등기의무자 쌍방으로부터 위임받은 대리인에 의한 경우에는, 그 등기신청의 취하를 등기권리자 또는 등기의무자 일방으로부터 취하에 대한 특별수권을 받은 대리인이 이를 할 수 있다.
③ 등기신청의 취하는 등기관이 등기를 마치기 전까지 할 수 있다.
④ 변호사가 등기신청인의 대리인인 경우에는 취하에 대한 특별수권이 없어도 취하할 수 있다.
⑤ 전자신청의 경우에도 신청인 또는 그 대리인이 등기소에 출석하여 취하서를 제출하는 방법으로 해야 한다.

해설 ▶ 부동산등기신청의 취하

① 서면으로 하여야 한다(등기예규 제1643호).
② 등기신청이 등기권리자와 등기의무자의 공동신청에 의하거나 등기권리자 및 등기의무자 쌍방으로부터 위임받은 대리인에 의한 경우에는, 그 등기신청의 취하도 등기권리자와 등기의무자가 공동으로 하거나 등기권리자 및 등기의무자 쌍방으로부터 취하에 대한 특별수권을 받은 대리인이 이를 할 수 있고, 등기권리자 또는 등기의무자 어느 일방만에 의하여 그 등기신청을 취하할 수는 없다(등기예규 제1643호).
③ (규칙 제51조 제1항)
④ 등기신청인 또는 그 대리인은 등기신청을 취하할 수 있다. 다만, 등기신청대리인이 등기신청을 취하하는 경우에는 취하에 대한 특별수권이 있어야 한다(등기예규 제1643호).
⑤ 전자신청의 경우에는 전산정보처리조직을 이용하여 취하정보를 전자문서로 등기소에 송신하는 방법으로 하여야 한다(규칙 제51조 제2항, 등기예규 제1624호).

정답 68. ③

제3장 등기절차 총론(기본)

69 등기신청의 각하 및 취하에 관한 다음 설명 중 틀린 것은?

① 관공서가 등기촉탁을 하는 경우라도 등기기록과 대장상의 부동산의 표시가 부합하지 아니하면 그 등기촉탁을 수리할 수 없다.
② 등기신청인이 다음날 오후까지 보정 이행을 하지 않는 경우에 등기관은 이유를 기재한 결정으로 등기신청을 각하하여야 한다.
③ 수개의 부동산에 관한 등기신청을 일괄하여 동일한 신청서에 의하여 한 경우 그 중 일부 부동산에 대하여만 등기신청을 취하하는 것도 가능하다.
④ 등기신청을 각하한 때에는 신청서 이외에 부속서류를 반환하여야 하나 취하한 때에는 신청서 및 부속서류 전부를 환부하여야 한다.
⑤ 등기관이 등기부에 등기사항을 기록하였더라도 식별부호를 기록하기 전에는 등기신청을 취하할 수 있으며 서면으로 하여야 한다.

해설 ▶ 등기신청의 각하 및 취하

① (×)「부동산등기법」제29조 제11호는 그 등기명의인이 등기신청을 하는 경우에 적용되는 규정이므로, 관공서가 등기촉탁을 하는 경우에는 등기기록과 대장상의 부동산의 표시가 부합하지 아니하더라도 그 등기촉탁을 수리하여야 한다(등기예규 제1625호).
② (○) (법 제29조 참조)
③ (○) (등기예규 제1643호)
④ (○) 등기신청을 각하하여 각하결정등본을 교부하거나 송달할 때에는 등기신청서 이외의 첨부서류(등록세영수필확인서 및 국민주택채권매입필증 포함)도 함께 교부하거나 송달하여야 하나(등기예규 제1417호), 등기신청을 취하한 때에는 등기신청 자체를 철회한 것으로 신청서와 그 부속서류도 반환한다(등기예규 제1643호).
⑤ (○) 등기신청의 취하는 등기관이 등기를 마치기 전까지 할 수 있다(규칙 제51조). 여기서 등기를 마치기 전이란 등기부에 기록하고 식별부호를 기록하기 전(교합 전)을 의미한다.

정답 69. ①

제2편 부동산등기법

제6절 등기의 실행 및 등기완료후의 절차

70 다음 중 등기필정보의 통지에 관한 설명으로 틀린 것은?
① 방문신청의 경우에는 등기필정보를 적은 등기필정보통지서를 교부하는 방법으로 한다. 다만, 일정한 경우에는 우편으로 송부할 수 있다.
② 관공서가 등기권리자를 위하여 등기를 전자촉탁한 경우에도 전산정보처리조직을 이용하여 송신하는 방법으로 통지하여야 한다.
③ 전자신청의 경우에는 전산정보처리조직을 이용하여 송신하는 방법으로 한다.
④ 법인 아닌 사단의 대표자나 관리인이 등기를 신청한 경우에는 그 대표자나 관리인에게 등기필정보를 통지한다.
⑤ 등기관은 등기를 마치면 등기필정보를 등기명의인이 된 신청인에게 통지한다.

해설 ▶ 등기필정보의 통지
① (○) 신청인이 등기신청서와 함께 등기필정보통지서 송부용 우편봉투를 제출한 경우에는 등기필정보통지서를 우편으로 송부한다(규칙 제107조 제1항).
② (×) 관공서가 등기권리자를 위하여 등기를 촉탁한 경우에는 그 관공서의 신청으로 등기필정보통지서를 교부할 수 있다(규칙 제107조 제2항).
③ (○) (규칙 제107조 제1항 제2호)
④, ⑤ (○) (규칙 제108조)

71 다음 중 등기를 완료한 후에 등기권리자에게 등기필정보를 작성·교부하는 경우는?
① 경기도가 등기권리자인 경우
② 근저당권말소등기를 한 경우
③ 미등기부동산에 관하여 가압류기입등기를 하기 위해 등기관이 직권으로 소유권보존등기를 한 경우
④ 합유자를 추가하는 합유명의인표시변경등기를 한 경우
⑤ 서울특별시가 경기도로 소유권을 이전하는 경우

해설 ▶ 등기필정보
①, ⑤ (×) (법 제50조)
② (×), ④ (○) 등기관이 등기권리자의 신청에 의하여 ⑦ 「부동산등기법」 제3조 기타 법령에서 등기할 수 있는 권리로 규정하고 있는 권리를 보손·설정·이전하는 등기를 하는 경우 ⓒ 법 제3조상의 권리의 설정 또는 이전청구권 보전을 위한 가등기를 하는 경우 ⓒ 권리자를 추가하는 경정 또는 변경등기(甲 단독소유를 甲·乙 공유로 경정하는 경우나, 합유자가 추가되는 합유명의인표시변경등기 등)를 완료한 경우에는 등기필정보를 작성한다(등기예규 제1529호). 따라서 그 외의 등기를 완료한 때에는 등기필정보를 작성하지 아니한다.

정답 70. ② 71. ④

③ (×) 등기필정보는 등기명의인이 된 신청인별로 작성하므로 등기명의인과 등기신청인이 달라지는 경우에는 등기필정보를 작성하지 않고 등기명의인과 등기신청인에게 각각 등기완료통지서만 발급하게 된다(규칙 제53조 참조).

72. 다음 중 등기관이 등기를 마쳤을 때에 등기필정보를 통지하여야 하는 경우로 맞는 것은?

① 승소한 등기의무자의 등기신청에 있어서 등기권리자
② 대위채권자의 등기신청에 있어서 피대위자
③ 미등기부동산의 처분제한 등기의 촉탁으로 직권 소유권보존등기시 등기명의인
④ 등기필정보가 없는 경우의 등기신청에 있어서 등기의무자
⑤ 관공서가 등기권리자를 위하여 등기를 촉탁한 경우에 있어서 그 관공서 또는 등기권리자

해설 ▶ 등기필정보의 작성 및 통지(법 제50조 제1항, 규칙 제108조 참조)

①, ②, ③, ④ (×) 등기필정보는 등기명의인이 된 신청인별로 작성하므로 등기명의인과 등기신청인이 달라지는 경우 즉 ⊙ 채권자대위에 의한 등기, ⓒ 승소한 등기의무자의 신청에 의한 등기, ⓒ 등기신청인이 없는 경우인 등기관의 직권에 의한 소유권보존등기의 경우에는 등기필정보를 작성하지 않고 등기명의인과 등기신청인에게 각각 등기완료통지서만 교부하게 된다. 법 제51조에 따른 등기신청의 경우에도 등기완료 통지의 대상이다(규칙 제53조).

⑤ (○) 관공서가 등기권리자를 위하여 등기를 촉탁한 경우에는 대법원예규로 정하는 바에 따라 그 관공서 또는 등기권리자에게 등기필정보를 통지한다(규칙 제108조 제1항 단서).

73. 다음 중 등기완료시 대장소관청에 소유권변경 사실의 통지를 하여야 할 사항으로 옳지 않는 것은?

① 소유권의 보존등기
② 소유권에 대한 가처분등기
③ 소유권의 지분경정등기
④ 소유권의 말소등기
⑤ 소유권의 등기명의인표시 변경등기

해설 ▶ 소유권변경 사실의 통지(법 제62조)

다음의 경우에는 소유자에게 그 사실(소유권변경의 사실)을 통지한다(법 제62조).
⊙ 소유권의 보존 또는 이전   ⓒ 소유권의 등기명의인 표시의 변경 또는 경정
ⓒ 소유권의 변경 또는 경정   ⓔ 소유권의 말소 또는 말소회복
①, ③, ④, ⑤ (○)
② (×) 소유권에 관한 등기가 그 대상이나 소유권에 관한 처분제한등기나 가등기는 그 대상이 아니다. 또한 멸실회복등기도 소유자의 표시에 변동이 없으므로 통지의 대상이 아니다.

정답 72. ⑤ 73. ②

74. 등기완료통지를 받을 자에 대한 다음 설명 중 옳지 않는 것은?

① 채권자대위신청에 의한 등기를 완료한 때에는 채무자인 등기권리자에게만 등기완료통지를 하여야 한다.
② 관공서가 등기권리자를 위하여 촉탁한 등기를 완료한 때에는 등기관은 촉탁관서에 등기완료통지를 하여야 한다.
③ 승소한 등기의무자의 등기신청에 의한 등기를 완료한 때에는 등기권리자에게 등기완료통지를 하여야 한다.
④ 미등기부동산의 소유권의 처분제한의 등기촉탁에 의하여 등기를 완료한 때에는 등기권리자에게 등기완료통지를 하여야 한다.
⑤ 등기필정보(등기필증 포함)를 제공해야 하는 등기신청에서 등기필정보를 제공하지 않고 확인정보 등을 제공한 등기신청에 있어서 등기의무자에게 등기완료통지를 하여야 한다.

해설 ▶ 등기완료통지

대위채권자에게도 통지하여야 한다.
등기완료통지를 받을 자는 신청인과 다음의 자이다(규칙 제53조, 등기예규 제1623호).
㉠ 승소한 등기의무자의 등기신청에 있어서 등기권리자
㉡ 대위채권자의 등기신청에 있어서 등기권리자
㉢ 직권보존등기에 있어서 등기명의인
㉣ 등기필정보(등기필증 포함)를 제공해야 하는 등기신청에서 등기필정보를 제공하지 않고 확인정보 등을 제공한 등기신청에 있어서 등기의무자
㉤ 관공서의 등기촉탁에 있어서 그 관공서

75. 등기완료 후 신청인에게 돌려주어야 할 등기원인증서에 해당하지 않는 것은?

① 말소등기의 해지 또는 해제증서
② 수용에 의한 소유권이전등기신청의 경우 협의성립확인서 또는 재결서
③ 판결에 의한 등기신청의 경우 집행력 있는 판결정본
④ 소유권이전등기의 경우 매매계약서
⑤ 상속을 원인으로 한 소유권이전등기신청의 경우 가족관계증명서

해설 ▶ 등기원인증서의 반환

①, ②, ③, ④
(○) (법 제38조 제1항) 등기원인을 증명하는 정보를 담고 있는 서면이 법률행위의 성립을 증명하는 정보이거나 그 밖에 대법원 예규로 정하는 서면일 때에는 등기관이 등기를 마친 후에 이를 신청인에게 돌려주어야 한다. 다만, 신청인이 위 서면을 등기를 마친 때부터 3개월 이내에 수령하지 아니할 경우에는 이를 폐기할 수 있다(규칙 제66조, 등기예규 제1514호).
⑤ (×) 등기원인을 증명하는 정보를 담고 있는 서면이 법률사실을 증명하는 정보인 가족관계등록사항별 증명서, 주민등록정보, 대장정보 등은 반환하지 아니한다(등기예규 제1514호).

정답 74. ① 75. ⑤

제7절 등기관의 처분에 대한 이의신청

76 다음 중 이의신청의 대상이 되지 아니하는 것은?

① 등기할 사항이 아닌 것을 등기한 때
② 등기할 사항인 것을 각하한 때
③ 사건이 그 등기소 관할에 속하지 아니한 때에 등기를 한 경우
④ 사건이 그 등기소 관할에 속하는 것을 관할위반으로 각하한 때
⑤ 본인의 사망 후 무권대리인의 신청에 의하여 이루어진 등기

해설 ▶ 이의신청의 대상
- 이의신청의 대상은 등기관의 소극적 부당처분(등기를 실행하여야 할 것을 하지 않는 것)과 적극적 부당(각하하여야 할 등기를 실행 한 때)처분 중 법 제29조 제1호·제2호 위반의 경우이다.
- 적극적 부당처분이지만 법 제29조 제3호에 해당하여 당연무효의 등기는 아니므로 당사자는 이의신청을 할 수도 없고 등기관이 직권으로 말소할 수도 없다. 이 경우는 소로써 그 등기의 효력을 다툴 수밖에 없다(대결 2000.1.7. 99재마4).

77 등기관의 처분에 대한 이의신청에 관한 내용으로 틀린 것은? **26회 출제**

① 이의신청은 새로운 사실이나 새로운 증거방법을 근거로 할 수 있다.
② 상속인이 아닌 자는 상속등기가 위법하다 하여 이의신청을 할 수 없다.
③ 이의신청은 구술이 아닌 서면으로 하여야 하며, 그 기간에는 제한이 없다.
④ 이의에는 집행정지의 효력이 없다.
⑤ 등기신청의 각하결정에 대한 이의신청은 등기관의 각하결정이 부당하다는 사유로 족하다.

해설 ▶ 등기관의 처분에 대한 이의신청
① 새로운 사실이나 새로운 증거방법을 근거로 이의신청을 할 수는 없다(법 제102조).
②, ③, ⑤ (등기예규 제1411호)
④ (법 제104조)

정답 76. ⑤ 77. ①

78. 등기관의 처분에 대한 이의신청에 관한 설명 중 가장 옳지 않은 것은?

① 등기관은 이의신청에 대하여 이유가 없다고 인정하면 이의신청일부터 3일 이내에 의견을 붙여서 사건을 관할지방법원에 보내야 한다.
② 관할지방법원은 이의에 대해 결정을 하기 전 등기관에게 가등기를 명할 수 있다.
③ 등기의 말소신청에 있어 이해관계 있는 제3자의 승낙서가 첨부되어 있지 아니하였다는 사유로써 등기관의 말소등기처분에 대하여 이의신청을 할 수 없다.
④ 제2순위 상속인도 이의신청할 수 있다.
⑤ 등기관의 처분에 대한 이의신청의 방법으로 시정을 구할 수 있는 경우 민사소송이나 행정소송의 방법으로 그 시정을 구할 수는 없다.

해설 ▸ 등기관의 처분에 대한 이의신청

① (○) (법 제106조)　② (○) (법 제103조 제2항)
③ (○) 법 제29조 제9호 위반의 등기이기 때문이다.
④ (×) 등기상 이해관계인만이 이의신청할 수 있으므로 제2순위 상속인은 이해관계가 인정되지 않아 이의신청할 수 없다(등기예규 제1411호).
⑤ (○) 등기관의 부당한 처분이나 결정은 특수한 사법행정사무로서 일반 행정사무와는 달리 행정심판이나 「행정소송법」상의 구제절차가 아닌 「부동산등기법」이 정하는 절차에 따른 구제를 받아야 하는 특수성이 있다. 따라서 「부동산등기법」상 처분에 대한 이의의 방법으로 그 구제를 받을 수 있는 경우에는 곧바로 민사소송의 방법으로 그 부당한 등기의 시정을 구할 수는 없다(대판 1996.4.12. 95다33214).

79. 등기관의 결정 또는 처분에 대한 이의신청에 대한 설명이다. 옳지 않은 것은?

① 등기관의 결정 또는 처분에 이의가 있는 자는 관할 지방법원에 이의신청서를 제출하는 방법으로 할 수 있다.
② 채권자가 채무자를 대위하여 경료한 등기가 채무자의 신청에 의하여 말소된 경우에는 그 말소처분에 대하여 채권자는 등기상 이해관계인으로서 이의신청을 할 수 있다.
③ 상속인이 아닌 자는 상속등기가 위법하다 하여 이의신청을 할 수 없다.
④ 이미 마쳐진 등기에 대하여 법 제29조 제1호 및 제2호의 사유로 이의한 경우 등기관은 그 이의가 이유없다고 인정하면 이의신청서를 관할 지방법원에 보내야 한다.
⑤ 관할 지방법원은 이의신청에 대하여 결정하기 전에 등기관에게 이의가 있다는 뜻의 부기등기를 명령할 수 있다.

해설 ▸ 이의신청절차

① 이의신청은 "당해 등기소"에 이의신청서를 제출하는 방법으로 한다(법 제101조).
②, ③ (등기예규 제1411호)　④ (규칙 제159조 제2항)　⑤ (법 제106조)

정답 78. ④　79. ①

80
등기신청의 각하결정에 대한 이의신청에 따라 관할지방법원이 그 등기의 기록명령을 한 경우로서 그 명령에 따른 등기를 할 수 있는 것은?

① 권리이전등기의 기록명령이 있었으나, 그 기록명령에 따른 등기 전에 제3자 명의로 권리이전등기가 되어 있는 경우
② 권리이전등기의 기록명령이 있었으나, 그 기록명령에 따른 등기 전에 제3자 명의로 근저당권설정등기가 되어 있는 경우
③ 지상권, 지역권, 전세권 또는 임차권의 설정등기의 기록명령이 있었으나, 그 기록명령에 따른 등기 전에 동일한 부분에 지상권, 전세권 또는 임차권의 설정등기가 되어 있는 경우
④ 말소등기의 기록명령이 있었으나 그 기록명령에 따른 등기 전에 등기상 이해관계인이 발생한 경우
⑤ 등기관이 기록명령에 따른 등기를 하기 위하여 신청인에게 첨부정보를 다시 등기소에 제공할 것을 명령하였으나 신청인이 이에 응하지 아니한 경우

해설 기록명령에 따른 등기를 할 수 없는 경우(규칙 제161조)
왜냐하면 인용결정을 받은 자는 근저당권의 부담을 안고 소유권이전등기를 경료받을 수 있기 때문이다. 이 경우 소유권이전을 받는 자는 실체법상으로는 불이익을 받게 되지만 절차법상으로는 등기관이 등기를 실행함에 특별한 장애가 되는 것은 아니다.

제8절 벌칙 및 과태료 등

81
부동산의 표시변경등기 신청의무에 관한 설명이다. 틀린 것은? ★

① 토지의 분합, 합병, 멸실, 소재지번의 변경, 지목의 변경, 면적의 증감 등이 있는 경우에는 소유권의 등기명의인은 1개월 이내에 그 토지의 변경등기를 신청하여야 한다.
② 건물의 분할, 구분, 합병이 있는 경우에는 그 건물 소유권의 등기명의인은 그 사실이 있는 때부터 1개월 이내에 그 등기를 신청하여야 한다.
③ 건물이 멸실된 경우에는 그 건물 소유권의 등기명의인은 그 사실이 있는 때부터 1개월 이내에 그 등기를 신청하여야 한다.
④ "토지"의 경우에는 등기신청의무를 부과하고 있으나 위반하더라도 과태료부과 대상이 아니다.
⑤ 소유권보존등기는 일정한 날로부터 30일 이내에 보존등기를 신청하여야 한다.

정답 80. ② 81. ⑤

해설 **등기신청의무**
① (○) (법 제35조, 제39조) ② (○) (법 제41조 제1항) ③ (○) (법 제43조 제1항)
④ (○) 토지의 표시변경등기 신청의 경우에는 그 등기신청의무기간을 위반했더라도 과태료를 부과하지 않는다.
⑤ (×) 미등기부동산에 대하여 소유권이전계약을 한 경우에 그 소유권보존등기는 일정한 날로부터 60일 이내에 보존등기를 신청하여야 한다(「부동산등기 특별조치법」 제2조 제5항).

25회 출제

82 甲은 乙에게 甲 소유의 X부동산을 부담 없이 증여하기로 하였다. 「부동산등기 특별조치법」에 따른 부동산소유권등기의 신청에 관한 설명으로 틀린 것은?(다툼이 있으면 판례에 의함)

① 甲과 乙은 증여계약의 효력이 발생한 날부터 60일 내에 X부동산에 대한 소유권이전등기를 신청하여야 한다.
② 특별한 사정이 없으면, 신청기간 내에 X부동산에 대한 소유권이전등기를 신청하지 않아도 원인된 계약은 효력을 잃지 않는다.
③ 甲이 X부동산에 대한 소유권이전등기를 신청할 수 있음에도 이를 하지 않고 乙에게 증여하는 계약을 체결하였다면, 증여계약의 체결일이 보존등기 신청기간의 기산일이다.
④ X부동산에 관한 소유권이전등기를 신청기간 내에 신청하지 않고 乙이 丙에게 소유권이전등기청구권을 양도하여도 당연히 그 양도행위의 사법상 효력이 부정되는 것은 아니다.
⑤ 만일 甲이 乙에게 X부동산을 매도하였다면, 계약으로 정한 이행기가 그 소유권이전등기 신청기간의 기산일이다.

해설 **소유권이전등기**(「부동산등기 특별조치법」 제2조 참조)
반대급부이행이 완료된 날로부터 60일 이내에 신청하여야 한다(「부동산등기 특별조치법」 제2조 제1항 제1호)

정답 82. ⑤

제3장 등기절차 총론(응용)

응용 출제예상문제

01 등기의무자에 관한 설명이 잘못된 것은?

① 저당권이전등기의 등기의무자는 저당권자이다.
② 채무자변경으로 인한 저당권변경등기의 등기의무자는 채무자이다.
③ 소유권이전등기청구권보전가등기 이후에 소유권이 제3자에게 이전된 경우 그 가등기에 기한 본등기의 의무자는 전소유자이다.
④ 근저당권의 채권의 최고액을 증액하는 근저당권설정등기의 등기의무자는 근저당설정자이다.
⑤ 경락으로 인한 소유권이전등기의 등기의무자는 경매개시결정등기 당시의 소유권의 등기명의인이다.

해설 등기의무자
② (X) 등기의무자는 소유자(저당권설정자), 등기권리자는 저당권자이다.
③ (O) 본등기의무자는 전소유자이고, 제3취득자의 등기는 직권말소된다(법 제92조).
⑤ (O) 매각으로 인한 소유권이전등기의 등기의무자는 경매개시결정등기 후에 제3자에게 소유권이 이전되었더라도 경매개시결정등기 당시의 소유명의인을 표시하여야 한다. 경매개시결정등기 후의 소유권이전등기는 압류의 효력에 저촉되므로 원칙적으로 말소촉탁의 대상이 되기 때문이다.

02 다음 중 직권으로 하는 등기가 아닌 것으로 묶인 것은? ★★★

> ㉠ 가등기에 기한 본등기로 인하여 중간처분의 등기가 직권말소된 후 그 본등기가 말소된 경우에 있어서 말소된 중간처분등기의 말소회복등기
> ㉡ 등기의무자의 소재불명으로 인하여 등기권리자가 제권판결을 받은 경우
> ㉢ 소유권이전등기를 신청함에 있어서 등기명의인의 주소변경으로 신청정보상의 등기의무자의 표시가 등기기록과 부합하지 아니한 경우에 주소를 증명하는 정보에 의해 등기의무자의 등기기록상의 주소가 신청정보상의 주소로 변경된 사실이 명백히 나타나는 때의 등기명의인표시의 변경등기
> ㉣ 토지수용으로 인한 소유권이전등기신청이 있는 경우에 전세권, 저당권 및 그 부동산을 위하여 존재하는 지역권등기
> ㉤ 건물의 등기기록에 대지권의 등기를 한 경우에 대지권인 뜻의 등기
> ㉥ 말소될 권리를 목적으로 하는 제3자의 명의의 등기

① ㉠, ㉡ ② ㉡, ㉣ ③ ㉣, ㉤ ④ ㉠, ㉡, ㉣ ⑤ ㉣, ㉤, ㉥

정답 01. ② 02. ②

> **해설** ▸ 직권에 의한 등기
>
> ㉠ (○) 등기공무원의 직권 또는 법원의 촉탁에 의하여 말소된 경우에는 그 회복등기도 등기공무원의 직권 또는 법원의 촉탁에 의하여야 한다(대판 1996.5.31. 94다27205).
> ㉡ (×) 단독신청하는 경우이다(법 제56조).
> ㉢ (○) (규칙 제122조)
> ㉣ (×) 토지수용에 의한 소유권이전등기는 원시취득이므로 소유권 이외의 권리는 직권말소하지만, 그 부동산을 위하여 존재하는 지역권등기 또는 토지수용위원회의 재결로써 존속이 인정된 권리의 등기는 직권말소하지 않는다(법 제99조 제4항).
> ㉤ (○) (법 제40조 제4항) ㉥ (○) (법 제57조 제2항)

03 다음 중 등기권리자나 등기의무자의 어느 일방 혹은 등기명의인이 단독으로 등기를 신청할 수 있는 경우가 아닌 것은? (판례 및 대법원의 유권해석에 의함) ★

① 확정된 공유물분할판결에 있어서의 피고
② 가등기의무자의 승낙 또는 가등기가처분명령의 정본에 의하여 신청하는 가등기권리자
③ 등기의무자가 행방불명된 경우 민사소송법에 의한 공시최고절차에서 제권판결을 받은 등기권리자
④ 토지의 멸실·분합·면적의 증감 또는 지목의 변경이 있어 그 변동등기를 하고자 하는 경우에 있어서의 등기명의인
⑤ 유증으로 인한 소유권이전등기신청에 있어서의 유언집행자

> **해설** ▸ 공동신청주의의 예외
>
> ① (○) 공유물분할판결이 확정되면 그 소송 당사자는 원고·피고인지 여부에 관계없이 그 확정판결을 첨부하여 등기권리자 단독으로 공유물분할을 원인으로 한 지분이전등기를 신청할 수 있다(등기예규 제1607호).
> ② (○) (법 제89조)   ③ (○) (법 제56조)   ④ (○) (법 제35조)
> ⑤ (×) 유증을 원인으로 한 소유권이전등기는 포괄유증이나 특정유증을 불문하고 수증자를 등기권리자, 유언집행자 또는 상속인을 등기의무자로 하여 공동으로 신청하여야 한다. 수증자가 유언집행자로 지정되거나 상속인인 경우에도 같다(등기예규 제1512호).

정답 03. ⑤

04. 판결 기타 집행권원에 의한 등기신청에 관한 기술이다. 틀린 것은?

① 외국법원에서 등기절차의 이행을 명하는 판결을 받은 경우 등기권리자는 그 판결에 집행판결을 첨부하여 단독으로 등기신청할 수 있다.
② 근저당권설정등기의 이행을 명하는 판결의 주문에 그 근저당권의 채권최고액이 명시되지 않았다면 그 판결로써 근저당권설정등기를 신청할 수 없다.
③ 승소한 등기권리자가 그 판결의 변론종결 후 사망하였다면, 상속인이 상속이 있었다는 사실을 증명하는 정보를 첨부하여 직접 자기 명의로 등기를 신청할 수 있다.
④ 공증인 작성의 공정증서에 부동산에 관한 등기신청의무를 이행하기로 하는 조항이 기재되어 있다면 이 공정증서에 의하여 단독으로 등기를 신청할 수 있다.
⑤ 공유물분할판결의 주문에는 특정한 등기절차의 이행을 명하는 내용이 없지만, 각 공유자는 원·피고에 관계없이 그 판결문을 첨부정보로 제공하여 공유물분할등기(지분이전등기)를 단독으로 신청할 수 있다.

해설 ▶ 판결 등 집행권원에 의한 등기의 단독신청

①, ②, ③, ⑤ (○) (등기예규 제1607호)
④ (✕) 공정증서는 공증인이 일정한 금액의 지급이나 대체물 또는 유가증권의 일정한 수량의 급여를 목적으로 하는 청구 등에 관하여 강제집행을 위해서 작성하는 것이므로(「민사집행법」 제56조) 등기절차에 관한 의사진술을 명하는 것을 내용으로 하는 공정증서는 「민사집행법」 제56조상의 집행권원에 해당하지 아니한다. 따라서 공증인 작성의 공정증서는 설령 부동산에 관한 등기신청의무를 이행하기로 하는 조항이 기재되어 있더라도 등기권리자는 이 공정증서에 의하여 단독으로 등기를 신청할 수 없다.

05. 대위등기에 관한 다음 설명 중 가장 옳지 않은 것은?

① 채권자대위에 의한 등기신청이 있는 경우에 등기를 할 때에는 채권자의 성명 또는 명칭, 주소 또는 사무소 소재지, 주민등록번호 또는 부동산등기용 등록번호와 대위원인을 기록하여야 한다.
② 채권자가 채무자를 대위하여 등기를 신청하는 경우 채무자로부터 채권자 자신으로의 등기를 동시에 신청하지 않더라도 이를 수리한다.
③ 피보전채권이 금전채권인 경우에도 등기관은 무자력 여부를 심사하지 않고 등기신청을 수리한다.
④ 채권자대위에 의하여 등기를 신청할 때에 제공하여야 하는 대위원인을 증명하는 정보는 공문서뿐만 아니라 사서증서라도 무방하다.
⑤ 대위로 신청할 수 있는 등기에는 채무자의 권리에 이익을 가져오는 등기뿐만 아니라 부동산표시변경등기와 같이 채무자에게 불리하지 아니한 등기도 포함된다.

정답   04. ④   05. ①

제2편 부동산등기법

해설 ▶ 대위에 의한 등기신청

① (×) 대위신청에 의하여 등기를 할 때에는 법 제48조의 일반적 등기사항 외에 대위자의 성명 또는 명칭, 주소 또는 사무소 소재지 및 대위원인을 기록하여야 한다(법 제28조 제2항). 그러나 대위자의 주민등록번호 또는 부동산등기용 등록번호는 기록할 사항이 아니다.

②, ③, ④, ⑤ (○) (등기예규 제1432호)

06. 구분건물(區分建物)에 관한 등기신청의 경우 부동산표시에 관한 신청정보의 내용으로 틀린 것은? ★

① 1동(棟)의 건물의 표시로서 소재와 지번
② 1동(棟)의 건물의 표시로서 구조·종류·면적
③ 전유부분의 건물의 표시로서 건물의 번호, 구조, 면적
④ 전유부분의 건물의 표시로서 대지권이 있는 때에는 그 대지권의 표시
⑤ 위 ②의 경우는 구분건물 소유권이전등기신청의 경우에도 마찬가지이다.

해설 ▶ 구분건물에 관한 등기신청정보의 내용

①, ④ (○) (규칙 제43조 제1항 제1호 다목)
②, ③ (○) 전유부분의 건물표시는 건물의 번호, 구조, 면적을 신청정보의 내용으로 제공하되, 전유부분의 소재, 지번은 1동의 건물의 표시에 나타나 있기 때문에 제공하지 아니한다.
⑤ (×) 1동의 건물의 구조·종류·면적은 건물의 표시에 관한 등기나 소유권보존등기를 신청하는 경우로 한정한다(규칙 제43조 제1항 제1호 다목).

07. 등기신청정보의 내용에 관한 기술이다. 틀린 것은?

① 법인 아닌 사단·재단이 등기신청인인 경우에는 그 대표자나 관리인의 성명, 주소 및 주민등록번호를 신청정보의 내용으로 등기소에 제공하여야 한다.
② 대리인이 등기신청을 할 때에는 본인 외에 대리인의 성명·주소·주민등록번호를 신청정보로 제공할 뿐만 아니라 등기부에도 대리인의 성명·주소·주민등록번호를 기록하여야 한다.
③ 채권자가 채무자를 대위하여 등기를 신청하는 경우에는 채권자의 성명, 주소를 신청정보의 내용으로 등기소에 제공하여야 하고 등기부에도 기록하여야 한다.
④ 구분건물의 등기를 신청하는 경우에는 대지권이 있는 경우에 대지권을 신청정보의 내용으로 등기소에 제공하여야 하나 구분건물의 소재·지번은 그러하지 아니하다.
⑤ 매매에 관한 거래계약서를 등기원인을 증명하는 정보로 하여 소유권이전등기를 신청하는 경우에는 거래신고필증에 기재된 거래가액을 신청정보의 내용으로 등기소에 제공하여야 한다.

정답 06. ⑤ 07. ②

해설 ▶ **등기신청정보의 내용**

① (○) 신청인이 법인 아닌 사단·재단인 때에는 그 사단 또는 재단의 명칭·사무소·부동산등기용등록번호(규칙 제43조 제1항 제2호)는 물론 그 대표자 또는 관리인의 성명·주소·주민등록번호도 신청정보로 제공하여야 한다(규칙 제43조 제2항). 한편 법인 아닌 사단·재단의 대표자·관리인의 성명·주소·주민등록번호는 이를 등기부에도 기록한다(법 제48조 제3항).
② (×) 대리인에 의하여 등기를 신청하는 때에는 신청정보의 내용으로 대리인의 성명·주소를 제공하되 주민등록번호는 제공하지 않는다(규칙 제43조 제1항 제4호). 또한 제공한 대리인의 성명·주소는 등기부에는 기록하지 아니한다.
③ (○) (법 제28조, 규칙 제50조)
④ (○) (규칙 제43조 제1항 다목 참조) ⑤ (○) (규칙 제124조)

08 법인 아닌 사단이 등기신청을 하는 경우 등기소에 제공하여야 할 정보에 관한 설명으로 틀린 것은? **26회 출제**

① 대표자의 성명, 주소 및 주민등록번호를 신청정보의 내용으로 제공하여야 한다.
② 법인 아닌 사단이 등기권리자인 경우 사원총회결의가 있었음을 증명하는 정보를 첨부정보로 제공하여야 한다.
③ 등기되어 있는 대표자가 등기를 신청하는 경우 대표자임을 증명하는 정보를 첨부정보로 제공할 필요가 없다.
④ 대표자의 주소 및 주민등록번호를 증명하는 정보를 첨부정보로 제공하여야 한다.
⑤ 정관이나 그 밖의 규약의 정보를 첨부정보로 제공하여야 한다.

해설 ▶ **법인 아닌 사단의 등기신청**

그 총유물의 관리·처분에 따라 "등기의무자"로서 등기신청을 할 경우에는 그에 관한 결의서를 첨부정보로서 제공하여야 한다(「민법」 제276조 제1항 참조).

09 등기신청에 관한 설명으로 옳은 것은?

① 외국인은 출입국관리법에 따라 외국인등록을 하더라도 전산정보처리조직에 의한 사용자등록을 할 수 없으므로 전자신청을 할 수 없다.
② 법인 아닌 사단이 등기권리자로서 등기신청을 하는 경우, 그 대표자의 성명 및 주소를 증명하는 정보를 첨부정보로 제공하여야 하지만 주민등록번호를 제공할 필요는 없다.
③ 이행판결에 의한 등기는 승소한 등기권리자 또는 패소한 등기의무자가 단독으로 신청한다.
④ 신탁재산에 속하는 부동산의 신탁등기는 신탁자와 수탁자가 공동으로 신청하여야 한다.
⑤ 전자표준양식에 의한 등기신청의 경우, 자격자대리인(법무사등)이 아닌 자도 타인을 대리하여 등기를 신청할 수 있다.

정답 08. ② 09. ⑤

해설 ▶ 등기신청인

① 외국인은 출입국관리법에 따라 외국인등록을 하면 전자신청을 할 수 있다.
② 법인 아닌 사단이 등기권리자로서 등기신청을 하는 경우 그 대표자의 성명 및 주소를 증명하는 정보를 첨부정보로 제공하고 주민등록번호를 함께 제공한다.
③ 이행판결에 의한 등기는 승소한 등기권리자 또는 승소한 등기의무자가 단독으로 신청할 수 있다.
④ 신탁재산에 속하는 부동산의 신탁등기는 수탁자가 단독으로 신청하여야 한다.

10 「부동산등기 특별조치법」에 따른 검인에 관한 다음 설명 중 옳은 것은?

① 부동산의 소유권을 이전받을 것을 내용으로 계약을 체결한 자는 그 부동산에 대하여 다시 제3자와 소유권이전을 내용으로 하는 계약을 체결하고자 할 때에는 검인이 필요없다.
② 토지거래허가구역 안의 토지에 대하여 토지거래계약허가증을 발급받은 경우에도 별도의 검인을 받아야 한다.
③ 예약을 원인으로 한 소유권이전청구권 보전의 가등기를 신청하는 경우에도 검인을 받아야 한다.
④ 경매절차에서의 매각이나 공매를 원인으로 한 소유권이전등기의 경우 검인을 받아야 한다.
⑤ 계약의 일방당사자가 국가 또는 지방자치단체인 경우에는 검인을 받을 필요가 없다.

해설 ▶ 검인

① (×) 부동산의 소유권을 이전받을 것을 내용으로 계약을 체결한 자는 그 부동산에 대하여 다시 제3자와 소유권이전을 내용으로 하는 계약이나 제3자에게 계약당사자의 지위를 이전하는 계약을 체결하고자 할 때에는 먼저 체결된 계약의 계약서에 검인을 받아야 한다(법 제4조).
② (×) 토지거래허가증을 발급받은 경우에는 「부동산등기 특별조치법」에 따른 검인을 받은 것으로 본다(「부동산 거래신고 등에 관한 법률」 제20조 제2항).
③ (×) 가등기를 신청할 때에는 검인을 받을 필요가 없으며, 그 가등기에 터잡은 본등기를 신청할 때 검인이 되어 있어야 한다(등기예규 제1419호).
④ (×) 매각(강제경매, 임의경매) 또는 공매를 원인으로 한 소유권이전등기인 경우에는 검인이 생략된다(등기예규 제1419호).
⑤ (○) 매각(강제경매, 임의경매) 또는 공매를 원인으로 한 소유권이전등기 및 계약의 일방 당사자가 국가 또는 지방자치단체인 경우의 소유권이전등기에는 검인이 생략된다(등기예규 제1419호).

정답 10. ⑤

제3장 등기절차 총론(응용)

11 등기필정보의 분실 등으로 정보를 제공할 수 없는 경우의 처리방법에 대한 설명이다. 가장 잘못된 것은?

① 등기의무자 또는 그 법정대리인 본인이 등기소에 직접 출석한 경우에는 등기관이 등기의무자 본인임을 확인하고 확인조서를 작성한다.
② 법무사 또는 변호사라면 자기에 대한 확인서면을 스스로 작성하여 제출할 수 있다.
③ 확인서면을 작성할 때에는 특기사항란에 등기의무자등을 면담한 일시, 장소, 당시의 상황 그 밖의 특수한 사정을 기재한다.
④ 등기의무자가 법인인 경우에는 지배인을 확인하여 확인서면을 작성할 수 있다.
⑤ 신청서 중 등기의무자 등의 작성부분에 관하여 공증을 받은 경우에는 등기의무자 등의 등기소 출석에 갈음할 수 있다.

해설 ▶ 등기필정보가 없는 경우

② (X) 「부동산등기법」 제51조에 따라 변호사나 법무사가 확인서면을 작성하는 것은 준공증적 성격의 업무이므로 공증인의 제척에 관한 사항을 규정하고 있는 공증인법 제21조의 취지에 비추어 볼 때, 자기 소유의 부동산을 매도한 법무사가 매수인으로부터 그 소유권이전등기신청을 위임받았으나 등기필정보가 없는 경우에 등기의무자인 자기에 대한 확인서면을 스스로 작성할 수 없다 (2011. 12. 23. 부동산등기과-2413 질의회답).
③ (○) (등기예규 제1602호).
④ (○) 등기의무자가 법인인 경우에는 그 지배인을 확인하거나 지배인의 작성부분에 관한 공증으로 대표권을 가진 임원 또는 사원의 본인확인 또는 그 작성부분에 관한 공증에 갈음할 수 있다(등기예규 제1355호).

12 대리인에 의한 등기신청과 관련한 설명이다. 가장 올바른 것은? ★

① 등기권리자와 등기의무자 쌍방으로부터 위임받은 대리인이 등기신청정보제공 후 그 중 일방의 등기신청 취하의 요청이 있으면 등기신청을 취하하여야 한다.
② 대리인의 대리권은 등기신청시 뿐 아니라 등기완료시까지 존속하여야 한다.
③ 통상의 경우 등기신청의 대리는 변호사, 법무사가 아닌 자도 가능하며, 쌍방 뿐 아니라 등기권리자 또는 등기의무자 일방을 위한 대리도 가능하다.
④ 미성년자의 부모가 공동친권자인 경우에는 그 중 1인이 자유롭게 미성년자를 대리하여 등기신청을 할 수 있다.
⑤ 전산정보처리조직을 이용한 등기신청의 경우에도 특별한 제한 없이 대리인이 등기신청을 할 수 있다.

정답 11. ② 12. ③

> **해설** ▶ 대리인에 의한 등기신청
> ① (×) 등기신청이 등기권리자와 등기의무자의 공동신청에 의하거나 등기권리자 및 등기의무자 쌍방으로부터 위임받은 대리인에 의한 경우에는 그 등기신청의 취하도 등기권리자와 등기의무자가 공동으로 하거나 등기권리자 및 등기의무자 쌍방으로부터 취하에 대한 특별수권을 받은 대리인이 이를 할 수 있고, 등기권리자 또는 등기의무자 어느 일방만에 의하여 그 등기신청을 취하할 수는 없다(등기예규 제1643호).
> ② (×) 등기신청의 대리는 등기신청행위에 관한 대리에 불과하므로, 등기신청의 대리권은 그 신청행위의 종료시(등기관이 신청정보를 접수할 때까지)까지 있으면 충분하고, 등기가 완료될 때까지(등기부에 등기사항이 기록되고 교합이 있을 때까지) 있을 필요는 없다.
> ③ (○) 서면신청의 경우에 임의대리인의 자격에 관하여는 특별한 제한이 없으므로 누구나 등기신청의 임의대리인이 될 수 있으나, 법무사 또는 변호사 아닌 자(공인중개사, 행정사 등. 이하 "법무사 아닌 자"라 함)는 다른 사람을 대리하여 부동산등기신청을 하거나 등기사항증명서 발급신청서를 작성하여 등기소에 제출하는 행위를 업으로 하지 못한다(「법무사법」 제3조 제1항).
> ④ (×) 미성년자인 자의 부모가 공동친권자인 경우로서 친권자가 그 미성년자를 대리하여 등기신청을 할 때에는 부모가 공동으로 하여야 한다(등기예규 제1088호).
> ⑤ (×) 전자신청의 대리는 누구나 할 수 있는 것은 아니고 변호사나 법무사[법무법인·법무법인(유한)·법무사법인·법무사법인(유한)을 포함]가 아닌 자는 다른 사람을 대리해서 전자신청을 할 수 없다(등기예규 제1624호).

13. 다음 중 동일한 신청서에 의하여 일괄신청할 수 있는 경우가 <u>아닌</u> 것은?

① 공매처분으로 인한 권리이전등기와 공매처분으로 인하여 소멸한 권리등기의 말소등기를 촉탁하는 경우
② 매각으로 인한 소유권이전등기와 매수인이 인수하지 아니한 부동산의 부담에 관한 기입을 말소하는 등기를 촉탁하는 경우
③ 같은 채권의 담보를 위하여 소유자가 다른 여러 개의 부동산에 대한 저당권설정등기를 신청하는 경우
④ 소유자가 각기 다른 수개의 부동산을 동일인이 매수하여 소유권이전등기를 신청하는 경우
⑤ 동일부동산에 대한 동일인명의의 수 개의 근저당권등기의 등기명의인 표시변경등기를 신청하는 경우

> **해설** ▶ 일괄신청
> ①, ②, ③ (○) 공매처분, 경매, 공동저당의 경우에 일괄신청할 수 있다(규칙 제47조).
> ④ (×) 당사자가 다른 경우에는 당사자별로 신청정보를 제공하여야 한다.
> ⑤ (○) 등기목적이 동일하므로 1개의 신청정보를 등기소에 제공하여 일괄 신청할 수 있다.

정답 13. ④

제3장 등기절차 총론(응용)

14 등기원인에 대한 제3자의 허가, 동의 또는 승낙을 증명하는 정보에 관한 설명이다. 옳은 것은?

① 토지거래허가구역 내에서 판결에 의한 지상권설정등기를 단독 신청하는 경우에 판결문에 관공서의 허가 내용이 기재되어 있더라도 토지거래허가정보를 제공하여야 한다.

② 토지거래허가구역 내의 토지에 대한 판결에 의해 소유권이전등기를 신청할 경우 판결서에 해당 허가서 등의 현존 사실이 기재되어 있다면 토지거래허가서를 첨부정보로 제공할 필요가 없다.

③ 주무관청의 허가가 없는 재단법인의 기본재산처분에 관한 계약은 그 효력이 없으므로, 주무관청의 허가를 정지조건으로 하는 매매계약은 무효이다.

④ 소유권이전등기의 말소등기 신청정보에는 농지취득자격증명정보를 첨부정보로서 등기소에 제공할 필요가 없다.

⑤ 등기원인에 대하여 제3자의 허가, 동의 또는 승낙을 증명하는 정보를 첨부정보로 제공하여야 하는 경우 이를 위반한 등기는 모두 무효의 등기이므로 등기관이 직권으로 말소한다.

해설 ▶ 제3자의 허가 등을 받아야 하는 등기신청

① (×) 등기원인을 증명하는 정보가 집행력 있는 판결인 경우에는 등기원인에 대한 제3자의 허가정보나 동의정보를 등기소에 첨부정보로 제공할 필요가 없다(규칙 제46조 제3항). 그러나 제3자가 관공서인 경우에는 판결서에 해당 허가 등의 현존사실이 기재되어 있는 경우에 한하여 허가정보 등의 첨부정보 제공이 면제되고, 만약 판결서에 해당 허가 등의 현존사실이 기재되어 있지 않다면 예외적으로 첨부정보로 제공하여야 한다(등기예규 제1607호).

② (×) 소유권이전등기를 신청할 때에는 해당 허가서 등의 현존사실이 판결서 등에 기재되어 있다 하더라도 행정관청의 허가 등을 증명하는 서면을 반드시 제출하여야 한다(등기예규 제1607호).

③ (×) 주무관청 허가없는 재단법인 기본재산처분행위는 무효라도(대판 1974.6.11. 73다1975), 허가를 정지조건부로 하는 매매계약은 유효하다(대판 1971.6.29. 71도991).

④ (○) 「농지법」 제8조에서 농지취득자격증명정보를 요하는 등기는 소유권이전등기에 한한다.

⑤ (×) 법 제29조 제1호, 제2호에 위반된 등기만 직권말소 대상이 되고(법 제58조), 제3호 이하 위반의 등기는 직권말소하지 아니한다. 이 경우는 법 제29조 제9호 위반의 등기이다.

정답 14. ④

15. 토지거래허가에 관한 다음의 기술 중 틀린 것은?

① 계약의 체결일자가 허가구역지정 이전이라도 등기신청을 지정 이후에 한다면 토지거래허가증을 첨부정보로 제공하여야 한다.
② 가등기를 신청할 당시 그 등기원인이 된 토지거래계약 또는 예약에 대한 토지거래허가서를 첨부정보로 제공한 경우 그 가등기에 의한 본등기를 신청할 때에는 별도로 토지거래허가서를 제공할 필요가 없다.
③ 토지거래허가서를 등기신청정보에 첨부한 때에는, 등기원인증서에 검인을 받을 필요가 없으며 농지취득자격증명 또한 제출할 필요가 없다.
④ 허가대상 토지를 수인에게 공유지분으로 나누어 처분하는 경우 그 지분율에 따라 산정한 면적이 허가대상면적 미만이더라도 그에 따른 최초의 지분이전등기를 신청하는 때에는 토지거래계약허가증을 첨부정보로 제공하여야 한다.
⑤ 검인을 받은 매매계약서를 첨부정보로 제공하여 토지소유권이전등기를 신청하는 경우에도 그 토지가 토지거래허가구역 내에 있는 때에는 토지거래허가서를 첨부정보로 제공하여야 한다.

해설 ▶ 토지거래허가

① (✗) 토지거래허가구역으로 지정된 토지만이 허가대상이 된다. 따라서 계약체결일자가 허가구역으로 지정되기 이전인 경우에는 비록 등기신청을 허가구역으로 지정된 이후에 한다 하더라도 허가를 받을 필요가 없다(등기예규 제1634호).
②, ③, ④ (○) (등기예규 제1634호)
⑤ (○) 검인은 토지거래 허가를 갈음할 수 없다. 왜냐하면 검인은 형식적 검인에 의하지만 허가는 요건이 까다로운 실질심사를 하기 때문이다.

16. 다음 중 농지에 대한 소유권이전등기를 신청하는 경우 농지취득자격증명을 첨부정보로서 등기소에 제공할 필요가 없는 등기원인으로만 짝지어진 것은?

① 상속 – 공유물분할
② 명의신탁해지 – 진정명의회복
③ 취득시효완성 – 공매
④ 상속인에 대한 특정적 유증 – 계약해제
⑤ 매각 – 양도담보

해설 ▶ 농지취득자격증명

농지취득자격증명은 유·무상을 불문하고 법률행위에 의한 소유권이전등기를 신청하는 경우에 제공한다. 따라서 명의신탁해지, 계약해제, 양도담보를 원인으로 소유권이전등기를 신청하는 경우에는 제공하여야 한다. 공매의 경우에는 법률규정에 의한 취득으로 보지만 예외적으로 제공한다. 그러나 법률규정에 의한 취득인 상속, 취득시효완성, 매각, 상속으로 간주하는 상속인에 대한 특정적 유증, 취득이 아닌 진정명의회복이 원인인 경우에는 제공하지 아니한다(등기예규 제1415호). 한편 공유물분할은 선례변경으로 제공하지 아니한다.

정답 15. ① 16. ①

제3장 등기절차 총론(응용)

17 다음 중 인감증명을 제출하여야 하는 경우가 <u>아닌</u> 것은?

① 소유권의 등기명의인이 등기의무자로서 등기를 신청하는 경우 등기의무자의 인감증명
② 등기신청서에 제3자의 동의 또는 승낙을 증명하는 서면을 첨부하는 경우 그 서면에 날인한 동의 또는 승낙자의 인감증명
③ 소유권 이외의 권리의 등기명의인이 등기의무자로서 신청정보에 등기필정보 멸실로 인한 확인정보 또는 공증서면을 첨부정보로 제공하여 등기를 신청하는 경우 등기의무자의 인감증명
④ 소유권에 관한 가등기명의인이 가등기말소등기를 신청하는 경우 가등기명의인의 인감증명
⑤ 지상권 목적의 근저당권설정의 경우 등기의무자인 근저당권설정자의 인감증명

해설 ▶ 인감증명의 제출을 필요로 하는 등기신청
소유권 외의 권리의 등기명의인이 등기의무자로서 법 제51조에 따라 등기를 신청하는 경우 등기의무자의 인감증명을 제출하는 것이다.

18 부동산등기용 등록번호의 부여절차에 관한 다음 설명 중 가장 옳은 것은?

① "서울특별시"에 대한 부동산등기용등록번호는 행정안전부장관이 지정·고시한다.
② 외국정부에 대한 부동산등기용등록번호는 외교부장관이 지정·고시한다.
③ 주민등록번호가 없는 재외국민에 대한 부동산등기용등록번호는 지방출입국·외국인관서의 장이 부여한다.
④ 국내에 영업소나 사무소의 설치등기를 하지 아니한 외국법인의 부동산등기용등록번호는 시장·군수 또는 구청장이 부여한다.
⑤ 법인 아닌 사단이나 재단은 주된 사무소 소재지 관할등기소의 등기관이 부여한다.

해설 ▶ 부동산등기용 등록번호 부여기관
①, ② (×) 국토교통부 장관이 한다(법 제49조 제1항 제1호).
③ (×) 소재지 관할 등기소의 등기관이 한다(법 제49조 제1항 제2호).
④ (○), ⑤ (×) 국내에 영업소나 사무소의 설치 등기를 하지 아니한 외국법인에 대한 부동산등기용 등록번호는 법인 아닌 사단 및 재단과 마찬가지로 시장, 군수 또는 구청장이 부여한다(법 제49조 제1항 제3호).

정답 17. ⑤ 18. ④

19. 등기절차에 관한 설명으로 틀린 것은? [25회 출제]

① 법률에 다른 규정이 없으면, 촉탁에 따른 등기절차는 신청등기에 관한 규정을 준용한다.
② 외국인의 부동산등기용등록번호는 그 체류지를 관할하는 지방출입국·외국인관서의 장이 부여한다.
③ 등기원인에 권리소멸약정이 있으며, 그 약정의 등기는 부기로 한다.
④ 제공된 신청정보와 첨부정보는 영구보존하여야 한다.
⑤ 행정구역이 변경되면, 등기기록에 기록된 행정구역에 대하여 변경등기가 있는 것으로 본다.

해설 ▶ 등기절차
① (법 제22조 제2항) ② (법 제49조 제1항 제4호) ③ (법 제52조 제7호)
④ 신청정보 및 첨부정보의 보존기간은 5년이다(규칙 제20조 제1항 제5호).
⑤ (법 제31조)

20. 다음은 등기신청과 관련된 인감증명서에 관한 설명이다. 가장 틀린 것은?

① 소유권이전등기와 동시에 환매특약등기를 신청하는 경우 등기의무자인 매수인의 인감증명서는 첨부할 필요가 없다.
② 협의분할에 의한 상속등기를 신청하는 경우 협의분할서에 날인한 상속인 전원의 인감증명서를 첨부해야 한다.
③ 법인 아닌 사단·재단이 등기의무자로서 등기를 신청하는 경우 등에는 그 대표자나 관리인의 인감증명을 첨부정보로 제공하여야 한다.
④ 근저당권자가 등기의무자로서 근저당권이전등기를 신청하는 경우에는 등기의무자의 인감증명서를 첨부해야 한다.
⑤ 가등기용으로 발급된 인감증명서라도 근저당권설정등기신청서에 첨부하여 사용할 수 있다.

해설 ▶ 인감증명서
① (○) 환매특약등기의 경우는 매수인이 등기의무자이지만 그 자는 소유권이전등기와 환매특약등기를 동시에 신청할 때의 등기의무자로서 등기부상 소유자는 아니기 때문에 등기의무자의 인감증명을 등기소에 제공할 필요가 없다.
② (○) (규칙 제60조 제1항 제6호)
③ (○) (규칙 제61조 제1항)
④ (×) 저당권이전등기, 지상권·전세권 목적의 저당권설정등기 등은 등기의무자가 소유자가 아니기 때문에 등기소에 제공할 필요가 없다.
⑤ (○) 매매 외의 사유를 등기원인으로 한 소유권이전등기의 경우에는 첨부정보로 제공된 인감증명서상의 사용용도와 그 등기의 목적이 다르다 하더라도 그 등기신청을 각하해서는 아니 된다. 따라서 지상권설정등기신청정보에 첨부정보로서 등기소에 등기의무자의 부동산매도용 인감증명을 제공해도 등기신청을 수리하여야 한다.

정답 19. ④ 20. ④

제3장 등기절차 총론(응용)

21 다음은 등기신청서의 접수에 관한 설명이다. 가장 틀린 것은?
① 등기신청의 접수시기는 해당 부동산이 다른 부동산과 구별될 수 있는 정보가 전산정보처리조직에 저장된 때이다.
② 등기관이 신청서를 접수하였을 때에는 신청인의 청구 여부에 따라 그 신청서의 접수증을 모두 발급해 주어야 한다.
③ 전자신청 등기소장은 접수되는 사건 수를 고려하여 접수창구를 즉시접수 창구와 당일접수 창구로 복수화 할 수 있다.
④ 등기관이 등기를 마친 경우 그 등기는 접수한 날의 다음날부터 효력을 발생한다.
⑤ 접수업무를 신속히 처리할 사정이 있는 경우에는 전산정보처리조직에 등기의 목적 등 소정의 입력사항을 생략하고 부동산의 표시에 관한 사항만 입력한 채 접수번호표를 생성하여 신청서에 붙이는 방법으로 접수할 수 있다.

해설 ▸ 등기신청의 접수
① (○) 등기신청은 방문신청이든 전자신청이든 해당 부동산이 다른 부동산과 구별될 수 있게 하는 등기신청정보가 전산정보처리조직에 저장된 때 접수된 것으로 본다(법 제6조, 규칙 제3조).
② (○) (규칙 제65조 제3항)
③, ⑤ (○) (등기예규 제1154호)
④ (×) 등기관이 등기를 마친 경우 그 등기는 접수한 때부터 효력을 발생한다(법 제6조 제2항).

22 등기신청의 보정에 대한 설명이다. 틀린 것은?
① 신청정보에 흠결이 있는 경우에 등기관에게 보정명령의 의무가 있는지의 여부에 관하여, 판례는 신청인에게 보정하도록 권고하는 것은 바람직하나 보정을 명할 의무는 없다고 한다.
② 등기신청서를 제출할 수 있도록 허가받은 변호사나 법무사의 사무원은 등기신청서의 제출뿐만 아니라 신청서의 보정도 할 수 있다.
③ 신청정보에 흠결이 있다면, 그 흠결이 각하사유에 해당하지 않는다 하더라도 보정통지를 하여 신청정보를 완전하게 하여야 한다.
④ 전자신청에 대한 보정이행은 출석하는 것이 아니라 전산정보처리조직에 의하는 것이 원칙이다.
⑤ 신청인이 등기관이 보정을 명한 날의 다음날까지 그 잘못된 부분을 보정하였을 때에는 등기관은 그 신청을 각하할 수 없다.

정답 21. ④ 22. ③

해설 등기신청의 보정
① (○) 대법원 견해는 등기관이 보정통지할 법률상 의무는 없다고 보며 더구나 보정통지를 했다 하여도 그 이유에 대한 석명의무도 없다고 본다(대결 1969.11.6. 67마243).
② (○) 방문신청의 경우에 규칙 제58조의 규정에 의하여 허가받은 변호사나 법무사 등의 사무원도 이를 이행할 수 있다(등기예규 제1601호).
③ (×) 등기관은 흠결사항에 대한 보정이 없으면 그 등기신청을 각하할 수밖에 없는 경우에만 보정통지를 한다(등기예규 제1515호).
④ (○) (등기예규 제1624호)   ⑤ (○) (법 제29조)

23 등기신청의 각하와 관련된 설명이다. 틀린 것은?

① 첨부정보로 제공한 서면이 외견상 일견하여 위조나 변조되었음이 명백한 경우 그 등기신청을 각하하여야 한다.
② "사건이 등기할 것이 아닌 때"라고 함은 어느 등기신청이 그 신청취지 자체에 의하여 법률상 허용할 수 없음이 명백한 경우를 의미한다.
③ "출석하지 아니한 때"라 함은 당사자의 일방이나 쌍방이 전혀 출석하지 아니한 경우를 말하고, 출석한 당사자가 의사능력 또는 행위능력이 없는 경우는 포함되지 아니한다.
④ 각하결정 후 이를 고지할 때까지 보정을 하였다 하여 이미 내려진 각하결정을 내려지지 않은 것으로 돌릴 수는 없다.
⑤ 신청정보와 함께 제공된 첨부정보가 방식에 적합하지 아니하더라도 신청정보가 방식에 적합하지 아니한 때에 해당하는 것은 아니다.

해설 등기신청의 각하
① (대판 1975.1.30. 75다1452)   ② (대판 2000.9.29. 2000다29240)
③ 제24조 제1항 제1호(방문신청)에 따라 등기를 신청할 때에 당사자나 그 대리인이 출석하지 아니한 경우란 등기를 신청할 정당한 권한이 있는 자가 등기소에 출석하지 아니하고 등기를 신청하는 것을 말린다.
④ (대결 1968.7.8. 67마300)
⑤ (등기예규 제1350호)

정답 23. ③

제3장 등기절차 총론(응용)

24 등기신청의 각하사유로서 '사건이 등기할 것이 아닌 경우'를 모두 고른 것은? `35회 출제`

> ㄱ. 구분건물의 전유부분과 대지사용권의 분리처분 금지에 위반한 등기를 신청한 경우
> ㄴ. 농지를 전세권설정의 목적으로 하는 등기를 신청한 경우
> ㄷ. 공동상속인 중 일부가 자신의 상속지분만에 대한 상속등기를 신청한 경우
> ㄹ. 소유권 외의 권리가 등기되어 있는 일반건물에 대해 멸실등기를 신청한 경우

① ㄱ, ㄴ ② ㄴ, ㄹ ③ ㄷ, ㄹ
④ ㄱ, ㄴ, ㄷ ⑤ ㄱ, ㄴ, ㄷ, ㄹ

해설 ▶ **사건이 등기할 것이 아닌 경우**
사건이 등기할 것이 아닌 경우란 어느 등기신청이 그 신청취지 자체에 의하여 법률상 허용될 수 없음이 명백한 경우를 말한다. ㄹ.은 등기신청할 수 있다.

---

25 등기신청의 보정 및 취하에 관한 설명이다. 옳지 않은 것은?

① 전자신청의 취하는 전산정보처리조직을 이용해서 하여야 하고 서면으로 할 수는 없다.
② 등기신청의 흠결에 대한 보정은 당사자나 그 대리인 본인 또는 허가받은 사무원이 등기소에 출석하여 하여야 하며, 필요한 경우에는 보정을 위하여 신청정보나 또는 첨부정보의 반환을 청구할 수 있다.
③ 등기신청대리인이 공동신청에 의한 등기신청을 취하하기 위해서는 등기권리자와 등기의무자 쌍방으로부터 취하에 대한 특별수권이 있어야 한다.
④ 등기신청이 취하되면 등기신청에 대한 의사표시가 철회되어 등기신청은 없었던 것으로 된다.
⑤ 수 개의 부동산에 관한 등기신청을 일괄하여 동일한 신청서에 의하여 한 경우 그 중 일부 부동산에 대하여만 등기신청을 취하하는 것도 가능하다.

해설 ▶ **등기신청의 보정 및 취하**
① (○) 전자신청의 경우에는 전산정보처리조직을 이용하여 취하정보를 전자문서로 등기소에 송신하는 방법으로 취하를 하여야 한다(규칙 제51조 제2항, 등기예규 제1624호).
② (×) 보정은 반드시 등기관의 면전에서 하여야 하며 보정을 위하여 신청서 또는 그 부속서류를 신청인에게 반환할 수 없다(등기예규 제1515호).
③, ④, ⑤ (○) (등기예규 제1643호)

정답 24. ④ 25. ②

26. 등기관이 등기를 마쳤을 때에 등기완료통지를 하여야 할 필요가 없는 자는? ★★★

24회 출제

① 행정구역변경으로 인하여 등기관이 직권으로 행한 주소변경등기에서 등기명의인
② 미등기부동산의 처분제한등기를 할 때에 등기관이 직권으로 행한 소유권보존등기에서 등기명의인
③ 관공서가 촉탁하는 등기에서 관공서
④ 판결에서 승소한 등기의무자의 등기신청에서 등기의무자
⑤ 등기필정보를 제공해야 하는 등기신청에서 등기필정보를 제공하지 않고 확인정보 등을 제공한 등기의무자

해설 ▶ 등기완료통지

법원행정처장이 전산정보처리조직을 이용한 등기신청을 할 수 있는 등기소로 지정한 등기소에서 등기관이 등기를 완료한 때에는 등기완료통지서를 작성하여 신청인 및 다음에 해당하는 자에게 등기완료사실을 통지하여야 한다(규칙 제53조, 등기예규 제1623호).
1) 승소한 등기의무자의 등기신청에 있어서 등기권리자
2) 대위채권자의 등기신청에 있어서 등기권리자
3) 직권보존등기에 있어서 등기명의인
4) 등기필정보(등기필증 포함)를 제공해야 하는 등기신청에서 등기필정보를 제공하지 않고 확인정보 등을 제공한 등기신청에 있어서 등기의무자
5) 관공서의 등기촉탁에 있어서 그 관공서
  따라서 ①은 등기완료통지를 하여야 할 필요가 없다.
  등기완료통지의 상대방과 등기필정보 통지의 상대방은 잘 구별해야 한다.

27. 등기관 처분에 대한 이의와 관련한 설명이다. 가장 잘못된 것은?

① 각하결정에 대하여는 등기신청인인 등기권리자 및 등기의무자에 한하여 이의신청을 할 수 있고, 제3자는 이의신청을 할 수 없다.
② 결정 또는 처분당시에 주장되거나 제출되지 못한 새로운 사실이나 증거방법이 있다면 이를 이의사유로 삼아 이의신청을 할 수도 있다.
③ 이의는 등기관을 감독하는 지방법원 또는 지원에 서면으로 하여야 하나 이의신청서는 해당 등기소에 제출하여야 한다.
④ 이의에는 집행정지의 효력이 없으며, 이의신청기간의 제한도 없으므로 이의의 이익이 있는 한 언제라도 할 수 있다.
⑤ 관할 지방법원은 이의신청에 대하여 결정하기 전에 등기관에게 가등기 또는 이의가 있다는 뜻의 부기등기를 명령할 수 있다.

정답 26. ① 27. ②

제3장 등기절차 총론(응용)

해설 ▶ 등기관의 처분에 대한 이의
①, ⑤ (○) (등기예규 제1411호)
② (×) 새로운 사실이나 새로운 증거방법을 근거로 이의신청을 할 수는 없다(법 제102조).
③ (○) 이의신청은 구술로는 할 수 없고 이의신청서를 당해 등기소에 제출하여야 한다(법 제101조).
④ (○) 등기관의 결정 또는 처분에 대한 이의는 집행정지의 효력이 없다(법 제104조). 또한 이의신청기간 에는 제한이 없으므로 이의의 이익이 있는 한 언제라도 이의신청을 할 수 있다(등기예규 제1411호).

28. 등기관의 결정 또는 처분에 대한 이의에 관한 설명으로 틀린 것을 모두 고른 것은?

> ㉠ 이의에는 집행정지의 효력이 있다
> ㉡ 이의신청자는 새로운 사실을 근거로 이의신청을 할 수 있다.
> ㉢ 등기관의 결정에 이의가 있는 자는 관할 지방법원에 이의신청을 할 수 있다
> ㉣ 등기관은 이의가 이유없다고 인정하면 이의신청일로부터 3일 이내에 의견을 붙여 이의신청서를 이의신청자에게 보내야 한다.

① ㉠, ㉢   ② ㉡, ㉣   ③ ㉠, ㉡, ㉣
④ ㉠, ㉢, ㉣   ⑤ ㉡, ㉢, ㉣

해설 ▶ 등기관의 결정 또는 처분에 대한 이의
㉠ 집행정지의 효력이 없다.
㉡ 누구든지 새로운사실이나 새로운 증거방법으로는 이의신청의 할 수 없다.
㉣ 이의신청서를 이의신청인이 아닌 관할지방법원에 보내야 한다.

정답 28. ③

CHAPTER 04

부동산의 표시 및 각종 권리의 등기절차

학습포인트

- 이 장은 부동산의 표시에 관한 등기와 소유권, 용익권 및 담보권 등 각종권리의 보존·설정·이전·변경·말소등기 절차와 신탁등기, 구분건물의 등기에 관하여 다루고 있다. 특히 구분건물의 등기(소유권보존등기, 대지권등기, 규약상 공용부분에 관한 등기)에 관하여는 제6절에서 따로 설명하여 학습과 이해의 편의를 도모하였다.
- 이 장은 부동산등기법 중 출제 비중이 가장 높은 부분으로 매년 거의 4~5문제가 출제된다. 소유권보존등기, 소유권이전등기, 구분건물에 관한 등기 부분이 상대적으로 출제비중이 높으므로 이를 중심으로 학습하되, 용익권(임차권 포함)등기, 담보권 등기도 자주 출제되므로 소홀히 해서는 안 된다. 새로이 규정된 저당권부 채권담보권 및 전세금반환채권의 일부양도에 따른 전세권의 일부이전등기의 기본 내용에 대해 알아 두어야 한다.

CHAPTER 학습 & 출제되는 키워드

- ☑ 부동산의 표시에 관한 등기
- ☑ 부동산의 분합등기
- ☑ 소유권의 이전등기
- ☑ 구분건물에 관한 등기
- ☑ 수탁자의 변경으로 인한 등기
- ☑ 용익권에 관한 등기
- ☑ 전세권에 관한 등기
- ☑ 저당권의 등기
- ☑ 토지의 표시에 관한 등기
- ☑ 소유권에 관한 등기
- ☑ 진정명의 회복을 위한 이전등기
- ☑ 부동산신탁에 관한 등기
- ☑ 신탁원부 기록의 변경등기
- ☑ 지상권에 관한 등기
- ☑ 임차권에 관한 등기
- ☑ 권리질권에 관한 등기
- ☑ 건물의 표시에 관한 등기
- ☑ 소유권의 보존등기
- ☑ 공동소유에 관한 등기
- ☑ 신탁의 등기
- ☑ 신탁등기의 말소등기
- ☑ 지역권의 등기
- ☑ 담보권에 관한 등기
- ☑ 채권담보권에 관한 등기

CHAPTER 학습 & 출제되는 질문

- ☑ 합필등기를 신청할 수 없는 사유에 해당하는 것은?
- ☑ 미등기토지에 대하여 자기 명의로 소유권보존등기를 신청할 수 없는 자는?
- ☑ 소유권이전등기에 관한 설명으로 틀린 것은?
- ☑ 공동소유의 등기에 관한 설명으로 옳은 것은?
- ☑ 용익권의 등기에 관한 설명으로 옳은 것은?
- ☑ 임차권등기명령에 따른 주택임차권등기에서 등기부에 반드시 기록되어야 하는 등기사항이 아닌 것은?
- ☑ 저당권의 등기에 관한 설명으로 틀린 것을 모두 고른 것은?
- ☑ 구분건물의 등기에 관한 설명으로 틀린 것은?

기본 출제예상문제

제1절 부동산의 표시에 관한 등기

01 甲지를 분할하여 乙지로 한 경우에 분필등기에 관한 설명 중 잘못된 것은?

① 乙지의 등기기록을 새로 개설한다.
② 甲지의 등기기록은 이를 폐쇄한다.
③ 甲지의 종전의 표시에 관한 등기를 말소하는 표시를 하여야 한다.
④ 乙지의 등기기록 중 표제부에 토지의 표시와 분할로 인하여 甲 토지의 등기기록에서 옮겨 기록한 뜻을 기록하여야 한다.
⑤ 甲지의 등기기록 중 표제부에도 분할로 인하여 다른 부분을 乙 토지의 등기기록에 옮겨 기록한 뜻을 기록하여야 한다.

해설 ▶ 토지분필등기(규칙 제75조)
① (○) 분필등기가 있으면 필연적으로 새로운 등기기록이 개설된다(규칙 제75조 제1항).
② (×) 분할의 경우에는 부동산이 법률상 새로 생겨나므로 그 생겨난 부동산(乙지)을 위하여 등기기록을 개설하여야 하고, 종전의 등기기록(甲지)에는 변경등기를 하여야 한다.
③, ④, ⑤ (○) (규칙 제75조 참조)

02 토지합필의 특례에 관한 설명으로 틀린 것은?

① 합필특례규정에 따라 합필등기를 할 수 있으려면 소유자가 동일한 토지가 합병 등록되어 있어야 한다.
② 합병된 토지 중 어느 토지에 관하여 소유권이전등기가 마쳐진 경우에도 합필등기를 신청할 수 있다.
③ 합필특례규정에 의해서 소유자가 다른 토지에 대한 합필등기를 신청하는 경우에는 종전 토지의 소유권이 합병 후의 토지에서 차지하는 지분을 신청정보의 내용으로 등기소에 제공하여야 한다.
④ 위 ③의 경우에는 그에 관한 소유자들의 확인이 있음을 증명하는 정보를 첨부정보로서 등기소에 제공하여야 한다.
⑤ 합병된 토지 중 어느 토지에 관하여 합필제한 사유에 해당하는 권리에 관한 등기가 된 경우에는 합필등기를 신청할 수 없다.

정답   01. ②   02. ⑤

해설 ▶ **토지합필특례**
①, ② (법 제38조 제1항)
③, ④ (규칙 제81조 제1항)
⑤ 「공간정보의 구축 및 관리 등에 관한 법률」에 따른 토지합병절차를 마친 후 합필등기를 하기 전에 합병된 토지 중 어느 토지에 관하여 제37조 제1항에서 정한 합필등기의 제한사유에 해당하는 권리에 관한 등기가 된 경우라 하더라도 이해관계인의 승낙이 있으면 해당 토지의 소유권의 등기명의인은 그 권리의 목적물을 합필 후의 토지에 관한 지분으로 하는 합필등기를 신청할 수 있다 (법 제38조 제2항 본문).

03 다음 중 합필등기가 허용되는 경우가 <u>아닌</u> 것은? ★★

① 전세권이 있는 토지와 전세권이 없는 토지의 합필등기
② 임차권이 있는 토지와 임차권이 없는 토지의 합필등기
③ 지역권이 있는 토지와 지역권이 없는 토지의 합필등기
④ 저당권이 설정된 토지와 저당권이 없는 토지의 합필등기
⑤ 합필되는 모든 토지에 관하여 등기원인과 그 연월일과 접수번호가 동일한 저당권에 관한 등기가 있는 경우

해설 ▶ **합필제한**
• 부동산의 물리적 일부에도 존재할 수 있는 용익물권과 임차권이 있는 경우에는 합필할 수 있으나, 물리적 일부에 존재할 수 없는 가압류, 가등기, 처분제한등기, 환매특약등기, 저당권설정등기가 있는 경우에는 합필할 수 없다. 다만, 예외적으로 모든 토지에 대하여 등기원인 및 그 연월일과 접수번호가 동일한 창설적 공동저당권이 있는 경우에는 예외적으로 허용된다(법 제37조 제1항).
• ①, ②, ③, ⑤ 허용, ④ 불허

04 토지의 분필등기신청(分合登記申請)에 대한 설명으로 옳은 것은?

① 행정구역 또는 그 명칭이 변경된 경우에 등기관은 당사자의 신청에 의하여 그 변경등기를 하여야 한다.
② 1필의 토지의 일부에 지상권·전세권·임차권등기가 있는 경우에 분필등기를 신청할 때에는 권리가 존속할 토지의 표시에 관한 정보를 신청정보의 내용으로 등기소에 제공하면 되고, 해당 권리자의 확인증명정보까지 제공할 필요는 없다.
③ 분필등기신청은 토지의 소유권의 등기명의인과 실제 소유권자가 공동으로 그 사실이 있은 때부터 3개월 이내에 신청하여야 한다.
④ 甲토지를 분할하여 그 일부를 乙토지로 한 경우에 등기관이 분필등기를 할 때에는 乙토지에 관하여 등기기록을 개설하고, 그 등기기록 중 표제부에 토지의 표시와 분할로 인하여 甲토지의 등기기록에서 옮겨 기록한 뜻을 기록하여야 한다.
⑤ 등기목적으로 "부동산표시변경"을, 등기원인으로 "분할", 등기원인일자로 토지가 분할되어 "토지대장에 분할로 등록된 날"을 각각 신청정보의 내용으로 등기소에 제공한다.

정답 03. ④ 04. ④

해설 ▶ 토지의 분합등기
① 행정구역 또는 그 명칭이 변경된 경우에 등기관은 직권으로 부동산의 표시변경등기 또는 등기명의인의 주소변경등기를 할 수 있다(규칙 제54조).
② 1필의 토지의 일부에 지상권·전세권·임차권이나 승역지(承役地 : 편익제공지)의 일부에 관하여 하는 지역권의 등기가 있는 경우에 분필등기를 신청할 때에는 권리가 존속할 토지의 표시에 관한 정보를 신청정보의 내용으로 등기소에 제공하고, 이에 관한 권리자의 확인이 있음을 증명하는 정보를 첨부정보로서 등기소에 제공하여야 한다. 이 경우 그 권리가 토지의 일부에 존속할 때에는 그 토지부분에 관한 정보도 신청정보의 내용으로 등기소에 제공하고, 그 부분을 표시한 지적도를 첨부정보로서 등기소에 제공하여야 한다(규칙 제74조).
③ 토지의 분할, 합병이 있는 경우와 제34조의 등기사항에 변경이 있는 경우에는 그 토지소유권의 등기명의인은 그 사실이 있는 때부터 1개월 이내에 그 등기를 신청하여야 한다(법 제35조).
④ (규칙 제75조 제1항)
⑤ 등기목적으로 부동산표시변경이 아니라 "토지표시변경"을 신청정보의 내용으로 한다.

제2절 소유권에 관한 등기

01 소유권의 보존등기

05 소유권보존등기에 관한 설명으로 옳은 것은?

① 보존등기에는 등기원인과 그 연월일을 기록한다.
② 군수의 확인에 의하여 미등기토지가 자기의 소유임을 증명하는 자는 보존등기를 신청할 수 있다.
③ 등기관이 미등기부동산에 관하여 과세관청의 촉탁에 따라 체납처분으로 인한 압류등기를 하기 위해서는 직권으로 소유권보존등기를 하여야 한다.
④ 미등기토지에 관한 소유권보존등기는 수용으로 인하여 소유권을 취득하였음을 증명하는 자도 신청할 수 있다.
⑤ 소유권보존등기를 신청하는 경우 신청인은 등기소에 등기필정보를 제공하여야 한다.

정답 05. ④

해설 ► **소유권보존등기 신청방법**
① 보존등기에는 등기원인과 그 연월일을 기록하지 아니한다.
② 군수의 확인에 의하여 미등기토지가 자기의 소유임을 증명하는 자는 보존등기를 신청할 수 없다. 다만 건물인 경우에는 가능하다.
③ 등기관이 미등기부동산에 관하여 과세관청의 촉탁에 따라 체납처분으로 인한 압류등기를 촉탁하면 등기관은 이를 각하한다. 체납처분으로 인한 압류등기촉탁은 직권보존등기의 사유에 해당하지 아니한다.
⑤ 소유권보존등기를 신청하는 경우 신청인은 등기소에 등기필정보를 제공하지 아니한다.

06 다음 보존등기에 관한 설명 중 틀린 것은?

① 소유권보존등기는 1필지의 토지 또는 1동 건물의 전부에 대하여 신청하여야 한다.
② 당해 부동산이 보존등기신청인의 소유임을 이유로 타인명의의 소유권보존등기의 말소등기를 명한 판결에 의하여서도 소유권보존등기를 신청할 수 있다.
③ 관공서가 소유권보존등기를 촉탁할 때에도 부동산의 표시를 증명하는 서면을 첨부정보로 제공해야 한다.
④ 읍장과 면장의 확인에 의하여 자기의 소유권을 증명하는 자는 건물소유권보존등기를 신청할 수 없다.
⑤ 수용으로 인한 소유권을 취득하였음을 증명하는 자는 직접 자기 앞으로 소유권보존등기를 할 수 없다.

해설 ► **보존등기**
① (○) (대판 2000.10.27. 2000다39582)
② (○) (대판 1994.3.11. 93다57704)
③ (○) 관공서가 미등기부동산에 대한 소유권보존등기를 촉탁하는 경우에도 반드시 규칙 제121조에서 정하는 대장정보 등을 첨부정보로서 등기소에 제공하여야 한다(1994.8.26. 등기 3402-1064).
④ (○) 건물소유권보존등기의 경우에 한하여 특별자치도지사, 시장·군수 또는 구청장(자치구의 구청장을 말한다)의 확인에 의하여 자기의 소유권을 증명하는 자가 신청할 수 있다. 읍장과 면장은 제외되었다(법 제65조 제4호).
⑤ (×) 수용으로 인하여 소유권을 취득하였음을 증명하는 자가 소유권보존등기를 신청할 수 있다(법 제65조 제3호).

정답 06. ⑤

제4장 부동산의 표시 및 각종 권리의 등기절차(기본)

07 토지소유권보존등기와 관련한 설명이다. 맞는 것은?

① 특별자치도지사, 시장·군수 또는 구청장의 확인에 의하여 자기의 소유권을 증명하는 자는 신청인이 될 수 있다.
② 미등기부동산에 대한 처분제한등기가 촉탁된 경우 등기관은 직권으로 보존등기를 실행할 수 없다.
③ 이미 등기된 본 번지 토지가 분할된 경우 분할되는 토지는 새로이 보존등기를 한다.
④ 미등기부동산에 대하여 특정유증이 있는 경우 수증자는 유증을 원인으로 하여 자기 앞으로 직접 소유권보존등기를 할 수 있다.
⑤ 미등기토지의 지적공부상 '국'으로부터 소유권이전등록을 받은 자는 직접 자기 명의로 소유권보존등기를 신청할 수 있다.

해설 ▶ 토지소유권보존등기

① (×) 지문은 건물소유권보존등기에 관한 내용이다(법 제65조 제4호).
② (×) 직권보존등기를 실행하여야 한다(법 제66조).
③ (×) 본 번지가 미등기인 상태에서 토지가 분할된 경우 분할된 각 토지에 대하여 보존등기를 할 수 있으나, 본 번지가 등기된 상태에서 분할된 경우에는 분할한 토지는 보존등기를 할 것이 아니라 분할등기의 절차(부동산표시변경등기)를 밟아야 한다.
④ (×) 유증의 목적 부동산이 미등기인 경우라도 특정유증을 받은 자는 소유권보존등기를 신청할 수 없고, 유언집행자가 상속인 명의로 소유권보존등기를 마친 후에 유증을 원인으로 한 소유권이전등기를 신청하여야 한다(등기예규 제1512호).
⑤ (○) 대장상 최초의 등록자가 아닌 대장상 소유권이전등록을 받은 소유명의인 및 그 상속인은 직접 자기명의로 소유권보존등기를 신청할 수 없고, 최초의 소유자명의로 소유권보존등기를 한 다음 소유권이전등기를 하는 것이 원칙이지만, '국'으로부터 소유권이전등록을 받은 자는 직접 자기명의로 소유권보존등기를 신청할 수 있다(등기예규 제1483호).

08 토지의 소유권보존등기에 관한 설명으로 옳은 것은? [23회 출제]

① 등기관이 미등기 토지에 대하여 법원의 촉탁에 따라 가압류등기를 할 때에는 직권으로 소유권보존등기를 한다.
② 특별자치도지사의 확인에 의해 자기의 소유권을 증명하여 소유권보존등기를 신청할 수 있다.
③ 미등기 토지를 토지대장상의 소유자로부터 증여받은 자는 직접 자기명의로 소유권보존등기를 신청할 수 있다.
④ 등기관이 소유권보존등기를 할 때에는 등기부에 등기원인과 그 연월일을 기록하여야 한다.
⑤ 확정판결에 의하여 자기의 소유권을 증명하여 소유권보존등기를 신청할 경우 소유권을 증명하는 판결은 소유권확인판결에 한한다.

정답 07. ⑤ 08. ①

해설 ▶ **토지소유권보존등기**
① (○) (법 제66조 제1항)
② (×) 특별자치도지사, 시장·군수 또는 구청장의 확인에 의하여 소유권보존등기를 신청할 수 있는 경우는 건물의 경우로 한정한다(법 제65조 제4호).
③ (×) 미등기 토지를 토지대장상의 소유자로부터 증여받은 자는 대장상 최초의 소유자 명의로 소유권보존등기를 한 다음 자기명의로 소유권이전등기를 신청하여야 한다.
⑤ (×) 소유권을 증명하는 판결은 보존등기신청인의 소유임을 확정하는 내용의 것이면 소유권확인판결 외에 형성판결(예 공유물분할의 판결)이나 이행판결도 이에 해당한다.

09 소유권보존등기의 내용으로 틀린 것은? [26회 출제]

① 건물에 대하여 국가를 상대로 한 소유권확인판결에 의해서 자기의 소유권을 증명하는 자는 소유권보존등기를 신청할 수 있다.
② 일부지분에 대한 소유권보존등기를 신청한 경우에는 그 등기신청은 각하되어야 한다.
③ 토지에 관한 소유권보존등기의 경우 당해 토지가 소유권보존등기 신청인의 소유임을 이유로 소유권보존등기의 말소를 명한 확정판결에 의해서 자기의 소유권을 증명하는 자는 소유권보존등기를 신청할 수 있다.
④ 1동의 건물에 속하는 구분건물 중 일부만에 관하여 소유권보존등기를 신청하는 경우에는 나머지 구분건물의 표시에 관한 등기를 동시에 신청하여야 한다.
⑤ 미등기 주택에 대하여 임차권등기명령에 의한 등기촉탁이 있는 경우에 등기관은 직권으로 소유권보존등기를 한 후 주택임차권등기를 하여야 한다.

해설 ▶ **소유권보존등기**
① 토지와 달리 건물의 경우 국가를 상대로 한 소유권확인판결에 의해서 소유권보존등기를 신청할 수 없다(대판 1999.5.28. 99다2188).

정답 09. ①

10 미등기부동산의 소유권보존등기를 신청할 수 있는 자에 관한 내용이다. 틀린 것은?

① 대장에 소유명의인으로 등록된 후 성명복구, 개명, 주소이전 등으로 등록사항에 변경이 생긴 경우에는 대장등본 외에 제적등본 등 변경사실을 증명하는 서면을 첨부정보로 제공하여 소유권보존등기를 신청할 수 있다.
② 등기부가 멸실되었으나 등기기록상의 소유자로서 멸실회복등기 기간 내에 회복등기신청을 하지 못한 경우에는 대장상 소유권이전등록을 받은 소유명의인도 직접 자기 명의로 소유권보존등기를 신청할 수 있다.
③ 소유권을 증명하는 판결은 소유권확인판결에 한하는 것은 아니며, 형성판결이나 이행판결이라도 그 이유 중에서 보존등기신청인의 소유임을 확정하는 내용의 것이면 이에 해당한다.
④ 당해 부동산이 보존등기 신청인의 소유임을 이유로 소유권보존등기의 말소를 명한 판결은 여기에서의 소유권을 증명하는 판결에 해당한다.
⑤ 건물에 대하여 최초 건축주를 상대로 한 소유권확인판결은 여기에서의 소유권을 증명하는 판결에 해당하지 아니한다.

해설 ▶ 미등기부동산의 소유권보존등기
① (○) 대장에 소유명의인으로 등록된 후 성명복구, 개명, 주소이전 등으로 등록사항에 변경이 생긴 경우에는 대장을 정정등록할 필요없이 그 대장정보 외에 제적등본, 가족관계의 등록 등에 관한 법률상의 기본증명서, 주민등록표등본 등 변경사실을 증명하는 정보를 제공하여 소유권보존등기를 신청할 수 있다(등기예규 제1483호).
② (×) 예규 개정으로 종전과는 달리 이 경우 직접 소유권보존등기를 신청할 수는 없고 대장상 최초의 소유자 명의로 소유권보존등기를 한 다음 자기명의로 소유권이전등기를 신청하여야 한다(등기예규 제1483호).
③ (○) (대판 1994.3.11. 93다57704)
④ (○) (등기예규 제1483호 3. 다.) ⑤ (○) (등기예규 제1483호 3. 라.)

11 소유권보존등기의 신청에 관한 설명으로 틀린 것은?

① 1동의 건물에 속하는 구분건물 중 일부만에 관하여 소유권보존등기를 신청하는 경우에는 나머지 구분건물의 표시에 관한 등기를 동시에 신청하여야 한다.
② 등기원인과 그 연월일은 신청정보의 내용으로 등기소에 제공할 필요가 없다.
③ 건물의 소유권보존등기를 신청하는 경우에 그 대지 위에 여러 개의 건물이 있을 때에는 그 대지 위에 있는 건물의 소재도를 첨부정보로서 등기소에 제공하여야 한다.
④ 위 ③의 경우 건물의 표시를 증명하는 정보로서 건축물대장 정보를 등기소에 제공한 경우에는 그러하지 아니하다.
⑤ 구분건물에 대한 소유권보존등기를 신청하는 경우에는 반드시 1동의 건물의 소재도, 각 층의 평면도와 전유부분의 평면도를 첨부정보로서 등기소에 제공하여야 한다.

정답 10. ② 11. ⑤

해설 ▸ **소유권보존등기의 신청**
① (○) (법 제46조 제1항)
②, ③, ④ (○) (규칙 제121조 제1항, 제3항)
⑤ (×) 집합건축물대장정보를 등기소에 제공한 경우에는 면제된다(규칙 제121조 제4항 후문).

12. 소유권등기에 관한 설명으로 틀린 것은? (다툼이 있으면 판례에 의함) **25회 출제**

① 소유권보존등기의 신청인이 그의 소유권을 증명하기 위한 판결은 그가 소유자임을 증명하는 확정판결이면 충분하다.
② 소유권보존등기를 할 때에는 등기원인과 그 연월일을 기록하지 않는다.
③ 공유물의 소유권등기에 부기등기된 분할금지약정의 변경등기는 공유자의 1인이 단독으로 신청할 수 있다.
④ 미등기건물의 건축물대장에 최초의 소유자로 등록된 자로부터 포괄유증을 받은 자는 그 건물에 관한 소유권보존등기를 신청할 수 있다.
⑤ 법원이 미등기부동산에 대한 소유권의 처분제한등기를 촉탁한 경우 등기관은 직권으로 소유권보존등기를 하여야 한다.

해설 ▸ **소유권보존등기**
① (○) 보존등기신청인의 소유임을 확정하는 내용의 것이면 소유권확인판결 외에 형성판결(예 공유물분할의 판결)이나 이행판결도 이에 해당한다.
② (○) (규칙 제121조 제1항)
③ (×) 공유물분할금지약정의 변경등기는 공유자 중의 1인이 신청할 수는 없고 공유자 전원이 공동으로 신청하여야 한다(법 제67조 제2항).
④ (○) (법 제65조 제1호) ⑤ (○) (법 제66조)

13. 직권에 의한 소유권보존등기에 대한 설명으로 틀린 것은?

① 등기관이 미등기부동산에 대하여 법원의 촉탁에 따라 소유권의 처분제한의 등기를 할 때에는 직권으로 소유권보존등기를 하고, 처분제한의 등기를 명하는 법원의 재판에 따라 소유권의 등기를 한다는 뜻을 기록하여야 한다.
② 등기관이 직권으로 건물에 대한 소유권보존등기를 하는 경우에는 법 제65조를 적용하지 아니한다.
③ 다만, 그 건물이 「건축법」상 사용승인을 받아야 할 건물임에도 사용승인을 받지 아니하였다면 그 사실을 갑구에 기록하여야 한다.
④ 1동 건물의 일부 구분건물에 대하여 처분제한등기 촉탁이 있는 경우 등기관은 처분제한의 목적물인 구분건물의 소유권보존등기와 나머지 구분건물의 표시에 관한 등기를 하여야 한다.
⑤ 처분제한등기의 촉탁에 의하여 등기관이 직권으로 소유권보존등기를 마쳤을 때에는 등기권리자에게 할 등기완료통지를 하여야 한다.

정답   12. ③   13. ③

해설 ▶ **미등기부동산의 처분제한의 등기와 직권보존**
①, ② (○) (법 제66조 제1항, 제2항 본문)
③ (×) 표제부에 기록하여야 한다(법 제66조 제2항 단서).
④ (○) (등기예규 제1469호)   ⑤ (○) (규칙 제53조 제1항 제4호)

02 소유권의 이전등기

14. 소유권이전등기에 관한 다음 설명 중 틀린 것은?

① 법정상속분에 따른 상속등기 후 상속재산의 협의분할을 한 경우 그 등기는 소유권의 일부이전등기방식에 의한다.
② 1필의 토지 중 특정부분을 전체면적에 대한 지분으로 환산하여 지분소유권이전등기를 신청할 수 없다.
③ 수용으로 인한 소유권이전등기는 사업시행자가 단독으로 신청할 수 있다.
④ 단독소유권을 그 소유자와 공유로 하는 등기는 소유권의 일부 이전방식에 의한다.
⑤ 공간정보의 구축 및 관리 등에 관한 법률에 따른 분할과 그에 의한 분필등기가 선행되어야 1필의 토지 중 특정부분에 대한 소유권이전등기가 가능하다.

해설 ▶ **소유권이전등기**
① (×) 상속으로 인하여 수인이 공동상속등기를 마친 후에 공동상속인 중의 1인 또는 수인에게 재산을 취득케하는 취지의 상속재산의 협의분할 또는 재판에 의한 분할을 한 경우에 그 등기의 신청절차는 권리를 취득하는 자가 등기권리자, 권리를 잃는 자가 등기의무자로서 소유권의 경정등기를 신청하여야 한다(등기예규 제613호).
② (○) 이는 등기원인을 증명하는 정보와 신청정보 내용의 적극적 저촉으로 법 제29조 제8호로 각하되기 때문이다(1997.4.7. 등기 3402-261).
③ (○) (법 제99조 제1항) ④ (○) (규칙 제123조)
⑤ (○) 소유권의 일부이전등기는 「부동산등기법」이 명문으로 허용하고 있지만, 부동산의 일부이전등기는 「부동산등기법」에서 절차규정을 두고 있지 아니하므로 부동산의 일부에 대한 등기신청이 수리되려면 사전에 대장상 분필·구분·분할절차를 선행하고 이 대장정보를 제공하여 등기부상 분필·구분·분할등기를 경료한 후에 신청하여야 한다. 이는 판결에 의한 경우라도 마찬가지이다(1997.3.28. 등기 3402-239).

정답 14. ①

15. 소유권일부이전등기에 관한 설명으로 옳은 것은?

① 등기원인이 매매라 하더라도 등기원인을 증명하는 정보가 판결, 조정조서 등 매매계약서가 아닌 경우에도 거래가액 등의 내용을 등기하여야 한다.
② 상호명의신탁관계에서 건물의 특정 부분을 구분소유하는 자는 그 특정 부분에 대한 명의신탁 해지를 원인으로 한 지분이전등기절차의 이행을 구할 수 있을 뿐 그 건물 전체에 대한 공유물분할을 구할 수는 없다.
③ 소유권의 일부에 대한 이전등기를 신청하는 경우에는 전체 지분을 신청정보의 내용으로 등기소에 제공하여야 한다.
④ 공유물분할금지약정의 변경등기는 공유자 중 1인이 신청할 수 있다.
⑤ 등기관이 소유권의 일부에 관한 이전등기를 할 때에는 전체 지분의 내용을 기록하여야 한다.

해설 ▶ 소유권일부이전등기

① (✕) 거래가액은 2006.1.1. 이후 작성된 매매계약서를 등기원인증서로 하여 소유권이전등기를 신청하는 경우에 등기한다. 그러므로 ㉠ 2006.1.1. 이전에 작성된 매매계약서에 의한 등기신청을 하는 때, ㉡ 등기원인이 매매라 하더라도 등기원인증서가 판결, 조정조서 등 매매계약서가 아닌 때, ㉢ 매매계약서를 등기원인증서로 제출하면서 소유권이전등기가 아닌 소유권이전청구권가등기를 신청하는 때에는 거래가액을 등기하지 않는다(등기예규 제1395호).
② (○) (대판 2010.5.27. 2006다84171)
③ (✕) 소유권의 일부에 대한 이전등기를 신청하는 경우에는 이전되는 지분을 신청정보의 내용으로 등기소에 제공하여야 한다(규칙 제123조).
④ (✕) 공유자 전원이 공동으로 신청하여야 한다(법 제67조 제2항).
⑤ (✕) 등기관이 소유권의 일부에 관한 이전등기를 할 때에는 이전되는 지분을 기록하여야 한다. 이 경우 등기원인에「민법」제268조 제1항 단서의 약정이 있을 때에는 그 약정에 관한 사항도 기록하여야 한다(법 제67조 제1항).

정답 15. ②

제4장 부동산의 표시 및 각종 권리의 등기절차(기본)

16 부동산등기에 관한 설명으로 옳은 것은? `35회 출제`

① 유증으로 인한 소유권이전등기는 상속등기를 거치지 않으면 유증자로부터 직접 수증자 명의로 신청할 수 없다.
② 유증으로 인한 소유권이전등기 신청이 상속인의 유류분을 침해하는 내용인 경우에는 등기관은 이를 수리할 수 없다.
③ 상속재산분할심판에 따른 상속인의 소유권이전등기는 법정상속분에 따른 상속등기를 거치지 않으면 할 수 없다.
④ 상속등기 경료 전의 상속재산분할협의에 따라 상속등기를신청하는 경우, 등기원인일자는 '협의분할일'로 한다.
⑤ 권리의 변경등기는 그 등기로 등기상 이해관계 있는 제3자의 권리가 침해되는 경우, 그 제3자의 승낙 또는 이에 대항할 수 있는 재판이 있음을 증명하는 정보의 제공이 없으면 부기등기로 할 수 없다.

해설 권리의 변경등기

권리변경의 등기는 등기상 이해관계 있는 제3자가 없는 경우 또는 있는 경우에도 그의 승낙증명정보 등을 첨부정보로 제공한 경우에는 부기등기로 하고, 변경 전의 등기사항을 말소하는 표시를 한다(법 제52조 제5호, 규칙 제112조 제1항).
등기상 이해관계인이 있는 경우 그의 승낙증명정보를 첨부정보로 제공하지 못한 경우에는 그 변경등기는 그 이해관계인의 등기보다 후순위가 되는 주등기로 하여야 한다.

17 유증으로 인한 소유권이전등기에 관한 설명으로 **틀린** 것은?(다툼이 있으면 판례에 의함) `24회 출제`

① 유증에 기한이 붙은 경우에는 그 기한이 도래한 날을 등기원인일자로 기록한다.
② 포괄유증은 수증자 명의의 등기가 없어도 유증의 효력이 발생하는 시점에 물권변동의 효력이 발생한다.
③ 유증으로 인한 소유권이전등기는 상속등기를 거쳐 수증자명의로 이전등기를 신청하여야 한다.
④ 유증으로 인한 소유권이전등기 신청이 상속인의 유류분을 침해하는 내용이라 하더라도 등기관은 이를 수리하여야 한다.
⑤ 미등기부동산이 특정유증된 경우 유언집행자는 상속인 명의의 소유권보존등기를 거쳐 유증으로 인한 소유권이전등기를 신청하여야 한다.

정답 16. ⑤ 17. ③

제2편 부동산등기법

해설 ▶ 유증으로 인한 소유권이전등기

① (○) 유증에 조건 또는 기한이 붙은 경우에는 조건성취된 날 또는 그 기한이 도래한 날을 신청정보의 내용으로 등기소에 제공하여야 한다(등기예규 제1512호).
② (○) 포괄적 유증의 경우에는 유증자의 사망시에 법률의 규정에 의해서 등기없이 포괄적으로 수증자에게 이전한다. 다만, 그 부동산을 처분하기 위해서는 등기를 하여야 한다(「민법」 제187조).
③ (×) 포괄유증이든 특정유증이든 모두 상속등기를 거치지 않고 바로 수증자를 등기권리자, 유언집행자를 등기의무자로 하여 공동으로 신청한다(등기예규 제1512호).
④ (○) 등기관의 형식적 심사권(등기예규 제1512호).
⑤ (○) 그러나 포괄적유증의 경우에는 포괄수증자가 단독으로 소유권보존등기를 신청할 수 있다(등기예규 제1512호).

18 수용 등에 의한 소유권이전등기에 관한 설명 중 옳은 것은?

① 수용으로 인한 소유권이전등기신청시 등기의무자의 등기필정보를 신청정보의 내용으로 제공하여야 한다.
② 토지수용으로 인한 소유권이전등기를 하는 경우에 등기관은 가등기, 가압류, 가처분 등기를 직권으로 말소할 수 없다.
③ 등기원인은 "토지수용"으로, 원인일자는 "수용의 개시일"을 각 신청정보의 내용으로 제공한다.
④ 토지수용을 원인으로 한 소유권이전등기신청은 기업자인 등기권리자만으로 이를 신청할 수 없다.
⑤ 등기관은 재결수용으로 인한 소유권이전등기를 하는 경우에 그 부동산을 위하여 존재하는 지역권의 등기를 직권으로 말소하여야 한다.

해설 ▶ 수용에 의한 소유권이전등기절차

① (×) 등기필정보의 제공은 공동신청 또는 승소한 등기의무자의 단독신청에 의하여 권리에 관한 등기를 신청하는 경우로 한정한다(규칙 제43조 제1항 제7호 단서).
② (×) 직권으로 말소하여야 한다(법 제99조 제4항 본문).
③ (○) 등기원인일자로 수용재결일을 신청정보의 내용으로 제공해서는 안 된다(등기예규 제1388호).
④ (×) 등기권리자가 단독신청할 수 있다(법 제99조 제1항).
⑤ (×) 그 부동산을 위하여 존재하는 지역권의 등기를 직권으로 말소하지 않는다.

19 토지수용으로 인한 소유권이전등기를 하는 경우 그 토지에 있던 다음의 등기 중 등기관이 직권으로 말소할 수 <u>없는</u> 것은?(단, 수용의 개시일은 2013.4.1임) **24회 출제**

① 2013.2.1 상속을 원인으로 2013.5.1에 한 소유권이전등기
② 2013.2.7 매매를 원인으로 2013.5.7에 한 소유권이전등기
③ 2013.1.2 실정계약을 원인으로 2013.1.8에 한 근저당권설정등기
④ 2013.2.5 설정계약을 원인으로 2013.2.8에 한 전세권설정등기
⑤ 2013.5.8 매매계약을 원인으로 2013.5.9에 한 소유권이전청구권가등기

정답 18. ③ 19. ①

제4장 부동산의 표시 및 각종 권리의 등기절차(기본)

해설 ▶ 수용으로 인한 소유권이전등기

① (○)
② (×) 수용의 개시일 이후에 마쳐진 소유권이전등기는 등기관이 직권말소한다. 다만, 수용의 개시일 이전에 발생한 "상속"(매매×)을 원인으로 한 소유권이전등기는 수용의 개시일 이후에 마쳐진 경우라도 그러하지 아니하다(법 제99조 제4항, 등기예규 제1388호).
③, ④, ⑤ (×) 수용의 개시일 전·후를 불문하고 마쳐진 소유권이전등기 외의 권리등기인 지상권, 전세권, 저당권, 권리질권 및 임차권에 관한 등기, 가등기, (가)압류, 가처분등기 등은 직권말소 한다(법 제99조 제4항, 등기예규 제1388호).

---

20 「공익사업을 위한 토지 등의 취득 및 보상에 관한 법률」에 따른 등기절차에 관한 기술 중 틀린 것은?

① 미등기 토지 등의 대장상 소유명의인과 협의가 성립된 경우에는 사업시행자는 협의취득을 원인으로 소유권보존등기를 할 수 있다.
② 토지수용을 원인으로 한 소유권이전등기신청은 사업시행자인 등기권리자가 단독으로 이를 신청할 수 있다.
③ 상속인 또는 피상속인을 피수용자로 하여 재결하고 상속인에게 보상금을 지급(공탁)하였으나 피상속인의 소유명의로 등기가 되어 있는 경우에는 대위에 의한 상속등기를 먼저 한 후 소유권이전등기를 신청하여야 한다.
④ 토지수용으로 인한 소유권이전등기를 하는 경우 수용의 개시일 이후에 경료된 소유권이전등기, 소유권 외의 권리 즉, 지상권, 지역권, 전세권, 저당권, 권리질권 및 임차권에 관한 등기는 등기관이 직권 말소하여야 한다.
⑤ 법에 의하여 등기기록상 소유명의인과 협의가 성립된 경우에는 사업시행자 명의로 소유권이전등기를 한다.

해설 ▶ 수용에 의한 등기

① 먼저 그 대장상 소유명의인 앞으로 소유권보존등기를 한 후 사업시행자 명의로 소유권이전등기를 한다(등기예규 제1388호).
②, ④, ⑤ (등기예규 제1388호) ③ (등기선례 제6-261호)

---

21 상속으로 인한 소유권이전등기에 관한 설명으로 틀린 것은?

① 상속을 등기원인으로 하는 소유권이전등기는 등기권리자가 단독으로 신청한다.
② 협의분할에 의한 상속등기를 신청하는 경우에는 상속인 전원의 인감증명을 첨부정보로 제공하여야 한다.
③ 공동상속인 중 일부가 자기지분만의 상속등기를 신청할 수는 없다.
④ 상속인이 등기권리자로서 승소판결을 받아 소유권이전등기를 신청하는 경우에는 상속증명정보를 제공할 필요가 없다.
⑤ 처음부터 하는 협의분할에 의한 상속등기의 경우에도 신청정보의 내용으로서 등기원인은 '협의분할에 의한 상속'으로 그 연월일은 '협의분할일'로 제공한다.

정답 20. ① 21. ⑤

해설 ▸ 상속으로 인한 소유권이전등기

① (○) (법 제23조 제3항)
② (○) (규칙 제60조 제1항 제6호)
③ (○) 사건이 등기할 것이 아닌 경우에 해당하여 각하된다(규칙 제52조 제7호).
④ (○) 그러나 판결이유 중에 그 부동산이 피상속인의 소유였다는 사실만이 기재되어 있거나 상속인과 상속분이 구체적으로 기재되어 있지 않은 경우에는 상속증명정보를 제공하여야 한다(등기선례 200806-3).
⑤ (×) 등기원인은 '협의분할에 의한 상속'으로 그 연월일은 상속개시일인 '피상속인의 사망일자'로 제공한다.

22. 다음은 상속등기에 대한 설명이다. 틀린 것은?

① 농지에 상속을 원인으로 하는 소유권이전등기를 신청하는 경우에도 농지취득자격증명을 첨부하여 신청하여야 한다.
② 타가에 입양한 자도 본가의 상속을 할 수 있다.
③ 외국인도 상속을 할 수 있다.
④ 법정상속분에 의하여 상속등기를 한 후에도 협의분할을 할 수 있다.
⑤ 상속인이 수인인 경우에는 단독으로 자기지분만의 상속등기는 할 수 없다.

해설 ▸ 상속등기

① (×) 농지취득자격증명을 첨부하지 않아도 된다(등기예규 제1415호).
② (○) 입양으로 인해 종래의 친족관계에는 영향을 미치지 않는다.
③ (○) 한국의 국적을 상실하여 외국인이 된 경우에도 상속능력이 있다.
④ (○) (대판 1994.3.22. 93누19535)
⑤ (○) (규칙 제52조 제7호 참조)

23. 진정명의회복을 위한 소유권이전등기에 관한 설명으로 옳은 것을 모두 고른 것은? [35회 출제]

ㄱ. 진정명의회복을 원인으로 하는 소유권이전등기를 신청하는 경우, 그 신청정보에 등기원인 일자는 기재하지 않는다.
ㄴ. 토지거래허가의 대상이 되는 토지에 관하여 진정명의회복을 원인으로 하는 소유권이전등기를 신청하는 경우에는 토지거래허가증을 첨부해야 한다.
ㄷ. 진정명의회복을 위한 소유권이전등기청구소송에서 승소확정판결을 받은 자는 그 판결을 등기원인으로 하여 현재 등기명의인의 소유권이전등기에 대하여 말소등기를 신청할 수는 없다.

① ㄱ
② ㄴ
③ ㄱ, ㄷ
④ ㄴ, ㄷ
⑤ ㄱ, ㄴ, ㄷ

정답 22. ① 23. ③

제4장 부동산의 표시 및 각종 권리의 등기절차(기본)

해설 ▶ 진정명의회복을 위한 소유권이전등기

토지거래허가증명정보 및 농지취득자격증명정보는 새로이 권리를 취득하는 것이 아니므로 제공을 요하지 않고, 계약을 원인으로 한 소유권이전등기가 아니므로 등기원인증명정보로 제공하는 판결증 명정보에도 검인을 요하지 않고, 등기의무자의 인감증명도 '부동산매도용'일 것을 요하지 않는다.

24. 진정명의회복을 등기원인으로 하는 소유권이전등기절차에 관한 설명 중 틀린 것은? ★★

① 현재의 등기명의인과 공동신청을 하는 경우 등기원인증서를 첨부정보로 제공하지 않는다.
② 등기를 신청할 때 토지거래허가증, 농지취득자격증명, 검인계약서를 첨부정보로 제공할 필요가 없다.
③ 판결에 의하여 단독으로 신청하는 경우에는 등기원인을 증명하는 정보로 판결정본을 첨부정보로서 등기소에 제공하여야 한다.
④ 진정명의자로부터 직접 소유권이전등기 받은 무권리자가 등기의무자가 아니라 현재의 등기부상 소유명의인인 소유자가 등기의무자이다.
⑤ 포괄적 수증자뿐만 아니라 특정적 수증자도 등기권리자가 될 수 없다.

해설 ▶ 진정명의회복을 등기원인으로 하는 소유권이전등기

① (○) 판결에 의하여 신청하는 경우와 달리 공동신청에 의하는 경우에는 등기원인을 증명하는 정보가 처음부터 존재하지 아니하므로 첨부정보로 등기소에 제공할 수 없다.
② (○) 진정명의 회복은 계약(토지거래허가,「부동산등기 특별조치법」상 검인계약서)과 취득(농지취득자격증명)에 해당하지 않으므로 제출할 필요가 없다.
③ (○) (규칙 제46조 제1항 제1호)   ④ (○) 진정명의회복등기의 의의이다.
⑤ (×) 포괄수증자는「민법」제187조에 의하여 법률상 당연히 소유권을 취득하게 된 자이므로 등기권리자가 될 수 있으나, 특정적 수증자는 단순한 재산이전청구권만을 취득한 자이므로 진정명의 회복소송을 제기할 수 없고 따라서 등기권리자가 될 수 없다(대판 2003.5.27. 2000다73445).

25. 환매특약 등기에 관한 설명으로 틀린 것은? [35회 출제]

① 매매로 인한 소유권이전등기의 신청과 환매특약등기의 신청은 동시에 하여야 한다.
② 환매등기의 경우 매도인이 아닌 제3자를 환매권리자로하는 환매등기를 할 수 있다.
③ 환매특약등기에 처분금지적 효력은 인정되지 않는다.
④ 매매목적물의 소유권의 일부 지분에 대한 환매권을 보류하는 약정을 맺은 경우, 환매특약등기 신청은 할 수 없다.
⑤ 환매기간은 등기원인에 그 사항이 정하여져 있는 경우에만 기록한다.

정답   24. ⑤   25. ②

해설 ▶ **환매특약 등기 - 환매권자의 특정**
소유권이전과 동시에 하는 환매특약등기에 있어서 항상 매도인이 등기권리자로서 환매권자이므로 환매권자의 지위를 제3자에게 양도했더라도 제3자를 환매권리자로 한 환매특약 등기신청은 수리되지 아니한다(등기선례).

26 공유물분할을 원인으로 한 소유권이전등기에 관한 설명으로 틀린 것은?
① 각 공유자의 단독소유가 된 부분에 대해 공유자는 서로 등기권리자와 등기의무자가 되어 지분이전등기를 공동으로 신청하여야 한다.
② 공유물분할판결에 의한 경우 각 공유자는 그의 소유가 된 부분에 대해 단독으로 지분이전등기를 신청할 수 있다.
③ 공유자의 지분을 목적으로 하는 저당권설정등기를 한 후 공유물분할에 따라 저당권설정자의 단독소유로 된 부동산 전부에 관하여 그 저당권의 효력을 미치게 하기 위하여서는 저당권의 변경등기를 하여야 한다.
④ 협의분할에 의한 경우에 등기원인은 "공유물분할"로, 그 연월일은 협의성립일을 신청정보의 내용으로 등기소에 제공한다.
⑤ 공유물분할을 원인으로 한 소유권이전 등기신청은 각 공유자가 동시에 하여야 한다.

해설 ▶ **공유물분할을 원인으로 한 소유권이전등기**
① (○) (법 제23조 제1항) ② (○) (등기선례) ③ (○) (등기예규 제1347호)
⑤ (×) 1필의 공유지를 공유물분할등기를 하기 위하여는 먼저 토지의 분할절차를 밟은 후 그 토지대장에 의하여 분필등기를 하여야 하고, 공유물분할을 원인으로 소유권이전등기는 동시에 하지 않고도 각 분필등기된 부동산별로 각각 독립하여 신청할 수 있다(등기예규 제514호).

27 공유관계의 등기에 관한 설명으로 틀린 것은? **28회 출제**
① 구분소유적 공유관계에 있는 1필의 토지를 특정된 부분대로 단독소유하기 위해서는 분필등기한 후 공유자 상호간에 명의신탁해지를 원인으로 하는 지분소유권이전등기를 신청한다.
② 토지에 대한 공유물분할약정으로 인한 소유권이전등기는 공유자가 공동으로 신청할 수 있다.
③ 등기된 공유물분할금지기간을 단축하는 약정에 관한 변경등기는 공유자 전원이 공동으로 신청하여야 한다.
④ 공유자 중 1인의 지분포기로 인한 소유권이전등기는 공유지분권을 포기하는 공유자가 단독으로 신청하여야 한다.
⑤ 등기된 공유물분할금지기간약정을 갱신하는 경우 이에 대한 변경등기는 공유자 전원이 공동으로 신청하여야 한다.

정답 26. ⑤ 27. ④

해설 ▶ **공유관계의 등기**
④ 공유자 중 1인의 지분포기로 인한 공유지분의 이전등기는 공동신청으로 하여야 한다.

28. 합유에 관한 등기의 설명으로 틀린 것은?

① 단독소유를 수인의 합유로 이전하는 경우에는 단독소유자와 합유자들의 공동신청으로 소유권이전등기를 신청한다.
② 등기할 권리가 합유일 때에는 합유라는 뜻을 신청정보의 내용으로 등기소에 제공하여야 한다.
③ 합유자 전원의 동의를 얻어 제3자에게 합유지분을 처분한 경우에는 합유지분이전등기를 신청하여야 한다.
④ 합유등기에 있어서는 등기기록상 각 합유자의 지분을 표시하지 아니한다.
⑤ 합유자 중 일부가 사망한 경우에는 사망한 합유자의 지분에 관하여 그 상속인 앞으로 상속등기를 하거나 해당 부동산을 그 상속인 및 잔존 합유자의 합유로 하는 변경등기를 할 수는 없다.

해설 ▶ **합유등기**
① (○) (법 제23조 제1항)
② (○) (규칙 제105조 제2항)
③ (×) 합유지분처분자와 합유지분취득자 및 잔존합유자가 공동으로 등기의무자인 합유지분처분자의 인감증명을 첨부정보로 제공하여 잔존합유자 및 합유지분취득자의 합유로 하는 합유명의인 변경등기를 신청하여야 한다(등기예규 제911호).
④, ⑤ (○) 합유자 중 일부가 사망한 경우 합유자 사이에 특별한 약정이 없는 한, 사망한 합유자의 상속인은 「민법」 제719조의 규정에 의한 지분반환청구권을 가질 뿐 합유자로서의 지위를 승계하는 것이 아니므로, 사망한 합유자의 지분에 관하여 그 상속인 앞으로 상속등기를 하거나 해당 부동산을 그 상속인 및 잔존 합유자의 합유로 하는 변경등기를 할 수는 없다(등기예규 제911호).

정답 28. ③

제3절 구분건물에 관한 등기

29 집합건물의 등기에 관한 설명 중 틀린 것은?

① 전유부분의 표제부 중 대지권의 표시란에 표시번호, 대지권의 목적인 토지의 일련번호, 대지권의 종류, 대지권의 비율, 등기원인 및 그 연월일과 등기연월일을 각각 기록하여야 한다.
② 구분건물에 관한 등기를 신청하는 경우에 전유부분의 건물의 표시로서 구분건물의 소재와 지번은 신청정보의 내용으로 제공하지 않는다.
③ 등기관은 토지등기기록에 대지권인 뜻의 등기를 한 뒤 직권으로 1동 건물의 등기기록의 표제부와 전유부분의 등기기록의 표제부에 대지권등기를 한다.
④ 전유부분과 대지사용권의 일체성의 원칙을 정하고 있으나 예외적으로 규약으로서 달리 정할 수 있다.
⑤ 대지권을 등기한 건물의 등기기록에는 건물만을 분리하여 저당권설정등기를 할 수 없다.

해설 ▶ 집합건물의 등기
① (○) (규칙 제88조)
② (○) (규칙 제43조 제1항)
③ (×) 등기관이 대지권등기를 하였을 때에는 직권으로 대지권의 목적인 토지의 등기기록에 소유권, 지상권, 전세권 또는 임차권이 대지권이라는 뜻을 기록하여야 한다(법 제40조 제4항).
④ (○) (「집합건물의 소유 및 관리에 관한 법률」 제4조)
⑤ (○) (법 제61조 제3항)

30 대지권등기에 관한 다음 설명 중 옳지 않은 것은?

① 대지권등기는 건물 등기기록의 표제부에 한다.
② 구분건물로서 표시등기만 있고 보존등기가 되어 있지 않은 경우에는 그 건물에 대하여 소유권보존등기를 신청할 수 있는 자가 대지권변경등기를 신청하여야 한다.
③ 구분건물의 소유권의 등기명의인은 같은 동에 속하는 다른 구분건물의 소유권의 등기명의인을 대위하여 대지권변경등기를 신청할 수 있다.
④ 구분건물의 전유부분의 등기기록에 대지권등기를 한 경우 등기관은 전유부분 소유자의 신청에 의하여 대지권의 목적인 토지의 등기기록에 대지권인 뜻을 기록하여야 한다.
⑤ 건물이 구분건물인 경우에 그 건물의 등기기록 중 1동 표제부에 기록하는 등기사항에 관한 변경등기는 그 구분건물과 같은 1동의 건물에 속하는 다른 구분건물에 대하여도 변경등기로서의 효력이 있다.

정답   29. ③   30. ④

> **해설** ● 대지권등기
> ① (○) 대지권이 있는 경우 등기관은 1동 건물의 등기기록의 표제부에 대지권의 목적인 토지의 표시에 관한 사항을 기록하고 전유부분의 등기기록의 표제부에는 대지권의 표시에 관한 사항을 기록하여야 한다(법 제40조 제3항).
> ② (○) 구분건물로서 표시등기만 있는 건물에 관하여는 제65조 각 호의 어느 하나에 해당하는 자가 대지권변경등기를 신청하여야 한다(법 제41조 제2항).
> ③ (○) 구분건물로서 그 대지권의 변경이나 소멸이 있는 경우에는 구분건물의 소유권의 등기명의인은 1동의 건물에 속하는 다른 구분건물의 소유권의 등기명의인을 대위하여 그 등기를 신청할 수 있다(법 제41조 제3항).
> ④ (×) 대지권인 뜻의 기록은 등기관이 직권으로 한다(규칙 제89조).
> ⑤ (○) (법 제41조 제4항)

제4절 부동산신탁에 관한 등기

31 신탁등기에 관한 설명으로 틀린 것은? [26회 출제]

① 신탁의 일부가 종료되어 권리이전등기와 함께 신탁등기의 변경등기를 할 때에는 하나의 순위번호를 사용한다.
② 신탁재산에 속하는 부동산의 신탁등기는 수탁자가 단독으로 신청한다.
③ 신탁재산이 수탁자의 고유재산이 되었을 때에는 그 뜻의 등기를 부기등기로 하여야 한다.
④ 신탁가등기의 등기신청도 가능하다.
⑤ 신탁등기의 신청은 해당 신탁으로 인한 권리의 이전 또는 보존이나 설정등기의 신청과 함께 1건의 신청정보로 일괄하여 하여야 한다.

> **해설** ● 신탁등기
> ③ 신탁등기의 말소등기이므로 부기등기가 아니다(규칙 제144조, 등기예규 제1618호).

정답 31. ③

32

신탁등기에 관한 설명으로 옳은 것은? [25회 출제]

① 수탁자가 수인일 경우 신탁재산은 수탁자의 공유로 한다.
② 수익자가 수탁자를 대위하여 신탁등기를 신청할 경우 해당 부동산에 대한 권리의 설정등기와 동시에 신청하여야 한다.
③ 신탁으로 인한 권리의 이전등기와 신탁등기는 별개의 등기이므로 그 순위번호를 달리한다.
④ 신탁종료로 신탁재산에 속한 권리가 이전된 경우 수탁자는 단독으로 신탁등기의 말소등기를 신청할 수 있다.
⑤ 위탁자가 자기의 부동산에 채권자 아닌 수탁자를 저당권자로 하여 설정한 저당권을 신탁재산으로 하고 채권자를 수익자로 정한 신탁은 물권법정주의에 반하여 무효이다.

해설 ▶ 신탁등기

① (×) 합유로 한다(「신탁법」 제50조 제1항).
② (×) 이 경우에는 동시에 신청할 필요가 없다(법 제82조 제2항).
③ (×) 일괄하여 처리하므로 그 순위번호도 동일하다(규칙 제139조 제1항).
④ (○) (법 제87조 제3항)
⑤ (×) 특례가 인정된다(법 제87조의2).

33

「신탁법」에 따른 신탁의 등기에 관한 설명으로 옳은 것은?

① 수익자는 수탁자를 대위하여 신탁등기를 신청할 수 없다.
② 신탁등기의 말소등기는 수탁자가 단독으로 신청할 수 없다.
③ 하나의 부동산에 대해 수탁자가 여러 명인 경우, 등기관은 그 신탁부동산이 합유인 뜻을 기록하여야 한다.
④ 신탁재산에 속한 권리가 이전됨에 따라 신탁재산에 속하지 아니하게 된 경우, 신탁등기의 말소신청은 신탁된 권리의 이전등기가 마쳐진 후에 별도로 하여야 한다.
⑤ 위탁자와 수익자가 합의로 적법하게 수탁자를 해임함에 따라 수탁자의 임무가 종료된 경우, 신수탁자는 단독으로 신탁재산인 부동산에 관한 권리이전등기를 신청할 수 없다.

해설 ▶ 신탁의 등기

- 대위신탁등기가 가능하다.
- 수탁자 단독신청 가능하다.

정답 32. ④ 33. ③

34. 다음은 신탁등기에 관한 설명이다. 틀린 것은?

① 신탁등기의 신청은 해당 신탁으로 인한 권리의 이전 또는 보존이나 설정등기의 신청과 동시에 하여야 한다.
② 신탁재산의 처분에 의하여 신탁재산에 속하게 된 부동산의 신탁등기는 수탁자가 단독으로 그 등기를 신청할 수 있다.
③ 여러 개의 부동산에 관하여 하나의 신청정보에 의하여 신탁등기를 신청하는 경우에는 매 부동산마다 별개의 신탁원부작성을 위한 정보를 제공하여야 한다.
④ 위탁자 또는 수익자가 신탁등기를 대위신청하는 경우에는 대위원인을 증명하는 정보 및 해당 부동산이 신탁재산임을 증명하는 정보를 첨부정보로 제공하여야 한다.
⑤ 위탁자가 수인인 경우에는 수탁자와 신탁재산인 부동산 및 신탁목적이 동일한 경우에도 하나의 신청정보에 의하여 신탁등기를 신청할 수 없다.

해설 ▶ 신탁등기

① (○) (법 제82조 제1항)
②, ③, ④ (○) (등기예규 제1618호)
⑤ (×) 위탁자가 수인인 경우에 위탁자별로 신탁목적이 다르다면 별개의 신청정보로 하여야 함이 원칙이다. 다만, 위탁자가 수인이라 하더라도 수탁자와 신탁재산인 부동산 및 신탁목적이 동일한 경우에는 1개의 신청정보에 의하여 신탁의 등기를 일괄신청할 수 있다(등기예규 제1618호).

35. 신탁등기에 관한 설명으로 틀린 것은? [27회 출제]

① 신탁등기시 수탁자가 甲과 乙인 경우 등기관은 신탁재산이 甲과 乙의 합유인 뜻을 기록해야 한다.
② 등기관이 수탁자의 고유재산으로 된 뜻의 등기와 함께 신탁등기의 말소등기를 할 경우 하나의 순위번호를 사용한다.
③ 수탁자의 신탁등기신청은 해당 부동산에 관한 권리의 설정등기, 보존등기, 이전등기 또는 변경등기의 신청과 동시에 해야 한다.
④ 신탁재산의 일부가 처분되어 권리이전등기와 함께 신탁등기의 변경등기를 할 경우 각기 다른 순위번호를 사용한다.
⑤ 신탁등기의 말소등기신청은 권리의 이전 또는 말소등기나 수탁자의 고유재산으로 된 뜻의 등기신청과 함께 1건의 신청정보로 일괄하여 해야 한다.

해설 ▶ 신탁등기

신탁재산의 일부가 처분되어 권리이전등기와 함께 신탁등기의 변경등기를 할 경우 같은 하나의 순위번호를 사용하여야 한다(규칙 제142조).

정답 34. ⑤ 35. ④

제5절 용익권에 관한 등기

01 지상권의 등기

36 지상권의 등기에 관한 다음 설명 중 잘못된 것은?
① 지상권의 존속기간과 지료는 약정이 있는 경우에만 기록한다.
② 구분지상권(區分地上權)의 설정등기를 신청하는 경우에는 지하 또는 지상에서의 상하의 범위를 반드시 신청정보의 내용으로 제공하지 않아도 된다.
③ 소유권이 대지권인 토지의 경우에는 대지권의 목적인 토지에 지상권설정등기가 가능하다.
④ 공유지분에 관한 지상권설정등기는 할 수 없다.
⑤ 소유권 외의 권리에 대한 처분제한 등기는 부기등기에 의한다.

해설 ▶ 지상권의 등기
① (○) 지료와 존속기간은 임의적 등기사항이다. 즉 약정이 있는 경우에만 기록한다(법 제69조).
② (×) 반드시 제공하여야 한다(등기예규 제1040호).
③ (○) 지상권이 대지권인 토지에 대해서는 양립이 불가능하기 때문에 그 토지의 전부 또는 일부에 또 다른 지상권설정등기는 할 수 없다. 다만, 소유권대지권인 경우에는 처분의 일체성에 반하지 않기 때문에 대지권의 목적인 토지에 지상권설정등기가 가능하다.
④ (○) 지상권은 타인의 토지에 대한 용익물권이므로 공유지분상에는 지상권을 설정할 수 없다. 왜냐하면 공유지분상에 지상권을 설정하더라도 그 지상권은 공유물 전부에 미치게 되어 다른 공유자가 공유물 전부에 대하여 지분의 비율로 사용, 수익할 수 있는 권리를 침해하게 되기 때문이다.
⑤ (○) (법 제52조)

37 구분지상권의 설정등기에 관한 다음 설명 중 옳은 것은?
① 제3자가 목적토지를 사용·수익할 권리를 이미 가지고 있는 경우에는 구분지상권을 설정할 수 없다.
② 구분지상권은 수목을 소유하기 위해서도 설정될 수 있다.
③ 설정행위에 구분지상권의 행위를 위하여 토지소유자의 사용권을 제한하는 특약을 할 수 없다.
④ 구분지상권이 미치는 범위가 각각 다른 2개 이상의 구분지상권은 그 설정이 가능하다.
⑤ 구분지상권도 보통의 지상권과 동일한 목적으로 설정할 수 있으므로 계층적 구분소유를 목적으로 할 수 있다.

정답 36. ② 37. ④

제4장 부동산의 표시 및 각종 권리의 등기절차(기본)

해설 ▶ **구분지상권의 설정등기**
① (×) 구분지상권의 목적토지상에 제3자가 토지를 사용·수익할 권리를 이미 가지고 있는 경우 그 권리자 및 그 권리를 목적으로 하는 권리(지상권·전세권을 목적으로 하는 저당권 등)를 가진 자 전원의 승낙을 얻어서 구분지상권을 설정할 수 있다(「민법」제289조의2 제2항).
②, ③ (×) 수목의 소유를 위해서는 토지의 상하 전부를 필요로 하기 때문이다(「민법」제289조의2).
④ (○) 지하구분지상권과 지상구분지상권은 범위가 달라 양립이 가능하기 때문에 등기할 수 있다.
⑤ (×) 계층적 구분건물의 특정계층의 구분소유를 목적으로 하는 구분지상권 설정등기는 할 수 없다(등기예규 제1040호).

02 지역권의 등기

38. 지역권설정등기에 대한 설명으로 옳은 것은? ★★

① 요역지는 1필의 일부에 설정할 수 없으며, 승역지도 1필의 일부에 설정이 불가능하다.
② 지역권 설정의 목적과 범위 및 지료는 필요적 신청정보이다.
③ 지역권설정의 등기는 승역지를 관할하는 등기소에 신청하며, 승역지 등기기록의 甲구에 실행한다.
④ 지상권자도 그 권리의 범위 내에서 그 목적인 토지를 위하여 또는 그 토지 위에 지역권 설정등기를 할 수 있다.
⑤ 소유권이 대지권인 경우 대지권인 뜻이 등기된 토지에 대하여는 그 토지 만에 관한 지역권설정등기가 불가능하다.

해설 ▶ **지역권설정등기**
① (×) 승역지는 1필의 일부에 설정이 가능하다(「민법」제292조 제2항 후단 참조).
② (×) 지료는 임의적 신청정보의 내용이다(법 제70조).
③ (×) 승역지와 요역지의 관할등기소가 다를 경우 지역권설정등기신청은 승역지를 관할하는 등기소에 하여야 하며, 소유권 외의 권리사항은 을구에 기록한다.
④ (○) 지상권의 용익권 범위 안에서 처분권한이 인정되기 때문이다.
⑤ (×) 대지권의 목적이 토지소유권인 경우 토지소유권 위에 지상권·지역권·임차권을 설정할 수 있는데 이는 건물소유권과 토지의 용익물권은 양립이 가능하여 처분의 일체성을 해하지 않기 때문이다.

정답 38. ④

03 전세권의 등기

39 전세권등기에 관한 다음 기술 중 틀린 것은?

① 전세금은 전세권등기의 필수요소이지만 전세권의 존속기간은 임의적 등기사항이다.
② 수인의 공유자들이 전세권설정등기를 한 후 그 일부 공유자의 지분에 대하여만 전세권말소등기를 신청할 수는 없으며, 이는 판결을 받는다고 하더라도 마찬가지이다.
③ 전세권의 존속기간이 만료되고 전세금의 반환시기가 경과된 전세권에 관하여는 전세권이전등기를 할 수 없다.
④ 건물에 대한 전세권의 경우 존속기간이 만료된 후에도 전세금을 증액하는 전세권변경등기를 할 수 있다. 다만, 존속기간 변경등기를 먼저 하여야 한다.
⑤ 전전세하는 경우의 등기의무자는 전세권자이다.

해설 ▶ 전세권등기
① (○) (법 제72조 제1항)
② (○) 전세권설정등기는 일부지분에 대하여 할 수 없으므로 전세권의 일부지분에 대한 말소등기(일부말소의미의 경정등기) 또한 할 수 없다(등기선례).
③ (×)
④ (○) "건물"전세권의 경우에는 법정갱신이 인정되므로(「민법」 제312조) 전세권의 존속기간이 만료되었더라도 원칙적으로 전세권이전등기 및 전세권변경등기가 가능하며, 근저당권설정등기도 가능하다. 다만, 이는 존속기간이 없는 전세권에 해당하기 때문에 먼저 존속기간의 변경등기를 하여야 한다. 한편 "토지"전세권의 경우 존속기간이 만료되었더라도 전세금반환과 전세권설정등기말소 및 목적물의 인도가 동시이행관계에 있다고 볼 수 있는 관계가 유지되고 있는 동안에는 전세금반환채권을 담보하는 범위 내에서 유효한 것이라고 볼 수 있으므로 설정행위로 금지하고 있지 않는 한 당사자간의 합의에 의해서 전세권이전등기를 할 수 있다(2001.12.04. 등기 3402-782). 그러나 전세권변경등기나 근저당권설정등기는 할 수 없다.
⑤ (○) 등기부상 불이익을 받는 자는 전세권자이다.

40 전세권의 등기에 관한 설명으로 틀린 것은? **25회 출제**

① 수개의 부동산에 관한 권리를 목적으로 하는 전세권설정등기를 할 수 있다.
② 공유부동산에 전세권을 설정할 경우 그 등기기록에 기록된 공유자 전원이 등기의무자이다.
③ 등기원인에 위약금약정이 있는 경우 등기관은 전세권 설정등기를 할 때 이를 기록한다.
④ 전세권이 소멸하기 전에 전세금반환채권의 일부양도에 따른 전세권일부이전등기를 신청할 수 있다.
⑤ 전세금반환채권의 일부양도를 원인으로 한 전세권일부 이전등기를 할 때 양도액을 기록한다.

정답   39. ③   40. ④

제4장 부동산의 표시 및 각종 권리의 등기절차(기본)

해설 ▶ 전세권등기

①, ② (○) 공유부동산인 경우에는 등기기록에 기록된 공유자 전원이 등기의무자가 되어 전세권설정등기신청을 하여야 하고, 공유자 중 일부자의 승낙서를 첨부정보로서 등기소에 제공하는 형식으로 공유지분상에 전세권설정등기를 신청할 수는 없다. 왜냐하면 일부 공유자의 지분에 대한 전세권설정은 다른 공유자의 지분이용권을 침해하게 될 뿐만 아니라, 지분 자체의 용익물권성과 전세권의 용익물권성이 양립할 수 없기 때문이다.
③ (○) (법 제72조 제1항 제4호)
④ (×) 전세권 일부이전등기의 신청은 전세권의 존속기간의 만료 전에는 할 수 없다. 다만, 존속기간 만료 전이라도 해당 전세권이 소멸하였음을 증명하여 신청하는 경우에는 그러하지 아니하다 (법 제73조 제2항).
⑤ (○) (법 제73조 제1항)

41 전세권등기에 관한 설명으로 옳은 것은? [26회 출제]

① 전세권의 이전등기는 주등기로 한다.
② 등기관이 전세권설정등기를 할 때에는 전세금을 기록하여야 한다.
③ 등기관이 전세권설정등기를 할 때에는 반드시 존속기간을 기록하여야 한다.
④ 건물의 특정부분이 아닌 공유지분에 대한 전세권설정등기도 가능하다.
⑤ 부동산의 일부에 대하여는 전세권설정등기를 신청할 수 없다.

해설 ▶ 전세권등기

① (×) 부기등기로 한다(법 제52조 제2호).
② (○) (법 제72조 제1항 제1호)
③ (×) 존속기간은 등기원인에 그 약정이 있는 경우에만 기록한다(법 제72조 제1항 제3호).
④, ⑤ (×) 부동산의 일부에 대한 전세권설정등기는 가능하지만, 공유지분에 대한 전세권설정등기는 불가능하다(법 제72조 제1항 제6호).

42 전세권에 관한 등기에 대하여 다음 설명 중 틀린 것은? ★

① 전세계약이 그 존속기간의 만료로서 종료하게 되면 전세권설정등기청구권도 소멸한다.
② 부동산의 일부(특정 부분)에 대한 전세권설정등기가 가능하나 그 범위를 표시하는 도면을 첨부정보로서 등기소에 제공하여야 한다.
③ 반드시 전세금을 신청정보의 내용으로 제공하여야 하고, 전세권의 양도금지의 특약이 있는 때에는 이를 신청정보의 내용으로 제공하여야 한다.
④ 건물의 공유지분과 농경지에도 전세권을 등기할 수 있다.
⑤ 전세권설정등기 후에 제3자 명의의 근저당권설정등기가 경료된 다음 전세금을 증액하는 변경등기를 신청하는 경우 근저당권자의 승낙 등이 없는 한 부기에 의한 변경등기는 할 수 없다.

정답 41. ② 42. ④

해설▸ **전세권에 관한 등기**
① (○) (대판 1974.4.23. 73다1262, 등기예규 제229호)
②, ③ (○) (규칙 제128조)
④ (×) 공유지분에 대한 전세권은 일물일권주의에 반하고, 농지에 대하여서는 규칙 제52조 제4호에서 "사건이 등기할 것이 아닌 경우"로 규정하고 있다.
⑤ (○) 전세금을 증액하는 변경등기로서 권리의 변경등기는 이해관계 있는 제3자(근저당권자)가 있는 때에는, 그의 승낙서 등을 첨부정보로 제공하면 부기에 의한 변경등기는 할 수 있으나, 제공하지 못하면 그 후순위가 되도록 주등기로 실행하여야 한다(법 제52조, 규칙 제112조 제1항).

43

전세금반환채권의 일부양도에 따른 전세권일부이전등기에 관한 설명으로 <u>틀린</u> 것은?

① 양도인이 등기의무자가 되고 양수인이 등기권리자가 되어 공동으로 신청하여야 한다.
② 전세권이 존속기간의 만료 등으로 소멸한 경우에 전세금반환채권의 일부를 양도할 수 있고, 이에 따른 등기는 전세권 일부이전등기로 한다.
③ 그 양도액을 신청정보의 내용으로 등기소에 제공하여야 한다.
④ 전세권의 존속기간 만료 전에 등기를 신청하는 경우에는 전세권이 소멸하였음을 증명하는 정보를 첨부정보로서 등기소에 제공하여야 한다.
⑤ 등기형식은 주등기에 의한다.

해설▸ **전세금반환채권의 일부양도**(법 제73조, 규칙 제129조)
① (○) 원칙적 공동신청주의(법 제23조 제1항)
② (○) (법 제73조 참조)
③, ④ (○) (규칙 제129조)
⑤ (×) 소유권 외의 권리의 이전등기는 부기등기로 한다(법 제52조 제2호).

44

전세권등기에 관한 다음 설명 중 가장 옳지 <u>않은</u> 것은?

① 구분건물의 전유부분과 대지권을 동일한 전세권의 목적으로 하는 전세권설정등기는 할 수 없다.
② 건물 전세권의 존속기간이 만료된 이후에는 그 전세권설정등기를 말소할 필요 없이 후순위 전세권설정등기를 할 수 있다.
③ 전세권의 존속기간은 필수적 등기사항은 아니다.
④ 전세권의 존속기간이 등기된 경우 그 기간 내에는 전세금반환채권의 일부양도를 원인으로 한 전세권일부이전등기를 할 수 없음이 원칙이다.
⑤ 건물의 공유지분에 대하여는 전세권설정등기를 하지 못한다.

정답 43. ⑤ 44. ②

해설 ▸ **전세권등기**

① (○) 대지권은 지분으로 존재하고, 지분위에는 양립이 불가능한 용익물권과 임차권등기는 할 수 없다.
② (×) 후등기 저지 때문에 선행 전세권등기가 소멸한 경우라도 그 등기를 말소하지 않는 한 또 다른 전세권등기는 할 수 없다.
③ (○) 임의적 등기사항이다(법 제72조).
④ (○) 소멸통고 등으로 전세권이 사실상 소멸한 경우에는 예외적으로 가능하다(등기예규 제1406호).
⑤ (○) 일부 공유자의 지분에 대한 전세권설정은 다른 공유자의 지분이용권을 침해하게 될 뿐만 아니라, 지분 자체의 용익물권성과 전세권의 용익물권성이 양립불가능하기 때문에 지분상에는 전세권 등 용익물권등기를 할 수 없다.

04 임차권의 등기

45 임차권등기에 관한 기술이다. 가장 옳지 않은 것은?(다툼이 있는 경우 등기예규에 의함)

① 임대차의 존속기간이 만료된 경우 임차보증금의 일부양도에 따른 임차권 일부이전등기를 신청할 수 있다.
② 임차권설정등기시 임차보증금, 존속기간 및 차임지급시기는 등기원인에 그 사항이 있는 경우에만 기록한다.
③ 임차권설정등기시 임차권설정의 범위가 부동산의 일부인 때에는 그 부분을 표시한 도면의 번호를 기록하여야 한다.
④ 미등기 주택에 대하여 임차권등기명령에 의한 등기촉탁이 있는 경우에는 등기관은 직권으로 소유권보존등기를 한 후 주택임차권등기를 하여야 한다.
⑤ 토지임차권은 등기 없이도 지상건물의 소유권보존등기가 되어 있으면 대항력이 생긴다.

해설 ▸ **임차권의 등기**

① (×) 임대차의 존속기간이 만료되거나 임차권등기명령에 의한 주택임차권 및 상가건물임차권등기가 마쳐진 경우에는 그 등기에 기초한 임차권이전등기나 임차물전대등기를 할 수 없다(등기예규 제1382호).
②, ③ (○) 필요적 기록사항으로 차임(借賃), 임의적 기록사항으로 차임지급시기, 존속기간 다만 처분능력 또는 처분권한 없는 임대인에 의한 「민법」 제619조의 단기임대차인 경우에는 그 뜻, 임차보증금, 임차권의 양도 또는 임차물의 전대에 대한 임대인의 동의를 기록하여야 한다. 또한 임차권설정 또는 임차물전대의 범위가 부동산의 일부인 때에는 그 부분을 표시한 도면의 번호를 기록한다(법 제74조).
④ (○) 미등기 주택이나 상가건물에 대하여 임차권등기명령에 의한 등기촉탁이 있는 경우에는 등기관은 「부동산등기법」 제66조의 규정에 의하여 직권으로 소유권보존등기를 한 후 주택임차권등기나 상가건물임차권등기를 하여야 한다(등기예규 제1382호).
⑤ (○) (「민법」 제622조 제1항)

정답 45. ①

46. 임차권등기에 관한 설명으로 옳은 것을 모두 고른 것은? [35회 출제]

ㄱ. 임차권설정등기가 마쳐진 후 임대차 기간 중 임대인의 동의를 얻어 임차물을 전대하는 경우, 그 전대등기는 부기등기의 방법으로 한다.
ㄴ. 임차권등기명령에 의한 주택임차권등기가 마쳐진 경우, 그 등기에 기초한 임차권이전등기를 할 수 있다.
ㄷ. 미등기 주택에 대하여 임차권등기명령에 의한 등기촉탁이 있는 경우, 등기관은 직권으로 소유권보존등기를 한 후 주택임차권등기를 해야 한다.

① ㄱ ② ㄴ ③ ㄱ, ㄷ
④ ㄴ, ㄷ ⑤ ㄱ, ㄴ, ㄷ

해설 임차권등기 – 임차권 이전 및 임차물 전대의 등기 등
임대차의 존속기간이 만료된 경우와 임차권등기명령에 따른 촉탁에 의해 주택·상가건물임차권등기가 마쳐진 경우에는, 그 등기에 기초한 임차권이전등기나 임차물전대등기를 할 수 없다.

47. 임차권등기와 관련한 설명이다. 가장 <u>잘못된</u> 것은?

① 임차권등기명령에 의하여 주택임차권등기를 하는 경우 등기기록의 등기목적란에 '주택임차권'이라고 기록한다.
② 주택의 소유권이 현재의 소유자로 이전되기 전에 주택임차권등기명령이 결정되었다면 종전 소유자를 등기의무자로 하여 등기촉탁을 하였더라도 수리하여야 한다.
③ 임차권의 등기는 목적부동산등기기록의 을구에 독립등기로 실행한다.
④ 임대차의 목적이 토지 또는 건물의 일부분인 때에는 지적도 또는 건물도면을 첨부정보로 등기소에 제공하여야 한다.
⑤ 미등기 주택에 대하여 임차권등기명령에 의한 등기촉탁이 있는 경우에는 등기관은 직권으로 소유권보존등기를 한 후 주택임차권등기를 하여야 한다.

해설 임차권등기
② (×) 주택임차권등기명령의 결정 후 주택의 소유권이 이전된 경우 등기촉탁정보에 전소유자를 등기의무자로 표시하여 임차권등기의 기입을 촉탁한 때에는 촉탁정보의 내용으로 제공된 등기의무자의 표시가 등기부와 부합하지 아니하므로 법 제29조 제7호로 등기관은 그 등기촉탁을 각하 하여야 한다(등기선례).
⑤ (○) 미등기주택(상가건물)에 대하여 임차권등기촉탁이 있으면 등기관은 소유권에 대한 처분제한에 준해서 법 제66조를 준용하여 직권으로 소유권보존등기를 한 후 갑구가 아닌 을구에 주택임차권등기를 하여야 한다(등기예규 제1469호).

정답 46. ③ 47. ②

48 등기에 관한 내용으로 틀린 것은?

① 등기관이 소유권일부이전등기를 할 경우 이전되는 지분을 기록해야 한다.
② 주택임차권등기명령에 따라 임차권등기가 된 경우 그 등기에 기초한 임차권이전등기를 할 수 있다.
③ 일정한 금액을 목적으로 하지 않는 채권의 담보를 위한 저당권설정등기신청의 경우 그 채권의 평가액을 신청정보의 내용으로 등기소에 제공해야 한다.
④ 지역권설정등기시 승역지소유자가 공작물의 설치의무를 부담하는 약정을 한 경우 등기원인에 그 약정이 있는 경우에만 이를 기록한다.
⑤ 구분건물을 신축하여 양도한 자가 그 건물의 대지사용권을 나중에 취득해 이전하기로 약정한 경우 현재 구분건물의 소유명의인과 공동으로 대지사용권에 관한 이전등기를 신청할 수 있다.

해설 ▶ 임차권등기명령에 따른 임차권등기
주택임차권등기명령에 따라 임차권등기가 된 경우 그 등기에 기초한 임차권이전등기나 임차물전대등기를 할 수 없다(등기예규 제1382호).

제6절 담보권에 관한 등기

49 저당권설정등기의 신청에 있어서 필요적 신청정보의 내용이 아닌 것은?

① 담보채권의 변제기와 변제장소
② 담보채권의 채무자
③ 권리저당권인 경우 권리의 표시
④ 채권액이나 채권의 가격
⑤ 공동저당권인 경우 공동담보의 표시

해설 ▶ 저당권설정등기의 신청정보의 내용(규칙 제131조, 규칙 제133조)
① 변제기, 이자에 관한 사항, 원본이나 이자의 지급장소 등은 당사자의 약정이 있을 때에만 적는 임의적 신청정보내용이다.
②, ③, ④, ⑤ 저당권설정등기 신청에 있어서의 필요적 신청정보내용이다.

정답 48 ② 49. ①

50

다음은 저당권등기의 신청절차에 관한 기술이다. 옳지 <u>않은</u> 것은?

① 단독소유권의 일부지분을 목적으로 하는 저당권설정등기는 가능하나, 부동산의 일부에 대하여는 이를 설정할 수 없다.
② 근저당권설정등기를 하는 경우 채권자 또는 채무자가 수인일지라도 각 채권자 또는 채무자별로 채권최고액을 구분하여 등기할 수 없다.
③ 저당권설정등기는 乙구에 주등기로 실행하나, 지상권·전세권을 목적으로 하는 경우에는 그 권리의 등기에 부기등기로 실행한다.
④ 대지권등기 및 대지권인 뜻의 등기를 한 경우에는 토지 또는 건물의 등기기록에 그 대지권 또는 건물만을 목적으로 하는 저당권설정등기는 이를 하지 못한다.
⑤ 일정한 금액을 목적으로 하지 아니하는 채권을 담보하기 위해 저당권설정등기를 할 수는 없다.

해설 ▶ 저당권등기의 신청절차
① (○) 저당권은 가치권이므로 지분에 대한 저당권 설정이 가능하다.
② (○) 근저당설정등기를 함에 있어 채권최고액을 표시하되(규칙 제131조 제1항), 그 채권최고액은 반드시 단일하게 신청정보의 내용으로 등기소에 제공하여야 하고(인적·물적 분할기록금지), 그 근저당권의 채권자 또는 채무자가 수인일지라도 각 채권자 또는 채무자별로 채권최고액을 구분하여 신청정보의 내용으로 등기소에 제공할 수 없다(등기예규 제1471호 제2조).
③ (○) 소유권을 대상으로 한 근저당권은 주등기로 실행하며, 전세권·지상권 목적의 근저당권은 부기등기로 실행한다(법 제52조 제3호).
④ (○) (법 제61조 제3항, 제4항 참조)
⑤ (×) 등기관이 일정한 금액을 목적으로 하지 아니하는 채권을 담보하기 위한 저당권설정의 등기를 할 때에는 그 채권의 평가액을 기록하여야 한다(법 제77조 참조).

51

저당권등기의 효력에 관한 설명으로서 옳은 것은?

① 저당권설정등기가 말소된 경우에는 그 원인이 불법하더라도 저당권은 소멸된다.
② 저당권은 부동산 일부에는 설정될 수 없다.
③ 저당권이 설정된 건물에 부속건물을 신축한 경우에 부속건물에 대하여는 저당권의 효력이 미치지 아니한다.
④ 저당권이 설정된 건물을 증축한 경우에 증축부분에 대하여는 저당권의 효력이 미치지 아니한다.
⑤ 저당권이 설정된 토지 위에 설정자가 건물을 신축한 경우에 그 건물은 경매의 대상으로 할 수 없다.

정답 50. ⑤ 51. ②

제4장 부동산의 표시 및 각종 권리의 등기절차(기본)

해설 ▶ **저당권등기의 효력**

① (×) 불법 말소된 경우에는 그 말소등기는 실체관계에 부합하지 않는 등기로서 무효라는 것이 판례이다. 즉, 말소등기는 무효이므로 저당권의 효력이 소멸하지 않는다(대판 1982.12.28. 81다카870).
② (○) 일물일권주의의 원칙상 부동산 전부에 대하여 설정되어야 한다.
③, ④ (×) 설정행위에서 다른 약정을 하거나, 법률에 특별한 규정이 없는 한 저당권의 효력은 저당부동산에 부합된 물건과 종물에 미친다(「민법」제358조 본문). 부합의 시기 및 종물이 된 시기는 저당권설정 전이거나 후이거나 관계없다는 것이 판례이다.
⑤ (×) 토지와 함께 그 건물에 대하여서도 경매를 청구할 수 있다(「민법」제365조 본문).

52 근저당권등기에 관한 설명으로 틀린 것은? ★

① 근저당권설정등기를 신청하는 경우에는 채권최고액·채무자를 반드시 신청정보의 내용으로 제공하여야 한다.
② 토지의 소유권이 대지권인 경우에 대지권이라는 뜻의 등기가 되어 있는 토지의 등기기록에는 대지권만을 목적으로 하는 근저당권설정등기를 하지 못한다.
③ 근저당권의 피담보채권이 확정되지 아니한 상태에서 기본계약상의 각 개의 채권이 양도되더라도 근저당권은 이전하지 않는다.
④ 근저당권의 이전등기를 신청하는 경우에는 근저당권이 채권과 같이 이전된다는 뜻을 신청정보의 내용으로 제공하여야 하며 부기등기에 의한다.
⑤ 근저당권의 효력은 근저당부동산의 종물에 당연히 미치므로 별도의 특약을 할 수 없다.

해설 ▶ **근저당권등기**

① (○) (규칙 제137조 제1항)   ② (○) (법 제61조 제4항)
③ (○) 근저당권의 경우 거래가 종료하기까지 채권은 계속적으로 증감변동 되는 것이므로, 근저당거래관계가 계속 중인 경우 즉 근저당권의 피담보채권이 확정되기 전에 그 채권의 일부를 양도하거나 대위변제한 경우 근저당권이 양수인이나 대위변제자에게 이전할 여지가 없다(대판 1996.6.14. 95다53812).
④ (○) (규칙 제131조 제1항 참조)
⑤ (×) 특약이 가능하다(대판 1995.8.22. 94다12722).

정답 52. ⑤

53

부동산 공동저당의 등기에 관한 설명으로 옳은 것을 모두 고른 것은? **35회 출제**

ㄱ. 공동저당의 설정등기를 신청하는 경우, 각 부동산에 관한 권리의 표시를 신청정보의 내용으로 등기소에 제공해야 한다.
ㄴ. 등기관이 공동저당의 설정등기를 하는 경우, 각 부동산의 등기기록 중 해당 등기의 끝부분에 공동담보라는 뜻의 기록을 해야 한다.
ㄷ. 등기관이 공동저당의 설정등기를 하는 경우, 공동저당의 목적이 된 부동산이 3개일 때에는 등기관은 공동담보목록을 전자적으로 작성해야 한다

① ㄱ
② ㄷ
③ ㄱ, ㄴ
④ ㄴ, ㄷ
⑤ ㄱ, ㄴ, ㄷ

해설 ▶ 공동저당 – 공동담보목록의 작성
등기관은 저당권의 목적부동산이 5개 이상일 때에는 공동담보목록을 전자적으로 작성하여야 하고, 공동담보목록은 등기기록의 일부로 본다(법 제78조 제2항, 규칙 제133조 제2항).

54

甲은 乙에게 금전을 대여하면서 그 담보로 乙소유의 A부동산, B부동산에 甲명의로 공동저당권설정등기(채권액 1억원)를 하였다. 그 후 丙이 A부동산에 대하여 저당권설정등기(채권액 5천만원)를 하였다. 乙의 채무불이행으로 甲이 A부동산에 대한 담보권을 실행하여 甲의 채권은 완제되었으나 丙의 채권은 완제되지 않았다. 丙이 甲을 대위하고자 등기하는 경우 B부동산에 대한 등기기록 사항이 아닌 것은? **28회 출제**

① 채권액
② 존속기간
③ 매각대금
④ 매각 부동산
⑤ 선순위 저당권자가 변제받은 금액

해설 ▶ 공동저당의 대위등기
등기관이 공동저당 대위등기를 할 때에는 법 제48조의 일반적인 등기사항 외에 매각부동산 위에 존재하는 차순위저당권자의 피담보채권에 관한 내용과 매각부동산, 매각대금, 선순위 저당권자가 변제받은 금액을 기록하여야 한다(법 제80조 제1항, 등기예규 제1407호).

정답 53. ③ 54. ②

제4장 부동산의 표시 및 각종 권리의 등기절차(응용)

응용 출제예상문제

01 '지체없이' 신청해야 하는 등기를 모두 고른 것은? 〔28회 출제〕

㉠ 「건축법」상 사용승인을 받아야 할 건물임에도 사용승인을 받지 못했다는 사실이 기록된 소유권보존등기가 된 후에 사용승인이 이루어진 경우 그 건물소유권의 등기명의인이 해야 할 그 사실에 관한 기록의 말소등기
㉡ 집합건물에 있어서 규약에 따른 공용부분이라는 뜻의 등기가 이루어진 후에 그 규약이 폐지된 경우 그 공용부분의 취득자가 해야 할 소유권보존등기
㉢ 존재하는 건물이 전부 멸실된 경우 그 건물소유권의 등기명의인이 해야 할 멸실등기
㉣ 촉탁이나 직권에 의한 신탁변경등기에 해당하는 경우를 제외하고, 신탁재산의 운용을 위한 방법이 변경된 때에 수탁자가 해야 할 신탁원부 기록의 변경등기
㉤ 토지의 지목(地目)이 변경된 경우 그 토지소유권의 등기명의인이 해야 할 변경등기

① ㉠, ㉢   ② ㉠, ㉣   ③ ㉡, ㉣   ④ ㉡, ㉤   ⑤ ㉢, ㉤

해설 ▸ 등기의 신청
㉡ 공용부분이라는 뜻을 정한 규약을 폐지한 경우에 공용부분의 취득자는 지체없이 소유권보존등기를 신청하여야 한다(법 제47조 제2항).
㉣ 수탁자는 촉탁 또는 직권에 의한 신탁변경등기를 제외하고 신탁원부의 기록사항이 변경되었을 때에는 지체없이 신탁원부 기록의 변경등기를 신청하여야 한다(법 제86조).

02 다음 중 토지의 합필등기가 가능한 것은?

① 일부토지에 전세권이나 임차권등기가 있는 경우
② 일부토지에 저당권이 있는 경우
③ 甲토지에는 승역지 지역권등기, 乙토지에는 체납처분에 의한 압류등기가 있는 경우
④ 모든 토지에 대하여 등기원인 및 그 연월일과 접수번호가 동일한 가압류·가처분등기가 있는 경우
⑤ 甲토지에 저당권설정등기 후 동일한 피담보채권으로 乙토지에 추가저당권설정등기를 한 경우

정답   01. ③   02. ①

제2편 부동산등기법

해설 ▶ **합필등기**
① (○) 지상권·전세권·임차권 및 승역지(承役地 : 편익제공지)에 하는 지역권의 등기 외의 권리에 관한 등기가 있는 토지에 대하여는 합필(合筆)의 등기를 할 수 없다(법 제37조 제1항 본문).
④ (×) 허용하는 명문의 규정이 없어서 합필할 수 없다는 것이 등기실무의 입장이다(등기선례).
⑤ (×) 법 37조 제1항 단서에 규정된 등기원인 및 그 연월일과 접수번호가 동일한 경우가 아니어서 위 두 토지를 합필할 수 없다(1994.06.08. 등기 제1111호).

---

03 토지의 소유권보존등기에 관한 다음 설명 중 옳지 않은 것은?

① 토지대장에 최초의 소유자로 등록되어 있는 자의 상속인이 아닌 자는 포괄승계인이라 하더라도 해당 토지에 대한 소유권보존등기를 신청할 수 없다.
② 판결에 의하여 소유권보존등기를 신청할 때에 그 판결이 반드시 확인판결이어야 할 필요는 없다.
③ 미등기 토지가 공유인 경우에는 각 공유자가 단독으로 공유자 전원을 위하여 소유권보존등기를 신청할 수 있다.
④ 미등기 토지가 대장상 분할된 경우에는 분할된 각 토지에 대하여 각각 소유권보존등기를 신청하여야 한다.
⑤ 특별자치도지사, 시장·군수 또는 구청장의 확인에 의하여 자기의 소유권을 증명하는 자는 토지소유권보존등기를 신청할 수 없다.

해설 ▶ **토지소유권보존등기**
① (×) 상속인 외에 그 밖의 포괄승계인도 소유권보존등기를 신청할 수 있다(법 제65조 제1호).
② (○) 소유권확인판결에 한하는 것은 아니며, 형성판결이나 이행판결이라도 그 이유 중에서 소유권보존등기명의인의 소유임을 확정하는 내용의 것이면 이에 해당한다(대판 1994.3.11. 93다57704).
④ (○) 원래 1필지였던 미등기 토지가 3필지로 대장상 분할된 경우에는 분할 후의 각 토지에 대하여 분할 전 모 번지의 토지대장정보 및 분할 후의 토지대장정보를 전부 첨부정보로서 등기소에 제공하여 신청할 수 있다(2002.05.20. 등기 3402-286).
⑤ (○) 특별자치도지사, 시장·군수 또는 구청장의 확인에 의하여 자기의 소유권을 증명하는 자가 소유권보존등기를 신청할 수 있는 경우는 "건물"의 경우로 한정한다(법 제65조 제4호 괄호 참조).

정답 03. ①

제4장 부동산의 표시 및 각종 권리의 등기절차(응용)

04 미등기 토지의 소유권보존등기에 관한 설명으로 옳은 것은?(다툼이 있으면 판례에 의함) ★

24회 출제

① 자치구 구청장의 확인에 의하여 자기의 토지소유권을 증명하는 자는 소유권보존등기를 신청할 수 있다.
② 미등기 토지에 가처분등기를 하기 위하여 등기관이 직권으로 소유권보존등기를 한 경우 법원의 가처분등기말소촉탁이 있으면 직권으로 소유권보존등기를 말소한다.
③ 토지대장에 최초의 소유자로 등록되어 있는 자로부터 그 토지를 포괄유증 받은 자는 자기명의로 소유권보존등기를 신청할 수 있다.
④ 확정판결에 의하여 자기의 소유권을 증명하여 소유권보존등기를 신청하는 자는 신청정보의 내용으로 등기원인과 그 연월일을 제공하여야 한다.
⑤ 수용으로 인하여 소유권을 취득하였음을 증명하는 자는 자기 명의로 소유권보존등기를 신청할 수 없다.

해설 ▶ 소유권보존등기

① 「부동산등기법」 제65조 제4호의 경우는 "건물"에 한하여 적용된다.
② 직권에 의한 소유권보존등기의 효력은 신청에 의한 소유권보존등기의 효력과 전혀 차이가 없으므로, 직권에 의한 소유권보존등기도 소유권보존등기명의인의 말소신청 또는 그 말소등기의 이행을 명하는 확정판결에 의하여서만 말소될 수 있을 뿐 가처분법원의 말소촉탁에 의해서나 등기관이 직권으로 그 등기를 말소할 수는 없다(등기예규 제1353호).
③ (등기예규 제1512호)
④ 등기원인과 그 연월일은 신청정보의 내용으로 등기소에 제공할 필요가 없다(규칙 제121조 제1항).
⑤ 소유권보존등기를 신청할 수 있다(법 제65조 제3호).

소유권보존등기의 신청인(법 제65조)
1) 토지대장, 임야대장 또는 건축물대장에 최초의 소유자로 등록되어 있는 자 또는 그 상속인, 그 밖의 포괄승계인
2) 확정판결에 의하여 자기의 소유권을 증명하는 자
3) 수용(收用)으로 인하여 소유권을 취득하였음을 증명하는 자
4) 특별자치도지사, 시장·군수 또는 구청장(자치구의 구청장을 말한다)의 확인에 의하여 자기의 소유권을 증명하는 자(건물의 경우로 한정한다)

정답 04. ③

05 다음은 건물의 소유권보존등기에 관한 설명이다. 잘못 설명하고 있는 것은?(다툼이 있는 경우 선례에 의함)

① 사실상 수인이 균등하지 아니한 지분비율로 공유하는 건물에 관하여 대장상으로는 공유지분의 기재가 없는 경우에는 공유자 전원사이에 작성된 실제의 지분비율을 증명하는 서면을 첨부하여 실제지분에 따라 소유권보존등기신청을 할 수 있다.
② 국가의 체납처분에 의한 압류등기촉탁이 있는 경우에는 등기관은 미등기건물에 대하여 직권으로 소유권보존등기를 할 수 없다.
③ 건물의 대지상에 건물의 소유자가 아닌 자가 지상권을 설정한 경우에는 그 지상권자의 승낙서를 첨부해야 건물의 소유권보존등기를 할 수 있다.
④ 특별자치도지사, 시장·군수 또는 구청장의 확인에 의하여 자기의 소유권을 증명하는 자는 건물소유권보존등기를 신청할 수 있다.
⑤ 미등기건물의 양수인이 건축물대장에 자기명의로 소유권이전등록이 되어 있는 경우에는 최초의 소유자명의로 소유권보존등기를 한 다음 소유권이전등기를 하여야 한다.

해설 ▶ 건물소유권보존등기

① (○) (1991.4.11. 등기선례 제3-373호)
② (○) 체납처분에 의한 압류등기촉탁은 "법원"의 재판에 의한 촉탁이 아니기 때문에 직권보존등기를 할 수 없다(법 제66조 제1항 참조).
③ (×) 소유권보존등기의 경우에는 등기원인에 대한 제3자가 있을 수 없으므로 제3자의 승낙서 등은 등기소에 제공할 필요가 없다.
④ (○) (법 제65조 제4호).
⑤ (○) 대장등본에 의하여 대장상 소유권이전등록을 받은 소유명의인 및 그 상속인은 직접 자기명의로 소유권보존등기를 신청할 수 없고, 최초의 소유자명의로 소유권보존등기를 한 다음 소유권이전등기를 하여야 한다(1998.4.14. 등기선례 제5-263호).

정답 05. ③

제4장 부동산의 표시 및 각종 권리의 등기절차(응용)

06 확정판결에 의하여 자기의 소유권을 증명하는 자는 소유권보존등기를 신청할 수 있다. 이에 해당하는 판결을 모두 모은 것은?

> ㉠ 당해 부동산이 보존등기 신청인의 소유임을 이유로 소유권보존등기의 말소를 명한 판결
> ㉡ 토지대장상 공유인 미등기토지에 대한 공유물분할의 판결. 다만, 이 경우에는 공유물분할의 판결에 따라 토지의 분필절차를 먼저 거친 후에 보존등기를 신청하여야 한다.
> ㉢ 매수인이 매도인을 상대로 토지의 소유권이전등기를 구하는 소송에서 매도인이 매수인에게 매매를 원인으로 한 소유권이전등기절차를 이행하고 당해 토지가 매도인의 소유임을 확인한다는 내용의 화해조서
> ㉣ 건물에 대하여 국가를 상대로 한 소유권확인판결
> ㉤ 건물에 대하여 건축허가명의인(또는 건축주)을 상대로 한 소유권확인판결

① ㉠, ㉡ ② ㉠, ㉢ ③ ㉠, ㉡, ㉣ ④ ㉡, ㉢, ㉤ ⑤ ㉢, ㉣

해설 ▶ 소유권보존등기의 신청(등기예규 제1483호)

1) 다음의 판결은 법 제65조 제2호의 판결에 해당한다.
   ㉠ 당해 부동산이 보존등기 신청인의 소유임을 이유로 소유권보존등기의 말소를 명한 판결
   ㉡ 토지대장상 공유인 미등기토지에 대한 공유물분할의 판결. 다만, 이 경우에는 공유물분할의 판결에 따라 토지의 분필절차를 먼저 거친 후에 보존등기를 신청하여야 한다.
2) 다음의 판결은 법 제65조 제2호의 판결에 해당하지 않는다.
   ㉢ 매수인이 매도인을 상대로 토지의 소유권이전등기를 구하는 소송에서 매도인이 매수인에게 매매를 원인으로 한 소유권이전등기절차를 이행하고 당해 토지가 매도인의 소유임을 확인한다는 내용의 화해조서
   ㉣ 건물에 대하여 국가를 상대로 한 소유권확인판결
   ㉤ 건물에 대하여 건축허가명의인(또는 건축주)을 상대로 한 소유권확인판결

정답 06. ①

제2편 부동산등기법

07 거래가액 등기에 관한 다음 설명 중 가장 옳지 않은 것은?

① 매매계약서를 등기원인증서로 제출하면서 소유권이전등기가 아닌 소유권이전청구권가등기를 신청하는 경우에는 거래가액을 등기하지 아니한다.
② 분양계약의 경우에 있어 최초의 피분양자로부터 그 지위 전부가 갑에게 매매로 이전된 후 다시 을에게 피분양자의 지위 일부지분만이 증여로 이전되어 갑과 을이 공동으로 등기권리자가 된 경우에는 거래가액을 등기하지 아니한다.
③ 거래가액을 기록하는 소유권이전등기를 한 후, 거래신고를 다시 하여 거래계약신고필증을 재교부받은 경우에 당해 부동산의 소유명의인은 신청착오를 원인으로 거래가액을 경정하는 등기를 신청할 수 있다.
④ 검인대상인 부동산에 대하여 착오로 거래신고를 하여 소유권이전등기를 마친 후에 다시 검인을 신청하여 매매계약서에 검인을 받았다면, 해당 매매계약서를 첨부하여 거래가액의 등기를 말소하는 경정등기를 신청할 수 있다.
⑤ 등기원인증서에 기재된 사항과 거래신고필증에 기재된 사항이 서로 다르다면 비록 신청인이 제출한 자료에 의하여 등기원인증서상 매매와 신고의 대상이 된 매매를 동일한 거래라고 인정할 수 있다 하더라도 그 소유권이전등기신청을 「부동산등기법」 제29조 제9호에 의하여 각하하여야 한다.

해설 ▶ 거래가액의 등기

① (○) 가등기시에는 등기하지 아니한다(등기예규 제1395호).
② (○) 일부증여든 전부증여든 증여가 등기원인인 경우에는 거래가액을 등기하지 아니한다(등기예규 제1395호).
③, ④ (○) (동예규 및 등기선례 제200610-11호, 제201205-3호)
⑤ (×) 단순한 오타나 신청인이 제공한 자료에 의하여 등기원인을 증명하는 정보상의 매매와 신고의 대상이 된 매매를 동일한 거래라고 인정할 수 있는 경우(매매당사자의 주소가 불일치하나 주민등록번호가 일치하는 경우 등)에는 법 제29조 제9호로 각하하지 않고 수리할 수 있다(등기예규 제1395호).

정답 07. ⑤

제4장 부동산의 표시 및 각종 권리의 등기절차(응용)

08 소유권이전등기에 관한 내용으로 틀린 것은? 26회 출제

① 상속을 원인으로 하여 농지에 대한 소유권이전등기를 신청하는 경우 농지취득자격증명은 필요하지 않다.
② 소유권의 일부에 대한 이전등기를 신청하는 경우 이전되는 지분을 신청정보의 내용으로 등기소에 제공하여야 한다.
③ 소유권이 대지권으로 등기된 구분건물의 등기기록에는 건물만에 관한 소유권이전등기를 할 수 없다.
④ 소유권이전등기절차의 이행을 명하는 확정판결이 있는 경우 그 판결확정 후 10년을 경과하면 그 판결에 의한 등기를 신청할 수 없다.
⑤ 승소한 등기권리자가 단독으로 판결에 의한 소유권이전등기를 신청하는 경우 등기의무자의 권리에 관한 등기필정보를 제공할 필요가 없다.

해설 ▶ 소유권이전등기
④ 등기절차의 이행을 명하는 확정판결을 받았다면 그 확정시기에 관계없이, 즉 확정 후 10년이 경과하였다 하더라도 그 판결에 의한 등기신청을 할 수 있다(등기예규 제1607호).

09 소유권이전등기를 하는 경우에 하는 거래가액등기와 관련한 설명이다. 가장 잘못된 것은?

① 거래부동산이 1개라 하더라도 여러 명의 매도인과 여러 명의 매수인 사이의 매매계약인 경우에는 매매목록을 첨부정보로서 등기소에 제공하여야 한다.
② 매매예약을 원인으로 소유권이전청구권가등기에 의한 본등기를 하는 때에는 거래가액 등기를 하지 않는다.
③ 등기원인이 '매매'인 경우에도 조정·화해조서 등을 원인증서로 제출하는 때에는 거래가액등기는 하지 않는다.
④ 거래가액등기는 등기기록 중 갑구의 권리자 및 기타사항란에 거래가액을 기록하는 방법으로 등기한다.
⑤ 거래가액은 2006.1.1 이후 작성된 매매계약서를 등기원인증서로 하여 소유권이전등기를 신청하는 경우에 등기한다.

해설 ▶ 거래가액등기
①, ③, ④, ⑤ (등기예규 제1395호)
② 예외적으로 매매예약을 원인으로 한 소유권이전청구권가등기에 의한 본등기를 신청하는 때에는, 매매계약서를 등기원인증서로 제출하지 않는다 하더라도 거래가액을 등기한다(등기예규 제1395호).

정답 08. ④ 09. ②

10. 공동소유의 등기에 관한 설명 중 맞는 것은 모두 몇 개인가? ★★★

> ㉠ 토지에 대하여 甲, 乙, 丙 3인의 합유등기가 되어 있었으나 甲이 사망하였을 경우 乙과 丙은 합유명의인변경등기를 신청하여야 한다.
> ㉡ 공유자 중 1인이 그의 지분만의 소유권보존등기를 신청할 수 있다.
> ㉢ 1필의 토지를 2인 이상의 사람이 공동 출자하여 농장을 경영할 목적으로 매수하는 경우에는 합유로 등기하여야 한다.
> ㉣ 법인 아닌 사단의 총유부동산은 등기를 신청할 때 등록번호를 주된 사무소 소재지 관할등기소의 등기관이 부여한다.
> ㉤ 2인의 공유인 미등기토지에 대하여 공유자 중 1인은 공유자 전원을 위하여 토지 전부에 대하여 소유권보존등기를 신청할 수 있다.
> ㉥ 합유등기에 있어서는 등기부에 각 합유자의 지분을 기록하여야 한다.

① 6개　② 5개　③ 4개　④ 3개　⑤ 2개

해설 ▶ 공동소유의 등기

㉠ (○) 합유자 중 일부가 사망한 경우 합유자 사이에 특별한 약정이 없는 한, 사망한 합유자의 상속인은 「민법」 제719조의 규정에 의한 지분반환청구권을 가질 뿐 합유자로서의 지위를 승계하는 것이 아니므로, 사망한 합유자의 지분에 관하여 그 상속인 앞으로 상속등기를 하거나 해당 부동산을 그 상속인 및 잔존 합유자의 합유로 하는 변경등기를 할 것이 아니고, 다음과 같은 등기를 하여야 한다. 예컨대 합유자가 3인 이상인 경우에 그 중 1인이 사망한 때에는 해당 부동산은 잔존합유자의 합유로 귀속되는 것이므로, 잔존합유자의 합유로 하는 합유명의인변경등기를 신청하여야 한다.

㉢ (○) 2인 이상이 상호 출자하여 공동으로 사업을 경영할 것을 약정하고 부동산을 공동으로 매수한 경우에는 단순한 공동매수인과는 달리, 그 수인을 조합원으로 하는 동업체에서 매수한 것으로서 합유관계가 성립하기 때문이다.

㉤ (○) 대장상 공유인 경우에는 공유자 전원이 함께 그 소유권보존등기를 신청하거나 공유자 중 등기신청에 협조하지 않는 자가 있는 경우에는 공유자 중 1인 또는 수인이 공유자 전원을 표시하여 소유권보존등기를 신청할 수 있다.

㉡ (×) 1부동산 1등기기록주의 원칙에 위배되어 허용되지 아니한다.
㉣ (×) 시장·군수·구청장이 부여한다(법 제49조 제1항 제3호).
㉥ (×) 등기할 권리가 합유(合有)인 때에는 그 뜻을 기록하여야 한다(법 제48조 제4항).

정답　10. ④

제4장 부동산의 표시 및 각종 권리의 등기절차(응용)

11 다음 중 환매특약의 등기에 관한 설명으로 잘못된 것은?
① 환매특약의 등기는 소유권이전등기와 동시에 신청하여야 한다.
② 환매권행사시 권리취득등기는 목적 부동산이 제3자에게 양도된 경우에 그 제3자를 등기의무자로 하여 공동으로 신청하여야 한다.
③ 환매특약등기가 경료된 부동산에 대해서는 양도, 제한물권설정등기 등을 할 수 없다.
④ 환매권의 행사에 따라 환매권자인 매도인 명의로 소유권이전등기를 하는 경우 등기관은 직권으로 환매특약등기의 말소등기를 하여야 한다.
⑤ 환매특약등기는 부기등기로, 환매권이전등기는 부기등기의 부기등기로, 환매권말소등기는 주등기로 하여야 한다.

해설 ▶ 환매특약등기
① (○) 「민법」 제592조의 취지에 따라서 환매특약의 등기는 매매로 인한 소유권이전등기와 동시에 신청하여야 한다.
② (○) 환매권부매매의 매도인이 등기권리자, 환매권부매매의 매수인이 등기의무자가 되어 환매권 행사로 인한 소유권이전등기를 공동으로 신청한다(법 제23조 제1항). 다만, 목적부동산이 환매특약등기 후 양도된 경우에는 그 양수인이 등기의무자가 된다.
③ (×) 환매특약등기에는 환매권 보류의 대항력 외에 처분금지의 효력은 없다(등기선례 5-396).
④ (○) (규칙 제114조 제1항)   ⑤ (○) (법 제52조 제6호, 제2호)

12 상속으로 인한 등기, 포괄승계인에 의한 등기, 유증에 의한 소유권이전등기에 관한 서술 중 틀린 것은? ★★★
① 위 3가지 중 상속으로 인한 등기만 단독으로 신청한다.
② 포괄승계인에 의한 등기의 등기원인은 상속이다.
③ 미등기부동산을 특정유증을 받은 경우에는 상속인 명의로 소유권보존등기를 한 다음 유증으로 인한 소유권이전등기를 하여야 한다.
④ 공동상속의 경우에 상속인 중 1인이 상속인 전원을 위하여 상속등기를 신청할 수 있다.
⑤ 포괄유증은 등기 없이 효력이 발생하지만 특정유증은 등기하여야 효력이 발생한다.

해설 ▶ 상속인이 행하는 등기
① (○) 상속인에 의한 등기는 피상속인에 갈음하여 상속인이 등기할 뿐 공동신청주의는 관철되며, 유증을 원인으로 한 소유권이전등기는 포괄유증이나 특정유증을 불문하고 수증자를 등기권리자, 유언집행자 또는 상속인을 등기의무자로 하여 공동으로 신청하여야 한다(법 제23조 제1항, 등기예규 제1512호).
② (×) 포괄승계인에 의한 등기의 경우 등기원인과 그 원인일자는 피상속인 등이 생전에 형성해 놓은 등기원인과 그 원인일자를 신청정보의 내용으로 해야 한다.
③ (○) 유증의 목적 부동산이 미등기인 경우라도 포괄적 유증과는 달리 "특정유증"을 받은 자는 소유권보존등기를 신청할 수 없고, 유언집행자가 상속인 명의로 소유권보존등기를 마친 후에 유증을 원인으로 한 소유권이전등기를 신청하여야 한다(등기예규 제1512호).
④ (○) (등기선례 제5-276호)
⑤ (○) 「민법」 제1078조는 포괄유증의 경우만 성립요건주의의 예외를 인정하고 있다.

정답 11. ③ 12. ②

13

다음은 유증을 원인으로 한 소유권이전등기절차에 관한 설명이다. 옳지 않은 것은?

① 특정유증을 원인으로 한 소유권이전등기는 수증자와 유언집행자 또는 상속인이 공동으로 신청하여야 하나, 포괄유증의 경우에는 수증자 단독으로 신청하면 된다.
② 등기원인은 "ㅇ년 ㅇ월 ㅇ일 유증"으로 기재하되, 그 연월일은 유증자가 사망한 날을 기재한다. 다만, 유증에 조건 또는 기한이 붙은 경우에는 그 조건을 성취한 날 또는 그 기한이 도래한 날을 기재한다.
③ 특정유증을 원인으로 한 소유권이전등기청구권보전의 가등기는 유언자가 사망한 후인 경우에는 이를 수리하되, 유언자가 생존 중인 경우에는 이를 수리하여서는 아니 된다.
④ 특정유증의 목적부동산이 미등기인 경우에는 직접 수증자 명의로 소유권보존등기를 할 수 없고, 유언집행자가 상속인 명의로 소유권보존등기를 한 다음 유증으로 인한 소유권이전등기를 신청하여야 한다.
⑤ 포괄적 수증자의 소유권보존등기 및 유증으로 인한 소유권이전등기 신청이 상속인의 유류분을 침해하는 내용이라 하더라도 등기관은 이를 수리하여야 한다.

해설 ▶ **유증으로 인한 소유권이전등기절차**(등기예규 제1512호)

① 유증을 원인으로 한 소유권이전등기는 포괄유증이나 특정유증을 불문하고 수증자를 등기권리자, 유언집행자 또는 상속인을 등기의무자로 하여 공동으로 신청하여야 한다. 수증자가 유언집행자로 지정되거나 상속인인 경우에도 같다(등기예규 제1512호).
②, ③, ④, ⑤ (등기예규 제1512호)

14

유증으로 인한 소유권이전등기와 관련한 설명이다. 가장 옳은 것은?

① 유언집행자가 수인인 경우에는 반드시 전원이 공동으로 신청하여야 한다.
② 유증으로 인한 소유권이전등기 전에 상속등기가 이미 마쳐진 경우에는 상속등기를 말소함이 없이 상속인으로부터 유증으로 인한 소유권이전등기를 신청할 수 있다.
③ 유언증서에 가정법원의 검인이 되어 있다면 등기관은 그 유언증서가 적법한 요건을 갖추었는지 판단할 필요없이 그 등기신청을 수리하여야 한다.
④ 유증으로 인한 소유권이전등기청구권보전의 가등기는 유언자의 사망 전·후를 불문하고 언제든지 신청할 수 있다.
⑤ 포괄수증자가 수인인 경우 각자가 자기지분만에 대하여는 신청할 수 없다.

정답 13. ① 14. ②

해설 ▶ **유증으로 인한 소유권이전등기**

① 유언집행자가 여럿인 경우(유언집행자의 지정이 없어서 여러 명의 상속인들이 유언집행자가 된 경우를 포함한다)에는 그 과반수 이상이 수증자 명의의 소유권이전등기절차에 동의하면 그 등기를 신청할 수 있다(등기예규 제1512호).
③ 유언증서에 가정법원의 검인이 되어 있는 경우에도 등기관은 그 유언증서가 적법한 요건을 갖추지 아니한 경우에는 그 등기신청을 수리하여서는 아니 된다(등기예규 제1512호).
④ 유증을 원인으로 한 소유권이전등기청구권보전의 가등기는 유언자가 사망한 후인 경우에는 이를 수리하되, 유언자가 생존 중인 경우에는 이를 수리하여서는 아니 된다(등기예규 제1512호). 다만, 사망한 후라도 포괄적 유증의 경우에는 할 수 없고, 특정적 유증의 경우에만 수증자 명의로 청구권보전의 가등기를 할 수 있다.
⑤ 수증자가 여럿인 포괄유증의 경우에는 수증자 전원이 공동으로 신청하거나 각자가 자기지분만에 대하여 소유권이전등기를 신청할 수 있다(등기예규 제1512호).

15

다음은 토지수용을 등기원인으로 한 소유권이전등기에 관하여 설명한 것이다. 그 내용이 옳지 <u>않은</u> 것은?

① 등기관이 직권말소한 등기가 채권자대위신청에 의한 것인 때에는 채권자에게는 통지하여야 한다.
② 수용으로 인한 소유권이전등기를 신청하는 경우에 토지수용위원회의 재결로써 존속이 인정된 권리가 있으면 이에 관한 사항을 신청정보의 내용으로 등기소에 제공하여야 한다.
③ 수용토지 위에 있는 가처분등기는 수용등기를 할 경우는 직권으로 말소한다. 다만, 그 부동산을 위하여 존재하는 지역권등기와 토지수용위원회의 재결로서 인정된 권리는 말소되지 아니한다.
④ 등기원인은 토지수용으로 기재하며, 등기원인일자는 '수용재결일'이 아니라 '수용의 개시일'이 된다.
⑤ 수용으로 인한 소유권이전등기는 등기권리자와 등기의무자가 공동으로 신청하여야 한다.

해설 ▶ **토지수용에 의한 소유권이전등기**

① (규칙 제157조 제2항)   ② (규칙 제156조 제1항)
③ (법 제99조 제4항)   ④ (등기예규 제1388호)
⑤ 수용으로 인한 소유권이전등기는 제23조 제1항에도 불구하고 등기권리자가 단독으로 신청할 수 있다(법 제99조 제1항).

정답 15. ⑤

16. 다음은 「공익사업을 위한 토지 등의 취득 및 보상에 관한 법률」에 의한 등기절차에 관한 설명이다. 옳지 않은 것은?

① 재결에 의한 수용일 때에는 등기원인을 증명하는 정보로 토지수용위원회의 재결서 등본을 첨부하여야 한다.
② 협의취득일 경우에는 등기원인을 증명하는 정보로 공공용지의 취득협의서를 첨부하여야 한다.
③ 토지수용을 원인으로 한 소유권이전등기신청을 할 경우 등기원인은 '토지수용'으로, 원인일자는 '수용재결일자'를 각 기재한다.
④ 토지수용의 재결의 실효를 원인으로 하는 토지수용으로 인한 소유권이전등기의 말소의 신청은 등기의무자와 등기권리자가 공동으로 신청하여야 한다.
⑤ 토지수용으로 인한 소유권이전등기를 하는 경우 등기관은 수용의 개시일 이후에 경료된 소유권이전등기를 직권으로 말소하여야 하나, 수용의 개시일 이전의 상속을 원인으로 한 소유권이전등기는 직권말소 대상이 아니다.

해설 ▶ 토지수용에 의한 등기

①, ②, ④, ⑤ (등기예규 제1388호)
③ 등기원인은 토지수용으로, 원인일자는 '수용재결일'이 아니라 '수용의 개시일'을 기재한다(등기예규 제1388호).

17. 구분건물의 등기에 대한 다음 설명 중 틀린 것은?

① 1동의 건물에 속하는 구분건물 중의 일부만에 관하여 소유권보존등기를 신청하는 경우에는 나머지 구분건물의 표시에 관한 등기를 동시에 신청하여야 한다.
② 위 ①의 경우에 구분건물의 소유자는 1동에 속하는 다른 구분건물의 소유자를 대위하여 그 건물의 표시에 관한 등기를 신청할 수 있다.
③ 구분건물의 소유권보존등기를 신청함에 있어 대지에 대지권이 있는 경우에는 그 권리의 표시를 신청정보의 내용으로 제공하여야 한다.
④ 대지권인 뜻의 등기가 된 토지의 등기기록에는 일체의 등기를 할 수 없다.
⑤ 전유부분에 관한 표제부에는 공용부분에 대한 면적을 포함하고 있지 않고 등기되어 구분소유자의 소유면적을 알 수 없다.

정답 16. ③ 17. ④

제4장 부동산의 표시 및 각종 권리의 등기절차(응용)

해설 구분건물의 등기

①, ② (○) (법 제46조 제1항, 제2항)
③ (○) (규칙 제43조 제1항 제1호 다목)
④ (×) 토지의 소유권이 대지권으로서 토지등기부에 대지권인 뜻의 등기가 있는 경우에는 토지의 등기기록에는 토지만의 소유권이전등기 및 소유권을 전제로 한 소유권이전청구권가등기, 가압류, 압류등기, 체납압류등기, 저당권설정등기 등이 금지되나(법 제61조 제4항), 대지권인 뜻의 등기가 되기 전에 토지만에 대하여 설정된 저당권 실행에 의한 소유권이전등기나, 소유권이전청구권보전의 가등기된 상태에서 후에 가등기에 의한 본등기는 가능하다.
⑤ (○) 구조상 공용부분은 원래 구분소유권의 목적이 될 수 없으므로 전유부분에 면적을 포함시키는 것이 아니라 1동 건물의 표제부에 공용부분의 면적을 포함시킨다.

18 대지권등기에 관한 다음의 기술 중 옳은 것은?

① 대지권등기가 경료된 경우에 대지만에 관하여 가처분등기는 할 수 없다.
② 대지권등기가 경료된 경우에는 전유부분과 대지사용권의 분리처분이 금지되므로 대지에 대하여만 소유권이전등기를 할 수 없으나, 소유권이전청구권 보전을 위한 가등기는 할 수 있다.
③ 구분건물을 분양한 자가 지적 정리가 완결되지 않아 대지권등기를 하지 않은 채 건물에 대한 소유권보존등기를 한 후 수분양자에게 이전한 경우 지적정리가 완결되면 분양자가 단독으로 대지사용권에 관한 이전등기를 신청할 수 있다.
④ 구분건물의 전유부분만에 관하여 설정된 저당권의 효력은 대지사용권의 분리처분이 가능하도록 규약으로 정하는 등의 특별한 사정이 없는 한 그 전유부분의 소유자가 사후에 취득한 대지사용권에까지 미친다.
⑤ 대지권이 등기되면 처분의 일체성에 의하여 어떠한 등기도 허용되지 않는다.

해설 대지권

① 대지권등기 이전의 사유에 의한 것이기 때문에 할 수 있다.
② 처분의 일체성을 관철하기 위해서는 가등기도 허용되지 않는다.
③ 분양자는 현재의 구분건물의 소유명의인과 공동으로 대지사용권에 관한 이전등기를 신청할 수 있다(법 제60조).
④ (대판 1995.8.22. 94다12722)
⑤ 처분의 일체성을 해하지 않는 사항의 등기는 허용된다.

정답 18. ④

제2편 부동산등기법

19 대지권의 등기가 경료된 후에도 허용되는 등기는?
① 건물만을 목적으로 하는 전세권설정등기
② 토지만을 목적으로 하는 근저당권설정등기
③ 건물만을 목적으로 하는 소유권이전등기
④ 토지만을 목적으로 하는 가압류등기
⑤ 건물만을 목적으로 하는 소유권이전등기청구권보전의 가등기

> **해설** ▶ 대지권의 등기가 경료된 후에도 허용되는 등기
>
> 처분의 일체성을 해하게 되는 등기는 허용되지 않는다. 따라서 전세권과 같은 건물만에 대한 용익권은 허용된다. 반면에 ③의 경우 그 등기 자체로 처분의 일체성을 해하며 ②, ④, ⑤의 경우 저당권실행경매, 가압류의 실행경매, 가등기에 기한 본등기에 의하여 처분의 일체성이 해하게 될 것이 확실하므로 허용되지 않는다.
> ※ 전세권 종료 후 전세금의 반환을 위하여 건물이 강제경매되더라도 전세권의 효력은 대지권에 미치므로 건물과 대지권이 함께 경매의 대상이 되므로 처분의 일체성에 영향이 없다.

20 집합건물에 관한 기술로 <u>틀린</u> 것은?
① 구조상 공용부분은 구분소유권의 목적으로 될 수 없다.
② 집합건물의 구분소유권과 그 대지사용권은 집합건물법상 일체성과 불가분성을 인정하고 있다.
③ 구분소유권의 목적이 되기 위해서는 구조상 독립성이 없더라도 최소한 이용상 독립성은 있어야 한다.
④ 규약상 공용부분은 등기기록 중 표제부에 공용부분이라는 뜻을 기록하여야 한다.
⑤ 구분건물등기기록에는 1동의 건물에 대한 표제부만 두고 그 다음에 각 구분건물마다 표제부 및 갑구, 을구를 둔다.

> **해설** ▶ 집합건물(구분소유권의 목적이 될 수 있는 요건 등)
>
> 1동의 건물 중 구분된 각 부분이 구조상·이용상 독립성을 가지고 있는 경우에 그 각 부분을 1개의 구분건물로 하는 것도 가능하고, 그 1동 전체를 1개의 건물로 하는 것도 가능하기 때문에, 이를 구분건물로 할 것인지 여부는 특별한 사정이 없는 한 소유자의 의사에 의하여 결정된다(대판 1999. 7. 27. 98다35020).
> ① (○) 구조상 공용부분(복도·계단 등)은 등기능력이 없다.
> ② (○) 「집합건물의 소유 및 관리에 관한 법률」 제20조에서 전유부분과 공용부분의 일체·불가분성을 규정하고 있다.
> ③ (×) 구분 건물의 경우에는 구조상 독립성과 이용상 독립성이 있어야 구분건물로서 등기할 수 있다. 구조상 독립성은 바닥, 벽, 천정 등으로 다른 구분건물과 독립되어 있을 것을 의미하며, 이용상 독립성은 복도, 계단 등 통로가 있을 것을 의미한다.
> ④ (○) (규칙 제104조 제3항) ⑤ (○) (규칙 제14조 제1항)

정답 19. ① 20. ③

제4장 부동산의 표시 및 각종 권리의 등기절차(응용)

21 다음은 구분건물의 등기기록에 관한 기술이다. <u>틀린</u> 것은?

① 규약상 공용부분에 관한 등기기록은 그 표제부만 둔다.
② 대지권의 표시란은 전유부분의 건물의 표제부에 둔다.
③ 대지권인 뜻의 등기는 대지권의 목적인 토지의 등기용지 중 해당구에 기록한다.
④ 대지권인 목적인 토지의 표시란은 1동의 건물의 표제부에 둔다.
⑤ 규약상 공용부분인 뜻의 등기는 1동의 건물의 표제부 중 1동 건물의 표시란에 한다.

해설 ▶ **구분건물의 등기기록**

① (규칙 제104조 제3항) ② (규칙 제14조 제2항 단서)
③ (규칙 제89조 제1항) ④ (규칙 제14조 제2항 단서)
⑤ 규약상 공용부분의 등기를 할 때에는 전유부분 건물의 표제부 중 '전유부분 건물의 표시란의 등기원인과 기타 사항란'에 공용부분인 뜻 및 공유자의 범위를 기록하고 각 구의 소유권 기타의 권리에 관한 등기에 대해 말소하는 표시를 하여야 한다(규칙 제104조 제3항).

---

22 신탁에 관한 등기의 내용이다. 가장 <u>잘못된</u> 것은?

① 부동산의 신탁에서 수탁자 앞으로 소유권이전등기를 마치게 되면 대내외적으로 소유권이 수탁자에게 이전된다.
② 수익자 또는 위탁자는 수탁자를 대위하여 신탁의 등기를 신청할 수 있다.
③ 수개의 부동산에 관하여 하나의 신청정보에 의하여 신탁의 등기를 신청하는 경우에는 매 부동산마다 별개의 신탁원부를 첨부정보로 제공하여야 한다.
④ 수탁자가 2인 이상인 경우에는 그 공동수탁자가 합유관계라는 뜻을 반드시 신청정보의 내용으로 제공하여야 한다.
⑤ 재건축조합원과 조합간의 신탁계약에서 재건축조합이 신탁받은 부동산을 신탁의 목적범위 내에서 다른 수탁자에게 신탁할 수 있다고 규정하였더라도 그에 따른 재신탁등기를 할 수 없다.

해설 ▶ **신탁에 의한 등기**

① (대판 1991.8.13. 91다12608) ② (법 제82조 제2항)
③, ④ (등기예규 제1618호)
⑤ 종전에는 「신탁법」 및 「부동산등기법」이 신탁부동산을 재신탁할 수 있다는 규정을 두고 있지 않아서 재건축조합원과 조합 간의 신탁계약에서 재건축조합이 신탁목적 범위 내에서 다른 수탁자(부동산 신탁회사 등)에게 재신탁할 수 있다는 약정이 있더라도 그에 따른 재신탁을 할 수는 없었다(등기선례 3402-430). 그러나 개정 「신탁법」 제3조 제5항에서 "수탁자는 신탁행위로 달리 정한 바가 없으면 신탁 목적의 달성을 위하여 필요한 경우에는 수익자의 동의를 받아 타인에게 신탁재산에 대하여 신탁을 설정할 수 있다"라고 명문으로 인정하고 있기 때문에 재신탁이 가능하다.

정답 21. ⑤ 22. ⑤

23. 지역권등기에 관한 설명으로 틀린 것은? ★ *(24회 출제)*

① 등기관이 승역지의 등기기록에 지역권설정의 등기를 할 때에는 지역권설정의 목적을 기록하여야 한다.
② 요역지의 소유권이 이전되면 지역권은 별도의 등기 없이 이전된다.
③ 지역권설정등기는 승역지 소유자를 등기의무자, 요역지 소유자를 등기권리자로 하여 공동으로 신청함이 원칙이다.
④ 지역권설정등기시 요역지지역권의 등기사항은 등기관이 직권으로 기록하여야 한다.
⑤ 승역지의 지상권자는 그 토지 위에 지역권을 설정할 수 있는 등기의무자가 될 수 없다.

해설 ▶ 지역권등기

① (○) (법 제70조 제1호)
② (○) 요역지 소유권의 처분은 지역권의 처분을 수반한다(지역권의 수반성, 「민법」 제292조).
③ (○) (법 제23조 제1항) ④ (○) (법 제71조 제1항)
⑤ (×) 승역지의 지상권자도 그 권한 내에서는 유효하게 지역권을 설정할 수 있으므로 등기의무자가 될 수 있다(등기예규 제205호).

24. 지상권설정등기에 관한 설명 중 타당한 것은? ★★

① 1필의 토지의 일부에 대하여도 지상권설정등기를 할 수 없다.
② 공유지분에 대하여도 지상권설정등기를 할 수 있다.
③ 존속기간 및 지료는 필요적 신청정보의 내용이다.
④ 지상권의 존속기간은 확정적이어야 하므로 존속기간을 "철탑존속기간으로 한다"라고 한 지상권설정등기신청은 허용되지 않는다.
⑤ 토지를 매수하여 그 명의로 소유권이전청구권보전을 위한 가등기를 경료하고 그 토지 상에 타인이 건물 등을 축조하여 점유 사용하는 것을 방지하기 위하여 지상권을 설정하였다면 본등기청구권이 시효의 완성으로 소멸할 때 지상권도 소멸된다.

해설 ▶ 지상권설정등기

① 1필지의 토지의 일부분에 대하여도 지적도면을 첨부정보로 제공하여 지상권설정등기를 할 수 있다.
② 지상권은 용익물권이므로 지분에 대해서는 등기할 수 없다.
③ 임의적 신청정보의 내용이다(법 제69조).
④ 지상권의 존속기간을 불확정기간(예 철탑존속기간으로 함)으로 하는 설정도 가능하다.
⑤ (대판 1991.3.12. 90다카27570)

정답 23. ⑤ 24. ⑤

제4장 부동산의 표시 및 각종 권리의 등기절차(응용)

25

각 권리의 설정등기에 따른 필요적 기록사항으로 옳은 것을 모두 고른 것은?

25회 출제

> ㉠ 지상권: 설정목적과 범위, 지료
> ㉡ 지역권: 승역지 등기기록에서 설정목적과 범위, 요역지
> ㉢ 전세권: 전세금과 설정범위
> ㉣ 임차권: 차임과 존속기간
> ㉤ 저당권: 채권액과 변제기

① ㉠
② ㉡, ㉢
③ ㉡, ㉣, ㉤
④ ㉠, ㉢, ㉣, ㉤
⑤ ㉠, ㉡, ㉢, ㉣, ㉤

해설 ▶ 필요적 등기사항

㉠ (×) 지상권: 지상권설정의 목적, 범위
㉡ (○) 지역권: 승역지의 등기기록 – 지역권설정의 목적, 범위, 요역지
㉢ (○) 전세권: 전세금 또는 전전세금, 설정범위
㉣ (×) 임차권: 차임
㉤ (×) 저당권: 채권액, 채무자의 성명 또는 명칭과 주소 또는 사무소 소재지
"지상권의 지료, 임차권의 존속기간, 저당권의 변제기"는 임의적 등기사항이다.

26

지상권설정등기에 관한 다음 설명 중 옳지 <u>않은</u> 것은?

① 공유지분에 대해서는 지상권설정등기를 할 수 없다.
② 토지 위에 등기된 건물이 있는 경우 그 토지에는 지상권설정등기를 할 수 없다.
③ 지상권의 존속기간을 불확정기간으로 정해도 상관없다.
④ 지료는 등기원인에 그 약정이 있는 경우에만 등기할 수 있다.
⑤ 지상권설정의 범위가 부동산의 일부인 경우에는 그 부분을 표시한 지적도를 첨부정보로서 등기소에 제공하여야 한다.

해설 ▶ 지상권설정등기

② (×) 토지 위에 등기된 건물이 있다 하더라도, 토지와 건물은 별개의 부동산이므로 당해 토지의 등기부상 지상권과 양립할 수 없는 용익물권이 존재하지 않는다면, 그 토지에 대하여 지상권설정등기를 신청할 수 있다(등기선례).
④ (○) 임의적 등기사항이다(법 제69조).
⑤ (○) (규칙 제126조 제2항)

정답 25. ② 26. ②

제2편 부동산등기법

27 전세권등기에 관한 다음 설명 중 틀린 것은?

① 전세권의 존속기간이 만료되고 전세금의 반환시기가 경과된 전세권의 경우에도 설정행위로 금지하지 않는 한 전세권의 이전등기를 할 수 있다.
② 부동산의 물리적 일부에 대한 전세권설정등기를 할 수 있지만, 공유자 중 일부만을 등기의무자로 한 전세권등기는 할 수 없다.
③ 전세금과 전세권의 존속기간은 전세권등기의 필요적 등기사항이다.
④ 전세금을 증액하는 전세권변경등기를 할 때 후순위 근저당권이 있으면 그 명의인의 승낙서를 첨부정보로 제공하여야 하고, 만일 제공하지 못하면 전세권변경등기를 부기등기로 할 수 없다.
⑤ 전세권의 이전등기는 부기등기의 형식으로 한다.

해설 ▶ 전세권등기

① (○) ㉠ 토지전세권은 존속기간의 만료로 말소등기 없이도 소멸하므로 존속기간 만료 후의 전세권이전등기는 원칙적으로 할 수 없는 것이지만 예외적으로 전세권의 존속기간이 만료되었더라도 전세금반환과 전세권설정등기말소 및 목적물의 인도가 동시이행관계에 있다고 볼 수 있는 관계가 유지되고 있는 동안에는 전세금반환채권을 담보하는 범위 내에서 유효한 것이라고 볼 수 있으므로 설정행위로 금지하고 있지 않는 한 당사자간의 합의에 의해서 전세권이전등기를 할 수 있다(등기선례 3402-782). ㉡ 건물전세권은 법정갱신이 인정되므로(「민법」 제312조) 전세권의 존속기간이 만료되었더라도 원칙적으로 전세권이전등기가 가능하며, 근저당권설정등기도 가능하다. 다만, 존속기간이 없는 전세권에 해당하기 때문에 먼저 존속기간의 변경등기를 하여야 한다.
② (○) 예컨대 甲, 乙, 丙 3인이 공유하는 부동산의 甲 지분상에 甲을 등기의무자로 하여 신청할 수 없고, 乙과 丙의 승낙서를 제공해도 甲 지분상에 신청할 수는 없다. 따라서 甲, 乙, 丙 전원을 등기의무자로 하여 부동산 전부에 전세권설정등기를 할 수밖에 없다(1998.8.17. 등기 3402-774).
③ (×) 전세권의 존속기간은 임의적 등기사항이다(법 제72조 제1항).
④ (○) (법 제52조 제5호, 규칙 제112조 제1항) ⑤ (○) (법 제52조 제2호)

28 전세금반환채권의 일부양도에 따른 전세권 일부이전등기에 관한 설명이다. 가장 틀린 것은? (다툼이 있는 경우 등기예규에 의함)

① 전세권의 존속기간 만료 전에는 전세권 일부이전등기를 할 수 없다. 다만, 존속기간 만료 전이라도 해당 전세권이 소멸하였음을 증명하는 경우에는 신청할 수 있다.
② 등기관이 전세권 일부이전등기를 할 때에는 양도액을 기록하여야 한다.
③ 전세권 일부이전등기는 부기등기로 하며 등기원인은 "전세금반환채권 일부양도"로 기록한다.
④ 건물전세권의 존속기간이 만료되어 전세권 일부이전등기를 신청하는 경우에는 별도로 전세권이 소멸하였음을 증명하는 정보를 제공할 필요가 없다.
⑤ 전세권의 존속기간 만료 전에 전세권 일부이전등기를 신청하는 경우에는 전세권이 소멸하였음을 증명하는 정보를 제공하여야 한다.

정답 27. ③ 28. ④

제4장 부동산의 표시 및 각종 권리의 등기절차(응용)

해설 ▶ 전세금반환채권의 일부양도에 따른 전세권 일부이전등기

①, ②, ③, ⑤ (법 제73조 제2항)
④ "건물"전세권의 존속기간이 만료되어 등기를 신청하는 경우에는 「민법」제312조 제4항에 따라 전세권이 소멸하였음을 증명하는 정보(갱신거절의 통지 등)를 첨부정보로서 등기소에 제공하여야 한다(등기예규 제1406호).

29 다음은 임차권에 관한 등기와 관련된 사항을 설명한 것이다. 이 중 그 내용이 옳은 것은?

① 점포나 토지에 대한 임차권은 임차권설정등기를 함으로써 성립한다.
② 주택에 대한 임대차는 등기 없이도 임차인이 주택의 인도와 주민등록을 마친 때에는 그 날부터 제3자에 대하여 대항력이 생긴다.
③ 임차권은 토지나 건물의 특정 일부에 대하여는 설정등기를 할 수 없다.
④ 임차권등기를 신청할 때에는 임차기간과 보증금이 반드시 신청정보의 내용으로 제공되어야 한다.
⑤ 임차인과 임대인의 공동신청에 의하여 임차권등기를 한 후에는 「주택임대차보호법」상의 대항요건을 상실하더라도 이미 취득한 대항력 또는 우선변제권을 상실하지 않는다.

해설 ▶ 임차권에 관한 등기

① 임차권등기는 제3자에 대한 대항요건에 불과하다. 즉, 등기 없이도 채권인 임차권은 성립한다.
② 익일(다음날)부터이다.
③ 부동산일부에도 임차권등기가 가능하다.
④ 임의적 신청정보의 내용이다(법 제74조, 규칙 제130조 제1항).
⑤ (「주택임대차보호법」제3조의4 제1항)

30 임차권등기에 관한 다음 기술 중 틀린 것은?

① 주택임차권등기명령의 결정 후 주택의 소유권이 A에서 B로 이전된 경우 등기촉탁정보에 전 소유자 A를 등기의무자로 표시하여 임차권등기의 기입을 촉탁한 때에는 등기관은 그 촉탁을 각하하여야 한다.
② 미등기주택에 관하여는 임차권등기를 할 수 없으므로, 미등기주택에 대하여는 주택임차권등기의 촉탁에 앞서 임차인이 소유자를 대위하여 소유권보존등기를 신청하여야 한다.
③ 임대차의 존속기간이 만료된 경우 그 임차권 등기에 기초한 임차권이전등기를 할 수 없다.
④ 불확정기한을 존속기간으로 하는 임차권설정등기도 가능하다는 것이 등기실무이다.
⑤ 임차권등기시 차임은 필요적 등기사항이나 존속기간은 임의적 등기사항이다.

정답 29. ⑤ 30. ②

해설 ▶ 임차권에 관한 등기

① (○) 주택임차권등기명령의 결정 후 주택의 소유권이 이전된 경우 등기촉탁정보에 전소유자를 등기의무자로 표시하여 임차권등기의 기입을 촉탁한 때에는 촉탁정보에 표시된 등기의무자의 표시가 등기기록과 부합하지 아니하므로(법 제29조 제7호), 등기관은 그 등기촉탁을 각하하여야 한다(등기선례 제7-285호).
② (×) 미등기주택이나 상가건물에 대하여 임차권등기명령에 의한 등기촉탁이 있는 경우에는 등기관은 「부동산등기법」 제66조의 규정에 의하여 직권으로 소유권보존등기를 한 후 주택임차권등기나 상가건물임차권등기를 하여야 한다(등기예규 제1382호).
③ (○) (등기예규 제1382호)
④ (○) (등기선례 제5-457호)
⑤ (○) (법 제74조)

31

저당권의 등기에 관한 설명으로 **틀린** 것은?   25회 출제

① 공동저당설정등기를 신청하는 경우 각 부동산에 관한 권리의 표시를 신청정보의 내용으로 등기소에 제공하여야 한다.
② 저당의 목적이 되는 부동산이 5개 이상인 경우 등기신청인은 공동담보목록을 작성하여 등기소에 제공하여야 한다.
③ 금전채권이 아닌 채권을 담보하기 위한 저당권설정등기를 할 수 있다.
④ 대지권이 등기된 구분건물의 등기기록에는 건물만을 목적으로 하는 저당권설정등기를 하지 못한다.
⑤ 저당권부 채권에 대한 질권을 등기할 수 있다.

해설 ▶ 저당권등기

① (규칙 제133조)
② 첨부정보가 아니라 등기관이 작성하는 것으로 개정되었다(법 제78조 제2항).
③ (규칙 제131조 제3항)
④ (법 제61조 제3항)
⑤ (법 제76조)

정답   31. ②

32 저당권등기에 관한 설명이다. 틀린 것은?

① 법인이 저당권자인 경우 등기신청정보에 취급지점 등의 표시가 있는 때에는 등기기록에 그 취급지점 등(ㅇㅇ지점)을 기록한다.
② 저당권이 설정된 건물을 증축하여 기존건물에 건물표시변경등기 형식으로 증축등기를 하였다면 다른 특별한 규정이나 약정이 없는 한 그 증축부분에는 저당권의 효력이 미치지 않는다.
③ 甲 법인과 乙 법인이 합병하여 丙 법인을 신설한 경우에 丙 법인이 甲 법인명의로 경료되어 있는 근저당권등기의 말소신청을 함에 있어, 그 등기원인이 합병 전에 이미 발생한 것인 때에는 합병으로 인한 근저당권이전등기를 거칠 필요가 없다.
④ 저당권등기에 권리질권의 등기가 부기되어 있는 경우 저당권말소등기를 신청하기 위해서는 질권자의 승낙서가 첨부정보로 제공되어야 하며, 이 경우 권리질권등기는 직권으로 말소된다.
⑤ 저당권이전등기가 마쳐진 후에 저당권말소등기의 등기의무자는 저당권양수인에 해당하는 부기등기명의인이다.

해설 ▶ 저당권등기

① (○) (등기예규 제1188호)
② (×) 증축한 건물이나 부속건물을 별개 독립한 건물로 보존등기를 하지 않고, 건물의 구조나 이용상 기존 건물과 일체성이 인정되어 기존건물에 건물표시변경등기 형식으로 증축등기나 부속건물등기를 하였다면 그 부분은 기존건물에 부합되는 것으로 보아야 하는 한편 근저당권의 효력은 다른 특별한 규정이나 약정이 없는 한 근저당부동산에 부합된 부분과 종물에도 미치는 것이므로, 이 경우 증축된 건물에 근저당권의 효력을 미치게 하는 변경등기는 할 필요가 없을 뿐만 아니라 할 수도 없을 것이다(등기선례 제4-460호).
③ (○) 그러나 그 등기원인이 합병등기 후에 발생한 것인 때에는 먼저 합병으로 인한 근저당권이전등기를 거친 후 말소등기신청을 하여야 한다(등기선례 제200505-7호).
④ (○) (법 제57조 제2항)
⑤ (○) 등기권리자와 등기의무자는 등기기록상의 기록에 따라 형식적으로 판단하므로 저당권이전등기 후에 저당권말소등기를 신청하려는 경우에 등기의무자는 원칙적으로 저당권양수인에 해당하는 부기등기명의인이다.

정답 32. ②

제2편 부동산등기법

33. 근저당권등기에 관한 설명 중 틀린 것은? ★★★

① 피담보채권의 확정 전에 채권자의 지위가 전부 양도된 경우에는 근저당권이전등기의 등기원인을 계약양도로 기재한다.
② 동일부동산에 대한 하나의 근저당권설정계약서로 여러 건의 근저당권설정등기 신청을 하는 것은 허용되지 않는다.
③ 채권최고액의 변경등기를 신청하는 경우에는 등기신청수수료를 납부하지 아니한다.
④ 채무자변경등기신청시 후순위저당권자의 동의없이 근저당권의 채무자변경등기를 할 수 있다.
⑤ 근저당권설정자가 대상토지를 제3자에게 양도하여 소유권을 잃었다 하더라도 근저당권설정계약상 그 등기의 말소를 구할 수 있다.

해설 ▶ 근저당권등기

① (○) (등기예규 제1471호 제3조 제1호)
② (○) 동일 부동산에 대하여 甲과 乙을 공동채권자로 하는 하나의 근저당권설정계약을 체결한 경우 각 채권자별로 채권최고액을 구분하여 등기하거나 甲과 乙을 각각 근저당권자로 하는 2개의 동순위의 근저당권설정등기를 신청할 수 없다(등기선례 3402-393).
③ (×) 근저당권변경등기에 해당하여 수수료를 납부해야 한다.
④ (○) 채무자 변경의 경우 근저당권변경등기 신청정보에는 후순위 저당권자의 동의서를 첨부정보로 등기소에 제공할 필요 없이 부기등기로 실행할 수 있다. 또한 채권자 경개를 원인으로 한 저당권변경등기는 후순위 물권자에 손해가 될 염려가 없기 때문에 후순위저당권자 등의 승낙서 등을 첨부정보로 등기소에 제공하지 않으며, 등기형식은 항상 부기등기로 실행한다(등기선례 3402-176).
⑤ (○) 근저당권이 설정된 후에 그 부동산의 소유권이 제3자에게 이전된 경우에는 현재의 소유자가 자신의 소유권에 기하여 피담보채무의 소멸을 원인으로 그 근저당권설정등기의 말소를 청구할 수 있음은 물론이지만, 근저당권설정자인 종전의 소유자도 근저당권설정계약의 당사자로서 근저당권소멸에 따른 원상회복으로 근저당권자에게 근저당권설정등기의 말소를 구할 수 있는 계약상 권리가 있으므로 이러한 계약상 권리에 터잡아 근저당권자에게 피담보채무의 소멸을 이유로 하여 그 근저당권설정등기의 말소를 청구할 수 있다고 봄이 상당하고, 목적물의 소유권을 상실하였다는 이유만으로 그러한 권리를 행사할 수 없다고 볼 것은 아니다(대판 1994. 1. 25. 93다16338).

정답 33. ③

제4장 부동산의 표시 및 각종 권리의 등기절차(응용)

34 근저당권등기에 관한 다음의 기술 중 틀린 것은?

① 근저당권의 피담보채권이 확정되기 전에 그 피담보채권이 양도 또는 대위변제된 경우에는 이를 원인으로 하여 근저당권이전등기를 신청할 수 없다.
② 근저당권의 채무자가 사망한 후 공동상속인 중 그 1인만이 채무자가 되려는 경우에는, 상속재산분할협의서를 첨부정보로 제공하여 "협의분할에 의한 상속"을 등기원인으로 한 채무자변경의 근저당권변경등기를 신청할 수 있다.
③ 근저당설정등기의 채권최고액은 반드시 단일하게 기록하여야 하고, 채권자 또는 채무자가 수인일지라도 각 채권자 또는 채무자별로 채권최고액을 구분하여 기록할 수 없다.
④ 전세금이 5,000만원인 전세권을 목적으로 한 채권최고액이 3,500만원인 선순위 근저당권설정등기가 경료되어 있는 경우 다시 위 전세권을 목적으로 한 채권최고액이 2,000만원인 후순위 근저당권설정등기를 할 수 없다.
⑤ '어음할인, 대부, 보증 기타의 원인에 의하여 부담되는 일체의 채무'를 피담보채무로 하는 내용의 근저당권설정계약을 원인으로 한 근저당권설정등기도 이를 신청할 수 있다.

해설 ▶ 근저당권등기

① (○) 근저당권의 경우 거래가 종료하기까지 채권은 계속적으로 증감변동되는 것이므로, 근저당 거래관계가 계속 중인 경우 즉 근저당권의 피담보채권이 확정되기 전에 그 채권의 일부를 양도하거나 대위변제한 경우 근저당권이 양수인이나 대위변제자에게 이전할 여지가 없다(대판 1996.6.14. 95다53812).
②, ③, ⑤ (○) (등기예규 제1471호)
④ (×) 후순위 근저당권자는 1,500만원 정도는 우선변제를 받을 수 있으므로 등기가 가능하다.

35 다음 중 공동저당의 대위등기에 관한 설명으로 틀린 것은?

① 공동저당의 대위등기는 대위자(차순위저당권자)가 단독으로 신청한다.
② 공동저당의 대위등기를 신청할 때에는 일반적인 신청정보 외에 매각부동산, 매각대금, 선순위저당권자가 변제받은 금액 및 매각 부동산 위에 존재하는 차순위저당권자의 피담보채권에 관한 사항을 신청정보의 내용으로 등기소에 제공하여야 한다.
③ 등기의 목적은 "ㅇ번 저당권 대위"로, 등기원인은 「민법」 제368조 제2항에 의한 대위"로, 그 연월일은 "선순위저당권자에 대한 경매대가의 배당기일"로 표시한다.
④ 공동저당의 대위등기를 신청할 때에는 집행법원에서 작성한 배당표정보를 등기소에 제공하여야 한다.
⑤ 공동저당 대위등기는 대위의 목적이 된 저당권등기에 부기등기의 방법으로 한다.

정답 34. ④ 35. ①

> **해설** 공동저당의 대위등기
> 공동저당 대위등기는 선순위저당권자가 등기의무자로 되고 대위자(차순위저당권자)가 등기권리자로 되어 공동으로 신청하여야 한다(등기예규 제1407호).

36. 담보권의 등기에 관한 설명으로 옳은 것은? `26회 출제`

① 일정한 금액을 목적으로 하지 아니하는 채권을 담보하기 위한 저당권설정등기는 불가능하다.
② 채권자가 수인인 근저당권의 설정등기를 할 경우 각 채권자별로 채권최고액을 구분하여 등기부에 기록한다.
③ 채권의 일부에 대한 대위변제로 인한 저당권 일부이전등기는 불가능하다.
④ 근저당권의 피담보채권이 확정되기 전에 그 피담보채권이 양도된 경우 이를 원인으로 하여 근저당권이전등기를 신청할 수 없다.
⑤ 근저당권이전등기를 신청할 경우 근저당권설정자가 물상보증인이면 그의 승낙을 증명하는 정보를 등기소에 제공하여야 한다.

> **해설** 담보권의 등기
> ① (×) 일정한 금액을 목적으로 하지 않는 채권을 담보하기 위한 저당권설정등기를 신청하는 경우에는 그 채권의 평가액을 신청정보의 내용으로 등기소에 제공하여야 한다(규칙 제131조 제3항).
> ② (×) 하나의 채권최고액만 기록한다.
> ③ (×) 가능하다(법 제79조).
> ④ (○) 근저당권의 피담보채권이 확정되기 전에 그 피담보채권이 양도 또는 대위변제된 경우에는 이를 원인으로 하여 근저당권이전등기를 신청할 수는 없다(등기예규 제1471호).
> ⑤ (×) 근저당권설정자가 물상보증인이거나 소유자가 제3취득자인 경우에도 그의 승낙을 증명하는 정보를 등기소에 제공할 필요가 없다(등기예규 제1471호).

정답 36. ④

CHAPTER 05 각종 등기의 절차

학습포인트

- 이 장은 제4장의 각종 권리에 관한 등기절차의 내용을 등기의 종류별로 다시 요약정리한 것이다. 등기의 내용에 따른 분류인 변경등기, 경정등기, 말소등기, 멸실등기, 말소회복등기 외에 부기등기, 가등기 그리고 촉탁에 의한 등기(제8절, 가처분·가압류등기 포함)에 관해서도 여기서 종합적으로 기술하였다.
  구법의 멸실회복등기는 손상등기부의 복구제도로 대체되었고, 또한 예고등기제도는 폐지되었다. 변경등기 중 부동산표시의 변경등기와 부동산의 변경등기는 부동산등기법의 규율체계에 맞추어 부동산의 표시에 관한 등기부분(제4장 제1절)에서 기술하였다.
- 이 장도 출제비중이 높아 매년 2~3문제가 출제되며, 26회에는 5문제가 출제되기도 하였다. 말소등기와 등기관의 직권에 의한 등기(경정등기·말소등기), 부기등기사항(법 제52조), 가등기에 의한 본등기절차와 본등기 후의 효력을 묻는 문제(거의 매년 출제), 촉탁에 의한 등기에 관한 문제의 출제빈도가 높다. 이 장에서는 제4장에서 학습한 내용을 복습한다는 생각으로 학습할 것이 요구된다.

CHAPTER 학습 & 출제되는 키워드

- ☑ 변경등기
- ☑ 경정등기
- ☑ 직권말소등기
- ☑ 부기등기
- ☑ 가등기의 요건과 절차
- ☑ 가등기의 이전과 말소등기
- ☑ 관공서의 촉탁에 의한 등기
- ☑ 실권리자명의 등기의무
- ☑ 등기명의인 표시의 변경등기
- ☑ 말소등기
- ☑ 말소회복등기
- ☑ 부기등기의 효력
- ☑ 가등기의 효력
- ☑ 담보가등기의 특칙
- ☑ 가처분·가압류에 관한 등기
- ☑ 명의신탁해지에 의한 등기
- ☑ 권리의 변경등기
- ☑ 촉탁에 의한 말소등기
- ☑ 멸실등기
- ☑ 가등기
- ☑ 가등기에 기한 본등기
- ☑ 촉탁에 의한 등기
- ☑ 부동산실명법에 의한 등기
- ☑ 부동산실명제 위반에 대한 제재

CHAPTER 학습 & 출제되는 질문

- ☑ 변경등기에 관한 설명 중 옳은 것은?
- ☑ 경정등기에 관한 설명으로 옳은 것은?
- ☑ 말소등기에 관한 설명으로 옳은 것은 모두 몇개인가?
- ☑ 부기등기 형식으로 행하는 등기가 아닌 것은?
- ☑ 가등기에 관련된 설명 중 옳은 것은?
- ☑ 경매절차에 의한 매각으로 소유권이전등기를 촉탁할 경우, 말소대상이 아닌 등기는?
- ☑ 가압류·가처분 등기에 관한 설명으로 옳은 것은?

기본 출제예상문제

제1절 변경등기

01 권리변경등기신청시 등기상 이해관계 있는 제3자의 승낙서 또는 이에 대항할 수 있는 재판의 등본을 첨부정보로 제공하지 못한 경우에 맞는 절차는?

① 등기신청을 각하한다.
② 부기등기로 한다.
③ 주등기로 한다.
④ 부기등기로 하되 변경 전의 등기사항을 말소하는 표시를 하지 아니한다.
⑤ 부기등기 또는 주등기의 어느 방법에 의하여도 무방하다.

> **해설** ▶ **권리변경등기의 실행방법**
> 권리변경의 등기에 관하여 등기상 이해관계 있는 제3자가 있는 경우에 신청정보에 그 승낙서 또는 이에 대항할 수 있는 재판의 등본을 첨부정보로 제공한 때에 한하여 부기에 의하여 그 등기를 한다(법 제52조). 따라서 승낙서 또는 재판등본을 첨부정보로 제공하지 못하면 독립등기(주등기)로 실행하여야 한다.

02 다음 변경등기에 관한 설명으로 틀린 것은?

① 변경사유가 발생하면 대장상의 표시를 변경한 후 그 변경된 대장을 첨부정보로 제공하여 신청한다.
② 부동산표시변경이나 경정등기는 등기의무자가 존재하지 아니하며, 이해관계 있는 제3자의 승낙서 등은 첨부정보로 제공하지 않아도 된다.
③ 권리변경등기를 주등기로 실행한 경우에는 변경 전 사항을 말소하는 표시를 하여서는 안된다.
④ 토지의 분필등기신청이 있는 때에는 기존 토지의 등기기록에는 주등기로 변경등기를 하고 나머지 토지에 대하여는 등기기록을 개설하여야 한다.
⑤ 아파트명칭이 변경된 경우에는 행정구역 또는 명칭의 변경으로 볼 수 있으므로 등기관은 직권으로 부동산표시변경등기를 할 수 있다.

정답   01. ③   02. ⑤

해설 ▶ 변경등기
① (○) (제72조)   ② (○) (법 제36조 참조)
③ (○) 변경 전의 등기사항은 종전 순위로 제3자에게 대항할 수 있도록 하여야 하기 때문이다(규칙 제112조 제1항).
⑤ (×) 아파트명칭이 변경된 경우는 행정구역 또는 그 명칭의 변경으로 볼 수 없으므로 등기명의인의 신청에 의해 부동산의 표시변경등기를 하여야 한다.

제2절 경정등기

03 경정등기에 관한 설명 중 틀린 것은?

① 경정등기는 그 전부가 원시적·후발적으로 부적법하게 된 경우에 이를 고치기 위한 것이다.
② 법정상속분대로의 상속등기 후 협의분할에 의하여 또는 협의분할에 의한 상속등기 후 협의해제를 원인으로 법정상속분대로의(또는 새로운 협의분할에 따른) 소유권경정등기를 할 수 있다.
③ 소유권이전등기를 저당권설정등기로 권리를 경정하는 것은 허용되지 않는다.
④ 등기명의인 2인을 1인으로 경정하는 등기명의인 표시경정등기신청은 허용되지 않는다.
⑤ 등기관이 등기의 착오 또는 빠진 부분이 있음을 발견한 경우 등기권리자와 등기의무자 또는 등기명의인이 2인 이상인 때에는 그 중 1인에게 통지하면 된다.

해설 ▶ 경정등기
① (×) 경정등기는 등기사항의 일부를 시정하는 것이라는 점에서 그 전부가 원시적·후발적으로 부적법하게 된 경우에 이를 고치기 위한 말소등기와 다르고, 또한 원시적 불일치를 대상으로 한다는 점에서 후발적 불일치를 대상으로 하는 변경등기와도 다르다.
② (○) (대판 2004.7.8. 2002다73203 참조)
③, ④ (○) 경정등기는 등기의 동일성을 유지하여야 하므로, ③과 같이 등기의 종류가 다른 경우 ④와 같이 소유자가 변경되는 결과로 인하여 등기명의인의 동일성을 인정할 수 없는 경우에는 허용되지 않는다(대결 1981.11.6. 80마592).
⑤ (○) (법 제32조 제1항)

정답 03.

제2편 부동산등기법

04. 등기사무에 관한 설명으로 틀린 것은?   [25회 출제]

① 등기신청은 신청정보가 전산정보처리조직에 저장된 때 접수된 것으로 본다.
② 1동의 건물을 구분한 건물의 경우 1동의 건물에 속하는 전부에 대하여 1개의 등기기록을 사용한다.
③ 등기의무자가 2인 이상일 경우 직권으로 경정등기를 마친 등기관은 그 전원에게 그 사실을 통지하여야 한다.
④ 등기관이 등기를 마친 경우 그 등기는 접수한 때부터 효력이 생긴다.
⑤ 등기사항증명서의 발급청구는 관할등기소가 아닌 등기소에 대하여도 할 수 있다.

해설 ▶ **직권 경정등기**(법 제32조)
  ①, ④ (법 제6조)
  ② (법 제15조 제1항 단서)
  ③ 등기의무자 또는 등기명의인이 각 2인 이상인 경우에는 그 중 1인에게 통지하면 된다(법 제32조 제1항 단서).
  ⑤ (법 제19조 제2항)

05. 다음은 등기관이 직권으로 하는 경정등기에 대한 기술이다. 옳은 것은?

① 등기에 후발적인 착오 또는 빠진 부분이 있어야 한다.
② 착오 또는 빠진 부분이 당사자의 신청에 의한 것임을 요한다.
③ 직권경정등기는 먼저 직권경정 전에 지방법원장의 사전허가를 받아야 한다.
④ 등기상 이해관계 있는 제3자가 있는 경우에는 제3자의 승낙이 있어야 한다.
⑤ 등기관이 직권경정등기를 하였을 때에는 그 사실을 등기권리자, 등기의무자 또는 등기명의인에게 통지하지 않아도 된다.

해설 ▶ **등기관이 직권으로 하는 경정등기**
  ① (×) 등기에 원시적인 착오 또는 빠진 부분이 있어야 한다.
  ② (×) 등기의 착오 또는 빠진 부분이 오직 등기관의 과오로 발생하여야 한다.
  ③ (×) 지방법원장의 허가 없이 직권경정절차를 밟을 수 있다(법 제32조 제2항).
  ④ (○) 종전에는 등기상 이해관계인의 승낙이 있더라도 직권경정등기를 할 수 없었으나, 개정법에서는 등기관의 잘못을 신속하게 바로잡을 수 있도록 등기상 이해관계인이 있는 경우 그 자의 승낙이 있으면 직권으로 경정등기를 할 수 있도록 하였다(법 제32조 제2항 단서).
  ⑤ (×) 통지하여야 한다(법 제32조 제3항).

정답 04. ③   05. ④

제3절 말소등기

06 말소등기에 관한 설명으로 옳은 것은? [23회 출제]

① 권리의 말소등기는 단독으로 신청하는 것이 원칙이다.
② 말소할 권리가 전세권 또는 저당권인 경우에 제권판결에 의하지 않고 전세금반환증서 또는 영수증에 의하여 등기권리자가 단독으로 말소등기를 신청할 수 있다.
③ 甲, 乙, 丙 순으로 소유권이전등기가 된 상태에서 乙명의의 소유권이전등기를 말소할 때에는 등기상 이해관계 있는 제3자 丙의 승낙이 있어야 한다.
④ 소유권이전청구권 보전을 위한 가등기에 기해 본등기를 한 경우 가등기 이후에 된 근저당권설정등기는 등기관이 등기명의인에게 직권말소를 하겠다는 통지를 한 후 소정의 기간을 기다려 직권으로 말소한다.
⑤ 등기를 신청한 권리가 실체법상 허용되지 않는 것임에도 불구하고 등기관의 착오로 등기가 완료된 때에는 등기관은 직권으로 등기를 말소한다.

해설 말소등기

① (×) 등기는 법률에 다른 규정이 없는 경우에는 등기권리자와 등기의무자가 공동으로 신청한다(법 제23조 제1항).
② (×) "전세계약서와 전세금 반환증서를 첨부하면 등기권리자가 단독으로 말소신청할 수 있다"는 규정은 개정법 제56조에서 삭제하였다. 따라서 전세권자는 제권판결을 받지 않고서 전세계약서와 전세금반환증서를 첨부정보로 제공하여 단독으로 전세권의 말소등기를 신청할 수는 없다(법 제56조).
③ (×) 말소등기는 현재 유효한 등기일 것을 요건으로 하므로 乙등기를 말소하려면 선행해서 丙등기가 말소되어야 하므로 丙은 등기상 이해관계인이 아니라 먼저 말소등기될 대상일 뿐이다(대판 1982.1.26. 81다2329 참조). 따라서 丙의 승낙서를 제공하여 乙등기의 말소를 신청할 수는 없다.
④ (×) 개정 전「부동산등기법」에 의하면 사전 통지에 의하여 중간처분등기를 직권으로 말소하였으나, 개정법에서는 법 제29조 제2호 및 법 제92조 제2항(사후통지)에 의하여 중간처분등기를 직권으로 말소하여야 한다.
⑤ (○) 법 제29조 제2호 "사건이 등기할 것이 아닌 경우"에 해당하여 당연무효인 등기이므로 법 제58조의 절차에 따라 직권말소 한다.

정답 06. ⑤

07 다음 말소등기에 관한 기술 중 틀린 것은?

① 말소등기는 기존의 등기사항 전부가 부적법한 경우에 그 전부를 소멸시킬 목적으로 하는 등기이다.
② 말소등기의 사유인 기존의 등기의 부적법의 원인은 원시적인 것이든 후발적인 것이든, 실체적인 것이든 절차적인 것이든 불문한다.
③ 말소에 대하여 등기상 이해관계있는 제3자가 있는 때에는 그 승낙서 또는 이에 대항할 수 있는 재판의 등본을 첨부정보로 등기소에 제공하여야 한다.
④ 등기상이해관계인의 승낙을 받아 등기를 말소할 때에는 등기상이해관계 있는 제3자 명의의 등기는 등기관이 직권으로 말소한다.
⑤ 판결을 원인으로 말소등기를 신청하는 경우에는 이해관계인의 승낙서를 첨부정보로 제공하지 않아도 된다.

해설 ▶ 말소등기

①, ② (○) 말소등기는 기존의 등기사항의 전부가 부적법할 경우에 기존등기 전부를 소멸시킬 목적으로 하는 등기로서 그 부적법의 원인은 가리지 않는다. 따라서 기존등기의 부적법의 원인은 원시적으로 원인무효이든, 후발적으로 채무변제로 인한 저당권소멸이든, 실체적으로 원인무효사유나 취소사유가 있든지 또는 절차적으로 중복등기이든 이를 가리지 않는다.
③, ④ (○) (법 제57조)
⑤ (×) 판결에 의한 등기의 경우에 등기원인에 대한 제3자의 허가·동의·승낙서는 원칙적으로 그 제공이 면제되나(규칙 제46조 제3항), 등기상 이해관계인의 승낙서는 그 제공이 면제되지 않는다(법 제57조).

08 단독으로 말소등기를 신청할 수 있는 경우가 아닌 것은?

① 소유권보존등기가 진실에 부합하지 않을 때
② 가등기의 말소등기를 신청할 때
③ 등기한 권리가 어느 사람의 사망으로 인하여 소멸한 때
④ 등기의무자의 행방불명으로 공동신청이 불가능할 때
⑤ 매매와 동시에 하지 않은 환매특약(還買特約)의 등기

해설 ▶ 단독으로 말소등기를 신청할 수 있는 경우

① (○) 소유권보존등기는 그것이 진실에 부합하지 않거나, 신청착오, 소유자의 신청에 의하지 않고 마쳐지거나 또는 중복보존등기인 경우의 후등기는 원칙적으로 그 명의인이 단독으로 말소신청을 할 수 있다.
② (○) (법 제93조 참조)
③ (○) (법 제55조)
④ (○) (법 제56조)
⑤ (×) 직권말소사항이다(규칙 제114조 제1항).

정답 07. ⑤ 08. ⑤

제5장 각종 등기의 절차(기본)

09 등기관이 직권으로 말소할 수 <u>없는</u> 등기는? `23회 출제`

① 甲소유 건물에 대한 乙의 유치권등기
② 甲소유 농지에 대한 乙의 전세권설정등기
③ 채권자 乙의 등기신청에 의한 甲소유 토지에 대한 가압류등기
④ 공동상속인 甲과 乙 중 乙의 상속지분만에 대한 상속등기
⑤ 위조된 甲의 인감증명에 의한 甲으로부터 乙로의 소유권이전등기

해설 ▶ 직권말소등기

①, ②, ③, ④ (○) 사건이 등기할 것에 해당하지 아니하는 등기(규칙 제52조)는 형식적 유효요건을 결한 등기로서 절대무효이므로 실체관계에 부합여부를 불문하고 직권으로 말소하여야 한다(법 제58조).
⑤ (×) 등기된 사항이 위조된 첨부문서(공문서에 한함)에 의하여 이루어진 사실이 확인된 경우 등기관은 등기기록 표제부에 위조된 문서에 의하여 등기된 사항이 있다는 취지를 부전할 수 있다(등기예규 제1377호). 즉 법 제29조 제3호 이하 위반의 경우에는 직권으로 말소할 수 없다.

10 다음 중 등기관이 직권말소할 수 있는 등기가 <u>아닌</u> 것은?

① 등기능력 없는 건축물에 대하여 소유권보존등기를 한 경우
② 유치권설정등기를 한 경우
③ 위조된 첨부서류에 의하여 근저당권설정등기가 마쳐진 경우
④ 법령에 근거가 없는 특약사항을 등기한 경우
⑤ 농지에 대하여 전세권설정등기가 마쳐진 경우

해설 ▶ 직권말소등기

①, ②, ⑤ (○) 법 제29조 제2호(사건이 등기할 것 아닌 등기)를 위반한 등기로서 직권말소 대상이다.
④ (○) 특별법에 의한 특약사항, 금지사항 등은 그러한 사항을 등기할 수 있다는 법령상의 근거가 있어야만 이를 등기할 수 있다(등기예규 제1578호).
③ (×) 법 제29조 제2호(사건이 등기할 것 아닌 등기)를 위반한 등기로서 직권말소는 할 수 없고, 실체법상의 유·무효는 소송 등으로 해결하여야 한다.

11 다음 중 소유권이전등기청구권보전의 가등기에 기한 본등기를 한 경우에 가등기 후 본등기 전에 경료된 등기로서 직권말소의 대상이 되는 등기는? ★★★

① 당해 가등기상의 권리를 목적으로 하는 처분금지가처분등기
② 가등기 전에 경료된 가압류에 기한 강제경매개시결정등기
③ 가등기권자에게 대항할 수 있는 주택임차권등기
④ 가등기의무자의 사망으로 인한 상속등기
⑤ 가등기에 기한 본등기를 하였으나 가등기 후에 경료된 소유권이전등기를 직권말소하지 아니한 상태에서 그 소유권이전등기를 기초로 하여 경료된 소유권이전등기

정답 09. ⑤   10. ③   11. ④

해설 가등기에 기한 본등기시 직권말소대상등기
④ (○) (규칙 제147조 제1항 참조)
⑤ (×) 가등기에 기하여 본등기를 하였으나 가등기 후에 경료된 소유권이전등기를 직권말소하지 아니한 상태에서 그 소유권이전등기를 기초로 하여 새로운 소유권이전등기 또는 제한물권의 설정등기나 임차권설정등기가 경료된 경우에는 위 등기는 모두 직권말소할 수 없다(등기예규 제1408호).

12. 부동산등기신청과 관련한 다음 설명 중 가장 **틀린** 것은?(다툼이 있는 경우 대법원 결정·판결, 예규 또는 선례에 따름)

① 부동산의 소유권이전을 내용으로 하는 유상계약을 체결한 자는 반대급부의 이행이 완료된 날로부터 60일 이내에 소유권이전등기를 신청할 의무가 있다.
② 가등기명의인이 아닌 이해관계인은 가등기명의인의 승낙서 또는 이에 해당할 수 있는 재판의 등본을 첨부정보로 제공한 경우에도 가등기의 말소를 신청할 수 없다.
③ 회사의 등기기록이 폐쇄된 청산중인 회사가 등기의무자로서 부동산등기를 할 필요가 있는 경우에 그 폐쇄된 등기기록상으로 청산인등기가 되어 있는 때에는 청산인임을 증명하는 첨부정보로 폐쇄된 등기기록의 등기사항증명서를 제공할 수 있다.
④ 부동산 매매에 따른 소유권이전등기를 하기 전에 등기의무자가 사망하였다면 그 상속인이 등기의무자로서 등기를 신청할 수 있다.
⑤ 건물대지의 지번변경 또는 대지권의 변경이나 소멸이 있는 때에는 그 건물소유권의 등기명의인은 1월 이내에 등기를 신청하여야 한다.

해설 말소등기
① (○) (「부동산등기 특별조치법」 제2조 제1항 제1호)
② (×) 가등기의무자 또는 가등기에 관하여 등기상 이해관계 있는 자는 가등기명의인의 승낙을 받아 단독으로 가등기의 말소를 신청할 수 있다(법 제93조).
③ (○) 폐쇄된 등기기록에 청산인 표시가 있기 때문에 폐쇄된 법인등기사항증명서를 첨부정보로 제공하면 된다(등기예규 제1087호).
④ (○) (법 제27조)
⑤ (○) (법 제41조 제1항)

정답 12. ②

제4절 말소회복등기

13 다음은 말소회복등기절차와 관련된 사항을 설명한 것이다. 이 중 내용이 옳지 <u>않은</u> 것은?

① 말소회복등기는 등기의 전부 또는 일부가 부적합하게 말소된 경우에 이를 회복하기 위한 등기이다.
② 부적합한 말소사유는 실체적 이유에 의한 경우이든 절차적 하자에 의한 경우이든 모두 말소회복등기사유이다.
③ 등기관이 직권으로 말소한 등기가 부적합한 경우에는 회복등기의 소를 제기하여 그 판결에 따라 회복등기를 하여야 한다.
④ 가등기가 이루어진 부동산에 관하여 제3취득자 앞으로 소유권이전등기가 마쳐진 후 그 가등기가 말소된 경우 그 가등기의 회복등기절차에서 회복등기의무자는 가등기가 말소될 당시의 소유자인 제3취득자이다.
⑤ 말소회복등기에 등기상 이해관계인이 있는 때에는 그의 승낙서 또는 이에 대항할 수 있는 재판의 등본을 첨부정보로 제공하여야 한다.

해설 ▶ 말소회복등기절차

① (○) 전부말소회복등기는 주등기로, 일부말소회복은 부기등기로 실행한다.
② (○) 부적법의 원인은 실체적 이유에 기인한 것이든 절차적 이유에 기인한 것이든 불문한다.
③ (×) 말소등기의 회복에 있어서 말소된 종전의 등기가 공동신청으로 된 것인 때에는 그 회복등기도 공동신청에 의함이 원칙이나, 그 등기가 등기공무원의 직권 또는 법원의 촉탁에 의하여 말소된 경우에는 그 회복등기도 등기공무원의 직권 또는 법원의 촉탁에 의하여 행하여져야 하므로 그 회복등기를 소구할 이익이 없다(대판 1996.5.31. 94다27205).
④ (○) (대판 2009.10.15. 2006다43903)
⑤ (○) 등기상 이해관계인의 승낙서 등을 첨부정보로 제공해야 말소회복등기가 수리된다(법 제59조).

정답 13. ③

14. 말소회복등기에 관한 다음 설명 중 가장 옳지 않은 것은?

① 부적법하게 말소된 근저당권설정등기의 회복등기신청에서 회복등기의무자는 그 등기말소 당시의 소유자가 아니라 제3취득자인 회복등기시의 소유자이다.
② 어떤 이유이건 당사자가 자발적으로 말소등기를 한 경우에는 소로써 말소회복등기를 구할 수 없다.
③ 말소회복등기를 신청하는 경우에 등기상 이해관계 있는 제3자에 해당하는지 여부는 회복등기시를 기준으로 판단하여야 한다.
④ 등기가 원인 없이 말소된 경우 그 말소등기를 회복함에 있어 등기상 이해관계 있는 제3자는 그의 선의·악의를 묻지 아니하고 승낙의무를 부담한다.
⑤ 어떤 등기가 말소되고 회복되기 전에 그 등기와 양립불가능한 등기가 새로이 마쳐진 경우 그 새로운 등기의 명의인은 등기상 이해관계 있는 제3자가 아니다.

해설 ▶ 말소회복등기절차
① (×) 예컨대 소유자 갑으로부터 을명의로의 저당권등기가 불법 말소되고 소유권이 병에게 이전된 경우 말소회복등기의 등기권리자는 을, 등기의무자는 저당권등기말소 당시의 소유권의 등기명의인 갑이며, 현재의 소유권의 등기명의인 병은 등기의무자가 아니라 등기상 이해관계 있는 제3자에 불과하다(대판 1969.2.4. 68다2217). 이 경우 병은 등기상 이해관계인에 해당한다.
② (○) (대판 1990.6.26. 89다카5673)
③ (○) (대판 1990.6.26. 89다카5673)
④ (○) (대판 1970.2.24. 69다2193)
⑤ (○) 회복될 등기와 등기상 양립할 수 없는 등기가 있는 경우에 그 등기를 먼저 말소하여야 회복등기를 할 수 있는 것이므로 회복등기에 앞서 선행 말소되어야 할 대상이지 등기상 이해관계 있는 제3자로 보아 승낙서 등을 등기소에 제공할 필요는 없다(대판 1982.1.26. 81다2329).

15. 다음 중 말소회복등기에 관하여 틀린 것은?

① 말소회복등기가 되면 그 등기는 말소 전 종전의 등기와 동일한 효력이 있으며, 등기순위도 종전순위를 그대로 보유한다.
② 말소등기를 다시 말소하는 방법에 의해서도 목적달성이 가능하다.
③ 폐쇄등기부에 기록된 말소등기는 회복할 수 없다.
④ 말소가 등기관의 과오(過誤)로 인한 것인 때에는 직권으로 말소회복등기를 하나 제3자에게 불측의 손해를 줄 염려가 없어야 한다.
⑤ 일부말소를 회복하는 경우에는 부기등기에 의한다.

해설 ▶ 말소회복등기
① (○) 말소회복등기의 효력으로 타당하나.
② (×) 말소등기를 다시 말소하는 것은 허용되지 않는다.
③ (○) (대판 1980.1.15. 79다1949)
④ (○) (대판 1996.5.31. 94다27205)
⑤ (○) (규칙 제118조 단서)

정답 14. ① 15. ②

제5절 멸실등기

16 멸실등기에 관한 기술 중 **틀린** 것은?

① 부동산이 전부 멸실한 경우 멸실등기를 하여야 하나 일부 멸실한 경우에는 멸실등기가 아닌 변경등기를 하여야 한다.
② 건물멸실등기를 신청하는 경우에는 그 멸실이나 부존재를 증명하는 건축물대장 정보나 그 밖의 정보를 첨부정보로서 등기소에 제공하여야 한다.
③ 건물의 멸실의 경우에 그 건물소유권의 등기명의인이 그 등기를 신청하지 아니한 때에는 그 건물대지의 소유자가 대위하여 멸실등기를 신청할 수 있다.
④ 멸실등기를 하는 때에는 등기기록 중 표제부에 멸실의 뜻과 그 원인 또는 부존재의 뜻을 기록하고 표제부의 등기를 말소하는 표시를 한 후 그 등기기록을 폐쇄하여야 한다.
⑤ 멸실된 건물이 구분건물인 경우 등기기록의 전부를 폐쇄하여야 한다.

해설 ▶ 멸실등기
② (○) (규칙 제102조)   ③ (○) (법 제43조 제2항)
④ (○) (규칙 제103조 제1항)
⑤ (×) 구분건물이 멸실된 경우에 1동의 건물의 표제부를 제외한 전유부분의 표제부, 갑구, 을구기록만 폐쇄한다(규칙 제103조 단서).

제6절 부기등기

17 등기상 이해관계 있는 제3자의 승낙이 없으면 부기등기가 아닌 주등기로 해야 하는 것은?   **23회 출제**

① 소유자의 주소를 변경하는 등기명의인표시의 변경등기
② 근저당권을 甲에서 乙로 이전하는 근저당권이전등기
③ 전세금을 9천만원에서 1억원으로 증액하는 전세권변경등기
④ 등기원인에 권리의 소멸에 관한 약정이 있을 경우 그 약정에 관한 등기
⑤ 질권의 효력을 저당권에 미치도록 하는 권리질권의 등기

정답 16. ⑤ 17. ③

해설 ▶ 부기등기
개정법에 의하면 법 제52조에서 부기등기로 할 수 있는 등기의 종류를 열거하고 있다. 다만, 권리의 변경이나 경정등기의 경우에는 등기상 이해관계 있는 제3자의 승낙이 있으면 부기등기로 실행하나, 등기상 이해관계 있는 제3자의 승낙이 없는 경우에는 주등기로 실행한다(법 제52조 단서 및 규칙 제112조 제1항).

18 다음 중 부기등기에 관한 설명이 틀린 것은?

① 부기등기(附記登記)의 순위는 주등기(主登記)의 순위에 따른다. 다만, 같은 주등기에 관한 부기등기 상호간의 순위는 그 등기순서에 따른다.
② 등기명의인표시변경등기, 소유권 이외의 권리의 이전등기는 항상 부기등기에 의한다.
③ 권리의 변경이나 경정의 등기는 부기등기로 한다.
④ 환매특약의 등기, 권리소멸의 약정등기 등은 부기등기의 방식으로 한다.
⑤ 행정구역변경으로 인한 부동산표시변경등기는 부기등기로 하여야 한다.

해설 ▶ 부기등기
① (○) (법 제5조)
② (○) 등기명의인표시변경(경정)등기는 등기의무자나 등기상 이해관계인이 있을 수 없는 중성적 성격의 등기로서 항상 부기등기로 실행하고, 소유권 외의 권리의 이전등기는 순위와 그 효력을 유지시킬 필요가 있기 때문에 언제나 부기등기로 실행한다(대결 1998.11.19. 98다24105, 법 제52조).
③ (○) 부기등기로 한다. 다만, 등기상 이해관계 있는 제3자의 승낙이 없는 경우에는 그러하지 아니하다(법 제52조 제5호).
④ (○) (법 제52조 제6·7호)
⑤ (✕) 종전 예규(등기예규 제933호)에 의하면 행정구역변경으로 인한 부동산표시변경등기는 경제성 도모 목적으로 부기등기로 실행하였으나, 동 예규의 폐지로 표제부의 등기는 전부 주등기로 실행한다. 따라서 표제부의 부기등기는 더 이상 존재하지 아니하게 되었다(등기예규 제1433호).

19 다음 중 부기등기로 할 수 없는 등기는?

① 등기명의인표시의 변경·경정의 등기
② 저당권의 이전등기
③ 전세권목적의 저당권등기
④ 소유권에 관한 가처분등기
⑤ 공유물분할금지약정등기

해설 ▶ 부기등기(법 제52조)
①, ②, ③, ⑤ (○) 부기등기에는 ①과 같이 등기된 권리에 영향이 없는 중성적 성격의 등기, ②, ③의 경우와 같이 등기된 권리와 동일한 순위나 효력을 보유하기 위해 하는 등기 및 ⑤의 경우와 같이 특정권리에 어떤 부담이나 제한이 있음을 공시하기 위해 하는 등기 등이 있다.
④ (✕) 소유권에 대한 처분제한 등기는 주등기로 소유권 외의 권리에 대한 처분제한은 부기등기로 한다(법 제52조 제4호).

정답   18. ⑤   19. ④

제7절 가등기

20 가등기에 관한 설명으로 <u>틀린</u> 것은? 　　**25회 출제**

① 가등기 후 본등기의 신청이 있는 경우 가등기의 순위번호를 사용하여 본등기를 하여야 한다.
② 소유권이전등기청구권보전 가등기에 의한 본등기를 한 경우 등기관은 그 가등기 후 본등기 전에 마친 등기 전부를 직권말소한다.
③ 임차권설정등기청구권보전 가등기에 의한 본등기를 마친 경우 등기관은 가등기 후 본등기 전에 가등기와 동일한 부분에 마친 부동산용익권 등기를 직권말소한다.
④ 저당권설정등기청구권보전 가등기에 의한 본등기를 한 경우 등기관은 가등기 후 본등기 전에 마친 제3자 명의의 부동산용익권 등기를 직권말소할 수 없다.
⑤ 가등기명의인은 단독으로 그 가등기의 말소를 신청할 수 있다.

해설 ▶ 가등기
① (규칙 제146조)
② 규칙 제147조 제1항 제1호~제4호의 경우에는 직권으로 말소할 수 없다.
③ (규칙 제148조 제1항) 　　④ (규칙 제148조 제3항) ⑤ (법 제93조)

21 가등기에 관한 설명으로 옳은 것은? 　　**23회 출제**

① 가등기를 명하는 법원의 가처분명령이 있을 때에는 법원의 촉탁에 의하여 가등기를 하게 된다.
② 소유권이전등기청구권보전 가등기에 의하여 소유권이전의 본등기를 한 경우 가등기 후 본등기 전에 마쳐진 해당 가등기상 권리를 목적으로 하는 가압류등기는 등기관이 직권으로 말소한다.
③ 가등기에 의하여 보전하려는 청구권이 장래에 확정될 것인 경우에는 가등기를 할 수 없다.
④ 가등기에 관하여 등기상 이해관계 있는 자도 가등기 명의인의 승낙을 받아 단독으로 가등기의 말소를 신청할 수 있다.
⑤ 지상권의 설정등기청구권보전 가등기에 의하여 지상권 설정의 본등기를 한 경우 가등기 후 본등기 전에 마쳐진 저당권설정등기는 등기관이 직권으로 말소한다.

정답 20. ② 21. ④

해설 ▸ 가등기

① (×) 가등기권리자의 단독신청에 의한다(법 제89조).
② (×) 해당 가등기상 권리를 목적으로 하는 가압류등기는 직권으로 말소할 수 없다(규칙 제147조 제1항 제1호).
④ (○) 단독신청의 예외(법 제93조 제2항)
⑤ (×) 본등기가 용익물권인 경우에 가등기 후 본등기 전에 마쳐진 저당권설정등기는 본등기와 양립할 수 있으므로 직권말소의 대상이 되지 아니한다(규칙 제148조 제2항 제4호).

22. 가등기가 가능한 것은 몇 개인가?

㉠ 소유권보존등기 ㉡ 처분제한등기
㉢ 가등기의 이전등기 ㉣ 이중의 가등기
㉤ 물권적 청구권을 보전하기 위한 가등기 ㉥ 환매특약등기

① 2개 ② 3개 ③ 4개 ④ 5개 ⑤ 6개

해설 ▸ 가등기

가등기가 가능한 것은 ㉢, ㉣이다(법 제88조 참조).

23. X토지에 관하여 A등기청구권보전을 위한 가등기 이후, B-C의 순서로 각 등기가 적법하게 마쳐졌다. B등기가 직권말소의 대상인 것은? (A, B, C등기는 X를 목적으로 함)

35회 출제

	A	B	C
①	전세권설정	가압류등기	전세권설정본등기
②	임차권설정	저당권설정등기	임차권설정본등기
③	저당권설정	소유권이전등기	저당권설정본등기
④	소유권이전	저당권설정등기	소유권이전본등기
⑤	지상권설정	가압류등기	지상권설정본등기

해설

소유권이전등기청구권보전 가등기에 의하여 소유권이전의 본등기를 한 경우 직권말소하는 등기는 가등기에 의하여 보전되는 권리를 침해하는 등기로서 저당권 등이 이에 해당

정답 22. ① 23. ④

제5장 각종 등기의 절차(기본)

24 다음은 가등기에 관한 설명이다. 올바른 것은?

① 가등기는 청구권보전의 목적을 위한 경우에만 한다.
② 소유권이전청구권 보전의 가등기에 기하여 소유권이전의 본등기를 한 경우의 가등기 후 본등기 사이에 경료된 가등기의무자의 사망으로 인한 상속등기는 말소할 수 없다.
③ 가등기에 기하여 본등기가 경료되면 가등기에 의하여 보전되는 권리를 침해하는 가등기 후 본등기 전의 제3취득자의 등기는 가등기 명의인의 신청에 의하여 말소된다.
④ 가등기의 경우 가등기의무자의 승낙서 또는 가처분명령의 정본을 첨부정보로 제공하여 가등기 권리자가 단독으로 신청할 수 있다.
⑤ 공유관계에 있는 수인의 가등기권리자 중 일부가 일부지분만에 대해 본등기 신청을 할 수 없다.

해설 ▶ **가등기의 신청**(등기예규 제1408호)
① 채권담보를 위한 경우도 있다(「가등기담보 등에 관한 법률」참조).
② 가등기의무자의 사망으로 인한 상속등기는 말소대상이다.
③ 등기관의 직권 말소사항이다(법 제92조 제1항).
④ (법 제89조, 규칙 제145조 제2항)
⑤ 하나의 가등기에 관하여 여러 사람의 가등기권자가 있는 경우에, 가등기권자 모두가 공동의 이름으로 본등기를 신청하거나, 그 중 일부의 가등기권자가 자기의 가등기지분에 관하여 본등기를 신청할 수 있지만, 일부의 가등기권자가 공유물보존행위에 준하여 가등기 전부에 관한 본등기를 신청할 수는 없다(등기예규 제1408호).

25 가등기에 관한 설명으로 옳은 것은? **27회 출제**

① 소유권이전등기청구권이 정지조건부일 경우 그 청구권 보전을 위한 가등기를 신청할 수 없다.
② 가등기를 명하는 법원의 가처분명령이 있는 경우 등기관은 법원의 촉탁에 따라 그 가등기를 한다.
③ 가등기신청시 그 가등기로 보전하려고 하는 권리를 신청정보의 내용으로 등기소에 제공할 필요는 없다.
④ 가등기권리자가 가등기를 명하는 가처분명령을 신청할 경우 가등기의무자의 주소지를 관할하는 지방법원에 신청한다.
⑤ 가등기에 관해 등기상 이해관계 있는 자가 가등기명의인의 승낙을 받은 경우 단독으로 가등기의 말소를 신청할 수 있다.

정답 24. ④ 25. ⑤

해설 ▶ **가등기**
① 소유권이전등기청구권이 정지조건부일 경우 그 청구권 보전을 위한 가등기를 신청할 수 있다(법 제88조).
② 가등기를 명하는 법원의 가처분명령이 있는 경우 가등기권리자는 단독으로 가등기를 신청할 수 있다(법 제89조).
③ 가등기신청시 그 가등기로 보전하려고 하는 권리를 신청정보의 내용으로 등기소에 제공하여야 한다(규칙 제145조 제1항).
④ 가등기권리자가 가등기를 명하는 가처분명령을 신청할 경우 해당 부동산소재지를 관할하는 지방법원에 신청한다.
⑤ (법 제93조 제2항)

26

본등기가 소유권이전등기인 경우 중간처분의 등기 중 직권말소대상이 아닌 것은? ★★

① 당해 가등기상의 권리를 목적으로 한 가처분등기
② 소유권이전등기
③ 경매개시결정등기
④ 제한물권의 설정등기
⑤ 가등기의무자의 사망으로 인한 상속등기

해설 ▶ **가등기에 기한 본등기 실행**
가등기 후 본등기 전에 경료된 등기로서 본등기와 양립하지 못하는 등기는 직권말소의 대상이 되는 바, 당해 가등기상의 권리를 목적으로 한 가처분 등기는 양립가능하므로 직권말소대상이 아니다(규칙 제147조 제1항 참조).

27

가등기에 기한 본등기에 관한 설명으로 틀린 것은?   **23회 출제**

① 하나의 가등기에 관하여 여러 사람의 가등기권리자가 있는 경우에 그 중 일부의 가등기권리자가 자기의 가등기 지분에 가하여 본등기를 신청할 수 없다.
② 가등기를 마친 후에 가등기의무자가 사망한 경우 가등기의무자의 상속인은 상속등기를 할 필요 없이 가등기 권리자와 공동으로 본등기를 신청할 수 있다.
③ 가등기에 기한 본등기 신청은 가등기된 권리 중 일부지분에 대하여도 할 수 있다.
④ 판결의 주문과 이유에 가등기에 기한 본등기절차의 이행을 명하는 취지가 없다면 그 판결로서는 가등기에 기한 본등기를 신청할 수 없다.
⑤ 가등기에 기한 본등기는 공동신청이 원칙이나, 등기의무자의 협력이 없는 경우에는 의사진술을 명하는 판결을 받아 등기권리자가 단독으로 신청할 수 있다.

정답   26. ①   27. ①

제5장 각종 등기의 절차(기본)

해설 ▸ 가등기에 기한 본등기

① (×) 공유자는 그 지분을 단독으로 처분할 수 있으므로, 복수의 가등기권리자 중 한 사람은 자신의 지분에 관하여 단독으로 그 가등기에 기한 본등기를 청구할 수 있다(등기예규 제1408호, 대판 2002. 7. 9. 2001다43922,43939).
②, ③ (○) (등기예규 제1408호)
④ (○) 판결의 주문에서 가등기에 의한 본등기 절차의 이행을 명하지 않은 경우라도, 판결 「이유」에 의하여 가등기에 의한 본등기 절차의 이행임이 명백한 때에는, 그 판결을 원인증서로 하여 가등기에 의한 본등기를 신청할 수 있다(등기예규 제1408호).

28 A건물에 대해 甲이 소유권이전등기청구권보전 가등기를 2016.3.4에 하였다. 甲이 위 가등기에 의해 2016.10.18 소유권이전의 본등기를 한 경우 A건물에 있던 다음 등기 중 직권으로 말소하는 등기는? **27회 출제**

① 甲에게 대항할 수 있는 주택임차권에 의해 2016.7.4에 한 주택임차권등기
② 2016.3.15 등기된 가압류에 의해 2016.7.5에 한 강제경매개시결정등기
③ 2016.2.5 등기된 근저당권에 의해 2016.7.6에 한 임의경매개시결정등기
④ 위 가등기상 권리를 목적으로 2016.7.7에 한 가처분등기
⑤ 위 가등기상 권리를 목적으로 2016.7.8에 한 가압류등기

해설 ▸ 가등기에 기한 본등기를 하였을 때 직권말소할 수 없는 등기(규칙 제147조 제1항)
1) 해당 가등기상 권리를 목적으로 하는 가압류등기나 가처분등기
2) 가등기전에 마쳐진 가압류에 의한 강제경매개시결정등기, 담보가등기, 전세권 및 저당권에 의한 임의경매개시결정등기
3) 가등기권자에게 대항할 수 있는 주택임차권등기, 주택임차권설정등기, 상가건물임차권등기, 상가건물임차권설정등기

정답 28. ②

제2편 부동산등기법

제8절 촉탁에 의한 등기

29 다음 중 관공서의 촉탁에 의하여 실행하는 등기가 아닌 것은?
① 관공서가 취득한 권리의 이전등기
② 체납처분으로 인한 압류등기
③ 가처분·가압류에 관한 등기
④ 경매에 따른 매수인의 소유권등기
⑤ 부동산 멸실등기

해설 ▶ **관공서의 촉탁에 의한 등기**
그 부동산소유권의 등기명의인이 신청하여야 한다(법 제39조).

30 등기의 촉탁에 관한 설명으로 틀린 것은? `35회 출제`
① 관공서가 상속재산에 대해 체납처분으로 인한 압류등기를 촉탁하는 경우, 상속인을 갈음하여 상속으로 인한 권리이전의 등기를 함께 촉탁할 수 없다.
② 법원의 촉탁으로 실행되어야 할 등기가 신청된 경우, 등기관은 그 등기신청을 각하해야 한다.
③ 법원은 수탁자 해임의 재판을 한 경우, 지체 없이 신탁 원부 기록의 변경등기를 등기소에 촉탁하여야 한다.
④ 관공서가 등기를 촉탁하는 경우 우편으로 그 촉탁서를 제출할 수 있다.
⑤ 촉탁에 따른 등기절차는 법률에 다른 규정이 없는 경우에는 신청에 따른 등기에 관한 규정을 준용한다.

해설 ▶ **등기의 촉탁**
압류등기는 압류조서정보 등을 첨부정보로 제공하여 촉탁하고(「국세징수법」 제45조 제1항), 이 경우에는 등기명의인 또는 상속인 등을 갈음(대위)하여 부동산의 표시, 등기명의인의 표시의 변경, 경정 또는 상속 등으로 인한 권리이전의 등기를 함께 촉탁할 수 있다.

정답 29. ⑤ 30. ①

제5장 각종 등기의 절차(기본)

31 관공서의 촉탁에 의한 등기에 대한 설명 중 잘못된 것은?

① 관공서가 부동산에 관한 권리를 취득하여 그 등기를 촉탁하는 경우에는 등기의무자의 권리에 관한 등기필증 제공을 요하지 아니한다.
② 관공서가 촉탁에 의하지 아니하고 공동으로 신청하는 경우에도 이를 수리하여야 한다.
③ 관공서가 등기부와 대장상의 부동산표시가 불일치한 경우에도 촉탁이 가능하다.
④ 국유부동산의 소유권보존등기를 촉탁하는 경우에는 소유권을 증명하는 서면과 부동산의 표시를 증명하는 서면의 제출의무가 면제된다.
⑤ 관공서가 등기의무자인 경우 인감증명의 제출의무가 면제된다.

해설 ▶ 촉탁에 의한 등기

① (○) 관공서가 등기의무자로서 등기권리자의 청구에 의하여 등기를 촉탁하거나 부동산에 관한 권리를 취득하여 등기권리자로서 그 등기를 촉탁하는 경우에는 등기의무자의 권리에 관한 등기필정보를 제공할 필요가 없다(등기예규 제1625호).
② (○) 관공서가 부동산에 관한 거래의 주체로서 등기를 촉탁할 수 있는 경우라 하더라도 촉탁은 신청과 실질적으로 아무런 차이가 없으므로, 촉탁에 의하지 아니하고 등기권리자와 등기의무자의 공동으로 등기를 신청할 수도 있다(등기예규 제1625호, 대판 1977.5.24. 77다206).
③ (○) 「부동산등기법」 제29조 제11호는 그 등기명의인이 등기신청을 하는 경우에 적용되는 규정이므로, 관공서가 등기촉탁을 하는 경우에는 등기기록과 대장상의 부동산표시가 부합하지 아니하더라도 등기관은 그 등기촉탁을 수리하여야 한다(등기예규 제1625호).
④ (×) 관공서 소유부동산에 대한 소유권보존등기의 경우에 법 제65조의 적용을 배제하는 종전 법 제135조의 규정이 삭제되었으므로 관공서가 소유권보존등기를 촉탁하는 경우에도 통상의 소유권보존등기와 같은 절차를 따라야 한다. 따라서 소유권을 증명하는 서면과 부동산의 표시를 증명하는 서면을 첨부정보로 제공하여야 한다.
⑤ (○) 관공서의 경우에는 규칙 제60조가 적용되지 않기 때문이다(규칙 제60조 제2항).

32 관공서의 등기촉탁 또는 신청에 관한 설명 중 틀린 것은?

① 국가 또는 지방자치단체가 아닌 공사 등은 등기촉탁에 관한 특별규정이 있는 경우에 한하여 등기촉탁을 할 수 있다.
② 관공서가 등기를 촉탁하는 경우에는 본인이나 대리인의 출석을 요하지 아니하므로 우편에 의한 등기촉탁도 할 수 있다.
③ 관공서는 전산정보처리조직을 이용하여 체납처분에 의한 압류등기 및 그 등기의 말소등기를 촉탁할 수 있다.
④ 관공서가 부동산에 관한 권리를 취득하여 등기권리자로서 등기의무자와 소유권이전등기를 공동으로 신청하는 경우에는 등기의무자의 등기필정보를 제공하여야 한다.
⑤ 「지방공기업법」 제49조의 규정에 따른 지방자치단체의 조례에 의해 설립된 지방공사는 특별한 사정이 없는 한 그 사업과 관련된 등기를 촉탁할 수 없다.

정답 31. ④ 32. ④

해설 ▶ **관공서의 등기촉탁 및 등기신청**

① (○) 「부동산등기법」 제97조 및 제98조의 규정에 의하여 등기촉탁을 할 수 있는 관공서는 원칙적으로 국가 및 지방자치단체를 말한다. 국가 또는 지방자치단체가 아닌 공사 등은 등기촉탁에 관한 특별규정이 있는 경우에 한하여 등기촉탁을 할 수 있다(등기예규 제1625호).
②, ③ (○) 체납처분에 의한 압류등기 및 그 등기의 말소등기는 인터넷등기소에서 전자촉탁할 수 있다(등기예규 제1625호).
④ (×) 제공할 필요가 없다. 이 경우 관공서가 촉탁에 의하지 아니하고 법무사 또는 변호사에게 위임하여 등기를 신청하는 경우에도 마찬가지이다(등기예규 제1625호).
⑤ (○) 지방공사는 지방자치단체와는 별개의 법인이기 때문이다(등기예규 제1625호).

■ **등기촉탁을 할 수 있는 관공서의 범위**(등기예규 제1625호)
1) 등기촉탁을 할 수 있는 관공서는 원칙적으로 국가 및 지방자치단체를 말한다.
   – 지방자치단체의 조례에 의해 설립된 지방공사는 지방자치단체와 별개의 법인이므로, 지방공사는 그 사업과 관련된 등기를 촉탁할 수 없다.
2) 국가 또는 지방자치단체가 아닌 공사 등은 등기촉탁에 관한 특별규정이 있는 경우에 한하여 등기촉탁을 할 수 있다.
   – 예를 들어 한국토지주택공사, 한국자산관리공사, 한국농어촌공사, 한국도로공사, 한국수자원공사

33 등기신청에 관한 설명으로 틀린 것은? (다툼이 있으면 판례에 의함) [25회 출제]

① 처분금지가처분등기가 된 후, 가처분채무자를 등기의무자로 하여 소유권이전등기를 신청하는 가처분채권자는 그 가처분등기 후에 마쳐진 등기 전부의 말소를 단독으로 신청할 수 있다.
② 가처분채권자가 가처분등기 후의 등기말소를 신청할 때에는 "가처분에 의한 실효"를 등기원인으로 하여야 한다.
③ 가처분채권자의 말소신청에 따라 가처분등기 후의 등기를 말소하는 등기관은 그 가처분등기도 직권말소하여야 한다.
④ 등기원인을 경정하는 등기는 단독신청에 의한 등기의 경우에는 단독으로, 공동신청에 의한 등기의 경우에는 공동으로 신청하여야 한다.
⑤ 체납처분으로 인한 상속부동산의 압류등기를 촉탁하는 관공서는 상속인의 승낙이 없더라도 권리이전의 등기를 함께 촉탁할 수 있다.

해설 ▶ **가처분등기에 따른 피보전권리의 등기절차**(법 제94조, 규칙 제152조 이하)
① 등기 전부의 말소를 단독으로 신청할 수 있는 것이 아니라, ㉠ 그 가처분등기 이후에 된 등기로서 ㉡ 가처분채권자의 권리를 침해하는 등기의 말소를 단독으로 신청할 수 있을 뿐이다(등기예규 제1412호).

정답 33. ①

34. 다음 가압류·가처분등기에 관한 설명 중 옳은 것은?

① 가압류등기의 청구금액을 잘못 기록하여 이를 경정하는 경우 후순위 권리자 기타 등기상 이해관계인의 승낙서를 첨부정보로 제공하여야 하며, 이를 제공하지 못할 경우 주등기로 경정하게 된다.
② 가등기된 권리 자체의 처분을 금지하는 가처분은 등기할 수 없으나, 가등기의 본등기를 금지하는 내용의 가처분등기는 할 수 있다.
③ 증축 또는 부속건물을 신축하였으나 아직 그 표시변경등기를 하지 아니한 건물에 대하여 집행법원이 가압류·가처분의 등기의 촉탁과 함께 건물표시변경등기의 촉탁을 한 경우 그 촉탁은 모두 수리할 수 없다.
④ 피상속인과의 원인행위에 의한 소유권이전등기청구권을 보전하기 위하여 상속인들을 상대로 가처분결정을 얻은 경우 반드시 상속등기를 거쳐야 가처분기입등기를 할 수 있다.
⑤ 가처분의 피보전권리가 소유권 이외의 권리설정등기청구권으로서 소유명의인을 가처분채무자로 하는 경우에는 그 가처분등기를 등기기록 중 을구에 한다.

해설 ▶ 가압류·가처분 등기

① (✕) 가압류청구금액을 등기실행 과정상의 착오로 잘못 기록하였더라도 이것은 참고적 기록사항일 뿐이므로 등기상 이해관계인이 있더라도 승낙서 등의 제공 없이도 언제나 부기등기의 방법으로 경정등기를 한다(등기예규 제1023호).
② (✕) 가등기된 권리 자체의 처분을 금지하는 가처분은 등기할 수 있으나, 가등기의 본등기를 금지하는 내용의 가처분등기는 할 수 없다(대결 1978.10.14. 78마282).
③ (○) 건물의 증축 또는 부속건물을 신축하고 아직 그 표시변경등기를 하지 아니한 건물에 대하여 집행법원에서 처분제한의 등기를 촉탁하면서 가옥대장과 도면(증축 또는 신축된 것)을 첨부하여 표시변경등기 촉탁을 하였더라도 건물표시 변경은 촉탁으로 할 수 있는 것이 아니기 때문에 채권자가 미리 대위로 표시변경을 아니하는 한 이를 수리할 수 없다 할 것이다(등기예규 제441호).
④ (✕) 피상속인과의 원인행위에 의한 소유권이전등기청구권을 보전하기 위하여 상속인들을 상대로 가처분결정을 얻은 경우 상속등기를 거치지 않고 가처분기입등기를 할 수 있다(대판 1995.2.28. 94다23999).
⑤ (✕) 가처분의 피보전권리가 소유권 이외의 권리설정등기청구권으로서 소유명의인을 가처분채무자로 하는 경우에는 그 가처분등기를 등기기록 중 갑구에 한다(규칙 제151조 제2항).

정답 34. ③

제2편 부동산등기법

35 甲소유인 A토지의 등기부에는 乙의 근저당권설정등기, 丙의 소유권이전등기청구권을 보전하기 위한 가처분등기, 丁의 가압류등기, 乙의 근저당권에 의한 임의경매개시결정의 등기가 각기 순차로 등기되어 있다. A토지에 대하여 丙이 甲을 등기의무자로 하여 소유권이전등기를 신청하는 경우에 관한 설명으로 옳은 것은?

23회 출제

① 丁의 가압류등기는 등기관이 직권으로 말소하여야 한다.
② 丁의 가압류등기의 말소를 丙이 단독으로 신청할 수 있다.
③ 丙의 가처분등기의 말소는 丙이 신청하여야 한다.
④ 丙의 가처분등기는 법원의 촉탁에 의하여 말소하여야 한다.
⑤ 丙은 乙의 근저당권에 의한 임의경매개시결정등기의 말소를 신청할 수 있다.

해설 ▶ 가처분에 관한 등기
① (×) 직권말소가 아닌 신청말소이다.
② (○) 가처분등기 이후에 마쳐진 丁의 가압류등기는 단독으로 말소신청 할 수 있다(법 제94조 제1항).
③, ④ (×) 당해 가처분등기는 등기관이 직권으로 말소하여야 한다(법 제94조 제2항).
⑤ (×) 가처분등기 전에 마쳐진 근저당권에 의해 이루어진 임의경매개시결정등기는 가처분등기 이후에 이루어진 것이더라도 단독으로 말소신청을 할 수 없다(규칙 제152조 제1항 단서 제2호).

36 경매가 실행되어 매각된 경우 직권말소되는 등기가 아닌 것은?

① 선순위근저당권이 말소되는 경우의 선순위근저당권 등기 후 경매기입등기 전의 가등기
② 경매절차에서 배당요구를 한 전세권등기
③ 경매신청을 하지 않은 자의 경매기입등기 전의 근저당설정등기
④ 매각에 의하여 소멸하는 선순위의 담보권이 없는 경우의 경매개시결정기입 전의 전세권
⑤ 경매기입등기 후의 가처분등기

해설 ▶ 말소촉탁의 대상
말소될 선순위의 근저당권설정등기가 존재하는 등의 특별한 사유가 존재하지 않는한 전세권자는 경매실행으로 인하여 영향을 받지 아니하므로 말소촉탁의 대상이 되지 않는다.

정답 35. ② 36. ④

제9절 부동산 실권리자명의등기에 관한 법률에 의한 등기(명의신탁)

37 다음 중 「부동산 실권리자명의 등기에 관한 법률」의 규정내용이 아닌 것은? ★★

① 투기, 탈세, 탈법목적 등의 명의신탁등기는 무효로 한다.
② 기존의 양도담보권자는 그 뜻이 기재된 서면을 제출할 의무가 있다.
③ 법 위반행위에 대한 금전적 제재수단으로 과징금과 이행강제금을 규정한다.
④ 법 시행 이전의 기존 명의신탁자에게 실명등기의무를 부과한다.
⑤ 법 위반자에 대한 자유형이나 벌금형은 규정이 없다.

해설 ▶ 부동산 실권리자명의 등기에 관한 법률
① (○) 「부동산등기 특별조치법」과 달리 탈법목적의 명의신탁등기만을 금지하는 것이 아니라 원칙적으로 모든 명의신탁등기를 금지하고 있다.
② (○) 동법 시행 전에 채무의 변제를 담보하기 위하여 채권자가 부동산에 관한 물권을 이전받은 경우에는 동법 시행일부터 1년 이내에 채무자, 채권금액 및 채무변제를 위한 담보라는 뜻이 적힌 서면을 등기관에게 제출하여야 한다(동법 제14조 제1항).
③ (○) (동법 제5조, 제6조 등)
④ (○) (동법 제11조)
⑤ (×) 법 위반자에 대한 징역형이나 벌금형이 규정되어 있다(동법 제7조, 제12조).

38 다음 중 명의신탁약정에서 제외되거나 명의신탁의 특례가 인정되어 명의신탁 해지로 인한 등기를 할 수 있는 경우에 해당하는 것이 아닌 것은?

① 상호명의신탁관계에 있는 경우
② 종중 부동산을 종원 명의로 등기한 경우
③ 배우자 상호간의 명의신탁의 경우
④ 농지를 명의신탁한 경우
⑤ 채무의 변제를 담보하기 위하여 채권자가 부동산에 관한 물권을 이전받은 경우

해설 ▶ 부동산 실권리자명의 등기에 관한 법률
①, ②, ③, ⑤ (○) 양도담보·가등기담보와 상호명의신탁인 경우 및 「신탁법」 또는 「자본시장과 금융투자업에 관한 법률」에 의한 신탁재산을 등기한 경우에는 「부동산실명법」의 적용이 배제되며, 종중재산 및 배우자 상호간의 명의신탁등기는 조세포탈, 강제집행 면탈 등의 목적으로 하지 않는 한 동법의 적용이 배제된다(동법 제2조 및 제8조 참조).
④ (×) 동법의 적용을 받기 때문에 1년의 유예기간이 경과하면 명의신탁 해지로 인한 등기를 할 수 없다.

정답 37. ⑤ 38. ④

제2편 부동산등기법

39 「부동산 실권리자명의 등기에 관한 법률」에 대한 설명 중 타당하지 않은 것은?

① 명의신탁이 있는 경우 명의신탁약정은 유효이나 그 등기가 무효이므로 제3자에게 그 무효로 대항할 수 있다.
② 채무의 변제를 담보하기 위하여 채권자가 부동산에 관한 물권을 이전받거나 가등기하는 경우에는 그 적용이 없다.
③ 종중 및 배우자명의로 부동산에 관한 물권을 등기하는 경우에는 명의신탁이라고 하더라도 탈법의 목적이 아닌 한 무효로 보지 않는다.
④ 부동산의 위치와 면적을 특정하여 2인 이상이 구분소유하기로 하는 상호명의신탁등기는 인정된다.
⑤ 명의수탁자로부터 부동산을 전득한 제3자는 선의, 악의를 불문하고 대항할 수 있다.

해설 ▶ 부동산 실권리자명의 등기에 관한 법률
① 명의신탁이 있는 경우 명의신탁약정은 무효이고, 그 등기도 무효이므로 명의수탁자는 소유권을 취득할 수 없다. 그러나 그 무효는 제3자에게 대항하지 못한다(동법 제4조).
②, ④ (동법 제2조 제1호)
③ (동법 제8조)　　⑤ (동법 제4조 제3항)

40 「부동산 실권리자명의 등기에 관한 법률」의 명의신탁등기 규제대상 권리가 아닌 것은? ★

① 소유권　　② 지역권　　③ 지상권
④ 전세권　　⑤ 임차권

해설 ▶ 부동산 실권리자명의 등기에 관한 법률
소위 「부동산실명법」에서는 소유권 기타 물권등기의 명의신탁등기를 규제한다(「부동산 실권리자명의 등기에 관한 법률」 제1조). 따라서 임차권은 물권(物權)이 아니라 채권이므로 규제대상이 아니다.

정답　39. ①　40. ⑤

제5장 각종 등기의 절차(응용)

응용 출제예상문제

01 다음 중 甲이 등기의무자가 아닌 경우는?

① 甲이 乙로부터 소유권이전등기를 경료받은 상태에서 乙이 甲 명의의 등기가 무효임을 내세워 말소등기를 청구하는 경우
② 乙이 甲 소유의 미등기 건물을 매수하여 소유권보존등기를 신청하는 경우
③ 甲으로부터 乙로 소유권이전등기가 된 후 乙의 등기가 말소된 상태에서 乙이 자기 명의의 등기가 불법 말소되었음을 내세워 말소회복등기를 청구하는 경우
④ 甲·乙 공동의 부동산이 甲 단독명의로만 소유권보존등기가 된 경우로서 乙이 甲의 협조를 받아 공동으로 甲·乙 공동명의로의 경정등기를 신청하는 경우
⑤ 甲으로부터 乙이 매수하여 甲에게 소유권이전등기를 청구하는 경우

해설 ▶ 등기의무자
- 등기의무자는 어떤 등기를 함으로써 권리를 잃게 되거나 불리함을 당하는 자를 말하는 것으로 공동신청주의를 전제로 하는 개념이다.
- 소유권보존등기를 신청하는 경우 단독신청에 의하므로 등기의무자의 관념이 성립하지 않는다.

02 다음 중 등기의무자의 지정을 잘못한 것은?

① 채무자변경으로 인한 저당권변경등기의 등기의무자는 저당권설정자이다.
② 근저당권의 채권최고액을 증액하는 근저당변경등기의 등기의무자는 근저당권설정자이다.
③ 소유권이전청구권의 가등기가 이루어진 부동산에 관하여 제3취득자 앞으로 소유권 이전등기가 마쳐진 후 불법 말소된 경우 위 가등기의 말소회복등기에 대한 등기의무자는 가등기 당시의 소유자이다.
④ 지상권의 존속기간을 연장하는 지상권변경등기의 등기의무자는 지상권설정자이다.
⑤ 전세권말소등기의 등기의무자는 전세권자이다.

해설 ▶ 등기의무자
말소된 등기의 회복등기절차의 이행을 구하는 소에서는 회복등기의무자에게만 피고적격이 있는바, 가등기가 이루어진 부동산에 관하여 제3취득자 앞으로 소유권이전등기가 마쳐진 후 그 가등기가 말소된 경우 그와 같이 말소된 가등기의 회복등기절차에서 회복등기의무자는 가등기가 말소될 당시의 소유자인 제3취득자이므로, 그 가등기의 회복등기청구는 회복등기의무자인 제3취득자를 상대로 하여야 한다(대판 2009.10.15. 2006다43903).

정답 01. ② 02. ③

03

등기명의인의 표시변경등기에 관한 다음 설명 중 가장 옳지 않은 것은?

① 등기명의인의 주소가 수차에 걸쳐서 변경되었을 경우 중간의 변경사항을 생략하고 최종 주소지로 변경등기를 할 수 있다.
② 법원의 촉탁에 의하여 가압류등기가 마쳐진 후 등기명의인의 주소, 성명 및 주민등록번호의 변경으로 인한 등기명의인표시변경등기는 등기명의인이 신청할 수 있다.
③ 등기명의인이 지번 주소를 도로명 주소로 고치는 등기명의인표시변경등기를 신청할 경우 등록면허세와 등기신청수수료가 면제된다.
④ 현재 효력이 없는 근저당권의 등기명의인의 주민등록번호가 등기기록에 기록되어 있지 않는 경우 등기명의인은 그 번호를 추가로 기록하는 내용의 등기명의인표시변경등기를 신청할 수 있다.
⑤ 저당권말소등기를 신청하는 경우 그 등기명의인의 표시에 변경사유가 있어도 등기신청서에 그 변경사실을 증명하는 서면을 첨부하면 등기명의인표시변경등기를 생략할 수 있다.

해설 ▶ 등기명의인의 표시변경등기

① (○) (등기예규 제428호)   ② (○) (등기예규 제1064호)
③ (○) (등기예규 제1436호)
④ (×) 현재 효력 있는 권리에 관한 등기의 등기명의인의 주민등록번호 등이 등기기록에 기록되어 있지 않는 경우 그 등기명의인은 주민등록번호 등을 추가로 기록하는 내용의 등기명의인표시변경등기를 신청할 수 있다(등기예규 제1620호).
⑤ (○) 가등기말소의 경우나(등기예규 제1408호) 소유권외의 권리의 말소등기를 신청하는 경우(등기예규 제451호) 및 멸실등기를 신청하는 경우에는 등기명의인의 표시변경사유가 있어도 신청정보에 이를 증명하는 정보를 첨부정보로 제공하여 실익이 없는 등기명의인표시등기를 생략하고 바로 말소등기나 멸실등기를 실행할 수 있다.

04

변경등기에 관한 설명 중 틀린 것은? ★★

① 건물의 면적이 변경된 경우에는 부기등기의 방법에 의하여 변경등기를 한다.
② 건물표시변경등기의 신청에 있어서 대지권의 변경·경정 또는 소멸의 등기를 신청하는 경우 외에는 그 변경을 증명하는 건축물대장 정보를 첨부정보로서 등기소에 제공하여야 한다.
③ 행정구역 또는 그 명칭이 변경된 경우에 등기관은 직권으로 부동산의 표시변경등기 또는 등기명의인의 주소변경등기를 할 수 있다.
④ 건물표시에 관한 사항을 변경하는 등기를 할 때에는 종전의 표시에 관한 등기를 말소하는 표시를 하여야 한다.
⑤ 등기명의인표시의 변경이나 경정의 등기는 해당 권리의 등기명의인이 단독으로 신청한다.

정답   03. ④   04. ①

해설 ▶ 변경등기
① 표제부의 등기이므로 주등기(독립등기)로 한다.
③ (규칙 제54조)
⑤ (법 제23조 제6항)
② (규칙 제86조 제3항)
④ (규칙 제87조 제1항)

05 변경등기에 관한 서술 중 맞는 것은? ★★

① 등기소가 지적공부 소관청으로부터 지번이 변경된 사실을 통지받은 경우에 1월 이내에 등기신청이 없을 때에는 등기관은 직권으로 변경등기를 하여야 한다.
② 저당권등기가 있거나, 요역지에 지역권등기가 있는 경우에는 합필등기를 할 수 있다.
③ 건물대지의 지번의 변경과 건물번호의 변경은 부동산의 변경등기라 하며 신청의무가 없다.
④ 소유형태를 공유에서 총유로, 총유에서 공유로 변경하는 경우를 권리의 변경등기라 하며 공동으로 신청한다.
⑤ 「공간정보의 구축 및 관리 등에 관한 법률」에 따른 토지합병 절차를 마친 후 합필등기를 하기 전에 합병토지의 일부에 관하여 소유권이전등기가 된 경우에는 합필등기를 할 수 없다.

해설 ▶ 부동산 표시변경등기
① (법 제36조 제1항)
② 소유권·지상권·전세권·임차권 및 승역지(승역지 : 편익제공지)에 하는 지역권의 등기 외의 권리에 관한 등기가 있는 토지에 대하여는 합필(合筆)의 등기를 할 수 없다(법 제37조 제1항).
③ 부동산표시의 변경등기라 하며, 1월 이내 신청의무가 있다(법 제41조 제1항).
④ 소유권이전등기의 대상이며, 공유에서 합유로 또는 합유에서 공유로 변경하는 경우가 권리의 변경등기이다.
⑤ 「공간정보의 구축 및 관리 등에 관한 법률」에 따른 토지합병절차를 마친 후 합필등기(合筆登記)를 하기 전에 합병된 토지 중 어느 토지에 관하여 소유권이전등기가 된 경우라 하더라도 이해관계인의 승낙이 있으면 해당 토지의 소유권의 등기명의인들은 합필 후의 토지를 공유(共有)로 하는 합필등기를 신청할 수 있다(법 제38조 제1항).

정답 05. ①

06 변경(경정)등기에 관한 다음 기술 중 틀린 것은?

① 토지표시에 관한 경정등기는 등기명의인이 토지대장등본 등 경정사유를 소명하는 서면을 첨부정보로 제공하여 단독으로 신청하며, 이때 그 토지에 대한 근저당권자의 승낙서는 첨부정보로 제공할 필요가 없다.
② 신청정보로 제공된 근저당권의 채권최고액 10억원을 등기관이 과오로 1억 원으로 기록한 경우 등기상 이해관계 있는 제3자의 승낙이 있는 때에는 이를 직권으로 경정할 수 있다.
③ 등기관이 직권경정등기를 하는 경우 등기권리자와 등기의무자 또는 등기명의인에게 사전에 통지할 필요는 없고 경정등기를 마친 후에 통지하면 된다.
④ 건물이 구분건물인 경우에 그 건물의 등기기록 중 1동 표제부에 기록하는 등기사항에 관한 변경등기는 그 구분건물과 같은 1동의 건물에 속하는 다른 구분건물에 대하여도 변경등기로서의 효력이 있다.
⑤ 동일성을 해하는 등기명의인표시경정등기의 신청에 대하여 등기관이 이를 간과하고 경정등기를 실행한 경우 종전 등기명의인은 단독으로 다시 경정등기의 변경등기를 신청할 수 있다.

해설 ▶ 경정등기

① (○) 부동산표시란의 경정등기는 등기상이해관계 있는 제3자에게 손해를 끼칠 일이 없기 때문에 근저당권자의 승낙의 유무는 문제될 여지가 없다.
②, ③ (○) (법 제32조 제2항, 제3항) ④ (○) (법 제41조 제4항)
⑤ (×) 원래의 등기명의인은 동일성이 없기 때문에 경정등기의 변경등기를 신청할 수는 없고, 새로운 등기명의인을 상대로 경정등기에 대한 말소등기를 구하여 종전의 등기명의를 회복할 수밖에 없다.

07 등기에 관한 설명으로 틀린 것은? (다툼이 있으면 판례에 따름) [26회 출제]

① 등기원인을 실제와 다르게 증여를 매매로 등기한 경우 그 등기가 실체관계에 부합하면 유효하다.
② 미등기부동산을 대장상 소유자로부터 양수인이 이전받아 양수인명의로 소유권보존등기를 한 경우 그 등기가 실체관계에 부합하면 유효하다.
③ 전세권설정등기를 하기로 합의하였으나 당사자 신청의 착오로 임차권으로 등기된 경우 그 불일치는 경정등기로 시정할 수 있다.
④ 권리자는 甲임에도 불구하고 당사자 신청의 착오로 乙명의로 등기된 경우 그 불일치는 경정등기로 시정할 수 없다.
⑤ 건물에 관한 보존등기상의 표시와 실제건물과의 사이에 건물의 신축시기, 건물 가 부분의 구조, 평수, 소재 지번 등에 관하여 다소의 차이가 있다 할지라도 사회통념상 동일성 혹은 유사성이 인식될 수 있으면 그 등기는 당해 건물에 관한 등기로서 유효하다.

정답 06. ⑤ 07. ③

제5장 각종 등기의 절차(응용)

> **해설** ▶ **경정등기**
> 전세권과 임차권은 경정 전·후의 등기 사이에 동일성이 인정되지 아니하므로 경정등기의 대상이 아닙니다(「부동산등기법」 제32조 참조).

08 다음은 등기관의 직권경정등기에 관한 설명이다. 가장 <u>틀린</u> 것은?

① 등기상 이해관계인이 없는 경우에만 할 수 있다. 따라서 이해관계인이 있는 경우에는 그 자의 승낙서 등을 첨부해도 직권으로 경정할 수 없다.
② 당사자의 신청에 따라 마쳐진 등기에 착오가 발생한 경우에는 오직 신청에 의해서만 바로 잡을 수 있을 뿐 직권으로 경정등기를 할 수는 없다.
③ 등기관이 직권으로 경정등기를 한 경우에는 등기권리자와 등기의무자에게 그 사실을 통지하여야 한다.
④ 채권자대위권에 의하여 마쳐진 등기를 등기관이 직권으로 경정한 경우에는 그 채권자에게도 그 사실을 통지해야 한다.
⑤ 지방법원장의 허가 없이 직권경정절차를 밟을 수 있다.

> **해설** ▶ **직권경정등기**
> ① (×) 등기상 이해관계 있는 제3자가 있는 경우에는 제3자의 승낙이 있으면 가능하다(법 제32조 제2항).
> ② (○) 당사자의 신청착오에 의한 경우는 직권에 의할 수는 없고 당사자의 경정등기신청에 의해야만 한다. 예컨대 갑으로부터 을·병 명의로의 소유권이전등기신청이 있었음에도 '등기관의 착오'로 을 단독명의로 소유권이전등기가 경료된 경우에는 등기관은 법 제32조 제2항의 절차에 의하여 직권으로 경정할 수 있다(등기예규 제1564호).
> ③, ④, ⑤ (○) 등기관이 직권경정등기를 하였을 때에는 그 사실을 등기권리자, 등기의무자 또는 등기명의인에게 알려야 한다(법 제32조 제3항). 또한 채권자대위권에 의하여 등기가 마쳐진 때에는 제1항 및 제3항의 통지를 그 채권자에게도 하여야 한다. 이 경우 제1항 단서를 준용한다(법 제32조 제4항).

정답 08. ①

09 말소등기에 관련된 설명으로 틀린 것은? [26회 출제]

① 말소등기를 신청하는 경우 그 말소에 대하여 등기상 이해관계 있는 제3자가 있으면 그 제3자의 승낙이 필요하다.
② 근저당권설정등기 후 소유권이 제3자에게 이전된 경우 제3취득자가 근저당권설정자와 공동으로 그 근저당권말소등기를 신청할 수 있다.
③ 말소된 등기의 회복을 신청하는 경우 등기상 이해관계 있는 제3자가 있을 때에는 그 제3자의 승낙이 필요하다.
④ 근저당권이 이전된 후 근저당권의 양수인은 소유자인 근저당설정자와 공동으로 그 근저당권말소등기를 신청할 수 있다.
⑤ 가등기의무자는 가등기명의인의 승낙을 받아 단독으로 가등기의 말소를 신청할 수 있다.

해설 ▸ 말소등기

근저당권의 말소등기는 근저당권자와 근저당권설정자가 공동으로 신청하는 것이 원칙이며, 근저당권의 목적물이 양도된 경우에는 제3취득자가 등기권리자가 되어 근저당권자와 공동으로 근저당권말소등기를 신청한다(「민법」 제370조, 제214조). 뿐만 아니라 대법원은 이 경우 근저당권설정자도 근저당권설정계약의 당사자로서 근저당권자에게 피담보채무의 소멸을 이유로 하여 그 근저당권설정등기의 말소를 청구할 수 있다고 한다(대판 1994.1.25. 93다16338). 그러나 제3취득자와 근저당권설정자가 공동으로 근저당권말소등기를 신청할 수는 없다.

10 말소등기에 관한 설명이다. 틀린 것은? (이하 다툼이 있는 경우 판례·예규 및 선례에 의함)

① 매매계약 해제를 원인으로 하는 소유권이전등기를 신청할 경우에는 이해관계 있는 제3자가 승낙한 것을 증명하는 정보 또는 이에 대항할 수 있는 재판이 있음을 증명하는 정보를 첨부정보로서 등기소에 제공할 필요가 없다.
② 甲·乙·丙으로 순차 소유권이 이전등기된 경우에 丙의 승낙서를 첨부정보로 제공하여 乙등기의 말소를 신청할 수는 없다.
③ 후순위 저당권의 말소에 관하여 선순위 저당권자는 말소등기에 대하여 등기상 이해관계 있는 제3자에 해당한다.
④ 부동산의 일부에 대한 소유권이전등기의 말소등기절차이행을 명한 판결에 기하여 말소등기를 하려면, 분할절차를 밟은 후 말소등기를 하여야 한다.
⑤ 부기등기만에 대한 말소등기는 원칙적으로 인정되지 않는다.

정답 09. ② 10. ③

제5장 각종 등기의 절차(응용)

해설 ▶ **말소등기**

① (○) 해제를 원인으로 하는 소유권이전등기를 신청할 때에 제3자명의의 등기는 소유권을 이전받는 자가 부담을 안고 취득하는 것이므로 등기기록형식상 손해를 보는 자가 아니므로 그 자의 승낙서 등을 요하지 않는다.
② (○) 말소등기는 현재 유효한 등기일 것을 요건으로 하므로 乙등기를 말소하려면 선행해서 丙등기가 말소되어야 하므로 丙은 등기상 이해관계인이 아니라 먼저 말소등기될 대상일 뿐이다(대판 1982.1.26. 81다2329). 따라서 丙의 승낙서를 제공하여 乙등기의 말소를 신청할 수는 없다.
③ (×) 선순위 저당권말소시 후순위 지상권자나 저당권자는 불이익을 받지 아니하므로 등기상 이해관계인이 아니며, 후순위 저당권의 말소시 선순위 저당권자는 영향을 받지 아니하므로 이해관계인에 해당하지 않는다.
④ (○) 이미 등기된 부동산의 일부에 말소원인이 있는 경우에는 그 부분을 특정하여 분할한 후 그 부분에 대한 말소등기절차를 이행하여야 한다(규칙 제115조 참조).
⑤ (○) 부기등기는 기존의 주등기에 종속되어 주등기와 일체를 이루는 종속된 등기로서 주등기와 별개의 새로운 등기는 아니라 할 것이므로, 원칙적으로 부기등기만에 대한 말소등기는 인정되지 않는다는 것이 판례의 입장이다(대판 2000.4.11. 2000다5640).

11 다음 중 등기관이 직권으로 말소할 수 없는 등기는?

① 다른 등기소의 관할 부동산에 대한 소유권보존등기
② 등기신청할 권한이 없는 자가 신청하여 마쳐진 소유권이전등기
③ 농지에 대하여 마쳐진 전세권설정등기
④ 이미 보존등기된 부동산에 대하여 다시 마쳐진 보존등기
⑤ 환매권 행사로 인한 소유권이전등기시의 환매특약등기

해설 ▶ **직권말소등기**

① (○) 법 제29조 제1호 위반등기로서 직권으로 말소할 수 있다.
② (×) 법 제29조 제3호 위반등기이기 때문에 직권으로 말소할 수 없다.
③, ④ (○) 법 제29조 제2호 위반등기로서 직권으로 말소할 수 있다.
⑤ (○) (규칙 제114조)

정답 11. ②

12 건물멸실등기에 관한 설명이다. 타당하지 아니한 것은?

① 멸실한 건물의 소유권의 등기명의인이 1월 이내에 멸실등기를 신청하지 않는 때에는 그 멸실건물의 대지소유자가 대위하여 멸실등기를 신청할 수 있다.
② 증축등기가 경료되지 아니하여 멸실되는 건물의 건축물대장상의 표시가 등기기록상의 표시와 다른 경우에도, 등기기록상 건물과 건축물대장상 건물 사이에 동일성이 인정된다면 부동산표시 변경등기를 하지 않고 곧바로 멸실등기를 할 수 있다.
③ 멸실되는 부동산에 저당권 등 이해관계인이 있는 경우에 멸실을 증명하는 정보가 건축물대장이 아닌 경우에는 이해관계인의 승낙서를 첨부정보로 제공하여야 한다.
④ 단독건물의 멸실등기를 하는 때에는 등기기록 중 표제부에 멸실의 뜻과 그 원인 또는 부존재의 뜻을 기록하고 표제부의 등기를 말소하는 표시를 한 후 그 등기기록을 폐쇄한다.
⑤ 존재하지 아니하는 건물에 대한 등기가 있는 때에는 그 소유권의 등기명의인은 지체없이 그 건물의 멸실등기를 신청하여야 한다.

해설 건물멸실등기

① (법 제43조 제2항) ② (등기선례 7-327)
③ 부동산의 멸실등기신청시에 그 부동산에 소유권 외의 등기상 이해관계인이 있더라도 그 자들의 승낙이 있음을 증명하는 정보 또는 이에 대항할 수 있는 재판이 있음을 증명하는 정보를 첨부정보로서 등기소에 제공할 필요는 없다(등기선례 3402-109). 건축물대장정보를 제공하지 않고 그 밖의 멸실을 증명하는 정보를 제공하여 멸실등기를 신청한 경우에 등기관은 등기상 이해관계인에게 직권말소 절차에 준하는 이의신청 통지를 할 뿐이다(법 제45조 참조).
④ (규칙 제103조 제1항) ⑤ (법 44조 제1항)

정답 12. ③

제5장 각종 등기의 절차(응용)

13 말소회복등기와 관련된 대법원 판례를 기술한 것이다. 잘못된 것은? ★

① 등기원인이 존재하지 아니함에도 불구하고 당사자가 자발적으로 적법한 절차에 의해 말소등기를 한 경우에는 말소회복등기를 할 수 없다.
② 말소회복등기에 있어서 등기상 이해관계가 있는 제3자란 말소회복등기가 된다고 하면 손해를 입을 우려가 기존의 등기기록상 형식적으로 인정되는 자를 의미한다.
③ 손해를 입을 우려가 있는지의 여부는 제3자의 권리취득등기시(말소등기시)를 기준으로 할 것이 아니라 회복등기시를 기준으로 판별하여야 한다.
④ 가등기가 부적법하게 말소된 경우 등기상 이해관계 있는 제3자는 선의, 무과실이 아닌 한 가등기권리자의 회복등기절차에 필요한 승낙을 할 의무가 있다.
⑤ 등기관의 직권 또는 법원의 촉탁에 의하여 말소된 경우에는 그 회복등기도 등기관의 직권 또는 법원의 촉탁에 의하여 행하여야 한다.

해설 ▶ 말소회복등기
① (○) (대판 1990.6.26. 89다카5673)
   ※ 다만, 동판례의 의미는 법률상 말소원인이 없는데도 당사자가 임의·자발적으로 말소등기를 한 경우에 그 말소는 권리자가 등기에 의하여 향유하는 실체법상의 이익을 포기한 것이므로 그 등기의 말소회복을 소로써 구할 수 없다는 것이지, 다시 공동신청에 의하여 말소회복을 하는 것까지 막는 것은 아니라고 해석해야 한다.
② (○) 이해관계인인지 여부는 등기기록상 형식적으로 판단한다.
③ (○) 말소회복등기의 실행시가 기준이 된다(1990.6.26. 89다카5673).
④ (×) 가등기의 말소가 원인무효인 경우 등기상 이해관계있는 제3자는 선의, 악의, 손해의 유무를 불문하고 그 회복등기절차를 승낙할 의무가 있다(대판 1970.2.24. 69다2193).
⑤ (○) (등기선례 7-384 등 다수)

14 '甲'에서 '乙'로 적법하게 소유권 이전등기가 경료되었는데 '丙'이 관계서류를 위조하여 불법으로 말소하였다. 이 경우 '乙'의 등기부상 권리회복을 위한 절차에 관한 설명으로 타당한 것은? ★★

① '乙'은 등기권리자로서 '丙'을 등기의무자로 삼아 말소회복등기를 신청하여 등기기록상 권리회복할 수 있다.
② '乙'은 '丙'에 의한 불법말소등기사실을 소명하여 단독으로 말소회복등기를 신청할 수 있다.
③ '乙'은 '甲'을 상대로 다시 소유권이전등기를 구하는 수밖에 없다.
④ '甲', '乙', '丙' 3자의 공동신청으로 말소회복등기를 할 수밖에 없다.
⑤ '乙'은 등기권리자로서 '甲'을 등기의무자로 삼아 말소회복등기를 신청하여 등기부상 권리회복할 수 있다.

정답 13. ④ 14. ⑤

해설 ▶ 말소회복등기절차

① (×) 말소등기 당시의 소유자를 등기의무자로 하여야 한다.
② (×) 말소회복등기도 등기권리자와 등기의무자의 공동신청을 함이 원칙이고, 등기의무자가 회복등기절차에 협력하지 않는 경우에는 의사진술을 명하는 판결을 받아 단독으로 신청할 수 있다(법 제23조).
③ (×) 등기는 물권의 효력 발생 요건이고 존속 요건은 아니어서 등기가 원인 없이 말소된 경우에는 그 물권의 효력에 아무런 영향이 없고, 그 회복등기가 마쳐지기 전이라도 말소된 등기의 등기명의인은 적법한 권리자로 추정되며, 그 회복등기 신청절차에 의하여 말소된 등기를 회복할 수 있다(대판 2010.2.11. 2009다68408).
④ (×) 비록 丙이 말소등기를 하였으나, 丙은 등기상 이해관계를 가지지 못하므로 말소회복등기에 관여하지 못한다.
⑤ (○) 말소회복등기도 법 제23조 제1항에 의거 등기권리자와 등기의무자가 공동신청을 함이 원칙이고, 등기의무자가 회복등기절차에 협력하지 않는 경우에는 의사진술을 명하는 판결을 받아 단독으로 신청할 수 있다(법 제23조 제4항).

15

乙소유의 건물에 대하여 소유권이전등기청구권을 보전하기 위한 甲의 가처분이 2013.2.1 등기되었다. 甲이 乙을 등기의무자로 하여 소유권이전등기를 신청하는 경우 그 건물에 있던 다음의 제3자 명의의 등기 중 단독으로 등기의 말소를 신청할 수 있는 것은? ★ **24회 출제**

① 2013.1.7 등기된 가압류에 의하여 2013.6.7에 한 강제경매개시결정등기
② 2013.1.8 등기된 가등기담보권에 의하여 2013.7.8에 한 임의경매개시결정등기
③ 임차권등기명령에 의해 2013.4.2에 한 甲에게 대항할 수 있는 주택임차권등기
④ 2013.1.9 체결된 매매계약에 의하여 2013.8.1에 한 소유권이전등기
⑤ 2013.1.9 등기된 근저당권에 의하여 2013.9.2에 한 임의경매개시결정등기

해설 ▶ 가처분등기 이후의 등기의 말소

① (×) (규칙 제152조 제1항 제1호) ②, ⑤ (×) (규칙 제152조 제1항 제2호)
③ (×) (규칙 제152조 제1항 제3호) ④ (○) (규칙 제152조 제1항 본문)

16

가등기에 관한 설명으로 틀린 것은? **26회 출제**

① 소유권보존등기의 가등기는 할 수 없다.
② 가등기 후 소유권을 취득한 제3취득자는 가등기 말소를 신청할 수 있다.
③ 청산절차를 거치지 아니하여 첨부정보를 제공하지 아니한 채 담보가등기에 기초하여 본등기가 이루어진 경우 등기관은 그 본등기를 직권으로 말소할 수 있다.
④ 가등기 후 제3자에게 소유권이 이전된 경우 가등기에 의한 본등기 신청의 등기의무자는 가등기를 할 때의 소유자이다.
⑤ 가능기가처분명령에 의하여 이루어진 가등기의 말소는 통상의 가등기 말소절차에 따라야 하며, 「민사집행법」에서 정한 가처분 이외의 방법으로 가등기의 말소를 구할 수 없다.

정답   15. ④   16. ③

제5장 각종 등기의 절차(응용)

해설 ▶ **가등기**
① , ② , ④ , ⑤ (가등기에 관한 업무처리지침)
③ 직권말소의 대상이 아니다(법 제58조 제1항 참조).

17
가등기에 기하여 소유권이전의 본등기를 경료한 후에 중간처분의 등기로써 등기관이 직권으로 말소할 수 있는 등기로 가장 맞는 것은?

① 체납처분에 의한 압류등기
② 가등기 전에 마쳐진 가압류에 의한 강제경매개시결정등기
③ 해당 가등기상의 권리를 목적으로 하는 가압류등기
④ 가등기의무자의 사망으로 인한 상속등기
⑤ 가등기권자에게 대항할 수 있는 주택임차권등기

해설 ▶ **본등기와 직권말소**
① 본등기를 한 경우 그 가등기 후 본등기 전에 마쳐진 체납처분으로 인한 압류등기에 대하여는 직권말소대상통지를 한 후 이의신청이 있으면 대법원예규로 정하는 바에 따라 직권말소 여부를 결정한다. 따라서 무조건 직권말소할 수 있는 것은 아니다(규칙 제147조).
② , ③ , ⑤ 가등기에 우선하거나 가등기의 부담등기이기 때문에 직권으로 말소할 수 없다(규칙 제147조).

18
관공서의 촉탁에 의한 등기에 관한 설명으로 틀린 것은?

① 촉탁에 의하지 아니하고 등기권리자와 등기의무자의 공동으로 등기를 신청할 수도 있다.
② 관공서가 부동산에 관한 권리를 취득하여 등기권리자로서 등기를 촉탁하는 경우에는 등기의무자의 권리에 관한 등기필정보를 신청정보로 등기소에 제공할 필요가 없다.
③ 관공서가 등기촉탁을 하였으나 등기기록과 대장상의 부동산표시가 부합하지 않는 경우에도 그 등기촉탁은 수리하여야 한다.
④ 수용으로 인한 소유권이전등기를 신청하는 경우에는 보상이나 공탁을 증명하는 정보를 첨부정보로서 등기소에 제공하여야 한다.
⑤ 관공서가 등기의무자로서 등기권리자의 청구에 의하여 등기를 촉탁하는 경우에는 관공서의 인감증명정보를 첨부정보로서 등기소에 제공하여야 한다.

정답 17. ④ 18. ⑤

제2편 부동산등기법

해설 ▶ 관공서의 촉탁에 의한 등기

① (○) 관공서가 부동산에 관한 거래의 주체로서 등기를 촉탁할 수 있는 경우라 하더라도 촉탁은 신청과 실질적으로 아무런 차이가 없으므로, 촉탁에 의하지 아니하고 등기권리자와 등기의무자의 공동으로 등기를 신청할 수도 있다(법 제22조 제2항, 등기예규 제1625호).

② (○) 관공서가 등기의무자로서 등기권리자의 청구에 의하여 등기를 촉탁하거나 부동산에 관한 권리를 취득하여 등기권리자로서 그 등기를 촉탁하는 경우에는 등기의무자의 권리에 관한 등기필정보를 신청정보로 등기소에 제공할 필요가 없다(등기예규 제1625호).

③ (○) 「부동산등기법」 제29조 제11호는 그 등기명의인이 등기신청을 하는 경우에 적용되는 규정이므로, 관공서가 등기촉탁을 하는 경우에는 등기기록과 대장상의 부동산표시가 부합하지 아니하더라도 등기관은 그 등기촉탁을 수리하여야 한다(등기예규 제1625호).

④ (○) (규칙 제156조 제2항)

⑤ (×) 관공서의 경우에는 규칙 제60조가 적용되지 않기 때문에 관공서의 인감증명정보를 첨부정보로서 등기소에 제공할 필요는 없다(규칙 제60조 제2항).

19 경락으로 인한 소유권이전등기촉탁시 말소의 대상이 되는 등기에 관한 다음 설명 중 옳지 <u>않은</u> 것은?

① 가처분등기가 경매신청의 기입등기 전에 경료된 경우에는 매각에 의하여 소멸하는 선순위 저당권·가압류·압류채권이 있더라도 말소되지 아니한다.
② 강제경매신청등기 전에 경료된 저당권설정등기는 말소된다.
③ 경매신청등기 후의 가처분등기도 말소된다.
④ 저당권설정 후 또는 강제경매신청등기 후의 용익물권에 관한 등기는 말소된다.
⑤ 경매신청등기전의 가압류등기는 말소된다.

해설 ▶ 경락으로 인한 소유권이전등기 촉탁

① (×) 경매개시결정등기 전에 경료된 가처분등기는 말소되지 아니한다. 다만, 경매개시결정등기 전에 경료된 가처분등기도 그 보다 선순위로 매각에 의하여 소멸하는 저당권, 압류, 가압류의 등기가 있는 때에는 말소촉탁의 대상이 된다.

②, ③, ④, ⑤ (○) 우리법은 소제주의를 취하기 때문에 강제경매를 실시하면 담보권(담보를 목적으로 하는 압류등기 등도 포함)에 해당하는 모든 권리가 소멸하며 소멸하는 가장 우선하는 담보물권을 기준으로 그보다 후순위의 모든 용익권도 소멸한다.

정답　19. ①

20

다음의 설명은 가압류·가처분에 관한 등기에 대한 것이다. 옳은 것은?(다툼이 있는 경우 판례·예규 및 선례에 의함)

① 합유지분에 대한 가압류의 촉탁은 「부동산등기법」 제29조 제2호의 "사건이 등기할 것이 아닌 때"에 해당하나, 위 합유지분에 대하여 이미 마쳐진 등기는 직권말소의 대상은 아니다.
② 가압류의 집행으로 등기가 경료되면 해당 부동산에 대하여 채무자의 일체의 처분을 금지하는 효력이 생기므로 가압류등기 후에 처분행위를 하였다면 그 처분행위가 절대적으로 무효이다.
③ 대지권을 등기한 구분건물의 경우에 그 건물만에 대한 가압류등기를 할 수 있다.
④ 가처분채무자가 법원으로부터 가처분취소결정을 받은 경우 그 결정에 의하여 직접 등기소에 말소등기를 신청할 수 있다.
⑤ 가등기에 기한 본등기절차의 이행을 금지하는 취지의 가처분은 등기사항이 아니어서 허용되지 않는다.

해설 ▶ 가압류·가처분에 관한 등기
① (×) 직권말소의 대상이 된다(등기선례 3402-505).
② (×) 처분행위의 당사자 즉, 채무자와 제3취득자 사이에서는 그들 사이의 거래행위가 여전히 유효하고, 단지 그것을 가압류채권자에 대하여 집행보전의 목적을 달성하는데 필요한 범위 안에서 주장할 수 없음에 그친다[상대적 효력(대판 1987.6.9. 86다카2570)].
③ (×) 구분건물의 등기기록에 대지권등기가 되어 있는 경우 구분건물의 등기기록에는 건물만에 관한 소유권이전등기 또는 저당권설정등기, 그 밖에 이와 관련이 있는 등기를 할 수 없다(법 제61조 제3항).
④ (×) 가처분채무자가 법원으로부터 가처분취소결정을 받은 경우 그 결정에 의하여 집행법원의 촉탁으로 말소하는 것이지 직권으로 말소하는 것이 아니다.
⑤ (○) 「부동산등기법」 제3조 소정의 등기사항으로서의 처분의 제한이라고는 볼 수 없으므로 가등기에 기한 본등기금지가처분은 등기할 사항이라 할 수 없다(대결 1978.10.14. 78마282).

21

등기를 할 수 없는 것은?   23회 출제

① 지상권을 목적으로 하는 근저당권
② 부동산의 합유지분에 대한 가압류
③ 부동산의 공유지분에 대한 처분금지가처분
④ 등기된 임차권에 대한 가압류
⑤ 전세권에 대한 가압류

정답 20. ⑤ 21. ②

해설 등기할 사항

① (○) 현행법상 소유권뿐만 아니라 지상권, 전세권도 저당권의 목적이 될 수 있다(「민법」 제356조, 제371조).
② (×) 합유물인 부동산 전부에 대해서는 가압류가 가능하지만, 합유자 중 1인의 지분에 대하여 가압류 등기촉탁이 있는 경우에는 법 제29조 제2호에 의하여 각하하여야 할 것이다(등기선례).
③ (○) 공유지분은 소유권의 분량적 일부로써 양도성 및 담보권의 목적물성이 인정되고 있으므로 강제집행법상으로도 독립해서 강제경매의 대상이나 가압류·가처분의 대상이 된다.
④, ⑤ (○) 채권자는 그 밖의 재산권에 대한 강제집행방법에 따라 등기된 임차권 또는 전세권 자체를 가압류할 수 있다(「민사집행법」 제251조 제1항).

22

다음은 부동산실권리자명의등기에 대한 설명이다. 틀린 것은?

① 명의신탁은 부동산의 실권리자가 타인의 명의로 등기하는 것을 말한다.
② 장기미등기자(長期未登記者)에게도 과징금, 이행강제금, 형벌이 부과된다.
③ 기존 명의신탁자는 동법 시행일부터 1년의 유예기간 이내에 실명등기하여야 한다.
④ 종중·배우자·종교단체가 조세 포탈, 강제집행의 면탈 또는 법령상 제한의 회피를 목적으로 하지 아니하는 경우 명의신탁약정 및 그에 따른 물권변동은 무효로 되지 않는다.
⑤ 명의수탁자로부터 부동산을 전득(轉得)한 악의의 제3자는 유효하게 소유권을 취득하지 못한다.

해설 부동산 실권리자명의 등기에 관한 법률

② (동법 제10조)   ③ (동법 제11조 제1항)   ④ (동법 제8조)
⑤ 명의수탁자로부터 부동산을 전득(轉得)한 제3자는 선의·악의를 불문하고 대항할 수 있다(동법 제4조 제1항, 제3항).

정답 22. ⑤

한방에 합격은 경록이다

제1회 시험부터 수많은 합격자를 배출한 전문성 - 경록

시험장에서
눈을 의심할 만큼,
진가를 합격으로 확인하세요

정가 31,000원

1회 시험부터 수많은 합격자를 배출한 독보적 교재
공인중개사 문제집
2차 ⑤ 부동산공시법

27년연속99%
독보적 정답률
SINCE 1957

대한민국 1등 교재
optimization test
시험최적화 대한민국 1등 교재
(100인의 부동산학 대학교수진, 2021)
최초로 부동산학을 정립한 부동산학의
모태(원조)로서 부동산전문교육
1위 인증(한국부동산학회)
대한민국 부동산교육 공헌대상(한국부동산학회)
4차산업혁명대상(대한민국 국회)
고객만족대상(교육부)
고객감동 1위(중앙일보)
고객만족 1위(조선일보)
고객감동경영 1위(한국경제)
한국소비자만족도 1위(동아일보) 등 석권

발　　행	2025년　2월　28일
인　　쇄	2025년　2월　20일
연　　대	최초 부동산학 연구논문에서부터 현재까지 (1957년 원전 ~ 현재)
편　　저	경록 공인중개사 교재편찬위원회, 신한부동산연구소 편
발 행 자	이 성 태 / 李 星 兌
발 행 처	경록 / 景鹿
주　　소	서울시 강남구 영동대로 114길 7 (삼성동 91-24) 경록메인홀
문　　의	02)3453-3993 / 02)3453-3546
홈페이지	www.kyungrok.com
팩　　스	02)556-7008
등　　록	제16-496호
I S B N	979-11-94560-13-5　14320

대표전화 1544-3589

이 책의 무단전재·복제를 금함

이 책은 저작권법에 의해 저작권이 보호됩니다. 무단전재 및 복세행위는 이 법 제136조에 의해 5년 이하의 징역 또는 5,000만원 이하의 벌금에 처하거나 병과(倂科)할 수 있습니다.

부동산전문교육 68년 전통과 노하우

개정법령 및 정오사항 등은 경록 홈페이지에서 서비스됩니다.